Zu diesem Buch

Es wird immer noch behauptet, daß es in Auschwitz keine Gaskammern gegeben habe. Im Zusammenhang mit der sogenannten Revisionismus-Debatte tauchen immer wieder Namen wie Ernst Zündel, David Irving, Robert Faurisson auf, und Broschüren wie der «Leuchter-Report» zirkulieren in Hunderttausenderauflagen. In der Mitte der Gesellschaft und gerade unter Jugendlichen gibt es eine Empfänglichkeit für diese Positionen, die in der gutgläubigen Bereitschaft besteht, eine Debatte um eine Frage zu führen, die keine ist. Immerhin erhalten die skurril anmutenden rechtsradikalen Theorien Unterstützung von linken und rechten Vertretern der seriösen Geschichtswissenschaft. Deborah Lipstadts sorgfältig recherchierte Studie leistet die gründliche Aufklärung über dieses Phänom, die dringend notwendig ist. Denn dahinter steht nicht einfach Ignoranz, vielmehr ist die «Auschwitz-Lüge» ein Mittel zum Zweck: der rechtsradikalen Unterwanderung der demokratischen Gesellschaften.

Dieses Buch «gehört in die Hände aller, die sich – in der Schule oder außerhalb – mit Jugendlichen über deutsche Geschichte auseinandersetzen». *Micha Brumlik*

Die Autorin

Deborah E. Lipstadt lehrte an den Universitäten in Los Angeles und Seattle (Washington) und hat gegenwärtig einen Lehrstuhl für moderne jüdische Geschichte und für Studien zum Holocaust an der Emory University in Atlanta, Georgia, inne. Sie nahm an der Ausstellungsplanung des amerikanischen «Holocaust Memorial Museum» teil. Deborah E. Lipstadt beriet die deutsche Bundesregierung bei Fragen der Behandlung des Holocaust im Unterricht, besonders in den Schulen der ehemaligen DDR.

Viel diskutiert war ihr Buch über die Reaktion der amerikanischen Presse auf den Holocaust: «Beyond Belief: The American Press and the Coming of the Holocaust» (1986).

Deborah E. Lipstadt

Leugnen des Holocaust. Rechtsextremismus mit Methode

Deutsch von Gabriele Kosack

Mit einer Einführung von Micha Brumlik

Rowohlt
rororo

Veröffentlicht im Rowohlt Taschenbuch Verlag GmbH,
Reinbek bei Hamburg, Juli 1996

Die deutsche Erstausgabe erschien 1994 im Rio Verlag, Zürich,
unter dem Titel: «Betrifft: Leugnen des Holocaust»

Die Originalausgabe erschien 1993 unter dem Titel
«Denying the Holocaust. The Growing Assault on Truth and
Memory» im Verlag The Free Press, New York, USA.

Umschlaggestaltung Susanne Heeder
(Foto: Hamburger Neonazis 1978/Ullstein Bilderdienst;
KZ-Gefangene in Dachau/Keystone Pressedienst GmbH)
Satz Sabon (Linotronic 500)
Gesamtherstellung Clausen & Bosse, Leck
Printed in Germany
1990-ISBN 3 499 60101 X

Den Opfern und Überlebenden des Holocaust sowie denen, die ihre Geschichte lebendig erhalten und erzählen.

«Gedenke der vorigen Zeiten und hab acht auf die
Jahre von Geschlecht zu Geschlecht.»
Deuteronomium 32, Vers 7

Inhalt

Micha Brumlik

Das rechtskonservative Projekt. Zur Einführung

Anders als in den Vereinigten Staaten, wird die Leugnung der industriellen Massenvernichtung der europäischen Juden in Deutschland offenbar weniger als ein allgemein- denn als ein rechtspolitisches Problem betrachtet. Mit der Verschärfung des § 130 StGB im Jahr 1994, der entsprechende Behauptungen unter Strafe stellt, scheint die gesellschaftliche Auseinandersetzung mit dem ideologischen Gebräu neonazistischer Zirkel beendet und das weltweite Ansehen der Bundesrepublik Deutschland gewahrt sein. So sollen Auswüchse radikal mißbrauchter Meinungsfreiheit vermieden werden. Darüber hinaus ist den Holocaust-Leugnern durch die allmähliche Verschärfung der entsprechenden Gesetze in den Nachbarstaaten der Bundesrepublik, z. B. in Dänemark, ein Teil ihrer Operationsbasis genommen. Die 1995 erfolgte Auslieferung einer Schlüsselfigur des Neonazismus, des Herausgebers des «NS-Kampfrufs», Gary Lauck aus Dänemark an Deutschland, wo Lauck einem Strafprozeß entgegensieht, rundet zu Beginn des Jahres 1996 das Bild ab.

Zumindest in der Bundesrepublik Deutschland ist der Niedergang des offen organisierten Rechtsextremismus zu vermelden. Die rechtspopulistische Partei der Republikaner ist (mit Ausnahme eines Bundeslandes) nach eklatanten Wahlniederlagen und dem Verlust ihrer parlamentarischen Vertretungen zerbrochen, ihr demagogischer Führer, Franz Schönhuber, hat die Partei verlassen und bekennt sich – bislang folgenlos – zu einer politischen Einheit der radikalen Rechten. Der auf die Innenstädte zentrierte ökonomische Strukturwandel drängte Wählermilieus in die niedergehenden Industrieregionen und in oft vormals sozialdemokratisch beeinflußte Stadtrandsiedlungen ab. In diesen Regionen Westdeutschlands erhielt der politisch organisierte Rechtsextremismus Rückenwind. Diese Wählermilieus sind in die Resignation der Wahlenthaltung zurückgekehrt, ohne indes ihre generelle politische Einstellung geändert zu haben. Allen anderen Annahmen zum Trotz ist das entsprechende, keineswegs identische Protestpotential in Ostdeutschland zum Teil von der PDS, zum Teil jedoch von der CDU aufgefangen worden. Jedoch läßt sich für die ehemalige DDR bei unvermindertem Vorherrschen autoritärer politischer Einstellungen eine übermäßige Neigung zum Rechtsextremismus insgesamt nicht feststellen. Auch ist die Quote bekanntgewordener oder verdeckt gebliebener ausländerfeindlicher Straftaten durch vor allem männliche Unterschichtjugendliche seit den Höhepunkten zur Zeit der Asyldebatte in den Jahren 1992, 1993 und den menschenverachtenden Anschlägen mit oft tödlichem Ausgang von Hoyerswerda, Mölln, Rostock-Lichtenhagen und Solingen eher zurückgegangen. Die Abnahme manifesten rechtsextremistischen Verhaltens, sei es bei Wahlen, sei es in Form rassistisch motivierter Straftaten, geht aber nicht mit der Abnahme entsprechender politischer Einstellungen einher. Der Anteil der Wähler und – zu einem geringeren Teil – Wählerinnen, die rechtskonservativen bis -extremistischen, in allen Fällen autoritären und ausländerfeindlichen bzw. antisemitischen Einstellungen anhängen, stabilisiert sich bei etwa 20 Prozent.[1]

Dem offenen Niedergang des Rechtspopulismus auf dem Wählermarkt der Konkurrenzdemokratie entspricht indes kein Niedergang des rechtskonservativen bis rechtsextremistischen Einflusses im Bereich der Öffentlichkeit. Im Gegenteil: Es hat den Anschein, als ob erst der nachlassende Erfolg des eher grobschlächtigen Rechtspopulismus die Bedingungen für eine im Spektrum der demokratischen Parteien und der aufgeklärten Öffentlichkeit nicht nur geduldete, sondern auch akzeptierte Neue Rechte geschaffen hat. Dabei schießen höchst unterschiedliche Phänomene zusammen: hier das Bekenntnis des zivilisationskritischen Dramatikers und Dichters Botho Strauß zu einer «wahren» Rechten, dort die nimmermüden Anstrengungen einiger Autoren und Redakteure der *Welt am Sonntag*, vor allem von Heimo Schwilk und Ulrich Schacht. Unter dem Vorzeichen der Vereinigung Deutschlands will man eine auf 1968 folgende Kulturrevolution herbeireden und

-schreiben; in Sammelbänden wie der «Selbstbewußten Nation» engagieren sich die Autoren wider Feminismus und Multikulturalismus, für ein national gebundenes Christentum und – natürlich – wider die Fesselung des politischen Denkens in Deutschland durch «Auschwitz». Die anfangs spektakulär wirkenden Initiativen dieses Personenkreises, dessen Geist viele in der Gestalt des Historikers Rainer Zitelmann, eines ehemaligen Lektors des Ullstein Verlages, verkörpert sehen, haben derzeit an Faszination ebenso verloren wie an Brisanz. So könnte sich die Überzeugung einstellen, es habe sich bei alledem nur um einen Sturm im Wasserglas gehandelt.

Dem ist nicht so. Denn sowenig diese akademisch gebildete, weit rechts stehende Intelligenz unmittelbaren politischen Einfluß hat, so sehr ist es ihr doch gelungen, das selbstgesteckte Ziel, durchzusetzen: die gesellschaftliche Anerkennung rechtskonservativen Denkens in der publizistischen Öffentlichkeit. So wurde dem sehr jungen, wissenschaftlich wenig profilierten rechtskonservativen Historiker Karlheinz Weissmann die Aufgabe übertragen, in der renommierten Propyläen-Reihe zur deutschen Geschichte den wohl wichtigsten Teil zu verfassen. Der Band über den Nationalsozialismus trägt bezeichnenderweise den Titel «Der Weg in den Untergang» und wurde von der Fachkritik beinahe einhellig zurückgewiesen. Ein wohlmeinender Kritiker attestierte, daß Weissmann sich mit der Judenvernichtung eher beiläufig, mit den Leiden der Deutschen hingegen übermäßig auseinandersetzt. Darüber hinaus ist der Autor, an dessen politischem Standort ein Zweifel nicht möglich ist, immer wieder als Rezensent politischer Bücher der bürgerlichen *Frankfurter Allgemeinen Zeitung* zu finden, einem Blatt, das gelegentlich im Feuilleton gegen genau diese Rechte polemisiert.

Der Erfolg dieser Gruppe der rechten Intelligenz läßt sich auch an medialen Ereignissen wie dem nachfolgenden ablesen: bei der Abschlußdiskussion einer von Guido Knopp im ZDF 1995 präsentierten mehrteiligen Reihe zu Adolf Hitler wurde die gesellschaftskritische Psychoanalytikerin Margarethe Mitscherlich ausgerechnet neben Zitelmann plaziert und mußte sich von diesem angreifen lassen. Als Erfolg der Rechten hat auch zu gelten, daß es sich der Ehrenvorsitzende der CDU, Alfred Dregger, nicht nehmen ließ, anläßlich des fünfzigsten Jahrestages des Kriegsendes seinen Namen unter eine von diesem Personenkreis initiierte Anzeigenaktion zu setzen, um im Sinne historischer Aufrechnung der deutschen Opfer des Zweiten Weltkrieges zu gedenken.

Die *Frankfurter Allgemeine Zeitung*, das ZDF, Alfred Dregger – diese nicht nur zufällige Reihung bezeichnet die Chancen und Grenzen eines rechtskonservativen politischen Projekts. Die Neue Rechte will ihren für sie legitimen Ort in einer pluralistischen Kultur einklagen und zugleich die Chance gewinnen, früher oder später die Politik in Staat und Gesellschaft mitzugestalten. Argumentiert wird mit der nach dem Ende des Kalten Krieges vermeintlich notwendig gewordenen Umgruppierung der politischen Fronten, mit der (scheinbar) unabdingbaren Rehabilitierung einer jeden Form des Antikommunismus, beerbt wird das linke Schlagwort von der «Streitkultur» mit der Forderung nach einem «echten politischen Pluralismus», der sich wider alle Formen der politischen Korrektheit wendet und leidenschaftlich für einen sogenannten «antitotalitären Konsens» eintritt.

Diese Strategie war bisher erfolgreich – die Neue Rechte gehört unterdessen jedenfalls so weit zur Normalität des wiedervereinigten Deutschland, daß Hinweise auf den Ruin des Rechtskonservativismus in seinem Bündnis mit dem Nationalsozialismus zur Zeit des deutschen Faschismus immer weniger akzeptiert werden. Wieweit diese im Bereich der politischen Kultur eingeleitete Akzeptanz tragen wird, ist nicht absehbar. Das politische Projekt dieser Neuen Rechten besteht darin, die FDP zu einer «nationalliberalen» Partei im Stil der «F Bewegung» Jörg Haiders im benachbarten Österreich umzubauen, beginnend mit dem Berliner Landesverband, bei dem sie ein Drittel der Mitglieder stellt. Die bisherigen Versuche, unter Führung des ehemaligen Generalbundesanwaltes von Alexander von Stahl, wenigstens in Berlin Mehrheiten für dieses Projekt zu gewinnen, sind bisher – wenn auch mit von Mal zu Mal wachsenden Stimmanteilen – gescheitert. Ob und wieweit sich die Mitgliedschaft des FDP schließlich der Notwendigkeit des institutionellen Überlebens der Partei soweit beugen wird, daß sie über sozialpolitisch rechts stehende Entsolidarisierungsforderungen hinaus nationales Gemeinschaftsgefühl mit antieuropäischer Rhetorik verbindet, haben die innerparteilichen Entwicklungen nach den Landtagswahlen des Jahres 1996 gezeigt. Die Rechte jedenfalls fühlt sich verstanden.

... und sein heimlicher Vordenker

All diese Versuche einer kleinen Gruppe rechter Intelligenz, Aufsehen zu erregen, kulturelle Hegemonie zu erringen und beides in Wählerstimmen umzumünzen, haben auf den ersten Blick nichts mit dem von Deborah Lipstadt behandelten Thema, den Holocaust-Leugnern, zu tun. Im Gegenteil – der Reputation und Anerkennung heischende Rechtskonservativismus hat es auf nichts anderes angelegt, als die diskreditierende Verbindung zum Nationalsozialismus zu lösen – ein Versuch, bei dem er jedoch auf ein unauflösbares Dilemma stößt:

Wenn der deutsche Nachkriegskonservativismus alle Bezüge zum historischen Nationalsozialismus kappt, müßte er sich konsequenterweise sowohl von dessen Antikommunismus, seinem Nationalismus als auch von seinen Bezügen auf die deutsche Wehrmacht lösen. Damit würden ihm wesentliche Elemente des auch noch heute gültigen Selbstverständnisses abhanden kommen. Unter Berufung auf den katholischen Widerstand sind derlei Versuche nach dem Krieg in der CDU im Geist eines den Nationalstaat überwindenden christlichen Abendlandes immer wieder gemacht worden.

Es hat sich freilich, spätestens seit der «Historikerstreit» genannten Auseinandersetzung mit den Thesen Ernst Noltes aus dem Jahr 1986 über den wesentlich antikommunistisch-reaktiven Charakter der nationalsozialistischen Judenvernichtung, gezeigt, daß ein die nationale Frage ausklammernder Konservativismus den Ansprüchen der Rechten in der alten Bundesrepublik nicht genügte. Vielmehr bestand die Attraktivität der Thesen Ernst Noltes darin, die Totalitarismuskritik der Abendlandideologie mit einer Rehabilitation des deutschen Nationalismus derart zu verbinden, daß all jenen Nationalkonservativen der Weimarer Zeit, die aus taktischen oder strategischen Gründen Hitler und seine Vernichtungspolitik unterstützten, Verständnis entgegengebracht wurde. Indem Nolte immer wieder die seiner Meinung nach nicht nur verständliche, sondern auch der Sache nach ganz und gar berechtigte Vernichtungsangst des deutschen Bürgertums vor den Bolschewiki als letzte Ursache von Nationalsozialismus und Judenvernichtung herausstellt, kann er im Endeffekt gar nicht anders, als den nationalsozialistischen Antisemitismus billigend zu verstehen.[2] In diesem Zusammenhang sieht sich Nolte spätestens seit 1980 genötigt, auf die nazistisch eingefärbte geschichtsrevisionistische Literatur einzugehen. 1987 plädierte Nolte schließlich offen für eine Berücksichtigung revisionistischer Literatur. Nach einem Hinweis auf eine beachtliche Anzahl vor allem ausländischer Autoren – unter anderem den von Lipstadt ausführlich untersuchten Faurisson –, dem er unterstellt, sich selbst zu widerlegen, pointiert Nolte:

«Gleichwohl stände es um die etablierte Literatur besser, wenn sie sich mit den Auffassungen dieser Autoren, soweit sie nicht offensichtlich unbegründet sind, sachlich auseinandersetzte, statt immer bloß von ‹Rechtsradikalen› zu sprechen. So sind nicht nur gegen das Protokoll, sondern sogar gegen die Tatsache der Wannseekonferenz ernste Zweifel vorgebracht worden, die meines Wissens nirgends in der Literatur gründlich erörtert werden... Aber es bleibt beklagenswert, daß die elementarste Regel der Wissenschaft ‹Audiatur et altera pars ...› in der etablierten Literatur so weitgehend außer Kraft gesetzt zu sein scheint.»[3]

Noltes Wille zur historischen Objektivität ist dann immerhin so groß, einer Geschichtsschreibung aus der Perspektive der Opfer begreifliche Motive zuzubilligen:

«Die Literatur über die ‹Endlösung› stammt zum weit überwiegenden Teil von jüdischen Autoren. Sie ist daher begreiflicherweise ganz auf ein einfaches ‹Täter-Opfer-Schema› fixiert; insofern zweifellos mit Recht, als die Initiative Hitlers bzw. des Nationalsozialismus hinsichtlich der Juden außer Zweifel steht, nicht erst seit 1939, und weil die ‹Judenräte› tatsächlich ein hohes Maß an Kooperationsbereitschaft an den Tag legten. Aber andere Aspekte geraten dadurch leicht aus dem Blick...» Um welche Aspekte es sich dabei handelt, wird einige Zeilen später preisgegeben: *«Es sollte also, weil der Begriff des ‹jüdischen Bolschewismus› unrichtig ist, das*

starke Engagement vieler Juden für die Sache des Kommunismus während des Krieges nicht in Abrede gestellt werden.»[4]

Das 1987 vor allem in Fußnoten entfaltete Bemühen, dem Revisionismus Gerechtigkeit widerfahren zu lassen, wird in Noltes letzter größerer Publikation zu dieser Thematik, den erstmals 1993 erschienenen «Streitpunkten», zu einem eigenen Kapitel. Hier meint Nolte trotz einer späteren, abschließenden Ablehnung der Revisionisten, die ihm nichts anderes sind als das Gegenstück zu der von ihm als «etabliert» bezeichneten seriösen Forschung, daß eine Gleichsetzung der einschlägigen Literatur mit dem apologetischen «Altnationalsozialismus» an der Sache vorbeigehe:

«Eine solche Gleichsetzung wäre jedoch irreführend; denn dieser radikale Revisionismus ist weit mehr in Frankreich und in den USA begründet worden als in Deutschland, und es läßt sich nicht bestreiten, daß seine Vorkämpfer sich in der Thematik sehr gut auskennen und Untersuchungen vorgelegt haben, die nach Beherrschung des Quellenmaterials und zumal in der Quellenkritik diejenigen der etablierten Historiker in Deutschland vermutlich übertreffen.»[5]

Noltes verschlungene Argumentation nimmt die Ansichten der Revisionisten zunächst auf, um sie dann insgesamt abzulehnen, ja er hält ihnen sogar eine Fixierung auf die «Endlösung» vor, ohne ihre inhaltlichen Meinungen zu negieren. Das gipfelt in der Behauptung, daß das Bestreiten *«von so etwas wie ausgedehnten Vernichtungsmaßnahmen gegen Juden, Zigeuner, Geisteskranke und Slawen zwar einerseits eine Eigentümlichkeit von Verrückten sei, daß aber die Fragen nach der Zuverlässigkeit von Zeugenaussagen, der Beweiskraft von Dokumenten, der technischen Möglichkeit bestimmter Vorgänge, der Glaubwürdigkeit von Zahlenangaben, der Gewichtung der Umstände nicht nur zulässig, sondern wissenschaftlich unumgänglich»* seien, so daß *«jeder Versuch, bestimmte Argumente und Beweise durch Totschweigen oder Verbote aus der Welt zu schaffen; ... als illegitim gelten»*[6] müsse.

Besser als es die radikalen Revisionisten selbst vermochten, hat Nolte damit einerseits die Schwachstelle liberaler Gesellschaften – ihr Bekenntnis zu Meinungs- und Wissenschaftsfreiheit – getroffen und ihnen andererseits den Weg aus der Beschränkung nazistischer

Sekten bereitet. Dabei scheut er sich nicht einmal, Stellung in der Auseinandersetzung zwischen dem Holocaust-Leugner und Gaskammerhersteller, dem amerikanischen Ingenieur Fred Leuchter, und dem ehemaligen, sich inzwischen eines Besseren besinnenden Revisionisten Jean Claude Pressac bezüglich der Frage, ob in Auschwitz Juden vergast wurden, zu beziehen: *«Aber das letzte Wort ist bei den Auseinandersetzungen zwischen den technischen Experten noch längst nicht gesprochen...»*[7]

Noltes Ausführungen haben 1993 immerhin dazu geführt, daß ihm jenes Publikationsorgan, das ihm bis zu diesem Zeitpunkt in guten wie in bösen Tagen die Treue gehalten hatte, nämlich die *Frankfurter Allgemeine Zeitung*, die Gefolgschaft aufkündigte. Gleichwohl sollte die nur auf den ersten Blick skeptische Annäherung Noltes an den radikalen Revisionismus in ihrer Bedeutung nicht unterschätzt werden, stellt sie doch – jedenfalls in Deutschland – genau jene Brücke dar, auf der bürgerliche Rechtskonservative, die aus Reputationsgründen die Schmuddelecke des Neonazismus meiden, ein Weltbild gewinnen und propagieren können.

Grau- und Braunzonen

Dabei spielt die Frage des vor Jahren von dem christlich konservativen Philosophen Günther Rohrmoser erhobene und von Franz Schönhuber aufgenommene Forderung nach einer «Intellektualisierung der Rechten» eine herausgehobene Rolle. Daß die rechte Intelligenz im Gefolge der Vereinigung, einer Erschöpfung linker Gesellschaftskritik zugunsten konservativer Kulturkritik – etwa bei Botho Strauß – und angesichts der Debatten über die Währungsunion und die Krise des Sozialstaats mindestens in den Medien an Boden gewonnen hat, wurde angedeutet. Ob und wieweit sich diese Tendenz zu der Möglichkeit eines aggressiven Nationalismus verdichtet, wird sich schließlich an der Haltung der rechten Intelligenz zur nationalsozialistischen Vergangenheit Deutschlands sowie zum Nationalsozialismus als politischem Programm entscheiden. Die sich selbst als repräsentativ einstufende Sammelveröffentlichung

«Die selbstbewußte Nation»[8] weist jedenfalls in dieser Hinsicht ein weites Spektrum auf, das von der heftigen Einrede des Dichters Hartmut Lange wider jede Blut- und Boden-Romantik bis zu Bekenntnissen des Philosophen Bergfleth zum Erlösungswerk an der nordischen Natur reicht. Dieses Spektrum weist Strategien nationalneutralistischer Außenpolitik ebenso auf wie – im Falle des Berliner Philosophen Reinhard Maurer – die Behauptung, daß Sozialismus und Faschismus ernst zu nehmende Versuche seien, fundamentale Probleme im Spannungsfeld von Individuum-Gemeinschaft anzugehen. Daß in diesem Zusammenhang der Hinweis auf «Auschwitz» als Hemmnis deutschen Selbstbewußtseins nicht fehlen darf, versteht sich von selbst.

Damit steht die Frage nach dem faschistischen Potential innerhalb der deutschen Intelligenz auf der Tagesordnung. Die Öffentlichkeit hat sich spätestens seit den Brandanschlägen von Rostock-Lichtenhagen, Hoyerswerda, Mölln und Solingen daran gewöhnt, den Neonazismus vor allem als ein Phänomen unter jungen, in aller Regel sozial benachteiligten Männern zu sehen. Kriminologische Untersuchungen haben diese Ansicht – zumindest was die nazistisch motivierten Gewalttäter betrifft – eindrucksvoll bestätigt.[9] Im Vergleich mit der außerordentlich guten Forschungslage hier gibt es indes wenige oder keine Erkenntnisse über neonazistische Dispositionen im akademischen Bereich. Die wohl zuverlässigste Studie zur Sozialgraphie von Rechtswählern im allgemeinen ergibt bei den sich selbst als Oberschichtangehörige verstehenden Personen eine Selbsteinstufung von 1 Prozent als Rechtswähler.[10] Neuere Untersuchungen haben zudem ergeben, daß der Autoritarismus auch unter Gymnasiasten zwischen 1979 und 1991 im Vergleich zu den auf 1968 folgenden Jahren wieder zugenommen hat.[11] Ein genauerer Blick auf die deutschen Studenten zeigt schließlich, daß sich dort – allen Erwartungen zum Trotz – ein zu rechtsextremen Einstellungen disponiertes Potential auszubilden beginnt.

Alex Demirovic und Gerd Paul vom Frankfurter Institut für Sozialforschung haben schon 1994 die bisher zugänglichen Erkenntnisse zu dieser Frage in einem kurzen Aufsatz zusammengetragen und darüber hinaus ein eigenes Forschungsvorhaben begonnen.

So hat das Flaggschiff der rechten, publizistischen Intelligenz, die in Potsdam erscheinende Wochenzeitung *Junge Freiheit*[12] wahrscheinlich eine Auflage von etwa 20000 Exemplaren. Die Leserschaft besteht fast ausschließlich aus Männern, von denen mehr als fünfzig Prozent zwischen dreißig und vierzig Jahre alt sind. Mehr als zwei Drittel besitzen Abitur oder einen Universitätsabschluß, immerhin fünfzehn Prozent geben an, in leitender Stellung tätig zu sein. Die einschlägigen Tätigkeitsbereiche sind Dienstleistungen, Schule und Bildung, Industrie, Forschung und Medien. Da rechtsextremistische Parteienverbände wie etwa der «Republikanische Hochschulverband» oder der «Ring freiheitlicher Studenten» zahlenmäßig nicht ins Gewicht fallen, bleiben als erhebliches Potential für eine akademisch gebildete rechte Intelligenz vor allem die Burschenschaften. Die in dieser Hinsicht eindeutige Deutsche Burschenschaft hatte 1993 2700 aktive Mitglieder und rund 13000 sogenannte «Alte Herren».

Vor diesem Hintergrund lassen sich repräsentative Untersuchungen zur allgemeinen politischen Haltung von Studenten aus den achtziger Jahren deuten. 1984/85 fanden sich sechs Prozent Befragte, die demokratische Verfassungswerte nicht bejahten. Zugleich nahm sowohl das allgemein politische als auch das spezifisch hochschulpolitische Interesse aller Befragten im Vergleich zu den Vorjahren deutlich ab, wenngleich immer noch mehr als die Hälfte angab, sich für allgemeine politische Fragen zu interessieren. Einem guten Drittel sich als links verstehender Studenten standen damals fünf Prozent sich ausdrücklich als rechts oder rechtsextrem bezeichnender Befragter gegenüber. Diese Tendenz besteht bei leichter Abnahme des allgemeinen politischen Interesses und einem deutlichen Rückgang bei hochschulpolitischen Interessen bis zu Beginn der neunziger Jahre weiter. Die Marburger Studie «Student 92» berichtete von einer Ablehnung nationalkonservativer Politik durch 96 Prozent aller Befragten und einem Gefühl der Bedrohung durch den Rechtsextremismus bei 65 Prozent der Befragten. Handlungsbereitschaft folgt daraus allerdings nicht. Allenfalls 7 Prozent sind bereit, in Parteien mitzuarbeiten, 14 Prozent würden sich in Bürgerinitiativen engagieren.

Diesen Ergebnissen entspricht die Hypothese von einem wachsenden politischen Vakuum unter im allgemeinen demokratischen, aber politisch apathischen Studenten, das von rechtsextremen Einflüssen aufgefüllt werden könnte. Die auf dieser Hypothese basierende Vorstudie von Demirovic und Paul[13] ergab nach wie vor überwiegende Sympathien für SPD und Grüne, weniger für FDP und PDS. Hohe Werte waren zudem bei Zustimmungen für Expertokratien und inkonsistenten Befürwortungen von «Führungseliten» zu verzeichnen. Gleichermaßen fand die Formel von der Sicherung einer stabilen Wirtschaft durch einen starken Staat eine leicht überdurchschnittliche Zustimmung. Die Meinung, soziale Unterschiede könnten ganz abgebaut werden, wird kaum noch unterstützt. Auf der Basis weiterer Befragungen und einiger qualitativer Untersuchungen können Demirovic und Paul abschließend die Vermutung erhärten, daß der immer stärkere Leistungsdruck den herrschenden linksliberalen Hintergrundkonsens im Bewußtsein der Studierenden zu einem bloßen Lebensstilelement umformen werde, das mit den harten Notwendigkeiten einer Leistungsgesellschaft für unvereinbar gehalten wird. Eine neurechte Ideologie, die in diesen Zusammenhängen mit Annahmen über angeborene Ungleichheiten, starken Institutionen, effizienten Exekutiven und einer systematischen Bevorzugung eigener Staatsbürger in Zeiten weltwirtschaftlicher Ungewißheiten operiert, könnte demnach den noch vorherrschenden linksliberalen Konsens schnell und bald verdrängen.

Die innere Nähe von Rechtskonservativismus und Revisionismus

Gleichwohl geben die gegenwärtigen Befunde zu Häufigkeit und Intensität rechtsextremistischer Haltungen und Handlungsbereitschaften unter Studierenden derzeit keinen Anlaß zu Aufgeregtheit oder gar Angst. Ein Anlaß zur Nachdenklichkeit sind sie allemal.

Rechtsextremismus oder auch nur Nationalpopulismus sind in Deutschland nach wie vor wegen der nationalsozialistischen Vergangenheit diskreditiert: im Unterschied etwa zu den USA, wo unter republikanisch gesinnten weißen Männern rassistische Haltungen angesichts von Gleichstellungsprogrammen und angesichts des trotz der Sozialhilfe größer werdenden Elends eines Teils der schwarzen Bevölkerung zunehmen; im Unterschied auch zu Frankreich, wo eine rechtsextremistische Partei wie Le Pens Front National mit etwa 15 Prozent der Wählerstimmen, also als kleine Volkspartei, in der Nationalversammlung vertreten ist; im Unterschied auch zu Österreich und Italien, wo rechtspopulistische Parteien immer mal wieder kurz in oder vor der Regierungsbeteiligung stehen. Daß sich diese Diskreditierung auf das zunächst von Intellektuellen und Intelligenzlern öffentlich artikulierte Geschichtsbild auswirkt ist ebensowenig zu bestreiten wie die daraus folgende Strategie der rechten Intelligenz, den Nationalsozialismus und seine Verbrechen zu relativieren. Diese Strategie ist jedenfalls dann zwingend, sofern sie eine Politik anstrebt, die mehr als nur radikalen Marktliberalismus auf ihre Fahnen geschrieben hat. Dabei ist etwa der beschriebene Versuch von Ernst Nolte bedeutsam, die im Nationalsozialismus diskreditierte Rolle der deutschen bürgerlichen Rechten zu rehabilitieren. Daß dabei kein Weg an einem gewissen Geschichtsrevisionismus vorbei führt, sollte ebenfalls deutlich geworden sein. Der Holocaust hat die nationale deutsche Rechte so vollständig diskreditiert, daß das Projekt eines neuen deutschen Nationalismus den Holocaust relativieren muß, um diese Diskreditierung zu überwinden. Daß eine Erneuerung des nationalkonservativen Projekts aus dem Geist des Widerstandes gegen Hitler wegen des Holocaust nicht zureicht, hat sich sowohl in der Debatte um die nicht geringe Judenfeindschaft in Kreisen des 20. Juli als auch in der militärgeschichtlichen Forschung gezeigt, die die integrale Beteiligung der als nationalkonservativer Ordnungsfaktor geschätzten Wehrmacht am Holocaust hervorgehoben hat.[14]

Das bedeutet nicht, daß alle Verfechter eines national- oder rechtskonservativen Projekts letzten Endes Holocaust-Leugner oder Antisemiten sind, wohl aber, daß sie die historisch unbestreitbare Diskreditierung des deutschen Konservativismus in irgendeiner Form rückgängig machen müssen. Dabei ist der Rückgang auf die Geschichte wiederum keineswegs zwingend, im Rahmen einer konservativen Strategie, die nationales Selbstbewußtsein gerade in seiner Kontinuität wahren will, jedoch unvermeidbar. Ohne daß also die nationalkonservative Politik an und für sich revisionistisch sein müßte oder ihre einzelnen Vertreter die industrielle Massenvernichtung gar leugnen wollten, eignet diesem Projekt konstitutiv eine Neigung zur Geschichtsrevision, mindestens aber zur Relativierung. Es geht also um eine Haltung, die Jean-Marie Le Pen mit seiner Aussage, der Holocaust sei nur ein Detail im Zweiten Weltkrieg gewesen, am deutlichsten verkörpert. Diese Aussage, die zwar keine Leugnung, wohl aber eine moralische Wertung enthält, hat Karlheinz Weissmann in seinem Buch «Der Weg in den Abgrund» entfaltet.

Die von Deborah Lipstadt sorgfältig dokumentierten und widerlegten Meinungen der Geschichtsrevisionisten gewinnen in diesem Kontext eine andere Bedeutung als aus dem Blickwinkel von Verfassungsschützern, die sich nur für platte Leugnungen und Schmähungen interessieren. Die verfassungsmäßigen National- und Rechtskonservativen sind auf Reputation, öffentliche Anerkennung im Rahmen eines immer wieder beschworenen «antitotalitären Konsenses» und auf Gesprächsfähigkeit angewiesen. Aus der von Deborah Lipstadt in ihrem Buch vorgeschlagenen Perspektive wird verständlich, warum es ihnen wahrscheinlich nicht gelingen wird, sich vom extremistischen Rand eines «lunatic fringe» (Ernst Nolte), von Holocaust-Leugnern und neonazistischen Sekten ganz fernzuhalten.

Um die historische Kontinuität des nationalkonservativen Projekts auch angesichts des Judenmordes behaupten zu können, müssen nämlich entweder an der Tatsache dieser Mordtaten Zweifel gehegt oder ihre Ausmaße zu anderen Mordtaten in Vergleich gesetzt bzw. im Sinne Noltes verständlich gemacht werden. Aus dieser systematischen Notwendigkeit erklären sich dann auch die Beziehungen zwischen national- und rechtskonservativen sowie neonazistischen Gruppierungen, die über das Scharnier einer intellektuell ambitionierten Neuen Rechten, die sich vor allem an französischen Vorbildern orientiert, miteinander verbunden sind. Anders als die Schüler Ernst Noltes, die gegenwärtig den Nationalsozialismus als ein nicht-demokratisches Modernisierungsprogramm und dessen Antisemitismus als Abwehrreflex des von den Bolschewiki im Weltbürgerkrieg bedrohten Bürgertums verstehen, bewertet die völkisch gesinnte Neue Rechte die Ideologeme des Nationalsozialismus einschließlich seines Rassismus als in sich stimmige und wertvolle, allenfalls zeitgemäß zu reformulierende politische Programme.

In den Seminaren des Thulekreises und den Mailboxen der neonazistischen Splittergruppen wird der Nationalsozialismus bzw. der Gedanke einer völkischen Politik, neu formuliert und erlebt, im Gewand des «Ethnopluralismus» als Forderung des Tages seine Auferstehung.[15] Besteht zwischen nationalkonservativen Modernisierungstheoretikern, die Hitler gleichsam von «rechts» kritisieren, und völkischen Ideologen, die den historischen Nationalsozialismus nach wie vor für ein unabgegoltenes Programm halten, ein Zusammenhang?

Der Tübinger Grabert Verlag – 1963 gegründet von Herbert Grabert, einem seinerzeit aktiven Mitglied der neuheidnischen, nationalsozialistischen Deutschen Glaubensbewegung –, verlegt eine Reihe auch von Nolte positiv erwähnter, von Deborah Lipstadt in ihrer Verlogenheit analysierten revisionistischer Werke, u. a. Wilhelm Stäglichs «Auschwitz-Mythos» und David L. Hoggans «Der erzwungene Krieg». In diesem Verlag erschien 1994 das von Germar Rudolf unter dem Pseudonym «Ernst Gauss» herausgegebene Buch «Grundlagen zur Zeitgeschichte – ein Handbuch über strittige Fragen des 20. Jahrhunderts». Germar Rudolf, ein Chemiker und von Nolte geschätzter Revisionist, wechselte von der Jungen Union zum republikanischen Hochschulverband und war zeitweise Mitglied der Redaktion der *Jungen Freiheit*.[16] Die *Junge Freiheit* wirbt ihrerseits im völkischen «Thule»-Mailboxnetz, wo sie immerhin versucht, für eine Distanzierung von den von ihrem Redakteur Stein nicht bezweifelten Verbrechen des Nationalsozialismus an den europäischen Juden zu werben.[17] Die um Reputation bemühte *Junge Freiheit* bietet in ihren Anzeigen und in ihrem Buchdienst immer wieder Bücher des revisionistischen Grabert Verlages und seiner Tochter, des «Hohenrainverlages», an – das läßt nur den Schluß zu, daß bei aller scheinbar kritischen Auseinandersetzung mit dem Revisionismus dessen Beiträge im Rahmen eines «Pluralismus der Rechten» zunächst einmal ernst genommen und respektiert werden. Damit hat zumindest ein Teil der nationalkonservativen Intelligenz die Neonazis und ihre Literatur anerkannt. Es wäre im übrigen verwunderlich, wenn die jüngere Neue Rechte ihrem Mentor Ernst Nolte in dieser Frage die Gefolgschaft aufgekündigt hätte.

Das liberale Dilemma

Die verwirrende Unübersichtlichkeit des Spektrums von der völkischen Neuen Rechten bis hin zu nationalkonservativen Zirkeln in CDU/CSU und FDP sowie die strafrechtliche Sanktionierung der Holocaust-Leugnung nach § 130 StGB haben hierzulande zu einer gewissen Verunsicherung geführt. Sind diese Gruppierungen und ihre Machwerke überhaupt eine so große Aufmerksamkeit wert? Müssen nicht gerade jene, die gegen jede Einschränkung von Freiheitsrechten und gegen jeden autoritären Umbau der demokratischen Gesellschaft einstehen, paradoxerweise auch für die Meinungsfreiheit der Holocaust-Leugner eintreten? Müssen sich Lehrerinnen und Lehrer, wenn ihnen im Unterricht derartige Behauptungen entgegengehalten werden, allen Ernstes darum bemühen, sie sachlich zu entkräften, anstatt sie einfach als unsinnig zurückzuweisen? Hat es eine liberale Gesellschaft überhaupt nötig, die historische Wahrheit und die Wahrheit der historischen Forschung unter den Schutz des Strafrechts zu stellen? Oder, wenn es um all das nicht geht – ist der Ehrenschutz, genauer gesagt die Würde der Überlebenden der nationalsozialistischen Massenvernichtung letztlich ein höheres Rechtsgut als die Meinungsfreiheit?

Deborah Lipstadts Buch, geschrieben aus der Perspektive eines Landes, in der die Meinungsfreiheit praktisch überhaupt nicht, im Prinzip nur dann beschnitten werden könnte, wenn eine Äußerung nachweislich eine unmittelbare und klare Gefährdung von Leib und Leben oder der öffentlichen Sicherheit darstellt, mag helfen, zu diesen Fragen eine distanzierte und gelassene Haltung einzunehmen.

Lipstadts Darstellung zeigt, daß die «radikalen Revisionisten» einen Januskopf tragen. Während sie einerseits eine beleidigende und bedrohliche Gruppe von Antisemiten und fanatischen Nationalsozialisten darstellen, sind sie doch andererseits lediglich eine verquere Sekte von Querulanten, die nie und nimmer die öffentliche Aufmerksamkeit erregt hätten, träten sie mit gleicher Verve für die Verbreitung der Meinung ein, daß die Landung der USA auf dem Mond 1969 lediglich ein von der US-Regierung im Studio inszenierter Schwindel gewesen sei. Daß es sich bei den «Radikalen Revisionisten» – unter ihnen Fred Leuchter und sein «Report», den Ernst Nolte ebenso ernst nimmt wie den in Kanada lebenden Ernst Zündel[18] – um geradezu klinische Paranoiker handelt, zeigt dessen weitere Publikationspraxis. Ein von Zündel selbst verfaßtes, über seinen kanadischen Versanddienst abrufbares und über eine Reihe einschlägiger Videos optisch aufbereitetes Buch heißt «Hitler am Südpol» und vertritt die These, daß sich Hitler gegen Ende des Krieges an den Südpol in dort vorbereitete Bunkeranlagen geflüchtet habe. Die entsprechenden, vor allem von österreichischen Neonazis gedrehten Videos behaupten darüber hinaus, daß die zur Zeit des Kalten Krieges und später immer wieder beobachteten UFOs nichts anderes als letzte Varianten einer von NS-Deutschland entwickelten Geheimwaffe seien und daß sogar einige dieser UFOs den Mars erreicht hätten und dort gestrandet wären.

Insofern sind die radikalen Revisionisten eher ein Fall für Sektenforschung, Psychopathologie und Religionssoziologie als für den Verfassungsschutz. Freilich verschwimmen die Grenzen von spinnigem Querulantentum und wissenschaftlich bemäntelter Ideologie allzu leicht. Von besonderem wissenschaftshistorischem und geistesgeschichtlichem Interesse ist Lipstadts Nachweis, wie jedenfalls in den USA, derlei Weltanschauungen aus einer zunächst durchaus seriösen, politisch neutralistisch eingestellten, anerkannten akademischen Schule herrühren.

Zu ihr gehören der auch hierzulande ob seiner materialistischen Kritik an der US-amerikanischen Verfassung viel gelesene Charles Beard, vor allem aber der bekannte Historiker Harry Elmer Barnes, der sich schon nach dem Ersten Weltkrieg um den Nachweis bemühte, daß keineswegs nur das deutsche und österreichische Kaiserreich die Verantwortung für den Beginn des Ersten Weltkrieges zu tragen hätten. In allen Fällen handelte es sich um akademische Historiker, die sich aus unterschiedlichen, mal pazifistischen, mal isolationistischen Motiven heraus gegen den Eintritt der USA in den Ersten bzw. Zweiten Weltkrieg wandten. Am Ende dieser Tradition steht leider der weltbekannte Linguist Noam Chomsky, der sich aus seinem radikalen Antiimperialismus heraus zeitweilig für den französischen Holocaust-Leugner Robert Faurisson einsetzte.

Wenn diese Art der Holocaust-Leugner etwas auszeichnet, dann ist es – und auch hier wäre wieder die Sektensoziologie zuständig – ein immer wieder auftretendes Deutungsmuster, das vor allem ein angeblich widerwillig erfahrenes Bekehrungserlebnis durch unbezweifelbare Fakten oder nicht stillende Zweifel in den Mittelpunkt rückt sowie der scheinliberale Anspruch, doch wenigstens eine sachliche Debatte über ein wichtiges Thema eröffnen zu sollen.

Insbesondere dieser Anspruch – und hier dürften auch hierzulande noch am ehesten Einbruchstellen unter der rechten, akademischen Intelligenz zu erwarten sein – sorgte und sorgt unter nicht wenigen US-amerikanischen Studenten für eine erhebliche Verwirrung. Bisweilen sehen sich radikalliberale Redaktionen von Studentenzeitschriften bemüßigt, den oft subkulturell und esoterisch auftretenden Leugnern um der Meinungs- und Pressefreiheit, um der fairen Verteilung von Mitsprachemöglichkeiten willen, die Seiten ihrer Blätter zu öffnen. Gerade daran wird deutlich, wie sehr Zündel, Leuchter, Faurisson und andere mit sicherem Gespür die verwundbarste Stelle liberaler Demokratien getroffen haben. Daran zeigt sich aber zugleich, daß der bundesdeutsche Weg, sich dieses Problems auf dem allzubequemen Weg des Strafrechts zu entledigen, in die Irre führt. Am Ende werden liberale Demokratien denn doch nur durch die glaubhafte Befolgung ihrer eigenen Prinzipien langfristig auch bei jenen Unterstützung finden, die diese Prinzipien zwar mittragen, aber gegenüber den Institutionen, die diese Prinzipien tragen, skeptisch sind.

An Deborah Lipstadts Studie läßt sich lernen, daß rationale Argumentation, kritische Analyse und eine geduldige Auseinandersetzung auch mit Meinungen, die tatsächlich gefährlichen Unsinn darstellen, noch immer der beste Weg sind, historische Sensibilität für die Opfer der nationalsozialistischen Massenvernichtung zu dokumentieren und politische Verantwortung zu übernehmen.

Wenn das Bildungssystem der Bundesrepublik Deutschland der historisch verantwortlichen Auseinandersetzung mit dem Nationalsozialismus ebensoviel Zeit und Mühe schenkte wie dem Arbeiten mit Logarithmen oder trigonometrischen Formeln, dann wären die Holocaust-Leugner tatsächlich nicht mehr als eine Gruppe von Spinnern. Eine Gesellschaft freilich, die einen Teil der

Auseinandersetzung mit ihrer eigenen Vergangenheit an das Strafrecht delegiert, hat sich zu Recht vor der Wiederkehr des Verdrängten zu fürchten.

Anmerkungen

1. W. Bergmann/R. Erb, «Wie antisemitisch sind die Deutschen? Meinungsumfragen 1945–1994», in: W. Benz (Hg.) *Antisemitismus in Deutschland*, München 1995, S. 47–63; J. Falter, *Wer wählt rechts? Die Wähler und Anhänger rechtsextremistischer Parteien im vereinigten Deutschland*, München 1994
2. E. Nolte, *Streitpunkte. Heutige und künftige Kontroversen um den Nationalsozialismus*, Berlin 1993, S. 394, 396, 416
3. a. a. O., S. 593
4. a. a. O., S. 593
5. a. a. O., S. 304
6. a. a. O., S. 308
7. a. a. O., S. 316
8. H. Schwilk/U. Schacht (Hg.) *Die selbstbewußte Nation, «Anschwellender Bocksgesang» und weitere Beiträge zu einer deutschen Debatte*, Berlin 1994
9. H. Willems u. a., *Fremdenfeindliche Gewalt. Einstellungen, Täter, Konflikteskalation*, Opladen 1993
10. Falter a. a. O., S. 72
11. G. Lederer/P. Schmidt (Hg.), *Autoritarismus und Gesellschaft, Trendanalysen und vergleichende Jugenduntersuchungen von 1945–1993*, Opladen 1995, S. 131
12. J. Wippermann, «Die ‹Junge Freiheit›. Blockadebrecher der ‹Neuen Rechten›?», in: R. Faber/H. Funke (Hg.), *Rechtsextremismus – Ideologie und Gewalt*, Berlin 1995, S. 163–177
13. A. Demirovic/G. Paul, «Eliten gegen die Demokratie – Studierende zwischen demokratischem Selbstverständnis und rechtsextremen Ideologien», in: Institut für Sozialforschung (Hg.), *Rechtsextremismus und Fremdenfeindlichkeit – Studien zur aktuellen Entwicklung*, Frankfurt/M., New York 1994, S. 59–89
14. C. Dipper, «Der Widerstand und die Juden», in: J. Schmädeke/P. Steinbach (Hg.), *Der Widerstand gegen den Nationalsozialismus*, München 1986, S. 598–616; H. Krausnick, *Die Truppen des Weltanschauungskrieges*, Frankfurt/M. 1985

15. F. P. Heller/A. Maegerle (Hg.), *Thule – Vom völkischen Okkultismus bis zur Neuen Rechten*, Stuttgart 1995; B. Schröder, *Neonazis und Computernetze – Wie Rechtsradikale neue Kommunikationsformen nutzen*, Reinbek 1995
16. Heller/Maegerle, a. a. O., S. 128
17. Schröder a. a. O., S. 158
18. Nolte a. a. O., S. 465

Vorwort

Als ich mich mit dem Phänomen der Holocaust-Leugnung zu beschäftigen begann, begegnete ich häufig seltsamen Blicken und ungläubigen Fragen: «Nehmen Sie die Leute etwa ernst?» – «Warum vergeuden Sie Ihre Zeit mit diesen Wahnsinnigen?» Die Reaktion auf meine Absicht, ein Buch über das Thema zu schreiben, wäre nicht stärker ausgefallen, wenn ich angekündigt hätte, mich mit jenen auseinanderzusetzen, nach deren Theorie die Erde eine Scheibe ist.

Die Situation hat sich seither dramatisch verändert. Leider brauche ich niemanden mehr von der Wichtigkeit dieser Arbeit zu überzeugen. Vielmehr erkundigen sich mittlerweile diejenigen, welche damals meine Wahl des Themas in Frage stellten, wann das Buch erhältlich sein wird. Die Aktivitäten der Holocaust-Leugner haben in jüngster Vergangenheit ein gesteigertes Interesse an ihnen bewirkt, was meiner Arbeit unvorhergesehene Bedeutung verleiht. Ich freue mich nicht, daß ich niemanden mehr davon überzeugen muß, wie berechtigt eine Beschäftigung mit diesem Thema ist. Im Gegenteil, ich wünschte mir, wir könnten uns weiterhin den Luxus der Frage erlauben, ob wir jene Leute ernst zu nehmen haben. In Anbetracht des entsetzlichen Schadens, den sie anrichten können, wäre es mir wesentlich lieber gewesen, irgendeiner obskuren Theorie statt einer Angelegenheit nachzugehen, die mittlerweile zu solcher Bedeutsamkeit angewachsen ist.

Die Arbeit war ein schwieriges Unterfangen, weil ich mich gelegentlich genötigt sah, Dinge zu beweisen, von denen ich weiß, daß sie der Wahrheit entsprechen. Ich mußte mich beständig davor in acht nehmen, nicht versehentlich in eine Debatte hineingezogen zu werden, die keine Debatte ist, in einen Streit, der kein Streit ist. Eine ärgerliche und mitunter schmerzliche Aufgabe, die zu bewältigen ohne die Hilfe und Rückenstärkung einer Reihe von Menschen unmöglich gewesen wäre. Ohne sie wäre ich diesem Sumpf nicht entronnen. Freunde und Kollegen lasen das Manuskript oder Teile davon und erzählten mir ihre Eindrücke. Ihre Anmerkungen und Kritik waren für meine Arbeit von unschätzbarem Wert. Von ganzem Herzen danke ich Arnold Band, Yisrael Gutman, Manuel Prutschi, Michael Nutkiewicz, Regina Morantz-Sanchez, David Ellenson, Michael Berenbaum, David Blumenthal und Grace Grossman. Darüber hinaus erfuhr ich wesentliche Unterstützung seitens Gail Gans und der Forschungsabteilung der *Anti-Defamation League*. Adaire Klein, Leitender Bibliothekar des *Simon Wiesenthal Center*, gewährte mir großzügig Zugang zu allen Unterlagen und Hilfsmitteln der Einrichtung, dasselbe tat Elizabeth Koenig für das *United States Holocaust Memorial Museum*. Tony Lehrman vom *Institute for Jewish Affairs*, London, war mir bei meinen Nachforschungen eine außerordentliche Hilfe. Durch Manuel Prutschi, Mitglied des *Canadian Jewish Congress*, erhielt ich wesentliche Hintergrundinformationen über die Aktivitäten von Ernst Zündel. Michael Maroko und Jeff Mausner teilten mir wichtige Einzelheiten über den Fall Mel Mermelstein mit. Besonders unermüdlich setzte sich Shelly Z. Shapiro mit Zeit und Kraft für das Projekt ein. Danken möchte ich auch meinem geduldigen, hochgeschätzten und hilfreichen Kollegen Yehuda Bauer, Direktor des *Vidal Sassoon Center* zur Erforschung des Antisemitismus an der Jerusalemer Hebräischen Universität.

Anregung und Unterstützung empfing ich außerdem von Elliot Dorff, Peter Hayes, Elinor Langer, Laurie Levenson, Doug Mirell, Larry Powell, Claudia Koonz, Jason Berry, Alex Heard, Terry Pristin, Paul Kessler, Joyce Appelby, Riki Heilik, Rutty Gross, Mark Saperstein, Glenda B. Minkin und Sherry Woocher. Kenneth Stein vom *American Jewish Committee* beschaffte mir wichtige Angaben zu den neuesten Aktivitäten der Holocaust-Leugner.

Erwin Glikes, Verleger der *Free Press*, erkannte die Bedeutung dieser Arbeit von Anfang an. Während andere mich noch schräg von der Seite ansahen und sich fragten, warum ich mich mit diesem Vorhaben abgebe, drängte er mich, weiterzumachen. Adam Bellow erwies sich als gründlicher und anspruchsvoller Lektor; damit war er genau das, was ich brauchte und wollte. Daß er konstant hinter dem Projekt stand und sich der weitreichenden Gefahr der Holocaust-Leugnung bewußt ist, spielte eine entscheidende Rolle dafür, daß ich überhaupt an diesen Punkt gelangen konnte. Susan Llewellyn las sorgsam und aufmerksam Korrektur. Edith Lewis trug zur raschen Endanfertigung des Manuskripts bei.

Während ich die Arbeit an diesem Buch abschließe, geht ein Lebensabschnitt für mich zu Ende, ein neuer liegt vor mir. Ohne Unterstützung aus meinem engsten Freundeskreis hätte ich es niemals geschafft. Meine Freunde waren mir wie eine Familie, liebevoll, zuverlässig – insbesondere in kritischen Phasen. Sie verhielten sich mir gegenüber hilfreich und verständnisvoll, selbst in Zeiten, als das schwierig war. Obwohl ich inzwischen von den meisten sehr weit entfernt lebe, bleiben sie mir innerlich nahe. Sie haben mich gelehrt, daß Gott an vielen Orten zu finden ist und Er sich auf mannigfaltige Weise offenbart (Genesis 28, Vers 16).

Deborah E. Lipstadt
Atlanta, Georgia, 14. Januar 1993

1. Holocaust-Leugnung und die begrenzte Kraft der Vernunft

Wir fürchten uns weder davor, der Wahrheit zu folgen, gleichgültig, wohin sie uns führen mag, noch davor, jeglichen Irrtum zu dulden, solange Kräfte der Vernunft frei sind, dagegen zu streiten.
Thomas Jefferson[1]

Wer meint, daß sich durch Vernunft irgend etwas erreichen ließe, irrt. In vergangenen Jahren glaubte ich noch daran und lehnte mich immer wieder gegen jene ungeheure Niedertracht auf, welche der Antisemitismus darstellt. Aber es ist sinnlos, vollkommen sinnlos.
Theodor Mommsen[2]

Die Produzentin konnte es nicht fassen. Sie wollte nicht glauben, daß ich die Gelegenheit ausschlug, in ihrer Sendung aufzutreten: «Sie schreiben doch ein Buch zum Thema. Es würde Ihnen viel Beachtung einbringen.» Ich erklärte ihr, daß ich mich nicht an einer Diskussion mit einem Holocaust-Leugner beteiligen würde. Daß der Holocaust stattgefunden habe, stehe nicht zur Debatte. Ich analysierte und durchleuchtete, wer sie seien, aber ich träte nicht gemeinsam mit ihnen auf. (Das würde ihnen eine Legitimität und ein Format verleihen, die ihnen keinesfalls zustünden. Ihr Antisemitismus – denn nichts anderes ist die Holocaust-Leugnung – erhielte dadurch den überhöhten Rang einer verantwortungsvollen Geschichtsschreibung – und das ist sie nicht.) Sie war nicht gewillt, mein Nein hinzunehmen, deswegen erzählte sie mir, wie heftig sie die Leugnung des Holocaust und alles, wofür diese stehe, verurteile. In einem letzten Versuch, mich umzustimmen, fragte sie schließlich: «Ich pflichte deren Ansichten gewiß nicht bei, aber meinen Sie nicht, unsere Zuschauer sollten auch *die andere Seite* hören?»

Ich fand bald heraus, daß dies kein Einzelfall gewesen war. In den Monaten vor der Fertigstellung dieses Manuskripts machte ich solche oder ähnliche Unterhaltungen ein wenig zu häufig mit. Ein wenig zu viele Fernseh- und Rundfunksendungen haben die Holocaust-Leugnung als Thema für sich entdeckt. Kürzlich erst zeigte sich die Produzentin einer anderen Talk-Show für eine überregionale Fernsehgesellschaft höchst verwundert, weil ich die Chance zu einem Auftritt bei ihr mit der Begründung ablehnte, er bringe mit sich, den Sachverhalt mit zwei Holocaust-Leugnern «diskutieren» zu müssen. Als sie erfuhr, daß es sich nicht einmal um die erste Einladung handelte, der ich nicht entsprach, war sie noch verblüffter. Paradoxerweise – oder auch beängstigenderweise – hatte sie sich an mich gewandt, weil sie mein Buch im Zuge eines Seminars über den Holocaust gelesen hatte. Als die Sendung im April 1992 ausgestrahlt wurde, räumte man der Seite, welche die Realität des Holocaust bestreitet, einen Löwenanteil an Zeit ein, um ihre Sprüche aufzusagen. Danach ließ man Holocaust-Opfer auftreten, die ihre Aussagen «widerlegen» sollten. Vor der Werbung forderte Talk-Show-Gastgeber Montel Williams die Zuschauer eindringlich auf, am Apparat zu bleiben, weil sie in Kürze erführen, ob der Holocaust «Märchen oder Wahrheit» sei.

Meine Weigerung, in derartigen Sendungen mit Holocaust-Leugnern aufzutreten, kontern die Produzenten unweigerlich mit Variationen folgender, provokativer Frage: Müssen wir nicht auch deren *Ideen*, *Meinungen* oder *Ansichten* anhören? Ihre Bereitschaft, die Märchen der Holocaust-Leugner zu legitimen Meinungsäußerungen zu erklären, bildet einen ebensogroßen, wenn nicht größeren Grund zur Besorgnis wie die konkreten Aktivitäten der Holocaust-Leugner. Immer wieder begegnet mir die Frage, was denn falsch daran sei, daß die Leute mit einer «anderen Perspektive» konfrontiert würden? Diejenigen, welche die Angelegenheit in diesem Licht betrachten, können nicht zwischen authentischer Geschichtsschreibung und den rein ideologischen Manövern der Holocaust-Leugner unterscheiden und werden dadurch zu wichtigen Trümpfen in der Hand der Holocaust-Leugner, wenn sie ihre Unterstellungen unter die Leute zu bringen versuchen. Und genau das wollen sie: Sie stiften in der Angelegenheit absichtlich Verwirrung, indem sie ihren Aktivitäten jenen Schein von Wissenschaftlichkeit verleihen, der diesen selbstverständlich nicht zukommt.

Der Versuch, die Realität des Holocaust abzustreiten, bedient sich einer grundsätzlichen Verzerrungsstrategie. Wahrheit und Lüge werden miteinander vermischt, was bei den Lesern Verwirrung hervorruft, die mit den Taktiken der Holocaust-Leugnung nicht vertraut sind. Halbwahrheiten und Fragmente von Geschichten, bei denen entscheidende Informationen nach Gutdünken ausgespart werden, vermitteln dem Leser einen entstellten Eindruck von den tatsächlichen Geschehnissen. Die mehr als zahlreichen Dokumente und Zeugnisse, welche den Holocaust belegen, werden als Erfindungen und erpreßte Aussagen oder Fälschungen und Verfälschungen abgetan.[3] Dieses Buch will untersuchen und veranschaulichen, wie die Holocaust-Leugner solche Methoden zur Verschleierung ihrer wahren Absichten anwenden.

Mein letztes Buch über den Holocaust befaßte sich mit dem Thema, wie die amerikanische Presse über die Judenverfolgung der Jahre 1933–1945 Bericht erstattete bzw. eben nicht berichtete. Weiten Teilen meiner Zusammenfassung gebührte die Überschrift: «Kaum zu glauben!» Die meisten Redakteure und Reporter hielten die Geschichten für völlig unglaublich, die Presse nahm jene Nachrichten entweder nicht zur Kenntnis oder ließ sie unter den Tisch fallen. Neue Einzelheiten über Gaskammern, Todeslager und Massenmorde wurden in winzigen Artikeln tief im Inneren der Zeitungen vergraben.

Als ich mich dem Thema der Holocaust-Leugnung zuwandte, war mir von Anfang an klar, daß ich es mit extremistischen Antisemiten zu tun hatte, denen es zunehmend gelungen ist, ihre widerliche Ideologie unter dem Deckmäntelchen der Wissenschaftlichkeit zu verstecken. Allerdings wurde mir damals nicht klar, in welchem Ausmaß ich es mit einem Phänomen zu tun bekommen würde, das noch weitaus unfaßbarer ist als der Gegenstand meiner ersten Untersuchung. In gewisser Weise ist das Phänomen so unfaßbar wie der Holocaust selbst, und obwohl die Lügen, welche die Holocaust-Leugner vorbringen, niemandes Tod zur Folge gehabt haben, stellen sie doch eine grobe Mißachtung der Überlebenden dar. Sie ist unmittelbarer Bestandteil neofaschistischer Programmatik. Holocaust-Leugnung selbst ist indessen nicht das einzige, was ich als schwer verständlich empfinde. Mich schockiert auch, mit welchem Erfolg die Holocaust-Leugner wohlmeinende Menschen davon überzeugen konnten, daß Holocaust-Leugnung tatsächlich eine «andere Seite» historischer Betrachtung verkörpert – abstoßend, verurteilenswert und extremistisch, aber doch eine andere Seite. Während die Zeit vergeht und immer weniger Menschen in der Lage sein werden, jene Behauptungen persönlich anzufechten, werden die Umtriebe jener an Intensität gewinnen.

Inwieweit Schüler und Studenten der Holocaust-Leugnung ausgesetzt sind, läßt sich nicht genau einschätzen. Derzeit hält es sich vermutlich in Grenzen. Vorfälle, bei denen revisionistische Tendenzen mitschwangen, haben sich an einigen Colleges der Vereinigten Staaten ereignet, unter anderen an einer Universität im Mittleren Westen, wo ein Dozent sein Seminar über die Napoleonischen Kriege zu der Argumentation nutzte, der Holocaust sei ein Propagandastreich zur Verunglimpfung der Deutschen gewesen. Weiterhin sei «das Schlimmste an Hitler die Tatsache, daß es ohne ihn kein Israel gäbe»; die Holocaust-Geschichte stelle nichts weiter dar als eine üble Masche, durch die es den Juden gelinge, enorme Reichtümer anzuhäufen. Der Dozent verteidigte sich mit der Erklärung, er habe lediglich versucht, «beide Seiten der Medaille» zu präsentieren, da in den Lehrbüchern nur die «orthodoxe Sicht» vertreten sei.[4] Als das College ihn entließ, weil er Stoff unterrichtet habe, der weder relevant noch «wissenschaftlich fundiert» sei, beschwerten sich einige Studenten, er sei ungerecht behandelt worden.[5] In den Nachwehen dieses Vorfalls wurde ich von jenem College eingeladen. Bei Diskussionen brachten mehrere Studenten den Einwand vor, der Dozent habe Zeitungsartikel zum Unterricht mitgebracht, die «seine Thesen untermauerten». Andere betonten: «Er ließ uns selber denken.»[6] Er scheint nur wenige Studenten von seinen Anschauungen überzeugt zu haben, aber selbst bei denjenigen, die er nicht überzeugte, herrschte das Gefühl vor, seine Entlassung habe gegen eines der amerikanischen Grundsatzideale verstoßen, nämlich Fairneß – jedermanns Recht auf freie Meinungsäußerung. Die Studenten begriffen offenbar nicht, daß ein Lehrer die Verantwortung dafür trägt, sich an gewisse Prinzipien der Wahrheit zu halten.

Gymnasiallehrer beklagen gegenüber dem *United States Holocaust Memorial Council* die Tatsache, daß sie es im Geschichtsunterricht immer häufiger mit Schülern zu tun bekommen, die bereits von Thesen der Holocaust-Leugner gehört haben und ihnen eine gewisse Berechtigung zuschreiben. Mir sind Schüler und Studenten begegnet, die glauben, man müsse die Meinung der Holocaust-Leugner als «kontroverse», doch in gewisser Weise gültige Sicht des Holocaust zumindest erwähnen. Kollegen berichten, daß in den Fragen ihrer Studenten zunehmend Elemente der Holocaust-Leugnung erkennbar werden: «Woher weiß man, daß es wirklich Gaskammern gab?» – «Welchen Beweis gibt es, daß die Überlebenden die Wahrheit sagen?» – «Werden wir auch die deutsche Seite hören?» Diese unbewußte Integration von Punkten, die den Holocaust-Leugnern als strittig gelten, in die Gedankengänge der Studenten ist besonders besorgniserregend. Sie verdeutlicht, daß die Holocaust-Leugner bei ihren Bestrebungen, das Holocaust-Verständnis künftiger Generationen zu beeinflussen, gewisse Erfolge vorweisen können.

Eine der Taktiken, deren sich die Holocaust-Leugner zur Durchsetzung ihrer Absichten bedienen, besteht in der Tarnung ihrer Ziele. Sie behaupten, historische Unwahrheiten aufdecken zu wollen, alle historischen Unwahrheiten; auf diese Weise versuchen sie den Umstand zu übertünchen, daß sie Faschisten und Antisemiten mit spezifischen politischen Zielen sind. Es ist ihnen mittlerweile gelungen, selbst unter den ranghöchsten Absolventen des amerikanischen Ausbildungssystems Verwirrung zu stiften. Ein Geschichtsstudent aus Yale im höheren Semester sandte seine Abschlußarbeit über die deutsche Luftwaffe im Spanischen Bürgerkrieg an das *Journal of Historical Review*, die führende Publikation der Holocaust-Leugner, welche in Aufmachung und Sprache seriöse, etablierte gesellschaftswissenschaftliche Zeitschriften imitiert. Der Student räumte später ein, er hätte sich vor der Einreichung seiner Arbeit nicht eingehend über das *Journal* kundig gemacht. Die Angaben hätte er einer kommentierten Bibliographie entnommen, in der das *Journal* neben anerkannten historischen und gesellschaftswissenschaftlichen Zeitschriften aufgelistet stand. Aufgrund der Kurzbeschreibung, des Titels und – was am bezeichnendsten ist – aufgrund der Nachbarschaft zu ihm geläufigen Publikationen habe er angenommen, es handele sich um ein Unternehmen zur Neubewertung historischer Ereignisse, bei dem alles mit rechten Dingen zuginge.

Holocaust-Leugner haben in sich radikalisierenden Kreisen bereitwillige Akzeptanz vorgefunden, unter anderem bei Neonazis und Skinheads in Nordamerika wie auch Europa. Holocaust-Leugnung ist zum Bestandteil eines Mischmaschs extremistischer, rassistischer und völkischer Stimmungen geworden. Neonazis, die den Holocaust in der Vergangenheit als zwar entsetzlich, aber gerechtfertigt verteidigt haben, stempeln ihn mittlerweile als Zeitungsente ab. Solange Holocaust-Leugnung durch Extremistenkreise Unterstützung erfährt, hält die Gefahr sich in Grenzen. Sie nimmt allerdings in dem Augenblick zu, da die Verfechter dieser Unterstellungen ihre internen Streite geschlichtet haben und Zugang zu seriösen Kreisen finden. Sie mögen zwar wie «stinknormale Menschen» aussehen und handeln, tun das jedoch, ohne ihre radikalen Vorstellungen aufgegeben zu haben.[7] Das beste Beispiel hierfür bieten David Dukes politische Erfolge. Der Neonazi Duke, ein ehemaliger Großmeister des Ku-Klux-Klan und ein Holocaust-Leugner, wurde in den späten 80er Jahren in das Parlament von Louisiana gewählt. Zwei Jahre später gewann er bei den Wahlen zum US-Senat 40 Prozent der Stimmen. Als er im November 1991 als Gouverneur kandidierte, sprachen sich beinahe 700000 Wähler für ihn aus. Daraufhin nahm er 1992 am Präsidentschaftswahlkampf teil. Obwohl seine Anstrengungen rasch zunichte gemacht wurden, gelang es ihm, eine beträchtliche Anzahl Anhänger anzulocken. Duke, der bis in die späten 80er Jahre Adolf Hitlers Geburtstag feierte, hat aus seiner Meinung über den Holocaust nie einen Hehl gemacht.[8] In einem Brief für den *Crusader*, die Publikation der *National Association for the Advancement of White People (NAAWP)* – eine Organisation, die Duke ins Leben rief –, beschrieb er den Holocaust nicht nur als «historische Falschmeldung», sondern merkte an, den «schlimmsten» Holocaust «verüben die Juden an den Christen».[9] Er behauptete, die Juden nährten das Gerücht vom Holocaust, weil es in «ungeheuren finanziellen Zuwendungen» für Israel resultiere und jüdische Organisationen «über alle Kritik erhaben» sein lasse.[10] 1986 verkündete Duke, die Juden «verdienen es, in den

Mülleimer der Geschichte zu wandern», und bestritt, daß die Gaskammern zum Zweck der Ermordung von Juden errichtet worden seien, vielmehr habe man in ihnen das Ungeziefer ausrotten wollen, das sie verpeste.[11] Unter Dukes Führung trat die NAAWP für die Segregation aller rassischen Minderheiten in unterschiedlichen Gebieten der USA ein. (Juden dürften sich demnach nur in «Westisrael» aufhalten, das Manhattan und Long Island umfassen würde.)

Um ihre Lügen am wirkungsvollsten zu verbreiten, müssen Holocaust-Leugner wie Duke nicht nur die Geschichte des Zweiten Weltkriegs, sondern auch ihre eigene Vergangenheit neu schreiben. Damit er sich einen Weg in die politische Arena bahnen konnte, war Duke gezwungen, seine eigene Lebensgeschichte neu zu formulieren. Seine Bemühungen, sich von seiner extremistischen Vergangenheit zu distanzieren, illustrieren die Taktiken der Holocaust-Leugner. Sie achten mittlerweile verstärkt darauf, nicht mit offensichtlichen Fanatikern in Verbindung gebracht zu werden. Solange Duke als Clan-Mitglied identifizierbar war, hielt sich auch sein öffentlicher Einfluß in Grenzen. Als er sich zur Kandidatur entschloß, streifte er das Laken ab und einen dreiteiligen Anzug über; dadurch gewann er vielleicht keine Anhänger, zumindest jedoch ein beachtliches Publikum. Er erlangte politische Seriosität, und das ungeachtet der Tatsache, daß er noch kurz zuvor über sein Abgeordnetenbüro rassistische und antisemitische sowie Schriften zur Holocaust-Leugnung vertrieben hatte, unter anderem *The Hitler We Loved and Why* und *The Holy Book of Adolf Hitler*.[12]

Doch nicht nur ehemalige Mitglieder extremistischer Vereinigungen tragen zum Ausstreuen der Saat bei. Auch Menschen, die nicht an den Rändern des gesellschaftlichen Spektrums angesiedelt sind, haben ihr Scherflein dazu beigesteuert. Patrick Buchanan, einer der bedeutendsten rechts gerichteten, konservativen Journalisten der USA, nutzte seine vielerorts erscheinende Kolumne für Ansichten, die geradewegs aus den Manuskripten der Holocaust-Leugner stammen könnten. Er argumentierte, die Gaskammer in Treblinka hätte aus rein technischen Gründen nicht als Todesfalle funktionieren können, weil die Menge an Kohlenmonoxid, welche die dort eingesetzten Dieselmotoren erzeugten, nicht tödlich gewirkt haben konnte. Als «Beweis» führte

Buchanan einen Unfall an, der sich 1988 ereignete; damals hatten neunundsiebzig Passagiere eines Zuges in Washington D.C. in einem Tunnel festgesessen, während die Lokomotive mit den Abgasen Kohlenmonoxid ausstieß. Aus dem Umstand, daß den Passagieren nichts geschah, folgerte er, daß den Opfern in einer Gaskammer, wo Kohlenmonoxid aus Dieselmotoren verwendet wurde, ebenfalls nichts zugestoßen sein konnte.[13] Er ignorierte die Tatsache, daß die Vergasungen in Treblinka länger als eine halbe Stunde dauerten und daß sich ein mehr als beträchtlicher Unterschied ergibt, je nachdem, ob – wie in Treblinka – Hunderte von Menschen in Zellen gepfercht werden oder eine geringere Personenzahl sich in einem Personenzug aufhält. Auf die Frage, woher er die Information bezogen hätte, erwiderte Buchanan: «Jemand hat sie mir geschickt.»[14]

Buchanan verwies außerdem auf das «sogenannte Syndrom der Holocaust-Überlebenden». Seiner Ansicht nach beinhalte es «kollektive Phantasien von Märtyrer- und Heldentum».[15]* Ich unterstelle Patrick Buchanan nicht, er leugne den Holocaust. Öffentlich hat er sich nie in der Richtung geäußert, der Holocaust sei eine Erfindung. Seine Attacken auf die Glaubwürdigkeit der Zeugnisse von Überlebenden allerdings gehören zu den Grundelementen der Holocaust-Leugnung. Buchanans rasche Bereitschaft, jene Information über den Zug für bare Münze zu nehmen und seine Argumentation darauf aufzubauen, bieten Grund zur Sorge,** denn auf genau

* Buchanans Behauptungen waren Teil seiner Verteidigung John Demjanjuks, eines pensionierten Autofabrikarbeiters aus Cleveland, den man beschuldigt hatte, Iwan der Schreckliche zu sein; Iwan der Schreckliche lautete der Spitzname eines berüchtigten Lageraufsehers und Massenmörders in Treblinka. Ich kritisiere nicht, daß Buchanan Demjanjuk in Schutz nimmt – ich kritisiere, daß er hierfür auf Argumente der Holocaust-Leugnung zurückgreift. Buchanan hat sich stets gegen die Verfolgung nazistischer Kriegsverbrecher gewandt.

** Es erscheint wie eine Ironie des Schicksals, das Dukes Bemühungen, als republikanischer Präsidentschaftskandidat aufgestellt zu werden, von Buchanan in den Schatten gestellt wurden, der sich dafür aussprach, die Republikaner sollten endlich damit aufhören, sich für ihre «Ausschlachtung» der Willie-Horton-Affäre schuldig zu fühlen und lieber «einen diesem Weg gelangen Aspekte der Holocaust-Leugnung in das Spektrum der allgemeinen Gesellschaftskultur. Als Buchanan sich 1992 (und erneut 1996) um die republikanische Nominierung bewarb, weigerte er sich, seine Behauptungen zurückzunehmen. Dennoch zeigten sich nur wenige seiner Kollegen gewillt, ihn in dieser Angelegenheit zu konfrontieren. Der Spielraum, den andere Journalisten ihm zugestanden, war ebenso problematisch wie Buchanans bereitwillige Akzeptanz jener Unterstellungen.[16]

Argumente aus dem Bereich der Holocaust-Leugnung waren nicht nur von amerikanischen, sondern auch von Politikern anderer Länder zu vernehmen gewesen. Für extremistische, nationalistische Gruppierungen in mittel- und osteuropäischen Ländern mit einer populistischen Antisemitismus-Tradition ist die Holocaust-Leugnung von besonderem Reiz. Viele Vorkämpfer solcher Bewegungen kollaborierten mit den Nazis. Die Holocaust-Leugnung eröffnet ihnen die Möglichkeit, diesen geschichtlichen Schandfleck auszulöschen – denn wenn es keinen Holocaust gegeben hat, ist eine Zusammenarbeit mit den Nazis nicht länger unentschuldbar –, und gleichzeitig diejenigen zu rehabilitieren, die von den Kommunisten als Kollaborateure verurteilt worden sind. Seit dem Zusammenbruch des Kommunismus haben sich Holocaust-Leugner aus Nordamerika und Westeuropa mit gleichgesinnten Kreisen in Osteuropa zusammengeschlossen, um Ableger des *Institute for Historical Review* (jene in Kalifornien angesiedelte, pseudoakademische Einrichtung, das Hauptquartier für die Aktivitäten und Publikationen der Holocaust-Leugner) zu etablieren. Ziel ihrer Bestrebungen ist es, Menschen, vor allem Intellektuelle, anzulocken, die sich zu einem extremen, von den Makeln des Nazismus befreiten Nationalismus hingezogen fühlen.[17] Länder des ehemaligen kommunistischen Blocks sind für diese Art des Pseudohistorismus besonders anfällig, weil die Nachkriegsgenerationen dort von dem spezifisch antijüdischen Charakter der nazistischen Gewalttaten so gut wie nichts wissen. Die Kommunisten betrieben ihre eigene Version von Revisionismus: Die offizielle Lehrmeinung lautete, daß Faschisten (nicht die

sorgfältigen Blick auf Dukes Katalog gewinnträchtiger Themen werfen» (*New Republic*, 15. Oktober 1990, S. 19).

Deutschen) Kommunisten (nicht die Juden) umgebracht hätten. Der besondere jüdische Aspekt der Tragödie wurde ausgespart.

Seinen gesamten Wahlkampf hat bisher kein Politiker auf eine Leugnung des Holocaust aufgebaut, doch haben sich einige ihrer bedient, wenn es den eigenen Interessen förderlich schien. Der kroatische Präsident Franjo Tudjman sprach in Zusammenhang mit der Schätzung, wie hoch die Zahl der Holocaust-Opfer gewesen sei, von «Befangenheit der Zeugen und Übertreibung von Fakten». In seinem Buch *Wastelands – Historical Truth* setzt er das Wort Holocaust ausnahmslos in Anführungszeichen.[18] Historisch hat Tudjman gute Gründe für sein Vorgehen: Kroatien war begeisterter Verbündeter der Nazis; die Mehrzahl kroatischer Juden und Nichtjuden wurde von ihren kroatischen Landsleuten ermordet, nicht von den Deutschen.[19] Tudjman hängt offenkundig der Vorstellung an, sein Land könne die Sympathien der Weltöffentlichkeit unter anderem dadurch gewinnen, daß die Bedeutung des Holocaust heruntergespielt wird.

Wenn Osteuropa zunehmend von nationalen und inneren Rivalitäten auseinandergerissen wird, greifen vermutlich in Zukunft diejenigen Gesellschaftsgruppierungen ethnischer wie auch politischer Couleur, die an der Judenvernichtung beteiligt waren, auf Tudjmans Strategie der Bagatellisierung zurück. Slowakische Demonstranten riefen bei politischen Massenveranstaltungen antisemitische sowie antitschechische Parolen und schwenkten Bilder des nazistischen Kriegsverbrechers Josef Tiso, der persönlich an der Deportation slowakischer Juden nach Auschwitz mitgewirkt hatte. Da man Tiso von seiner antisemitischen Haltung während des Zweiten Weltkriegs reinwaschen und ihn als Volkshelden wiederauferstehen lassen will, wurden Aufnahmen seiner Reden bei Aufmärschen eingespielt. Für die slowakischen Separatisten stellt Tisos Regime den legalen und moralisch legitimen Vorläufer eines souveränen Slowakiens dar. Weder Tudjman noch die Tiso-Demonstranten betreiben unverhüllte Holocaust-Leugnung. Trotzdem zählen ihre Bestrebungen, das Ausmaß der Taten und den Anteil der Hauptakteure herunterzuspielen, zu den entscheidenden, wesentlichen Elementen der Holocaust-Leugnung.[20] Den Zielen der Holocaust-Leugner und der Bagatellisierer ist eine psychologische Ebene gemeinsam: Die

Öffentlichkeit neigt dazu, den Opfern eines Völkermords moralische Autorität zuzubilligen. Nimmt man einem Volk die Opferrolle, entkleidet man es gleichzeitig seiner moralischen Autorität, und wer im Gegenzug behaupten kann, selbst Opfer gewesen zu sein – wie es in Polen und Österreich häufig versucht wird –, auf den wird jene moralische Autorität dann übertragen bzw. dem wird sie wieder verliehen.

Holocaust-Leugnung, in den Ländern Mittel- und Osteuropas seit langem etabliert, trat während der vergangenen Jahre auf der ganzen Welt in Erscheinung. Eine kurze Übersicht soll die Bandbreite der Aktivitäten verdeutlichen, in die Holocaust-Leugner verwickelt sind; viele werden in den nachfolgenden Kapiteln ausführlich erläutert.

1992 versandte ein belgischer Verleger neonazistischer Pamphlete Tausende von Flugblättern, auf denen er verkündete, mit wissenschaftlichen Beweisen dafür aufwarten zu können, daß es sich bei den Gaskammern um eine Erfindung handle. In Großbritannien wurden 1988 über 30000 Exemplare der *Holocaust News* an die jüdischen Gemeinden in London, Glasgow, Newcastle, Birmingham, Cardiff, Norwich und Leicester sowie an Anwälte, Schulen und Parlamentsmitglieder im ganzen Land geschickt. *Holocaust News* ist ein regelmäßig erscheinender Rundbrief, in dem der Holocaust als Mythos abgehandelt wird. (Der *Sunday Times* gemäß, wird er von der unverhohlen rassistischen *British National Party* publiziert, der sich diejenigen anschließen, welche die extremistische *National Front* als zu milde empfinden. Sie kämpfen unter anderem für die Rückführung aller Juden und Nichtweißen in ihre Heimatländer.[21])

In England hat die Holocaust-Leugnung in den letzten Jahren eine beunruhigende Entwicklung genommen. David Irving gesellte sich zu den Holocaust-Leugnern; er argumentiert dahingehend, daß die Gaskammern eine «Propagandaübung» gewesen seien.[22] David Irving ist der Verfasser bekannter historischer Werke, in denen er nachzuweisen versucht, daß Großbritannien mit seiner Kriegserklärung an Deutschland einen taktischen Fehler begangen habe und auf den Alliierten eine ebenso große Schuld am Krieg und seiner Brutalität laste wie auf den Nazis. Seit langem schon preist die extreme Rechte Irving als ihren Guru; seine Aktivitäten beschränken sich nicht auf England. Vor allem in Deutschland ist er sehr rührig gewesen, zum Beispiel nahm er regelmäßig an den Jahresversammlungen der extremistischen Deutschen Volksunion teil.[23] Darüber hinaus trat er häufig bei Demonstrationen, Zusammenkünften und Bierzeltveranstaltungen auf. Seinen eigenen Worten nach sieht Irving seine Mission in Deutschland darin, «vielversprechenden jungen Männern» im ganzen Land die «richtige Richtung» zu weisen. (Irving ist der Auffassung, Frauen seien für eine «bestimmte Aufgabe» geschaffen worden, «und zwar, um uns [die Männer] zu gebären»; deswegen seien sie «den Männern untergeordnet».[24] Offenbar hat er deswegen kein Interesse daran, jungen Frauen die richtige Richtung zu weisen.* Es ist bemerkenswert, daß junge Deutsche, die erklärtermaßen deutschnational eingestellt sind, Irving und auch andere nichtdeutsche Holocaust-Leugner gerade darum für besonders glaubwürdig halten, weil sie keine Deutschen sind.[25]

In Frankreich konzentriert sich das Phänomen der Holocaust-Leugnung um die Person Robert Faurissons, eines ehemaligen Literaturprofessors an der Universität von Lyon, dessen Arbeiten oft wortwörtlich, mit oder auch ohne Zitatangaben, von Holocaust-Leugnern auf der ganzen Welt abgedruckt werden. Faurisson gemäß waren die «sogenannten Vergasungen» der Juden nichts weiter als ein «gigantischer politischer und finanzieller Schwindel, dessen Nutznießer der Staat Israel und der Zionismus insgesamt sind». Die Hauptleidtragenden seien die Deutschen und die Palästinenser.[26] Faurissons Spezialgebiet ist die eher singuläre «Kritik von Texten und Dokumenten sowie die Durchleuchtung von Bedeutung und Gegen-Bedeutung, von Wahrheit und Lüge».[27] Faurissons Entscheidung für dieses Forschungsgebiet entbehrt nicht einer gewissen Ironie, da er – dessen Methoden im Grunde von allen Holocaust-Leugnern übernommen worden sind – in regelmäßigen Abständen Fakten kreiert, wo keine sind, und jede Information als unwahr verwirft, die mit seinen vorgefaßten Schlußfolgerungen nicht überein-

* Als Lösung des Problems Arbeitslosigkeit schlägt er vor, die Beschäftigung einer Frau zum «kriminellen Delikt» zu erklären.

stimmt. Er behauptet beispielsweise, die deutsche Armee hätte «drakonische Anweisungen» erhalten, sich nicht an «Exzessen» gegen Zivilisten, Juden mit eingeschlossen, zu beteiligen, ergo könnten Massenmorde an Juden nicht stattgefunden haben. Faurisson übersieht bei dieser Unterstellung geflissentlich die Aktivitäten der Einsatzgruppen, jener Einheiten, welche für eine ungeheure Zahl ermordeter Juden verantwortlich sind. Pierre Vidal-Naquet, einer der Hauptkontrahenten Faurissons in Frankreich, der seine Methoden sorgfältig studiert hat, wies auf Faurissons besonderes Geschick hin, «auf alles eine Antwort zu finden», wenn er auf eine Information stoße, die seinen Behauptungen widerspreche. Faurisson deutet den Erlaß der Nazis, Juden müßten bei Todesstrafe den gelben Judenstern tragen, als Maßnahme zur Sicherheit der deutschen Soldaten, da Juden – seiner Argumentation zufolge – in Spionage, Terrorismus, Schwarzmarkthandel und Waffenschiebungen verwickelt gewesen wären. Die deutschen Soldaten brauchten ein Mittel, um sich vor diesem mächtigen Feind zu schützen. Er konnte sogar mit einer Erklärung dafür aufwarten, warum auch jüdische Kinder von sechs Jahren an den Stern zu tragen hatten: Auch sie beteiligten sich an «allen möglichen gesetzwidrigen Betätigungen oder dem Widerstand gegen die Deutschen», vor denen die Soldaten abgesichert werden mußten. Wenn Faurisson den Inhalt von Dokumenten nicht wegerklären oder uminterpretieren kann, dann verfälscht er ihn. Über die brutale Zerstörung des Warschauer Ghettos durch die Deutschen schrieb Faurisson, daß die Juden im April 1943 «plötzlich, unmittelbar hinter der Front», einen Aufruhr entfacht hätten. Der Aufstand im Ghetto, für den die Juden 700 Bunker bauten, war ihm Beweis genug, daß die Juden für die Sicherheit des deutschen Militärs eine ernsthafte Bedrohung darstellten.

Es entspricht zwar der Wahrheit, daß die Juden einen Aufruhr entfachten, doch geschah das nicht unmittelbar hinter der Front, sondern Hunderte Kilometer davon entfernt. Faurissons Quelle für seine Informationen bezüglich des Aufruhrs und der Bunker bildete eine Rede, die Heinrich Himmler im Oktober 1943 in Posen hielt. Doch selbst Himmler war ehrlicher als Faurisson: Er sagte, er habe «... in den Etappengebieten große Judenghettos ausgeräumt».[28]

Faurisson stand mit seiner Arbeit in Frankreich nicht allein da. Im Juni 1985 verlieh die Universität von Nantes einem Schützling Faurissons, Henri Roques, für eine Dissertation den Doktortitel, in der Kurt Gerstein – einer derjenigen, die den Alliierten erste Nachrichten von den Gaskammern übermittelten – beschuldigt wird, ein «Meisterzauberer» gewesen zu sein, Schöpfer einer Illusion, welche die Welt ernst genommen habe.[29]

Roques leugnet implizit die Existenz der Gaskammern; er versucht nachzuweisen, daß Gersteins Berichte von Widersprüchen strotzen und er deswegen unmöglich Zeuge von Vergasungen in Belzec gewesen sein konnte, wie er vorgäbe. Es existiert eine Anzahl offizieller Schriftstücke und Zeugnisse, die Gersteins Anwesenheit bei diesen Vergasungen belegen. In seiner Dissertation unterschlug Roques schlicht und einfach die Existenz jener Materialien; er hielt sich an die Methode seines Mentors, sämtliche Dokumente zu ignorieren, die seinen bereits im vorhinein gefaßten Schlußfolgerungen widersprachen.[30] (Nach einer heftigen öffentlichen Kontroverse wurde Roques der Doktortitel 1986 durch den französischen Unterrichtsminister wieder aberkannt.[31])

Obwohl Faurisson und die meisten seiner Anhänger im rechten Spektrum angesiedelt sind, wurde ihnen und ihren Umtrieben doch seitens einer revolutionären Gruppierung der extremen Linken, *La Vieille Taupe* (Der alte Maulwurf), Vorschub geleistet.[32] Ursprünglich war dies der Name einer Buchhandlung, die sich im Lauf der Zeit zu einem Verlag ausweitete, in dem sich ein loser Klüngel revolutionär gesinnter Einzelkämpfer tummelt. Unter der Leitung des Eigentümers, Pierre Guillaume, werden von dort aus Zeitschriften, Kassetten, Comics, Protokolle und Flugblätter vertrieben, die allesamt verkünden, der Holocaust sei eine Erfindung. Guillaume ist Frankreichs führender Verleger für neonazistisches Schrifttum. Am Tag nach Beginn des Prozesses gegen Klaus Barbie in Frankreich wurden Pariser Buchläden und Zeitungskioske mit der ersten Ausgabe der *Annales d'Histoire Revisionniste* beliefert, einer Zeitschrift, deren Redaktion bei Guillaume lag und die Artikel Faurissons enthielt.[33]

Andeutungen im Sinne einer Holocaust-Leugnung waren auch aus den Reihen französischer Politiker zu vernehmen. Der Vorsitzende des ultrarechten *Front National*, Jean-Marie Le Pen, verkündete 1987, die Gaskammern seien nichts weiter als eine «kleine Einzelheit» des Zweiten Weltkriegs. In einem Radiointerview betonte er, niemals irgendwelche Gaskammern gesehen zu haben, und erwähnte des weiteren, daß die Historiker an ihrer Existenz Zweifel hegten. «Wollen Sie mir etwa weismachen, [die Existenz der Gaskammern] sei eine nachgewiesene Wahrheit, die jeder zu glauben habe?» lautete Le Pens rhetorische Frage. «Es gibt Historiker, die derlei Behauptungen anfechten.»[34] Le Pen gilt als Führer der Ultrarechten in Europa; von ihm stammt der Vorwurf, in den französischen Medien arbeiteten zu viele Juden. Le Pen ist ein charismatischer Redner, der es versteht, die französischen Ängste vor der Zuwanderung von Arabern aus Nordafrika für sich zu nutzen; er repräsentiert einen rechtsextremem Antisemitismus der Art, die man gemeinhin mit der Dreyfus-Affäre assoziiert. Le Pen konnte sich zeitweilig der Unterstützung von bis zu 17 Prozent der französischen Bevölkerung gewiß sein. Bei den Präsidentschaftswahlen 1988 erreichte er mit 14,4 Prozent der Wählerstimmen Platz vier.[35]

Anzeichen von Holocaust-Leugnung machten sich auch während des Prozesses gegen Klaus Barbie bemerkbar, als die Verteidiger argumentierten, es sei kein Unterschied, ob man Menschen in Gaskammern treibe oder im Verlauf eines Kriegs töte. Damit wollten sie die Bedeutung des Holocaust schmälern. Es sei nicht krimineller, Juden umzubringen, weil sie Juden seien, als gegen Algerier, Vietnamesen, Afrikaner oder Palästinenser zu kämpfen, die das Joch der Fremdherrschaft abschütteln wollten.[36] Solche trickreichen Versuche, moralische Gleichwertigkeit herzustellen, stellen eine prinzipielle Taktik derer dar, die sich in den Randzonen der Holocaust-Leugnung bewegen. (Siehe Kapitel 11 zu einer Analyse revisionistischer Tendenzen bezüglich des Holocaust in Deutschland.)

1978 äußerte Louis Darquier de Pellepoix gegenüber der französischen Wochenzeitung *L'Express* die Meinung, der nazistische Völkermord sei eine typisch jüdische Erfindung. Louis Darquier war zu Zeiten der Vichy-Regierung Beauftragter für jüdische Angelegenheiten und koordinierte die Abtransporte französischer Juden in die Todeslager. «Es gab keinen Genozid – das müssen Sie sich endlich aus dem Kopf schlagen.» Indem er die Juden beschuldigte, ihr Ziel bestünde darin, «Jerusalem zur Welthauptstadt zu machen», bediente er sich der Standarderklärung der Holocaust-Leugner für jene «Erfindung». Die eher zweideutige Überschrift des Artikels, der keinerlei redaktionellen Kommentar enthielt, lautete: «In Auschwitz wurden lediglich Läuse vergast.»[37] Leon Degrelle, Führer der faschistischen Bewegung in Belgien während des Zweiten Weltkriegs und Nazi-Kollaborateur, schrieb einen «Offenen Brief an den Papst über Auschwitz», in dem er das Kirchenoberhaupt, das aus Polen stammt und den Krieg aus nächster Nähe miterlebt hat, davon unterrichtete, in Hitlers Drittem Reich habe es keine Gaskammern oder Massenvernichtungen gegeben, und die getöteten Juden seien im Bombenhagel der Amerikaner und Briten umgekommen.[38]

Anfälligkeit für die Argumente der Holocaust-Leugner setzt allerdings nicht unbedingt voraus, daß man überzeugter Neonazi ist. Claude Autant-Lara, einer der meistgepriesenen Filmregisseure Frankreichs und ehemals Mitglied des Europaparlaments, bezeichnete in einem Gespräch mit der linksgerichteten Pariser Monatszeitschrift *Le Globe* den Holocaust als eine mit Lügen «vollgepfropfte» Legende und vertrat den Standpunkt, Frankreich befinde sich unter der Fuchtel einer linken Clique, die von jüdischen Kosmopoliten und Internationalisten beherrscht werde.[39]

In Österreich wurde versteckter Antisemitismus durch die Waldheim-Affäre aufgedeckt. Dort ist die Holocaust-Leugnung überwiegend im Umfeld einiger neonazistischer Publikationen angesiedelt, unter anderem bei der Zeitung «Sieg», die verlauten ließ, die Zahl der Juden, die während der Naziherrschaft ums Leben gekommen seien, betrage weniger als 200 000.[40] Herausgeber Walter Ochsenberger ist bereits mehrfach von österreichischen Gerichten wegen «Volksverhetzung» verurteilt worden. Auf Vortragsreisen durch verschiedene Länder, die USA mit eingeschlossen, hat er Thesen der Holocaust-Leugnung gepredigt.[41] Der Herausgeber einer anderen neonazistischen Zeitschrift, «Halt», war aufgrund von Umtrieben in Zusammenhang mit Holocaust-Leugnung angeklagt.[42] Zusätzlich zu «Sieg» und «Halt» sind in Österreich Schriften im Sinn der Holocaust-Leugnung erschienen, die sich an Schulkinder richten.[43]

Seit Ende der 80er Jahre hat der amerikanische Ku-Klux-Klan in Deutschland und Österreich Untergruppen ins Leben gerufen. Diese haben ihren traditionsgemäß rassistisch-extremistischen Katalog um die Kategorie der Holocaust-Leugnung ergänzt.[44]

In einigen europäischen Regionen hat die Holocaust-Leugnung ihren Weg in breite Bevölkerungskreise gefunden. Im Herbst 1992 enthüllte eine Meinungsumfrage in Italien, wo eine große Auswahl an entsprechendem Textmaterial veröffentlicht worden ist, daß beinahe zehn Prozent der Italiener glauben, der Holocaust habe niemals stattgefunden.[45]

Argumente aus diesem Bereich haben sich in die Reflexionen von Menschen eingeschlichen, die den Vorwurf der Holocaust-Leugnung weit von sich weisen würden. Ein englisches Theaterstück mit dem Titel *Perdition* erhob den Vorwurf, daß führende zionistische Persönlichkeiten sowohl während des Krieges als auch nach dem Krieg eine Sonderklasse reicher Kapitalisten gebildet hätten, welche die Masse der Juden an die Nazis verriet. Der Autor schildert den Holocaust als eine «nette kleine Ansammlung von Familiengeheimnissen, von Skeletten im Kleiderschrank». In einer Schlüsselszene ruft der Protagonist des Dramas anklagend aus, daß die Juden, die in Auschwitz umgekommen wären, «nicht nur kraft deutscher Waffen, sondern auch aufgrund des wohlberechneten Verrats ihrer eigenen, der jüdischen Führer starben».[46] Obwohl das Stück den Holocaust nicht ableugnet, läuft es am Ende auf dasselbe Ergebnis hinaus: Freispruch für die Verbrecher, während die Opfer verantwortlich gemacht werden.

Dieses Phänomen ist nicht nur in Europa in Erscheinung getreten. Material zur Holocaust-Leugnung war seit 1965 über ganz Lateinamerika verbreitet. In Brasilien wurde der überwiegende Teil von einem Verlag herausgegeben, der sich auf antisemitische Literatur in portugiesischer Sprache spezialisiert hat. Der Verleger teilte kürzlich mit, eines seiner Bücher aus dem Themenkreis der Holocaust-Leugnung habe innerhalb von vier Jahren nach Ersterscheinung die 28. Auflage und eine Leserschaft von 200 000 erreicht. (Die Zahlen mögen zwar reichlich aufgebläht sein, aber der Verleger kurbelte den Verkauf in der Tat kräftig an, indem er den Buchhändlern äußerst großzügige Konditionen einräumte. Er überließ ihnen statt der üblichen dreißig Prozent die Hälfte des Verkaufspreises und verlängerte die Zahlungsfrist auf hundertzwanzig Tage, was in einem Land mit einer monatlichen Inflationsrate von vierzig Prozent einen ungeheuren Vorteil darstellt. Profit zählt ganz offensichtlich nicht zu den Hauptbeweggründen jenes Verlegers.[47]) Auch in Argentinien, Mexiko, Chile und Peru sind Holocaust-Leugner aktiv gewesen.

In Australien und Neuseeland haben sie eine besonders irreführende Tarnung entwickelt. Die australische *League of Rights* verbirgt ihre Absichten hinter der Fassade einer Menschenrechtsorganisation, ist jedoch in Wahrheit ein fanatisch antisemitischer Zusammenschluß. Der Buchladen dieser Organisation führt eine Auswahl klassischer antisemitischer Werke, unter anderem Traktate zur Holocaust-Leugnung, und ihr Vorsitzender John Bennett hat den Holocaust als «gigantische Lüge» zur Förderung israelischer Interessen bezeichnet. Mit ihm an der Spitze hat die *League of Rights* prominente Holocaust-Leugner und Neonazis nach Australien eingeladen, darunter Fred Leuchter, den selbsternannten «Ingenieur» und Gaskammerexperten, der für sich in Anspruch nimmt, wissenschaftliche Untersuchungen in Auschwitz und Majdanek durchgeführt zu haben.

Dabei sei er zu dem Ergebnis gekommen, daß die Gaskammern dort nicht als Mittel zur Tötung von Menschen im Einsatz gewesen sein konnten. (Siehe Kapitel 9 und meinen Anhang bezüglich einer Analyse von Leuchters Bericht.)

Auf den Versammlungen der Liga haben mehrere Holocaust-Leugner Reden gehalten, unter anderem eingefleischte Neonazis und Vertreter des kalifornischen *Institute for Historical Review*. Während seines Aufenthalts in Australien gab Leuchter Radiointerviews und wurde von den Medien generell vielfach beachtet.

Die Liga bedient sich bestimmter Verschwörungstheorien, um wirtschaftlich schwache Angehörige der Arbeiterschicht anzulokken; arbeitslosen Holzarbeitern wurde zum Beispiel mitgeteilt, sie hätten ihre Arbeitsplätze verloren, weil jüdische Bankiers sich ihre Wälder und Grundstücke angeeignet hätten.[48] Die australische *Human Rights and Equal Opportunities Commission* beschreibt die Liga als die «einflußreichste, bestorganisierte und bestfinanzierte rassistische Organisation Australiens mit dem größten Wirkungskreis».[49]

Neuseeland hat seine eigene *League of Rights*, deren Aktivitäten denen ihrer australischen Schwester ähneln. Weil beide Verbände nicht den aggressiven Ruf haben, in dem manche der unverkennbar antisemitischen und neonazistischen Gruppierungen stehen, sind ihre Bemühungen um Unterstützung bei einer breiten Öffentlichkeit von mehr Erfolg gekrönt. Indem sie sich selbst das Image verliehen, jedermanns Recht auf freie Meinungsäußerung schützen zu wollen, haben diese Pseudo-Menschenrechtsorganisationen Anhänger gewinnen können, die sich von neonazistischen und unverhüllt antisemitischen Zusammenschlüssen ferngehalten hätten. Ihre Verschleierungs- und Ablenkungsmanöver in bezug auf ihr eigentliches Programm basieren auf einer Taktik, welche Holocaust-Leugner künftig wohl verstärkt anwenden werden. Es gehört zur Strategie der Bewegung, in die Hauptströmungen der Gesellschaft vorzudringen.

Während der vergangenen Jahre sind in Japan mehrere antisemitische Bücher auf die Bestsellerlisten gelangt. Masami Uno, Autor eines der populärsten Werke, stellt die These auf, die Juden bildeten eine «Nation hinter den Kulissen», welche amerikanische Konzerne kontrolliere. Sein Buch verknüpft die ärgsten wirtschaftlichen Befürchtungen der Japaner mit den Juden, erklärt die USA zur «jüdischen Nation» und präsentiert die Juden als die Verantwortlichen für Feindseligkeit gegenüber Japan. Uno, dessen Bücher millionenfach verkauft worden sind, übermittelt seinen japanischen Lesern die Botschaft, der Holocaust sei eine Erfindung und die Tagebücher der Anne Frank voller «Lügen».[50]

Holocaust-Leugnung in Japan muß als Teil der dortigen revisionistischen Haltung zum Zweiten Weltkrieg insgesamt gesehen werden. Japan hat bisher jene Aspekte des Kriegs ignoriert, die mit seinen eigenen Vergehen zusammenhängen. Japanische Geschichtsbücher verfälschen die historische Wirklichkeit der brutalen japanischen Verbrechen in Nanking, indem sie sie als «Zwischenfall von Nanking» bezeichnen. Erwähnung finden weder die medizinischen Experimente, welche die Japaner an Kriegsgefangenen durchführten, noch die Mißhandlung der koreanischen «Soldatentrösterinnen» durch japanische Armeeangehörige. Selbst der Angriff auf Pearl Harbor wird als Maßnahme zur Selbstverteidigung dargestellt, welche die Japaner ergreifen mußten, weil die amerikanische Seite angemessenen Forderungen der Japaner nicht stattgab. Stillschweigen bewahrt die offizielle Kriegsgeschichtsschreibung auch über den Einsatz koreanischer Zwangsarbeiter.[51] Da die Holocaust-Leugner den Beweis führen wollen, daß die Alliierten und nicht etwa die Achsenmächte im Zweiten Weltkrieg die schlimmsten Gewalttätigkeiten verübten, wird Holocaust-Leugnung in Japan vermutlich zunehmend auf offene Ohren treffen, vor allem, falls sich die Wirtschaftslage dort verschlechtert und ein Sündenbock gebraucht wird.

Zieht man das Bemühen der Holocaust-Leugner in Betracht, den Nachweis über die Unrechtmäßigkeit des Staates Israel zu führen, kann es nicht überraschen, daß die arabischen Länder sich als für das Thema besonders empfänglich erwiesen haben. Als die Holocaust-Leugner während der 70er Jahre erstmals versuchten, sich einen akademischen Anstrich zu geben, finanzierte Saudi-Arabien die Veröffentlichung einer Reihe von Büchern, in welchen die Juden der Erfindung des Holocaust beschuldigt werden, um so Unterstützung für Israel zu gewinnen. Diese Bücher wurden weltweit vertrieben.[52]

Artikel, in denen der Völkermord an den Juden bestritten wird, sind in Publikationen der PLO (*Palestine Liberation Organization*) und der *Palestinian Red Crescent Society*, einer Zweigorganisation des Internationalen Rotes Kreuzes, erschienen. Letztere veröffentlichte einen Artikel, in welchem der Vorwurf erhoben wurde, daß «die Lüge bezüglich der Existenz von Gaskammern die Juden in die Lage versetzt hat, den Staat Israel zu gründen».[53] Ein weiterer Artikel in einer palästinensischen Zeitschrift tadelte die Juden für ihre Beschwerden über die Behandlung durch die Gestapo, während ihnendie Deutschen in Wirklichkeit «gesundes Essen serviert» hätten.[54]

Ein traditioneller Einwand der Araber lautet, die Vereinten Nationen hätten Israel ins Leben gerufen, weil sich die Welt für das jüdische Leid während des Holocaust schuldig fühlte. Die Thesen der Holocaust-Leugner gießen Öl in dieses Feuer. Wie Faurisson mir gegenüber äußerte, entfernte die Völkergemeinschaft der Erde nicht nur «ein Volk aus seinem Land, so daß ein anderes es an sich nehmen konnte», sie wurde überdies – wie die Leugner des Holocaust bewiesen hätten – durch einen Betrug dazu veranlaßt.[55]

Die Bündelung antiisraelischer, antisemitischer und den Holocaust leugnender Kräfte hätte sich in einer internationalen antizionistischen Konferenz, die für November 1992 in Schweden geplant war, beispielhaft manifestiert. Die schwedische Regierung untersagte die Veranstaltung in letzter Minute; als Redner hatten sich bereits angekündigt: Louis Farrakhan, Führer der *Black Muslim* und 1995 Organisator des Million Men March auf Washington, Faurisson, Irving und Leuchter. Vertreter verschiedener Vereinigungen wollten ebenfalls teilnehmen, darunter die russische *Pamjat*, die vom Iran unterstützte *Hisbollah* sowie die islamische Organisation *Hamas*.[56]

Anklänge von Holocaust-Leugnung haben sich auch seitens Einzelpersonen vernehmen lassen, die keinerlei extremistischen oder unverhohlen antisemitischen Vereinigungen angehören. In einem im Februar 1983 veröffentlichten Interview mit der Zeitschrift *Esquire* wies Robert Mitchum, der in der Fernsehfassung von Herman Wouks Weltkriegsepen *Wind of War* und *War and Remembrance* eine Hauptrolle spielte, darauf hin, daß an der Realität des Holocaust Zweifel bestünden. Auf die Frage nach der Abschlachtung von sechs Millionen Juden antwortete er: «Das behaupten die Juden.» Verdutzt wiederholte der Journalist Mitchums Bemerkung: «Das behaupten die Juden?», und Mitchum erwiderte: «Ich weiß es nicht. Es gibt Leute, die das anzweifeln.»[57]

Der Redakteur der sozialistischen Monatszeitschrift *The Progressive* berichtete kürzlich, er sei zwar daran gewöhnt, regelmäßig einen beträchtlichen Berg von «Irrenpost» zu erhalten, aber das Material, welches ihm von Holocaust-Leugnern zugesandt werde, sei eine «entschieden geschickter verpackte, raffiniertere» Form der Haßpropaganda. Er frage sich, wer diesem «bösartigen Quatsch» – ungeachtet des darin angeschlagenen gemäßigten, objektiven Tons – überhaupt je Glauben schenken könne.

Seine Frage wurde durch den Brief eines Gymnasiasten beantwortet; der Schüler beschrieb sich selbst als ausgesprochen an Artikeln interessiert, welche schwierige Themen zu ergründen suchten. Er sprach dem Redakteur seine Anerkennung dafür aus, daß er in der Zeitschrift eine große Bandbreite von Themen abdecke, forderte ihn jedoch dringend dazu auf, «kontroverse Meinungen über den Holocaust» darzustellen, beispielsweise über die Realität der Gaskammern. In seinem Antwortbrief versicherte der Redakteur – ein Überlebender des Holocaust – dem Schüler folgendes: Falls er bei seiner Frage von der Vermutung ausgehe, es habe keine Gaskammern gegeben, unterliege er einem Irrtum. Das hierauf eingehende Schreiben des Schülers war vom Wortlaut her unverkennbar auf eine Provokation angelegt; er forderte den Redakteur auf, genau zu berichten, wie viele Gaskammern er tatsächlich gesehen habe und wie ihm die Flucht gelungen sei.[58]

In Illinois haben zwei Elternpaare eine konzertierte Briefaktion gegen ein Gesetz durchgeführt, das allen Schulen des Bundesstaates vorschreibt, die Geschichte des Holocaust in den Lehrplan einzugliedern. Obwohl viele ihrer Argumente aus den üblichen Unterstellungen bestehen, die in den Schriften der Holocaust-Leugner endlos wiederholt werden, haben diese Eltern doch ein neues Element hinzugefügt, indem sie damit drohten, ihre Kinder nicht an Unterrichtsstunden teilnehmen zu lassen, in denen der Holocaust behandelt werde, um sie vor jenen «höchst fragwürdigen, obszönen Haßtiraden zu schützen».[59] Sie sandten ihr Schreiben an Tausende von Adressen, unter anderen an gewählte Abgeordnete und Beamte, Lehrer und Erzieher, Universitätsangehörige und Eltern; die Empfänger forderten sie zum Nachdenken darüber auf, wie es dazu kommen könne, daß eine kleine Minderheit in der Lage sei, die Schulen zu unterwandern und «unsere Kinder für ihre eigenen politischen und nationalistischen Zwecke zu mißbrauchen».[60]

Daß die Holocaust-Leugner sich Zugang zum amerikanischen Erziehungssystem verschaffen konnten, ist besorgniserregender als alles andere. Ihre Verteidiger – der bekannteste von ihnen ist vermutlich Noam Chomsky – sind an den unterschiedlichsten Orten aufgetaucht. Der MIT-Linguistikprofessor (*Massachusetts Institute of Technology*) verfaßte das Vorwort zu Faurissons Buch *Mémoire en défense* (Paris 1980). Die *New York Times* bezeichnete Faurisson übrigens als eine Figur, «welche in den intellektuellen oder akademischen Kreisen Frankreichs keine sonderlich hohe Stellung einnimmt».

Faurisson argumentiert, einer der Gründe, warum er nicht an die Existenz von Gaskammern zur Tötung von Menschen glaube, bestehe darin, daß es keinen Gefangenen aus einem Todeslager gebe, der einen Augenzeugenbericht über tatsächliche Vergasungen abgelegt habe.[61] Dieses Argument widerspricht allen etablierten Methoden der Beweisführung. Es ist so, als würden sich die Geschworenen bei einem Prozeß weigern, einen Massenmörder zu verurteilen, bis nicht eines seiner Opfer zurückkäme und verkündete: «Ja, dieser dort hat mich umgebracht.» Ein derartiger Gedankengang steht auf so tönernen Füßen, daß man sich fragen muß, wer ihn überhaupt ernst nehmen soll. Darüber hinaus läßt er die detaillierten Zeugenberichte der Sonderkommandos außer acht, welche die Leichen aus den Gaskammern schleppten.

Chomsky äußerte, er sehe nach seiner Lektüre von Faurissons Arbeiten «keinerlei Anlaß» zu der Vermutung, der Franzose sei Antisemit.[62] Laut Chomsky bilden nicht einmal Faurissons Behauptungen, der Holocaust sei eine «zionistische Lüge», einen Beweis für seinen Antisemitismus. «Ist es antisemitisch, von zionistischen Lügen zu sprechen? Ist der Zionismus die erste nationalistische Bewegung in der Geschichte, die nicht zur Förderung der eigenen Interessen Lügen ausgeheckt hat?»[63] Wenn Studenten, die eine Universitätszeitung redigieren, oder Fernsehproduzenten, die Zuschauer gewinnen wollen, sich als unfähig erweisen, derartige Differenzierungen vorzunehmen, ist das ein Grund zur Sorge. Wenn allerdings ein Mann vom Format Chomskys in dieser Angelegenheit Verwirrung stiftet, ist es ein Grund zum Entsetzen. Es waren in der Tat derartige Gedankengänge, welche Alfred Kazin dazu veranlaßten, Chomsky als einen «leichtgläubigen Typen» zu beschreiben, «der sich eine so überragende Intellektualität anmaßt, daß er nicht länger zwischen totalitären und demokratischen Gesellschaftssystemen, zwischen Unterdrückern und Opfern, zu unterscheiden vermag».[64] Chomsky stellt zwar einen Spezialfall dar, dennoch hat seine energische Verteidigung der Holocaust-Leugner viele Leute schockiert, unter anderem auch solche, die dachten, sie wären gegen seine Kapriolen abgehärtet.

In einem Aufsatz vertrat Chomsky den Standpunkt, die Ideen eines Wissenschaftlers dürften keinerlei Zensur ausgesetzt werden, und seien sie noch so geschmacklos.* Während der turbulenten Affäre um Faurisson beharrte Chomsky unablässig darauf, ihm lägen vor allem Faurissons verfassungsmäßige Rechte und seine Meinungsfreiheit am Herzen.[65] Anklänge an Chomskys argumentatives Vorgehen waren während der letzten Jahre wiederholt aus den Reihen von Studenten, Professoren und sogar Universitätspräsidenten zu vernehmen, und zwar in Zusammenhang mit den verstärkten Anstrengungen der Holocaust-Leugner, sich in die akademische Welt zu integrieren, indem sie Anzeigen in College-Zeitungen aufgaben, welche die Realität des Holocaust bestritten. (Siehe Kapitel 10 für Zusatzinformationen über Holocaust-Leugnung im akademischen Bereich.) Als Studenten und Mitglieder des Lehrkörpers gegen die Entscheidung des *Duke Chronicle* protestierten, eine Anzeige zu veröffentlichen, in der die Existenz des Holocaust geleugnet wurde, reagierte Keith Brodie, Präsident der *Duke University*, folgendermaßen: Jede anderslautende Entscheidung hätte «unserem Glauben an das Recht auf freie Meinungsäußerung widersprochen und die Dukesche Tradition unterbrochen, sich schützend vor die Grundartikel unserer Verfassung zu stellen».[66] Brodie vergaß zu erwähnen, daß die Zeitung erst kurz zuvor eine Anzeige wegen Frauenfeindlichkeit abgewiesen hatte. In diesem Fall hatte sich niemand über eine mögliche Verfassungsverletzung beklagt.

Es soll hier kein Mißverständnis entstehen. Die Holocaust-Leugner haben jedes Recht, sich an jede Straßenecke zu stellen und ihre Verleumdungen hinauszuposaunen. Sie haben das Recht, Artikel

* Es wirkt wie Ironie, daß dieser international bekannte Gelehrte sich zu einem so engagierten Verteidiger von Faurissons Recht auf Meinungsäußerung aufschwingen konnte, während er den Befürwortern einer amerikanischen Einmischung in Vietnam dasselbe Recht absprach. In *Amerika und die neuen Mandarine* (Frankfurt/Main 1969, S. 14) schrieb er: «... mit dem Eingehen auf die Voraussetzung, daß die Debatte über gewisse Streitfragen legitim sei, hat man bereits seine Menschlichkeit verloren.» Obwohl dies lange vor den Vorgängen um Faurisson geschrieben wurde, bildet dieser Kommentar die präziseste Bewertung seines eigenen Verhaltens.

und Bücher zu veröffentlichen sowie Versammlungen abzuhalten. Aber das Recht auf freie Meinungsäußerungen verbürgt ihnen nicht das Recht, als die «andere» Seite einer gerechtfertigten Diskussion behandelt zu werden. Es garantiert ihnen auch keinen Platz auf *Op-ed*-Zeitungsseiten [Anm. d. Ü.: d.i. *opposite editorial*] oder Sendezeit in Fernsehen und Rundfunk. Vor allem leitet sich nicht der Anspruch daraus ab, daß Leute wie Chomsky sich hinter sie stellen müssen und auf diese Weise ihre Ansichten der Öffentlichkeit nahebringen.*

Wir haben bisher nur erste Versuche gesehen, welche diese Bewegung unternimmt, um sich in die Einflußbereiche der allgemeinen Gesellschaftskultur, der Geschichtsschreibung und der Erziehung zu infiltrieren. Sie sind überaus ernst zu nehmen, denn auf dem Spiel steht weit mehr als die Realität des Holocaust.

Holocaust-Leugnung ist zwar kein neues Phänomen, hat allerdings seit Mitte der 70er Jahre an Ausmaß und Intensität zugenommen. Man muß sich vergegenwärtigen, daß die Holocaust-Leugner nicht

* Chomskys Verhalten findet seinen Widerpart in der Vorgehensweise von vierunddreißig führenden französischen Historikern, die als Reaktion auf Faurissons Behauptungen eine Protesterklärung gegen seine Versuche, den Holocaust abzustreiten, herausgaben. Hier ein Ausschnitt aus dieser Erklärung: »Es steht jedem frei, ein Phänomen wie den Hitlerschen Genozid seiner eigenen Philosophie gemäß zu interpretieren. Es steht jedem frei, ihn mit anderen mörderischen Unternehmungen zu vergleichen, die früher, zur selben Zeit oder später vollstreckt wurden. Es steht jedem frei, diesbezüglich unterschiedliche Erklärungen anzubieten; es steht jedem unbegrenzt frei, sich vorzustellen oder davon zu träumen, daß diese grauenvollen Ereignisse nicht stattgefunden hätten. Leider haben sie stattgefunden, und niemand kann ihre Realität bestreiten, ohne die Wahrheit zu vergewaltigen. Die Frage, wie dieser Massenmord *technisch* möglich war, erübrigt sich. Er war technisch möglich, weil er stattgefunden hat. Genau das muß Voraussetzung und Ausgangspunkt für jede historische Untersuchung dieses Themas sein. Es ist unsere Pflicht, uns – um es in einfache Worte zu fassen – an folgende Wahrheit zu erinnern: die Realität der Gaskammern steht nicht zur Diskussion und kann niemals zur Diskussion gestellt werden.» Die Erklärung erschien in ihrem vollen Wortlaut am 21. Februar 1979 in *Le Monde*.

in einem Vakuum operieren. Ihr Erfolg läßt sich zum Teil auf ein intellektuelles Klima zurückführen, das der akademischen Welt während der beiden vergangenen Jahrzehnte seinen Stempel aufgedrückt hat. Die Holocaust-Leugner betreiben ihr Gewerbe zu einem Zeitpunkt, da weite Domänen der Geschichtsschreibung anscheinend frei disponibel geworden sind und Angriffe auf die Tradition der Aufklärung in der westlichen Hemisphäre zur Tagesordnung gehören. Diese Tendenz kann zumindest teilweise auf intellektuelle Strömungen zurückverfolgt werden, die sich während der späten 60er Jahre herauszubilden begannen. Diverse Wissenschaftler traten mit der These hervor, Texte besäßen keine feststehende Bedeutung. Bedeutung definiere sich durch die Interpretation des Lesers, nicht durch die Intention des Autors. Für die Literaturwissenschaft in den USA verbindet man mit diesem Ansatz vor allem Stanley Fish, Professor an der *Duke University*.[67] Es erwies sich als zunehmend problematischer, in bezug auf einen Text, Gesetzesentwurf oder selbst ein Ereignis von objektiver Wahrheit zu sprechen. Angehörige der geisteswissenschaftlichen Fakultäten redeten von einer relativen Wahrheit und verwarfen die Vorstellung, daß es eine Version der Welt gebe, die zwingend richtig sei, während andere falsch seien.[68] Verfechter dieser Methodenlehre, zum Beispiel der bekannte, vielrezipierte Philosoph Richard Rorty, wiesen die Unterstellung zurück, sie hingen dem Glauben an, in bezug auf ein relevantes Thema besäßen auch zwei nicht miteinander zu vereinbarende Standpunkte dieselbe Gültigkeit.[69] Sie begegneten trotzdem erheblicher Kritik. Hilary Putnam, einer der akademisch einflußreichsten zeitgenössischen Philosophen, hielt derartige Erwägungen für überaus gefährlich, da sie suggerierten, jedes theoretische System sei «nicht besser und nicht schlechter als jedes andere».[70] Wieder andere verliehen ihrer berechtigten Sorge Ausdruck, daß hierdurch sowohl im Bereich der Wissenschaft und Lehre als auch der Gesellschaft allgemein einer Ansammlung weithergeholter Ideen Tür und Tor geöffnet würde, die man nicht länger allein aufgrund ihrer Absurdität sofort verwerfen könne.

Als mögliche Methode war diese Art der Textannäherung allerdings durchaus zu empfehlen. Durch sie wurde die Rolle, welche die Sichtweise des Lesers bei der Bedeutungsbildung eines Textes spielt, in ihrer Relevanz – wenn auch vermutlich in übertriebenem Maße – hervorgehoben. Sie gemahnte außerdem daran, daß Interpretationen seitens schwächerer Gesellschaftsgruppen in der Vergangenheit zu häufig übergangen worden sind. Die Methode begünstigte allerdings auch eine Atmosphäre, in der die Aussage, diese oder jene Idee liege außerhalb der Grenzen rationalen Denkens, zunehmend erschwert wurde. In ihren Extremauswirkungen rüttelte sie an den Grundfesten dessen, was gemeinhin Erfahrung genannt wird: Erfahrung werde durch die Sprache des einzelnen übermittelt. Die Wissenschaftler, welche einen solchen dissoziativen Ansatz befürworteten, waren weder Holocaust-Leugner noch symphatisierten sie mit deren Theorien; den meisten von ihnen bereitete es keinerlei Mühe, die Hinterhältigkeit der Holocaust-Leugnung zu durchschauen. Weil jedoch im Dekonstruktivismus Erfahrung relativiert wird und es keine Fixpunkte gibt, schuf er ein Klima, das die Infragestellung der Bedeutung historischer Ereignisse begünstigte und es seinen Verfechtern erschwerte, irgend etwas mit einem «Verbot» für ihre skeptizistische Interpretationsweise zu belegen. Die Auswirkungen dieser Methodologie manifestierten sich in der Art und Weise, wie sich die Studenten mit dem Thema auseinandersetzten. Allzu vielen unter ihnen fiel es allzu schwer, Holocaust-Leugnung als eine Strömung zu identifizieren, die jeglicher wissenschaftlichen, intellektuellen oder rationalen Gültigkeit entbehrt. Nicht nur innerhalb der Colleges und Universitäten, sondern auch in der breiten Gesellschaft war eine Atmosphäre geschaffen worden, die folgende Beurteilung beinahe unmöglich machte: «Das hat nichts mit Ideen zu tun. Das ist Fanatismus.»

Die relativistische Bewertung der Wahrheit ist in die Sphären der Populärkultur eingedrungen, wo sich zunehmend Interesse und Toleranz für das Irrationale beobachten lassen. Ein Bereich, in dem dies sichtbar wird, ist die wiederaufgekommene Diskussion um die Ermordung Präsident Kennedys. Es besteht durchaus Grund, einige der Schlußfolgerungen seitens der Warren-Kommission zu hinterfragen; die Vermutungen über das Attentat allerdings, welche derzeit mehr und mehr Anhänger finden, grenzen ans Irrationale. Die Theorie von einer Verschwörung innerhalb der ranghöchsten Zirkel der amerikanischen Regierung wird bereitwillig als plausible

Möglichkeit akzeptiert. Gemäß Oliver Stones Film «JFK» aus dem Jahr 1991 wurde damals in den USA mit dem geheimen Einverständnis des Vizepräsidenten, der Generalstabschefs, des Generalbundesrichters, des FBI, der CIA und der Mafia ein Coup d'État vorbereitet. Stones Film preßte eine Fülle verwirrender Informationen in ein hübsch ordentliches Schema und lieferte eine in sich geschlossene Erklärung für ein Ereignis, das nach wie vor schwer nachzuvollziehen ist. Viele Kritiker und Kinobesucher erwogen die aufgestellten Thesen mit großer Ernsthaftigkeit.

Bei einem anderen Beispiel für die Entwertung historischer Betrachtungsweisen, das mit gläubiger Ernsthaftigkeit aufgenommen wurde, verkehrte man die Argumente von Forschern mit weißer Hautfarbe in ihr Gegenteil. Vertreter eines extremen Afrozentrismus, die mit Recht darauf hingewiesen haben, daß die Rolle Afrikas bei der Entwicklung der westlichen Zivilisation zu häufig übergangen wird, stellten die These auf, die Wurzeln *jeglichen* intellektuellen und wissenschaftlichen Gedankenguts seien auf jenem Kontinent zu suchen. Leonard Jeffries, Dozent für afroamerikanische Studien am New Yorker *City College*, hat Schwarze als «Sonnenmenschen» und Weiße als «Eismenschen» eingeordnet. Alle Wärme, aller Gemeinschaftssinn, alle Hoffnung kämen von den Schwarzen, alle Unterdrückung, Kälte und Rigidität von den Weißen.[71] In Fällen wie diesem wird die Geschichte zu politischen Zwecken umgeschrieben und wissenschaftliche Historik durch «ideologische Konformität»[72] ersetzt, um die Worte Henry Louis Gates' jr. zu wiederholen, Harvard-Professor für afroamerikanische Studien. Wissenschaftler, die ähnlich exotische Sichtweisen einst weit von sich gewiesen hätten, fühlen sich nun genötigt, sie so zu behandeln, als besäßen sie eine gewisse Gültigkeit.

Solche Attacken auf Geschichte und Wissen besitzen das Potential, dramatisch die Methoden zu verändern, mittels deren allgemein anerkannte Wahrheiten von Generation zu Generation weitervermittelt werden. Letztlich ist das Klima, das durch sie entsteht, nicht weniger wichtig als die Frage, welche Realität sie im einzelnen anfechten, sei es der Holocaust oder das Attentat auf Präsident Kennedy. Dieses Klima bildet einen ausgezeichneten Nährboden für die schlimmsten Auswüchse dissoziativer Geschichtsschreibung. Keine

Tatsache, kein Ereignis, kein Aspekt der Geschichte besitzt irgendeine feste Bedeutung oder festen Inhalt. Jede Wahrheit kann neu erzählt, jedes Faktum umgestaltet werden. Es gibt keine letztlich gültige historische Realität.

Die Holocaust-Leugnung bildet einen Teil dieses Phänomens. Sie stellt keinen Spezialangriff auf eine abgesonderte Gruppe von Menschen dar. Obwohl die Leugnung des Holocaust in höchst aggressiver Weise die Geschichte der Judenvernichtung in Frage stellt, müssen alle, die daran glauben, daß Wissen und Erinnerung zu den Schlußsteinen unserer Zivilisation zählen, sie von ihrem Charakter her als Bedrohung empfinden. So wie der Holocaust keine jüdische Tragödie war, sondern eine Tragödie der zivilisierten Menschheit, der die Juden zum Opfer fielen, so bedeutet die Holocaust-Leugnung nicht nur eine Gefährdung jüdischer Geschichtsschreibung, sondern auch eine Gefahr für alle, welche an die Kraft der Vernunft glauben. Analog zu der Art und Weise, in welcher der Holocaust die Werte der Zivilisiertheit negierte, wird jede auf den Gesetzen der Ratio basierende Diskussion negiert. Sie ist ohne Zweifel eine Form von Antisemitismus, und in dieser Eigenschaft repräsentiert sie einen Angriff auf die grundsätzlichen Werte einer auf Vernunft gegründeten Gesellschaftsordnung. Wie jedes andere Vorurteil stellt sie einen irrationalen Antagonismus dar, dem man nicht mit normalen Mitteln der Forschung, Argumentation und Thesendiskussion entgegentreten kann. Die Thesen der Holocaust-Leugner sind in ihrem Kern nicht nur antisemitisch und antiintellektuell, sondern, wie der Historiker Charles Maier es ausdrückte, «eine rassistische Anthropologie, die zum Himmel schreit».[73] Holocaust-Leugnung stellt die Apotheose der Irrationalität dar.

Weil die Strömung zur Verbreitung dieser Märchen weder wissenschaftlich noch historiographisch ist, habe ich mich dazu entschlossen, auf den Begriff «Revisionismus» soweit wie möglich zu verzichten und zu ihrer Beschreibung statt dessen den Begriff «Leugnung» zu verwenden. Daß die Holocaust-Leugner sich selbst als «Revisionisten» bezeichnen, weist auf ihre prinzipielle Strategie der Täuschung und Verfälschung hin. Sie sind bestrebt, sich selbst als legitime Historiker in der Beschäftigung mit ihnen angestammten Aufgabe darzustellen, die Vergangenheit zu erhellen. In den Ohren von Geschichtsforschern klingt der Begriff des Revisionismus in der Tat vollkommen legitim; man assoziiert ihn mit der kontroversen historischen Richtung der «Revisionisten» nach dem Ersten Weltkrieg, deren Argumente dahingehend lauteten, daß den Deutschen die Schuld für den Krieg ungerechtfertigterweise in die Schuhe geschoben wurde und der Versailler Vertrag infolgedessen ein auf politischer Fehlentscheidung basierendes Dokument wäre, bei dem man von falschen Voraussetzungen ausgegangen war. Die Holocaust-Leugner stellen sich in den Kontext dieser spezifischen historiographischen Tradition der Vergangenheitsumwertung. Sie hüllen sich in den Mantel der ursprünglichen Revisionisten – welche sich mit der Geschichte des Ersten Weltkriegs befaßten – und behaupten felsenfest, kein anderes Ziel im Auge zu haben als das der Wahrheitsfindung; aus diesen beiden strategischen Elementen setzt sich ihre Taktik zur Gewinnung einer intellektuellen Glaubwürdigkeit zusammen, die ihnen sonst vorenthalten bliebe.

Revisionismus nennt man auch einen neueren Ansatz der Geschichtswissenschaft, welcher sich vor allem mit der Person des bekannten Historikers William Appleman Williams verbindet, eines ehemaligen Vorsitzenden des amerikanischen Historikerverbands. Sein Ansatz befaßt sich mit Fragen der amerikanischen Außenpolitik, insbesondere in Zusammenhang mit den Ursachen des Kalten Kriegs sowie dem Konflikt zwischen dem Westen und der kommunistischen Erdhälfte. Weil die Vertreter dieser Form des Revisionismus der amerikanischen Außenpolitik kritisch gegenüberstehen, erscheint sie den Holocaust-Leugnern als nützliches Modell.[74] Die *Wisconsin School* – so der Name, unter welchem die Thesen von Williams' Anhängern bekanntgeworden sind – geht davon aus, daß die Hauptmotive für die amerikanische Außenpolitik in dem Streben nach Hegemonie über den Weg eines Imperialismus der «offenen Türen» zu suchen sind. Obwohl viele Historiker heftige Kritik an dieser tendenziösen Sichtweise üben, herrscht allgemein Übereinstimmung, daß die *Wisconsin School* und ihre Ableger sich ebenso unverbrüchlich an die Regeln der Beweisführung halten wie andere Historiker. Im Gegensatz dazu spielen aber für die Holocaust-Leugner Beweismittel überhaupt keine Rolle.

Schließlich vermeide ich den Begriff des Revisionismus auch deswegen, weil auf einer gewissen Ebene alle ernsthaften Historiker Revisionismus betreiben. Historiker sind keine reinen Chronisten – sie erzählen nicht einfach eine Geschichte. Jeder versucht, aus einer bereits bekannten Geschichte eine neue Erkenntnis, ein neues Verständnis zu extrahieren, und bemüht sich so um eine neue Deutung der Vergangenheit zum besseren Verständnis der Gegenwart. Der Vorgang der Interpretation kann in sich selbst nicht vollkommen objektiv sein. Er beruht allerdings auf einem gewissen Fundament unwiderlegbarer Tatsachen: Sklaverei hat existiert; Pest und Holocaust ebenfalls.

Um ihre Fassade als eine Vereinigung aufrechtzuerhalten, deren einzige Absicht die Ergründung der Wahrheit sei, haben die Holocaust-Leugner ihre Publikationen mit Artikeln übersät, die zunächst nichts mit dem Zweiten Weltkrieg zu tun haben, sondern demonstrieren sollen, daß ihre Verfasser eine generelle kritische Durchleuchtung und Richtigstellung historischer Verfälschungen anstreben. Ihre Zeitschriften enthalten Artikel über den amerikanischen Bürgerkrieg, den Ersten Weltkrieg und Pearl Harbor, die demonstrieren sollen, wie etablierte Historiker, letztlich aus versteckten politischen Beweggründen, die Geschichte wiederholt in verzerrender Weise dargestellt haben. Damit wollen die Holocaust-Leugner das Vertrauen der Leser in das Engagement «orthodoxer» Geschichtswissenschaftler für die Wahrheitsvermittlung untergraben. Sie verkünden, daß diese politisch motivierte Verzerrungstaktik seitens der «Hofgeschichtsschreiber» im «Mythos» vom Holocaust gipfelt.

Welche Thesen stellen die Holocaust-Leugner auf? Der Holocaust – der Versuch, das jüdische Volk auszurotten – sei nie passiert. Typisch für die Verwirrungstaktik der Holocaust-Leugner ist ihre Behauptung, sie bestritten die Existenz eines Holocaust gar nicht, sondern lediglich die eines Plans zur Ausrottung des jüdischen Volkes.[75] Sie haben die Definition des Begriffs «Holocaust» verfälscht und zersetzt. Diese und alle daraus abgeleiteten Behauptungen sind in eine weitere Argumentationsstrategie eingebettet, die sich auf eine zunächst harmlose Prämisse beruft: Der Krieg als solcher ist böse, und es ist daher letztlich ein sinnloses Unterfangen, irgendeiner Seite irgendeine Schuld zuzuschieben. Da das Hauptverbrechen, dessen die Nazis angeklagt werden, nie verübt worden ist, besteht in diesem Krieg – wie in jedem anderen – in Wirklichkeit kein Unterschied zwischen Siegern und Besiegten.[76] Doch falls tatsächlich, so versichern sie, eine Schuldverteilung vorgenommen werden muß – nicht die Deutschen sind es gewesen, die sich im Verlauf des Kriegs der Aggression und Grausamkeit schuldig gemacht haben. Die wahren Verbrechen an der Zivilisation wurden von den Amerikanern, Russen, Briten und Franzosen an den Deutschen begangen. Die Grausamkeiten, denen die Deutschen seitens der Alliierten ausgesetzt wurden, waren – laut Harry Elmer Barnes, früher ein prominenter Historiker und eine der Schlüsselfiguren in der Entwicklung der Holocaust-Leugnung auf dem amerikanischen Kontinent – «brutaler und qualvoller als die vorgeblichen Tötungen in den Gaskammern».[77] Hat man erst einmal in den Alliierten die eigentlichen Aggressoren erkannt, muß man sich den Deutschen zuwenden und sie – wie Austin App, Professor für englische Literatur und später ein «Haupttheoretiker» der Holocaust-Leugnung, sich ausdrückte – beschwören, «uns die entsetzlichen Greueltaten zu vergeben, die aufgrund unserer Politik an ihnen begangen wurden».[78]

In den Augen einiger Holocaust-Leugner war Hitler ein Mann des Friedens, den alliierte Aggression in den Krieg trieb.[79] Sie führen ins Feld, daß die Deutschen unter folgenden Ereignissen zu leiden gehabt haben: die Bombardierung Dresdens, Hungersnöte während des Kriegs, Invasionen; nach dem Krieg Umsiedelung ganzer Bevölkerungsteile aus den deutschen Gebieten, die Polen zugesprochen wurden, die Nürnberger Rache der Sieger und schließlich entsetzliche Mißhandlungen seitens der sowjetischen und alliierten Besatzungen.

Man habe Deutschland als eine Verbrechernation bloßgestellt, die unerhörte Brutalitäten begangen hatte; deswegen wurde es zur Zielscheibe weltweiter emotionaler und wissenschaftlicher Aburteilung und ist es bis heute geblieben.

Das wahre Programm der Holocaust-Leugner besteht allerdings darin, den Holocaust als Mythos zu entlarven. Sie behaupten, daß die falsche Anschuldigung, die Deutschen hätten das ruchloseste

Verbrechen der gesamten Menschheitsgeschichte begangen, den Gipfel an Ungerechtigkeit darstellt. Nach dem Krieg sei so viel Gift und Galle gegen die Deutschen gespuckt worden, daß sie sich unmöglich verteidigen konnten. Anstatt gegen diese schändlichen Vorwürfe anzukämpfen, hätten sie sich deshalb dafür entschieden, ihre Kollektivschuld einzugestehen.

Dieser Widerspruch – nämlich daß die Täter zugeben, sie hätten ein Verbrechen verübt, während eine Gruppe von anderen, die nicht zugegen waren, sie von demselben Verbrechen freisprechen – birgt für die Holocaust-Leugner ein potentielles Problem. Wie können Menschen, welche den Geschehnissen nicht als Zeugen beigewohnt haben, die Täter für unschuldig erklären, wenn die Täter selbst ihre Schuld eingestehen? Die Erklärung der Holocaust-Leugner für dieses Problem lautet: In den Nachwehen des Zweiten Weltkriegs sahen sich die Deutschen mit einer strategischen Schwierigkeit konfrontiert. Um wieder in die Völkerfamilie aufgenommen zu werden, mußten sie ihre Vergehen beichten, obwohl sie um die Unrichtigkeit der Beschuldigungen wußten. Sie befanden sich in derselben Situation wie ein Angeklagter, der fälschlicherweise für die Ausübung eines Kapitalverbrechens verurteilt wird. Er weiß, daß seine Strafe wahrscheinlich milder ausfällt, wenn er seine Schuld zugibt, Reue zeigt und sich zu bessern gelobt. Desgleichen also gestanden die unschuldigen Deutschen ihre Schuld ein und gelobten Besserung in Form finanzieller Zuwendungen (und das bis heute).

Die Angeklagten der Kriegsverbrecherprozesse bedienten sich einer ähnlichen Strategie. Sie gaben zu, daß der Holocaust vonstatten gegangen war, versuchten sich jedoch mit dem Argument zu verteidigen, keine *persönliche* Schuld daran zu tragen. Arthur Butz, Dozent für Elektrotechnik an der *Northwestern University*, ist derjenige unter den Holocaust-Leugnern, der diese Theorie – ich nenne sie Inkriminierung zur Umgehung der Selbstinkriminierung – am weitesten entwickelt hat (ausführliche Erörterungen siehe Kapitel 7).

Holocaust-Leugner räumen ein, daß einige Juden an Orten wie Auschwitz inhaftiert waren, aber sie halten – wie bei dem Prozeß gegen einen Holocaust-Leugner in Kanada – an der Aussage fest, daß Auschwitz mit allen «Annehmlichkeiten eines Ferienclubs» ausgestattet war, zu denen ein Schwimmbad, ein Ballsaal und diverse Erholungseinrichtungen zählten.[80] Einige Juden mögen dort gestorben sein, sagen sie, aber das sei eine natürliche Konsequenz der kriegsüblichen Entbehrungen gewesen.*

Die zentrale Unterstellung der Holocaust-Leugner ist, daß die Juden keine Opfer waren, sondern Opfer schufen. Sie «stahlen» Milliarden von Reparationsgeldern, zerstörten Deutschlands guten Namen, indem sie den «Mythos» vom Holocaust verbreiteten, und erwarben sich aufgrund dessen, was ihnen angeblich zugefügt worden war, weltweites Mitleid. In der Folge eines kapitalen Justizirrtums nutzten sie die internationalen Sympathien dazu aus, ein anderes Volk «zu versetzen», damit der Staat Israel gegründet werden konnte.[81] Diese Charakterisierung der Entwicklung, die zur Entstehung des Staates Israel führte, ist der Angelpunkt ihrer Argumentationskette, denn hierin liegt das Motiv für die Erfindung der «Holocaust-Legende» durch die Juden begründet. Haben die Holocaust-Leugner diese Gleichung erst einmal solchermaßen ergänzt, befinden sich alle wesentlichen Bestandteile ihres Gedankengebäudes an ihrem Platz.

Einige verfolgen eindeutige politische Absichten: Falls es keinen Holocaust gegeben hat, was ist dann gegen den Nationalsozialismus einzuwenden? Der schlechte Ruf des Faschismus ist durch die geschichtliche Wirklichkeit des Holocaust entstanden. Extremistische Vereinigungen wissen, daß sie jedesmal, wenn sie die Vorteile

* Eine kleine Gruppe von Amerikanern hat in unmißverständlicher Nachahmung der Holocaust-Leugner dieselben Behauptungen bezüglich der Internierungslager für Japaner in den USA während des Zweiten Weltkriegs aufgestellt. Manzanar, das berüchtigte Lager für Amerikaner japanischer Abstammung, habe lediglich «freiwillige Besucher» beherbergt. Sie seien fürstlich behandelt worden, hätten jede erdenkliche Begünstigung erhalten und konnten «auf Kosten unserer Regierung so viel essen, wie sie wollten». Die Vertreter dieser Ansicht konstatieren, die gegenwärtig in den USA lebenden Japan-Amerikaner, welche hinter der Verbreitung jenes Märchens stünden, hätten – genauso wie die Juden – tieferliegende Gründe dafür: Sie wollten nämlich die Aufmerksamkeit von ihrer Komplizenschaft mit Japan während des Zweiten Weltkriegs ablenken (*Los Angeles Times*, 28. August und 6. Dezember 1991).

des Nationalsozialismus rühmen, mit der Frage konfrontiert werden: Wie konnte es zu einem Holocaust kommen, wenn der Nationalsozialismus gut war? Vor einer Wiederauferstehung des Faschismus steht die Tilgung dieses Schandflecks. Zunächst wurde versucht, den Holocaust zu rechtfertigen; mittlerweile wird er abgestritten. Auf diesem Weg versuchen jene, die bis heute für den Faschismus eingetreten sind, ihn erneut als ein überlebensfähiges politisches System zu etablieren (siehe Kapitel 6). Bei vielen Fälschern steckt diese Überlegung und nicht Antisemitismus als Hauptantrieb hinter ihren Bemühungen; sie ist mit Sicherheit ein wichtiges Thema für die europäischen Holocaust-Leugner aus den wachsenden Reihen der extrem Rechtsgerichteten.

Wer ihnen zum erstenmal begegnet, fragt sich, wer sie ernst nehmen könnte oder würde. Angesichts der erdrückenden Fülle von Zeugnissen seitens der Opfer, Zuschauer und Täter sowie der Tatsache, daß die Argumentationsstrukturen der Holocaust-Leugner weit außerhalb der Grenzen wissenschaftlicher Theoriebildung liegen, scheint es lächerlich, einen Funken geistige Energie auf sie zu verschwenden. Sie bilden eine Gruppe, deren Beweggründe in einer eigenartigen Mixtur aus Verschwörungsglauben, Wahnvorstellungen und neonazistischen Neigungen zu finden sind. Rational denkende Menschen, Historiker und Soziologen mit eingeschlossen, neigen naturgemäß dazu, sie auf den Platz einer unbedeutenden Randgruppe abzuschieben. Manche haben sie mit Leuten verglichen, welche über die Erde als Scheibe philosophieren: sie verdienten bestenfalls ein amüsiertes Lächeln, aber keineswegs, daß man sich ernsthaft mit ihnen befaßt oder sich ihretwegen sorgt. Sie betrachten die Holocaust-Leugnung als verschroben oder boshaft, glauben jedoch nicht daran, daß sie eine wirkliche, aktuelle Gefahr bildet.

Es gibt eine Reihe zwingender Gründe, die Holocaust-Leugner und ihre Unterstellungen nicht leichtfertig abzutun. Zunächst einmal haben ihre Methoden während des vergangenen Jahrzehnts eine Veränderung erfahren. Ursprünglich engagierte sich lediglich eine geringe Anzahl politischer Extremisten in der Holocaust-Leugnung. Ihre Behauptungen erschienen in den USA überwiegend in miserabel aufgemachten Pamphleten und rechtsgerichteten Blättern, beispielsweise *Spotlight*, *Thunderbolt* oder der Zeitung des Ku-Klux-Klans, *Crusader*. In den vergangenen Jahren haben sie allerdings zunehmend mehr produziert und ihren Stil verändert, wodurch sich ihr Einfluß intensivierte. Sie verschleiern ihre politischen und ideologischen Ziele.[82] Ihre Tricks verstärken die Gefahr, die sie darstellen. Ihre Publikationen, unter anderem das *Journal of Historical Review*, das führende Organ der Holocaust-Leugnung, imitieren ernsthafte wissenschaftliche Veröffentlichungen und stiften bei denjenigen Verwirrung, die (wie jener Geschichtsstudent aus Yale) die Absichten des *Journal* nicht sogleich durchschauen. Sie haben ihren Büchern und Zeitschriften ein wissenschaftliches Gepräge verliehen und ganze Arbeit geleistet, um sich in den Arenen historiographischer Interpretation tummeln zu können. Einer ihrer Lieblingsplätze ist der Campus amerikanischer Colleges, wo sie sich um die Entfachung einer Diskussion über die Realität des Holocaust bemühen. Hier stoßen sie möglicherweise auf den fruchtbarsten Boden; das läßt sich an dem Erfolg ablesen, den sie beim Schalten von Anti-Holocaust-Anzeigen in Universitätszeitungen hatten (siehe Kapitel 10). Sie haben überdies mit der Nutzung von Bildschirmtextsystemen begonnen, durch die sie ihre üblichen Unterstellungen übermitteln. Gewisse Computernetzwerke sind mit ihrem Material überschwemmt worden. Sie wollen eine Saat des Zweifels ausstreuen, die in künftigen Jahren Frucht tragen soll, wenn es keine Überlebenden oder Augenzeugen mehr gibt, welche die Wahrheit aussagen können.

Es ist eindeutig ein Risiko, davon auszugehen, daß man Holocaust-Leugnung ignorieren könne, nur weil sie so weit hergeholt sei. Die Weltsicht der Holocaust-Leugner ist nicht weniger bizarr als die, welche in den «Protokollen der Weisen von Zion» zutage tritt, einem Bericht, der vorspiegelt, den Wortlaut eines Geheimplans zur Errichtung der jüdischen Weltherrschaft wiederzugeben.[83] Die Holocaust-Leugner haben sich durch die «Protokolle» inspirieren lassen; das Werk erfreut sich einer anhaltenden, lebhaften Rezeption, ungeachtet der Tatsache, daß es schon vor langer Zeit als Fälschung entlarvt worden ist.

Vor vielen Jahren sprach der bedeutende deutsche Historiker Theodor Mommsen die Warnung aus, es sei ein Fehler zu hoffen,

Vernunft allein reiche aus, um die Menschen vom Glauben an derlei Unwahrheiten abzuhalten. Wenn das der Fall wäre, so Mommsen, gäbe es keinen fruchtbaren Boden für Rassismus, Antisemitismus und andere Vorurteile. Wer erwartete, daß ein auf den Gesetzen der Ratio basierender Dialog das ausschließliche Bollwerk gegen alle Versuche bilden könne, die Vernichtung der europäischen Juden durch die Nazis abzustreiten, ließe eine der zentralen Lektionen des Geschehens selbst außer acht: Der rationale Dialog kann einem Angriff durch die mythischen Kräfte der Lüge nur in begrenztem Maß standhalten, insbesondere dann nicht, wenn diese Lüge in einer archaischen, sozialen und kulturellen Erscheinung wurzelt. Für die Grausamkeiten der Nazis gab es keine rationale Basis, aber es gab die mythische Faszination des Antisemismus. Hitler und die Nazis wußten das. Zu mythischen Vorstellungen und den Kräften des Irrationalen fühlen sich gebildete wie ungebildete Menschen auf eine merkwürdige, unwiderstehliche Weise gleichermaßen hingezogen. Die Intellektuellen Nazideutschlands waren gegen irrationales, mystisches Denken nicht immun. Ähnliches gilt für die Holocaust-Leugner.

Die große Mehrheit der westlichen Intellektuellen ist den Lügen nicht auf den Leim gegangen. Einige allerdings sind auf eine andere Weise hineingezogen worden; sie stärken den Holocaust-Leugnern im Namen des Rechts auf freie Meinungsäußerung den Rücken, plädieren für deren Recht auf freie Forschung und Freiheit der Gedanken. Bedingungslosen Verfechtern der verbindlichen, liberalen Idee eines uneingeschränkten Dialogs unterläuft zuweilen der Fehler, daß sie die wesentliche Differenz zwischen einem auf Vernunft gegründeten Diskurs und antiintellektuellen, pseudowissenschaftlichen Disputen nicht erkennen. Sie versäumen, folgende kritische Unterscheidung vorzunehmen: Auf der einen Seite gibt es die Konklusion – gleichgültig, wie unerhört sie ausfallen mag –, zu der man durch sachliche Forschung und die Anwendung normativer Beweisführung gelangt ist, auf der anderen Seite hingegen steht ein ideologischer Extremismus, der alles von sich weist, was sich zu bereits vorgefaßten Schlußfolgerungen in Widerspruch befindet. Thomas Jefferson vertrat einst die Meinung, wo Wahrheitsfindung als oberstes Ziel gelte, sollten alle vorgetragenen Ideen und Ansichten toleriert werden. Er ergänzte seine Überlegung allerdings durch eine Mahnung: Die Kräfte der Vernunft müssen frei dagegen streiten können.[84] Ein Mittel, gegen Irrtümer anzukämpfen, ist die Differenzierung zwischen Wissenschaftlichkeit und Mythos. Im Fall der Holocaust-Leugnung haben wir es mit Menschen zu tun, welche diese Grenzen bewußt verwischen. Das Resultat ist, daß die Vernunft zur Geisel einer besonders widerwärtigen Ideologie wird.

Der auf Vernunft basierende Diskurs im Kontext eines historiographischen Verständnisses begründet sich in der Vorstellung, es gebe eine geschichtliche Realität, die letztlich – selbst wenn die Historikerin oder der Historiker sie einer Vielzahl an Deutungsmöglichkeiten aussetzen mögen – vorgefunden und nicht erfunden wird.[85] Historiker erschaffen nicht, sie enthüllen. Die Gültigkeit einer historischen Interpretation determiniert sich durch die Qualität ihrer Faktenaufarbeitung. Obwohl die Aufgabe der Historiker darin besteht, als neutrale Beobachter Tatsachen nachzuzeichnen, entwickelt sich zunehmend ein Bewußtsein dafür, daß die Historikerin bzw. der Historiker persönliche Werte und Befangenheiten in ihre Arbeit einbringen. So etwas wie wertfreie Geschichtsbetrachtung gibt es demzufolge nicht. Dennoch: Selbst Historiker mit gewissen Voreingenommenheiten unterscheiden sich noch erheblich von den Vertretern pseudorationaler Ideologien. Diese verformen oder erfinden nach Belieben Informationen, um ihre Überzeugungen abzustützen, und verwerfen jegliches Zeugnis als unwahrscheinlich, das ihnen widerspricht. Sie bedienen sich der Sprache wissenschaftlicher Untersuchungen, dabei steht hinter ihrem Vorhaben eine rein ideologische Tendenz.

Die absolutistisch verstandene Verpflichtung, jegliche Art der Forschung frei zuzulassen, sowie die Macht irrationalen, mythischen Denkens bieten zumindest eine partielle Erklärung dafür, wie es den Holocaust-Leugnern gelingen konnte, bei verschiedenen Persönlichkeiten und Einrichtungen der breiten Öffentlichkeit Fürsprecher zu finden. Dem uneingeschränkten Prinzip, jede Argumentation verdiene, als legitimer Gegenstand zur Diskussion gestellt zu werden, fallen selbst diejenigen zum Opfer, von denen man vermuten sollte, sie seien die Schutzherren der liberalen westlichen Idealvorstellung vom aufgeklärten Dialog. Indem sie die Auffassung vertreten, den Ansichten der Holocaust-Leugner müsse ungeachtet möglicher Anrüchigkeit Gehör geschenkt werden, verzerren sie einen positiven Wert abendländischen Denkens in sein Extrem. Sie übersehen, daß die Thesen der Holocaust-Leugner ein Konglomerat von rassistischen, extremistischen und antisemitischen Unterstellungen der bösartigsten Sorte bilden. Zur Debatte steht nicht eine bestimmte Interpretation: Die heikle Frage, mit welcher die Holocaust-Leugner uns konfrontieren, läuft vielmehr darauf hinaus, ob einer falschen Berichterstattung derselbe Status und dieselben geistigen Privilegien zuerkannt werden sollen wie authentischer Geschichte.

Ich wiederhole: Ich bin nicht daran interessiert, daß man den Holocaust-Leugnern einen Maulkorb umbindet. Sie haben ein Recht auf freie Meinungsäußerung, gleichgültig, wie verabscheuungswürdig diese Meinung ist. Sie setzen dieses Recht indessen nicht als einen Schild ein, wie es seitens der Verfassung vorgesehen war, sondern als ein Schwert. Es ist ein qualitativer Unterschied, ob man jemanden daran hindert, seine Meinung auszusprechen, oder ob man ihr oder ihm ein Podium zur Verbreitung einer Botschaft verschafft. Die Holocaust-Leugner erkannten rasch, wie sie die Situation ausnutzen konnten, und verlegten sich auf ein wohlkalkuliertes, manipulatives Spiel mit zwei amerikanischen Lieblingsprinzipien: dem Recht auf freie Meinungsäußerung und der Suche nach historischer Wahrheit.

Auf den folgenden Seiten werde ich sowohl den Modus operandi der Holocaust-Leugnung als auch ihren Einfluß auf die zeitgenössische Gesellschaftskultur untersuchen. Ich nehme diese Aufgabe nicht ohne Zögern auf mich, weil einige Leser gewiß nachfragen werden, ob die Holocaust-Leugner tatsächlich eine Randerscheinung bilden können, wenn Historiker sie nicht schlicht und einfach übersehen. Ist wissenschaftliche Aufmerksamkeit Anlaß genug, in ihnen mehr als bloße Fälscher zu vermuten? Verschafft ihnen die Beschäftigung mit ihren Behauptungen lediglich genau die Beachtung durch die Öffentlichkeit, nach der sie sich sehnen?*

* Robert Lifton äußerte ähnlich zwiespältige Gefühle bezüglich der möglichen Wirkung, die seine Forschungen über Ärzte in der nazistischen Tötungsmaschinerie haben könnten. Er befürchtete, bereits seine Erklärungen könnten wie eine Entschuldigung oder Rationalisierung ihrer

Holocaust-Leugner stürzen sich in der Tat freudig auf *jede* Diskussion ihrer Arbeiten und betrachten sie als Beweis für eine ernsthafte Berücksichtigung ihrer Anschauungen. 1981 betonte Präsident Reagan in seiner Ansprache bei der offiziellen Gedenkfeier anläßlich der Tage zur Erinnerung an den Holocaust, wie «entsetzt» er gewesen sei, als er erfahren mußte, daß es Menschen gab, welche die Realität des Holocaust bestritten. Das *Institute for Historical Review*, das Hauptinstrument zur Verbreitung von Schriftgut der Holocaust-Leugner, zitierte in seinem Rundbrief die Äußerungen des Präsidenten, weil sie die «Vitalität» der Holocaust-Leugnung und die «blühende Entwicklung des Revisionismus seit der Gründung unseres Instituts» veranschaulichten[86] – eine Reaktion, welche an die Logik gemahnt: Mir ist egal, was man über mich sagt, solange man überhaupt etwas sagt.

Die Holocaust-Leugner verstehen es, empörenden, vollkommen unrichtigen Thesen Respektabilität zu verschaffen. Der Anthropologe Marshall Sahlins hat den Verlauf dieses Prozesses für den akademischen Bereich beschrieben. Professor X macht eine Theorie publik, und zwar ungeachtet der Tatsache, daß ein Übermaß dokumentierter Fakten seinen Schlüssen widerspricht. In den «höchsten moralischen Tönen» drückt er seine Mißachtung für alles Beweismaterial aus, das Zweifel an seinen Erkenntnissen weckt. Seine persönlichen Angriffe gelten den Verfassern kritischer Werke auf dem bewußten Gebiet sowie den Leuten, die dumm genug sind, ihnen Glauben zu schenken. Die Wissenschaftler, welche die Zielscheibe jenes Professors bilden, können nicht umhin zu reagieren. Ehe man sich's versieht, ist aus ihm «der kontroverse Professor X» geworden, dessen Theorie auch von Nichtprofis, d.h. von Journalisten, ernsthaft diskutiert wird. Über kurz oder lang hat er sich zu einer vertrauten Erscheinung auf den Fernsehschirmen und im Rundfunk gemausert, wo er seine Idee Gesprächspartnern «auseinandersetzt», die keine Herausforderung für ihn darstellen oder die Unwahrhaftigkeit seiner Argumentation nicht entlarven können.[87]

Wir sind zwar noch nicht auf das Niveau herabgesunken, daß

Taten klingen (Lifton, *The Nazi Doctors: Medical Killing and the Psychology of Genocide*, New York 1986, S. XIf.).

ehrerbietige Rezensionen von Literatur aus den Reihen der Holocaust-Leugner in *Time*, *Newsweek* oder *The New Yorker* erscheinen, aber alles andere hat sich exakt gemäß Sahlins' Prophezeiung entwickelt. Die allgemein akzeptierten und üblichen Maßstäbe der Wissenschaftlichkeit, darunter die ordnungsgemäße Behandlung erwiesener Fakten, werden über Bord geworfen. Übrig bleibt, in den Worten jenes bedeutenden Anthropologen, ein «Skandal».

Das Risiko, meine Untersuchung könnte den Holocaust-Leugnern unfreiwillig Format verleihen, ist nicht mein einziger Grund zur Sorge. Sich auf eine Widerlegung der Holocaust-Leugner einzulassen, birgt eine weitere, noch stärkere Gefahr in sich.

Der französische Historiker Pierre Vidal-Naquet hat darauf hingewiesen, daß als Ergebnis einer kontroversen Reaktion auf die Holocaust-Leugnung eine Richtung der «Exterminierung» – im Gegensatz zur «revisionistischen» – entstehe.[88] Dieser Fall trat zum Beispiel in dem Augenblick ein, da Rundfunk- und Fernsehproduzenten sich darüber verwunderten, warum ich mit der «anderen Seite» nicht reden wollte. Holocaust-Leugner haben sich in der Tat bereits darauf verlegt, Holocaust-Forscher als «Exterministen» zu bezeichnen.

Trotz der Risiken habe ich die Untersuchung aus mehreren Gründen durchgeführt. Zunächst einmal ist nichts grausamer, als Verfolgung, Demütigung und Leiden eines einzelnen oder einer Gruppe zu negieren – in gewisser Hinsicht übertrifft es die Verfolgung noch an Grausamkeit. Wer dem Holocaust oder dem Stachel des Antisemitismus nicht ausgesetzt (gewesen) ist, dem fällt es womöglich schwer, die gefährliche Verwundbarkeit nachzuvollziehen, die sie bei den Opfern verursachen. Analog dazu kann jemand, der niemals Erfahrungen mit Rassismus gemacht hat, den Schmerz und die Wut, welche damit einhergehen, nicht begreifen. Dieses Buch will unter anderem den Schmerz vergegenwärtigen, den die Holocaust-Leugner verursachen. Beim Schreiben habe ich häufig Wut auf sie empfunden, ungeachtet der Tatsache, daß sie in einem eigenartigen geistigen Wunderland leben und weder sie noch der Unsinn, den sie verbreiten, meiner Wut würdig ist. Auch wenn man ihre Schlußfolgerungen nicht ernst nimmt, muß man, so widersinnig es klingt, ihre Methoden zu einem Studienobjekt machen. Es ist eine zwingende Aufgabe, und zwar nicht, weil ihren Gedanken ein Wert innewohnte, sondern weil die Kräfte der Vernunft verletzlich sind und die Gesellschaft für abwegige Vorstellungen anfällig ist. Menschen, die in vergleichbaren irrationalen Wunderländern wohnen, haben mächtige Strömungen ins Leben gerufen, zum Beispiel den Nationalsozialismus selbst.

Ich habe mich außerdem in dieses widerwärtige Thema vertieft, weil ich folgender Überzeugung bin: Hoffnung, daß Geschichte nicht um der Konformität zu einer Vielzahl niederträchtiger Ideen willen verformt wird, besteht nur dann, wenn das gesellschaftliche Kollektiv – insbesondere jener Teil der Gesellschaft, der sich geistig-rationalen Fragestellungen verpflichtet fühlt – die gesamte Tragweite der Absichten jener Gruppe erkennt. Man braucht seine Zeit nicht mit einer Widerlegung jeder einzelnen Unterstellung der Holocaust-Leugner zu vergeuden. Es wäre eine Sisyphusarbeit, Argumenten begegnen zu wollen, deren Verfechter Befunde verfälschen, aus dem Zusammenhang herausgelöst zitieren und eine erdrükkende Anzahl von Zeugnissen verwerfen, nur weil sie ihren Thesen entgegenstehen. Auf das Blendwerk ihrer Argumentationsweisen muß man reagieren, nicht auf die Argumente selbst. Ich möchte demonstrieren, wie sie Verwirrung stiften und Verzerrung betreiben; *wichtiger als alles andere ist es, die Illusion einer rationalen Forschungsmethodik zu zerstören, hinter der sich ihre extremistischen Anschauungen verbergen.*

Eine entscheidende Erkenntnis ist schließlich, daß es sich hier nicht um einen obskuren Disput handelt. Die Vergangenheit und – wichtiger noch – ihre Rezeption beeinflussen in starkem Maß die Art und Weise, wie die Menschen mit Problemen der Gegenwart umgehen. Nicht zufällig vermutete Harry Elmer Barnes, Geschichte könne als «Mittel zur Entscheidungsfindung und bewußt gehandhabtes Instrument der gesellschaftlichen Veränderung» dienen.[89] Geschichte ist relevant. Die gesellschaftliche Wahrnehmung vergangener Ereignisse und deren Bedeutung bilden einen überragenden Faktor bei der Beurteilung und Handhabung der Gegenwart, gleichgültig, ob man den Nahen Osten, Vietnam, den Balkan, den Kalten Krieg oder die Sklaverei ins Zentrum der Aufmerksamkeit rückt. Adolf Hitlers Aufstieg zur Macht wurde durch die methodische Geschicklichkeit begünstigt, mittels deren er den Massen eine Perspektive auf die jüngsten geschichtlichen Entwicklungen in Deutschland nahezubringen verstand, die dem Volk gefiel. Daß es sich um eine verzerrte Darstellung handelte, spielte keine Rolle – den Deutschen gefiel sie, weil dadurch die Schuld an ihren Problemen verlagert wurde. Obwohl sich die Historie im Ringkampf mit den mythischen Kräften irrationalen Vorurteils stets in einem Nachteil befindet, muß sie doch in den Ring steigen.

Ich wurde an die Potenz der Geschichte erinnert, als 1991, am Vorabend der Regierungswahlen in Louisiana, ein Anhänger David Dukes während eines Fernsehinterviews anmerkte, da wäre all das Gerede von Dukes früheren Ansichten über Juden und Schwarze sowie seiner aktiven Mitgliedschaft im Ku-Klux-Klan. Das sei Vergangenheit, stellte jener Anhänger fest; er frage sich, welche Bedeutung es für die bevorstehende Wahl haben könne? Die einzig mögliche Antwort lautet: Dukes Vergangenheit stand in unmittelbarem Zusammenhang mit seinem Bestreben, gewählt zu werden; durch sie war er geworden, was er bis heute ist. Nichts konnte besser veranschaulichen, wie relevant Geschichte ist. (Nicht rein zufällig verfälschte der verstorbene Paul de Man, einer der Begründer des Dekonstruktivismus, seine Vergangenheit ebenfalls und schrieb seine Lebensgeschichte eigenhändig um.[90])

Falls Geschichte Bedeutung hat, dann sind die, welche mit ihr umgehen, um so wichtiger. Die Rolle des Historikers ist mit der Funktion eines Kanarienvogels im Schacht verglichen worden, dessen Tod die Kumpel warnt, daß gefährliche Gase ausströmen – «irgendeine Spur eines giftigen Zeugs, und der Kanarienvogel stirbt».[91] Heutzutage liegt reichlich giftiges Zeug in der Luft. Die Holocaust-Leugner trachten danach, ihr Ziel zu erreichen, indem sie sich Anerkennung als legitime wissenschaftliche Fachrichtung verschaffen und bei der jüngeren Generation Zweifel säen. Nur wenn die Bedrohung erkannt wird, welche die Holocaust-Leugnung sowohl für die Vergangenheit als auch für die Zukunft darstellt, sind ihre Anstrengungen letztlich zu vereiteln.

2. Die Vorläufer: Geschichte, Verschwörung und Phantasie

Die gegenwärtige Holocaust-Leugnung hat Einflüsse der unterschiedlichsten Strömungen integriert. Dazu gehören unter anderen: eine legitime historische Praxis, welche scharfe Einwände gegen die amerikanische Regierungspolitik erhob und die Auffassung vertrat, Geschichte werde zur Rechtfertigung der Politik mißbraucht; eine bereits Tradition gewordene Verknüpfung von Verschwörungstheorien, welche ein weitgefächertes Sortiment verschiedenartiger Szenarien in einen sauber geordneten Zusammenhang brachte; und maßlose Kritik an regierungspolitischen Entscheidungen, die in ihren Ausgangspunkten zwar an der Realität orientiert sein mochte, sich jedoch in das Extrem der Phantasterei steigerte. Die zuerst erwähnte historische Praxis wurde von den Holocaust-Leugnern übernommen und verarbeitet. In den beiden anderen Fällen bildete Holocaust-Leugnung deren logische Konsequenz.

Ihrem Selbstverständnis nach betrachten sich die Holocaust-Leugner als rechtmäßige Nachfolger eines Zirkels einflußreicher amerikanischer Historiker, die große Besorgnis wegen des amerikanischen Engagements auf internationaler Ebene äußerten. Jene respektierten Geschichtswissenschaftler, die sich als Revisionisten bezeichneten, wären entsetzt gewesen, wenn sie wüßten, welchem Zweck ihre Argumente zugeführt wurden. Im Gegensatz zu den Holocaust-Leugnern, die zwischen Fakten und Fiktionen nicht differenzieren, gingen die Revisionisten des Ersten Weltkriegs seriöser Forschung nach, bei der sie sich auf einen anerkannten Kanon von Beweismaterialien stützten. Ungeachtet solcher Unterschiede haben die Holocaust-Leugner versucht, die zwei Richtungen miteinander zu verflechten, indem sie argumentierten, in beiden Fällen hätte man sich auf die Suche nach Wegen zu einer alternativen Geschichte der zentralen Ereignisse im 20. Jahrhundert begeben. Die eine Forschungsrichtung benutzte hierfür allerdings etablierte historiographische Methoden, während die Holocaust-Leugnung auf Pseudowissenschaftlichkeit fußt.

1920 wurde die Eröffnungssalve auf diesem Feld abgefeuert; Sidney B. Fay, Dozent am *Smith College*, veröffentlichte in der *American Historical Review* eine Reihe von Artikeln über die Ursachen des Ersten Weltkriegs. In jenen Artikeln wie auch in seinem später erschienenen Buch entwickelte Fay anhand von nach dem Krieg freigegebenem Archivmaterial die These, daß die Deutschen, entgegen der in Amerika vorherrschenden Meinung, keinen Krieg angestrebt hätten. Fay beschwerte sich, man habe die Amerikaner einer Menge «törichter Propaganda» über die wahren Verantwortlichen des Krieges ausgesetzt.[1] Er beharrte darauf, daß Deutschland den Krieg weder geplant noch gewollt, sondern statt dessen echte Anstrengungen zu seiner Verhinderung unternommen hätte. Fay zufolge waren die deutschen Staatsmänner am Vorabend des Ersten Weltkriegs die letzten Führer Europas, welche ihre Friedensbemühungen aufgaben und ihre Armee mobil machten; sie hätten sich aber erst dazu entschlossen, nachdem alle anderen Möglichkeiten gescheitert waren.[2]

So entstand der amerikanische Revisionismus zum Ersten Weltkrieg. Einer der ersten, die Fay in seinen Bemühungen beisprangen, war Harry Elmer Barnes; 1923 wurde er sein Kollege am *Smith College*. Barnes, ein produktiver Autor und bereits mit 30 Jahren ordentlicher Professor, stürzte sich eilends in die Schlacht. Schon bald übertraf er Fay und fast alle anderen Revisionisten in seiner vehementen Kritik an der amerikanischen Außenpolitik. Durch seine unbarmherzigen Attacken gegen die «orthodoxe» Darstellung des Krieges wurde er in Deutschland zum Helden. In amerikanischen Historikerkreisen war er für seine persönlichen Angriffe auf diejenigen berüchtigt, in denen er die Verfechter einer traditionellen Geschichtsschreibung des Ersten Weltkriegs vermutete.[3] Barnes spielte in der Revisionistendebatte nach dem Ersten Weltkrieg zwar eine tragende Rolle, aber seine Relevanz für diese Untersuchung besteht in seiner Stellung als «Vater» der amerikanischen Holocaust-Leugnung: Er wurde einer ihrer Vorkämpfer und zerpflückte in seinen Publikationen als einer der ersten die Vernichtungsgeschichte der europäischen Juden. Wie Kapitel 5 zeigen wird, waren seine Methoden in beiden Fällen von auffallender Ähnlichkeit.

Ein weiterer führender Wissenschaftler, der sich Fay und Barnes anschloß, war Charles A. Beard.[4] Hohnlachend verwarf Beard die «Sonntagsschultheorie» des Krieges: daß nämlich Rußland, Frankreich und England, «drei unschuldige, reine Knaben», von zwei Bösewichten, Deutschland und Österreich, überfallen worden waren, die miteinander «böse Taten im Dunkeln» ausgeheckt hätten.[5] Diese Historiker lehnten nicht nur die Vorstellung ab, Deutschland trüge die alleinige Verantwortung, ihnen bereitete außerdem die Art und Weise Kummer, in welcher im Versailler Vertrag mit dem Tatbestand einer Kriegsschuld umgegangen worden war, so daß Deutschland rigorose Strafbedingungen diktiert werden konnten. Die Revisionisten hielten den Artikel 231 des Vertrags, in welchem deutsche Aggression als direkte Ursache für einen alliierten Kriegseintritt definiert wird, für «historisch falsch und moralisch nicht zu rechtfertigen».[6]

Die Revisionisten entlasteten jedoch nicht nur die Deutschen, sie belasteten statt dessen die Alliierten und warfen ihnen Doppelzüngigkeit vor, sowohl vor als auch nach dem Krieg. Ihrer Ansicht gemäß verhinderten die Briten und Franzosen, die die USA um jeden Preis in den Krieg mit hineinziehen wollten, daß die Amerikaner von dem realen deutschen Friedenswunsch und den «vernünftigen, staatsmännischen» Vorschlägen der Deutschen zur Kriegsvermeidung erfuhren.[7] Durch Frankreichs militante Eroberungspolitik wurden Chancen für eine friedliche Lösung mehrfach zunichte gemacht. Großbritannien beschuldigte die Deutschen fälschlicherweise entsetzlicher Gewalttaten. Den Revisionisten zufolge fuhren die Alliierten sogar nach Beendigung des Ersten Weltkriegs in ihrem betrügerischen Verhalten fort und weigerten sich, andere Sachverhalte als jene anzuerkennen, die der Auffassung von einer alleinigen deutschen Kriegsschuld entsprachen.[8] Die Revisionisten verurteilten die britischen, französischen und amerikanischen «Täuschungsmanöver» nach dem Krieg vor allem deshalb, weil die Alliierten als Sieger gewußt hätten, daß die Deutschen nicht wirklich schuldig waren. Indem sie ihre Macht zur Unterdrückung der Wahrheit ausnutzten, nahmen die Alliierten eine wohlberechnete Verformung der Fakten vor und zwangen die Deutschen dazu, den Becher der Niederlage bis zur Neige auszutrinken, obwohl sie dies nicht verdienten.

Einige der extremeren Revisionisten, Barnes an der Spitze, richteten ihre Angriffe insbesondere gegen Präsident Woodrow Wilson, weil er für die Ausgaben, Verluste und Nöte des Krieges sowie die «arrogante und brutale Politik Frankreichs und Englands» verantwortlich gewesen sei.[9] Sie behaupteten, Wilsons ursprüngliche Befürwortung einer amerikanischen Neutralität sei nicht aufrichtig gemeint gewesen. Ihren Darlegungen entsprechend war Wilson bereits seit langem davon überzeugt gewesen, England würde Deutschland nicht ohne amerikanische Hilfe besiegen können. Deshalb beschloß er, so bald wie möglich auf Englands Seite in den Krieg einzutreten, und wartete nur auf eine geeignete Provokation.[10] Revisionisten des Zweiten Weltkriegs trugen später gegen Präsident Roosevelt ähnliche Vorwürfe vor. Sie argumentierten, Roosevelt habe – wie sein Vorgänger Wilson – schon geraume Zeit die Absicht gehegt, die USA in die europäischen Streitigkeiten zu verwickeln, und lediglich die rechte Gelegenheit abgewartet, dies in die Tat umzusetzen. In den Augen dieser Kritiker mangelte es beiden Männern beträchtlich an Ehrlichkeit gegenüber dem amerikanischen Volk; beide hätten die USA in eine katastrophale Außenpolitik hineingeführt.

Viele der revisionistischen Argumente entbehrten durchaus nicht einer gewissen historischen Substanz. Deutschland war *nicht* der Alleinschuldige des Krieges. Der Versailler Vertrag enthielt strenge, vom Wunsch nach Rache motivierte Forderungen, durch welche Deutschland eine derart drückende finanzielle Bürde auferlegt wurde, daß der Zusammenbruch der Weimarer Republik quasi vorprogrammiert war. Die Franzosen hatten ihre eigenen Hintergedanken bei der Angelegenheit. Die amerikanische Waffenindustrie und die Banken profitierten in hohem Maße vom Krieg.

Er brachte Europa weder Frieden noch eine Lösung für seine lange schwelenden Konflikte. Die revisionistische Sache wurde durch den Umstand gestützt, daß die britische Propaganda während des Kriegs alle möglichen Greuelmärchen über deutsche Grausamkeit gegenüber Zivilisten verbreitet hatte; man erzählte unter anderem, die Deutschen benutzten tödliches Gas, um an den Kämpfen Unbeteiligte umzubringen, setzten Babys als Zielscheiben zu Übungszwecken ein und verstümmelten belgische Frauen. Die amerikanische Öffentlichkeit war sich nicht bewußt, daß es sich dabei um vorsätzliche Falschmeldungen handelte, und erwies sich als für derartige Geschichten besonders empfänglich.[11] (Jene propagandistischen Bemühungen zeitigten so große Erfolge, daß ihnen in der Folge ein neuer Gewerbezweig entwuchs: Die Ursprünge moderner Öffentlichkeitsarbeit leiten sich unmittelbar aus der britischen und, in geringerem Maße, amerikanischen Kriegswerbung ab.) Als Amerika zwanzig Jahre später Berichte erreichten, die Nazis setzten Gas zur Ermordung von Juden ein, offenbarten sich die anhaltenden Auswirkungen jener ersten, unwahren Schauergeschichten. In Amerika wurde die zweite Flut derartiger Neuigkeiten als Wiederholung der Kindermärchen über die Deutschen abgetan. Das Problem war nur, daß die Berichte dieses Mal der Wirklichkeit entsprachen.

Einer der Gründe, warum sich zahlreiche Amerikaner zu einer revisionistischen Sichtweise hingezogen fühlten und in der Zeit zwischen den Weltkriegen eine Nichtintervention befürworteten, war folgender: Obwohl der Krieg mit einem Sieg geendet hatte, entsprach das Ergebnis bei weitem nicht den Erwartungen. Während des Kriegs hatten Politiker wie Wilson nach außen hin die Vorstellung genährt, es handele sich um einen Kreuzzug im Namen der Demokratie, während de facto häufig nationale Interessen der übelsten Sorte im Spiel waren.[12] Für viele Menschen, die Revisionisten des Ersten Weltkriegs mit eingeschlossen, ging der Schuß nach hinten los; der Versuch, den Krieg mit grandiosen, übertrieben hehren Ideen zu umgeben, verkehrte sich in sein Gegenteil. Die Menschen zeigten sich bitter enttäuscht, daß der Krieg weder ein demokratischer Kreuzzug noch ein Krieg zur Beendigung aller Kriege – wie Wilson versprochen hatte – gewesen war.

Er brachte den kriegsmüden Völkern der Welt keinen gesicherten Frieden. In der Phase zwischen den Weltkriegen, während die Situation in Europa immer unbeständiger wurde, entwickelte eine wachsende Anzahl Amerikaner – allen voran die Revisionisten und

Isolationisten – eine verbitterte, desillusionierte Haltung.[13] Sie waren der Überzeugung, eine arglose amerikanische Öffentlichkeit sei hinters Licht geführt worden und die amerikanische Kriegseinmischung sei nicht nur für die USA, sondern für die ganze Welt eine grenzenlose Katastrophe gewesen.[14] Ihre Anklagen ex post facto klangen hart und unerbittlich. Der Streit um die Ursachen des Ersten Weltkriegs bildete in der Epoche vor dem Zweiten Weltkrieg den Rahmen für eine leidenschaftliche Debatte über die amerikanische Außenpolitik. Die Revisionisten zielten darauf ab, die Einstellung der Gesellschaft zu diesem Thema zu verändern.[15] Die revisionistische Sicht entwickelte sich zu einem Prisma, in welchem anstehende politische Entscheidungen reflektiert wurden.[16]

Zwar besteht die einzige Verbindung zwischen den ersten Revisionisten und den Holocaust-Leugnern in der Person Harry Elmer Barnes'. Trotzdem gaben die Argumente der Revisionisten für die Holocaust-Leugner einen idealen Hintergrund ab. Ihre Mutmaßungen über Intrigen seitens der amerikanischen Regierung, ungerechte Behandlung der Deutschen, Berichte von Greueltaten aus dem verdeckten Motiv, die öffentliche Meinung zu beeinflussen, waren zu verführerisch, als daß man sie hätte ignorieren können. Die Holocaust-Leugner kidnappten jene Denkrichtung und setzten sie für ihre eigenen Zwecke ein.

Sowohl innenpolitisch als auch hinsichtlich der internationalen Beziehungen war die Periode zwischen den beiden Weltkriegen eine turbulente Zeit. Kritik an der amerikanischen Außenpolitik erklang aus allen Ecken und Enden des politischen Spektrums.[17] Auf dem Kapitol bemängelten Liberale, Konservative wie auch Progressive gleichermaßen die Richtung, die Roosevelt mit seinen politischen Entscheidungen in Übersee einschlug.[18] In gewissen Kreisen herrschte die feste Überzeugung, daß es eine Verschwörung oder gar eine Kette von Verschwörungen mit dem Ziel gebe, Amerika zu schaden. Die Furcht vor den Roten nahm den Charakter einer Hexenverfolgung an. In den USA trat eine tiefverwurzelte Fremdenfeindlichkeit zutage, von erheblichem Antisemitismus durchsetzt. In demselben Maß, wie sich die Auswirkungen der Depression verschlimmerten, wuchs in verschiedenen Kreisen das Gefühl, daß irgend jemand oder irgend etwas – eine Gruppe, eine Ideologie, finanzielle Interessen – dafür die Schuld tragen müsse. Die Auswüchse dieser Ängste ließen sich auf unterschiedlichen Gebieten beobachten.

Hinter der Verabschiedung des Immigrationsgesetzes im Jahr 1924 stand das Bestreben, die Zahl der Einwanderer zu begrenzen, die nicht angelsächsischer, protestantischer Provenienz waren. Die Gegner der jüngsten Immigrantenströme führten den Einwand ins Feld, jene würden das Gesicht Amerikas verändern. Das Gesetz war zu einem Zeitpunkt erlassen worden, da die Amerikaner sich finanziell sicher fühlten; nun, angesichts der wirtschaftlichen Verschlechterungen und der Probleme in den internationalen Beziehungen, traf das Gesetz auf noch größere Zustimmung. Durch die Depression entwickelte sich ein heftiges Mißtrauen gegen die möglichen Interessen von Banken und Konzernen. In den Augen vieler Menschen waren die Schuldigen an der sich stetig verschärfenden Situation leicht auszumachen.

1935 berief der republikanische Senator Gerald P. Nye (North Dakota) einen Ausschuß zur Untersuchung der Geschäfte von Reedereien, Rüstungsfabriken und internationalen Finanzinstituten während des Ersten Weltkriegs ein. Bei diesen Anhörungen ging man von der Prämisse aus, daß nicht nur den politischen Führern Verantwortung dafür zuzusprechen war, das Land in den Krieg verwickelt zu haben. «Böse» Wall-Street-Bankiers hatten sich mit Unterstützung und Anstiftung seitens «finsterer» Waffenhändler an einem heimtückischen Plan beteiligt, um ihrer eigenen Bereicherung willen die USA in den lodernden Konflikt hineinzulocken.[19] Die *Nye Committee Hearings* entfesselten in den USA eine stark isolationistische Stimmung und hatten weitreichende Folgen für die amerikanische Außenpolitik.[20] Obwohl sich keine Beweise dafür fanden, daß Wall Street die amerikanische Einmischung vorsätzlich vorangetrieben hätte, hielten einige Senatoren zum damaligen Zeitpunkt die Untersuchungen für das wirksamste Mittel zur Förderung einer amerikanischen Isolationspolitik.[21] Als der demokratische Senator Homer T. Bone (Washington), ein eifriger Isolationist, 1935 anmerkte, der Krieg sei «äußerster sozialer Wahnsinn» gewesen und Amerika hätte «nichts damit zu tun» haben dürfen, schwang in seiner Äußerung die Meinung von Millionen amerikanischer Bürger mit.[22]

In gewissen Kreisen bestand wenig Zweifel über die Identität derjenigen, die an der unheilvollen Lage der USA die Schuld trugen. Man klagte Roosevelt an, mit seiner Außenpolitik «jüdischen Interessen» Vorschub zu leisten. Der republikanische Senator Hiram W. Johnson (Kalifornien) beschwerte sich im Februar 1939, die Juden befänden sich samt und sonders «auf einer Seite, wären voll freudiger Begeisterung für den Präsidenten und gewillt, bis zum letzten Amerikaner zu kämpfen»; damit faßte er die Haltung einer wachsenden Zahl von Antisemiten zusammen. Er erhob den Vorwurf, die Loyalität der Juden liege einzig bei ihrer Gemeinschaft, niemals jedoch bei ihrem Land. Diesem mächtigen Verbund – so Johnson weiter – stünden die Reihen derjenigen gegenüber, «derjenigen unter uns – und das sind eine Menge –, denen das Wohl unseres Vaterlands am Herzen liegt, und zwar ausschließlich». Johnson bemängelte, niemand hätte den Mut, auszusprechen, das Hauptaugenmerk bei den Auseinandersetzungen um die amerikanische Europapolitik gälte eindeutig dem Umgang der Deutschen mit ihrer jüdischen Bevölkerung, denn jeder hätte Angst davor, «die Juden zu beleidigen». Er beschuldigte Roosevelt, der seiner Meinung nach einen «Diktatorenkomplex» hatte, in den Juden mächtige Unterstützer gefunden zu haben, die lauthals verlangten, er müßte «ihren Leuten» Hilfe gewähren, «die weder hier leben noch irgend etwas mit unserer Heimat gemein haben».[23]

Pater Charles C. Coughlins antisemitische Hetzreden im CBS-Radioprogramm erreichten landesweit ein Millionenpublikum; sein Magazin, *Social Justice*, druckte Antisemitismen ab, die unmittelbar Joseph Goebbels' Propagandamaschinerie entstammten (selbstverständlich ohne Quellenangaben). 1941 beschuldigte der als Antisemit bekannte demokratische Kongreßabgeordnete John E. Rankin (Mississippi) «Wall Street und das Häuflein unserer internationalen jüdischen Brüder» der Kriegshetze und beklagte, daß «weiße Nichtjuden» in den USA verfolgt würden.[24] 1941 überprüften isolationistisch eingestellte Senatoren den Einsatz von Propagandamitteln in der Filmindustrie, um «die Öffentlichkeit in bezug auf eine Beteiligung der USA am gegenwärtigen Krieg in Europa günstig zu stimmen».[25] Bei den Ermittlungen herrschte ein stark antisemitischer Ton, da es sich bei fast allen, die der Untersuchungsausschuß vorlud, um Juden handelte. Charles A. Lindbergh vertrat die Ansicht, die Juden bildeten eine deutlich abgegrenzte Einheit mit starkem innerem Zusammenhalt, die eine Interventionspolitik verfolge und die politische Macht besitze, ihre Bestrebungen durchzusetzen.* Seine öffentlichen Bemerkungen diesbezüglich entfachten eine heftige Debatte.[26]

Nach der Besetzung der Tschechoslowakei durch die Deutschen im März 1939 griff selbst ein so weithin respektierter Gelehrter wie Charles Beard zwei «Hauptgruppen» an, weil sie «Druck» ausübten, um eine «realistische US-Außenpolitik auf den Grundlagen der geographischen Lage des Landes und seiner demokratischer Prinzipien» zu verhindern. Bei diesen beiden Gruppen handelte es sich um idealistische Internationalisten einerseits sowie «Kostgänger» andererseits: ethnische Gemeinschaften und Kommunisten, deren «Hoffnungen und Herzblut am Schicksal fremder Regierungen und Völker hingen».[27]

Die archaische Neigung, hinter den Problemen eines Volkes jüdische Konspiration zu vermuten, hat tiefe Wurzeln. Die Juden waren beschuldigt worden, Brunnen zu vergiften, Christenkinder umzubringen, die Pest zu verbreiten und Hungersnöte, Erdbeben sowie Überschwemmungen zu verursachen. Enormen Auftrieb erhielt diese Art des Verfolgungswahns im Amerika des 20. Jahrhunderts durch Henry Ford, dessen Name als Synonym für amerikanischen Erfindungsgeist und Arbeitseifer steht; Ford machte eine jüdische Verschwörung für die sozialen und wirtschaftlichen Unruhen verantwortlich. In den Jahren 1920 bis 1927 veröffentlichte Fords

* Lindberghs bekannteste, kontroverseste Äußerung zur damaligen Zeit machte er im September 1941 auf einer *America First*-Versammlung in Des Moines, Iowa. Bei einer Rede mit dem Titel «Wer sind die Kriegsaufwiegler?» sagte er vor 8000 Zuhörern, die «drei wichtigsten Gruppen, welche dieses Land in einen Krieg hineintreiben, sind die Briten, die Juden und die Regierung Präsident Roosevelts... Wenn eine dieser Gruppen – Briten, Juden, Rooseveltsche Regierung – die Anstiftung zum Krieg unterließe... [bestünde] wenig Gefahr für einen Kriegseintritt unsererseits.»

Dearborn Independent (mit einer Auflage von 600 000 Stück) die englische Übersetzung der «Protokolle der Weisen von Zion» sowie eine Serie von Artikeln, in welchen den Juden vorgehalten wurde, sie setzten den Kommunismus, Banken, Gewerkschaften, Alkohol, Glücksspiel, Jazz, Zeitungen und Kinofilme zur Attackierung und Schwächung Amerikas, seiner Kultur und seiner Menschen ein. Ihr Ziel sei es, das Land einem «Über-Juda» einzuverleiben, einer vermeintlichen Weltregierung. In Buchform wurden von *The International Jew: The World's Foremost Problem* in den USA mehr als eine halbe Million Exemplare verkauft und Übersetzungen in sechzehn Sprachen angefertigt.[28]

Man zog die «Protokolle der Weisen von Zion» häufig zum Beweis für eine jüdische Verschwörung heran. Ein Kommentar der *Chicago Tribune* stellte die Behauptung auf, daß zwischen dem Kommunismus und einer jüdischen Konspiration zur Weltherrschaft enge Verbindung bestünde. An demselben Tag, an dem dieser Kommentar erschien, wies der Leitartikel des *Christian Science Monitor* unter der Überschrift «Die jüdische Gefahr» darauf hin, daß die «Protokolle der Weisen von Zion» auffallende Ähnlichkeit mit der Verschwörung des Illuminatenordens besäßen.[29] Die Vertreter von Verschwörungstheorien haben die Illuminaten längst als Luzifers moderne Nachfolger entlarvt. Angeblich mißbrauchten sie die Gesetze der Vernunft, um die religiöse und politische Ordnung auf ihrem Weg zur Übernahme der Weltherrschaft zu unterminieren. Man sagte ihnen nicht nur nach, die treibende Kraft hinter der Französischen Revolution gewesen zu sein, sondern sah in ihnen auch die eigentlichen Drahtzieher bei der Entstehung von Karl Marx' «Kommunistischem Manifest» und dem raschen Aufstieg des Kommunismus. Innerhalb dieses Netzwerks konspirativer Wahnideen, welche der *Dearborn Independent* wiedergab, zeichneten die Juden – und jüdische Bankiers im besonderen – für die schändlichen Taten der Illuminaten verantwortlich. Diejenigen, welche die vermeintliche Verschwörung aufdeckten, verliehen ihrer unsinnig wirkenden Behauptung – Bankiers unterstützen Kommunisten – ein logisches Gepräge, indem sie argumentierten, die Bankiers sähen voraus, daß die Kommunisten eine Weltregierung begründen, welche sie wiederum später übernehmen und kontrollieren könnten.[30]

Angesichts einer Verleumdungsklage entschuldigte Ford sich schließlich offiziell dafür, derartige Märchen verbreitet zu haben. Der Schaden war allerdings bereits geschehen. In vielen amerikanischen Köpfen hatte die Vorstellung von einer jüdischen Konspiration, bei der sich kommunistische und kapitalistische Kräfte im Bemühen um die Weltherrschaft zusammenschlossen, bereits feste Gestalt angenommen, insbesondere im rechten Lager.

Viele der Theorien über jüdische Verschwörungen, unter anderem auch die Holocaust-Leugnung, weisen gemeinsame Züge auf: Hinter jeder Verschwörung steckt ein Kollektiv, das eine andere Gemeinschaft aufs Korn genommen hat. Obwohl die Zahl der Opfer größer ist als die der Verschwörer, sind die Opfer höchst angreifbar, weil sie der Verschwörung nicht gewahr werden. Diejenigen, welche den Plan enttarnt haben, tragen Verantwortung dafür, die Opfer auf ihn aufmerksam zu machen. Den Verschwörern wird bei der Verfolgung ihrer Absichten eine diabolische Geschicklichkeit unterstellt, welche die Fähigkeiten ihrer Feinde bei weitem übertrifft. Sie sind mit beinahe mystischen Kräften ausgestattet und kontrollieren die Börsen, das internationale Banksystem und die Medien. Da sie in der Vergangenheit mit ähnlichen Verschwörungen bereits Erfolg gehabt haben, besitzen die Verschwörer so viel Erfahrung, daß sie auch in der Zukunft wieder triumphieren werden, es sei denn, man geböte ihnen Einhalt.[31]

Derlei Wahnvorstellungen verleihen Ereignissen, die anderweitig unerklärbar erscheinen – weltweite Depression, Hungerkatastrophen, der Tod von Millionen –, eine wohlgeordnete Struktur und beschwören vertraute Stereotype herauf. Die Holocaust-Leugner haben sich dieses Schema zunutze gemacht. Einige unter ihnen mögen von der Wahrhaftigkeit ihrer Unterstellungen sogar überzeugt sein. Durch ihren Glauben, sie hätten recht, werden ihre Behauptungen allerdings nicht rationaler oder zutreffender, genausowenig wie die Beschuldigungen in der Vergangenheit, die Juden hätten Brunnen vergiftet, bei ihren Ritualen Christenkinder getötet und eine Weltrevolution entfacht.

In der Zeit unmittelbar nach dem Zweiten Weltkrieg brachen einige Isolationisten erneut eine Lanze für Deutschland. Zu den Revisionisten des Zweiten Weltkriegs zählten Extremdenker, die alle derselben Idee anhingen, nämlich daß wieder einmal eine militärische und politische Verschwörung ungeheuren Ausmaßes angezettelt worden war, um die USA in den Krieg hineinzuziehen. Ihren Worten gemäß habe Roosevelt eine amerikanische Beteiligung gleich 1939, vom Ausbruch des Krieges an, gewollt. Mit Hilfe einer ausgewählten Gruppe von Beratern und der Unterstützung gewisser ethnischer Gruppen und Interessenverbände habe er nach einer Hintertür für den Eintritt in den Zweiten Weltkrieg gesucht. Zu diesem Zweck habe er Informationen, daß sich ein Angriff auf Pearl Harbor anbahnte, unterschlagen. Die *Chicago Tribune* war von Roosevelts geheimem Einverständnis mit jenem Angriff überzeugt und beschuldigte ihn, vorsätzlich das Leben Tausender amerikanischer Soldaten geopfert zu haben. Die Kritiker, an deren Spitze Journalisten, Pazifisten und Politiker standen, behaupteten weiterhin, Pearl Harbor sei Teil eines größeren, komplexeren Zusammenhangs. Sie vertraten die Ansicht, die Roosevelt-Regierung habe einen Krieg gebraucht, um die Aufmerksamkeit der Öffentlichkeit vom Scheitern ihrer Wirtschafts- und Sozialpolitik (*New Deal*) abzulenken.

Die Vorwürfe erklangen aus den Reihen derer, die über das Stattfinden des Krieges sowie sein Ergebnis sehr enttäuscht waren. Ihre Rhetorik spiegelte ihre Bitternis. In seinem Buch *The Roosevelt Myth* beschuldigte John T. Flynn, Führer der Bewegung *America First*, Roosevelt, im Krieg einen «glorreichen, wunderbaren Ausweg für die unlösbaren Probleme Amerikas entdeckt» zu haben. Flynn argumentierte, der Krieg habe nichts weiter bewirkt, als «Stalin Mittel in die Hände zu spielen, sich einen großen Batzen des europäischen Kontinents anzueignen». Alle bedeutenden Verlagshäuser lehnten Flynns Buch wegen seines aufwieglerischen Stils ab; es wurde letztlich von Devin-Adair veröffentlicht, der sich später zu einem der führenden Verlage für die Schriften der Holocaust-Leugner entwickelte. Ungeachtet seines Stils, gelangte das Buch auf Platz zwei der Bestsellerliste in der *New York Times*.[32]

Auch Charles Beard brachte den Einwand vor, die Bezwingung eines totalitären Systems habe einem ebenso despotischen Regime Auftrieb verliehen. Der Nazismus sei durch eine andere Tyrannei ersetzt worden, demnach gebe es für den Krieg keine Rechtfertigung. Beard stellte die Freveltaten der Nazis in Relation zu denen der Sowjets und stellte gleichzeitig die Frage, wie man in diesem Fall noch die Rechtfertigung vorbringen könne, «daß der ‹Zweck› die Mittel heiligte, die zur Anwendung kamen, um die USA in den Krieg zu verwickeln».[33] Beard wäre entsetzt darüber gewesen, in welcher Art und aus welchem Grund die Holocaust-Leugner seine Argumentationen nachzeichnen, wenn sie in ihren Zeitschriften und Büchern behaupten, der Krieg gegen Hitler sei nicht nur Irrsinn, sondern auch den amerikanischen Interessen alles andere als förderlich gewesen. Infolgedessen – unterstellen die Holocaust-Leugner – muß irgendeine Interessengemeinschaft den Krieg gewollt haben.

Die Kritiker verfolgten unterschiedliche Ziele. Einige, die deutschamerikanischer Abstammung waren, sahen sich vermutlich deswegen veranlaßt, mildere wirtschaftliche und politische Bedingungen für das besiegte Deutschland zu erwirken. Bei anderen – vor allem aus dem Mittleren Westen – mögen die Beweggründe in ihrem starken Konservativismus und ihrem Argwohn gegenüber Fremdeinflüssen gelegen haben. Viele waren Antikommunisten, die glaubten, ein starkes Nachkriegsdeutschland böte den besten Schutzwall gegen den sich ausbreitenden Kommunismus. Wieder andere, beispielsweise Barnes, hatten bereits dem Ersten Weltkrieg gegenüber eine revisionistische Haltung eingenommen und differenzierten nicht zwischen dem einen und dem anderen Waffenkonflikt. Der Gedanke eines starken Deutschland entwickelte sich zum Drehpunkt der amerikanischen Nachkriegspolitik; einige extreme Revisionisten des Zweiten Weltkriegs gingen jedoch noch einen Schritt weiter und stellten in Anknüpfung an ein Argument, das bereits vor dem Krieg bekanntgeworden war, die These auf, daß auch Nazideutschland einen exzellenten Schutzschild gegen den Kommunismus gebildet hätte, die Alliierten hierfür jedoch blind gewesen – oder geblendet worden wären.

Die extremste revisionistische Darstellung über Amerikas Eintritt in den Zweiten Weltkrieg, *Back Door to War*, stammt von Charles C. Tansill, Professor für die Geschichte der amerikanischen Diplomatie an der *Georgetown University*; das Buch erschien 1952. Tansill hatte sich bereits vorher im Kontext seiner Lincoln-

Kritik mit dem Thema verzerrter Geschichtsschreibung in Amerika befaßt; er bezeichnete Lincoln als «einen ‹Faulenzer› von einem Soldaten, der im Frieden unbesiegbar und im Krieg unsichtbar» gewesen wäre. Lincoln – so Tansills Vorwurf – hätte die Südstaaten mit einem Trick dazu gebracht, Fort Sumter anzugreifen, und so den Bürgerkrieg entfacht.[34] Tansills Arbeit hat auf die Holocaust-Leugner großen Eindruck gemacht; sie rühren eifrig die Werbetrommel für sein Werk und benutzen seine Argumentationsstruktur als Basis für ihre eigene. Tansill verkündete, das «Hauptziel» der US-Außenpolitik in der ersten Hälfte des 20. Jahrhunderts sei «die Erhaltung des Britischen Königreichs» gewesen. Er stellte zwischen der Beteiligung der USA am Ersten Weltkrieg und dem Aufstieg des Nazismus in Europa eine Verbindung her; letzterer sei die Konsequenz der amerikanischen Kriegseinmischung: «Unsere Intervention vernichtete das alte Gleichgewicht der Macht und säte die Saat unvermeidbarer zukünftiger Konflikte.» Seiner Auffassung gemäß hörte das schäbige Geschäft mit der Beendigung des Ersten Weltkriegs nicht auf, und deswegen hielt er Amerikas Eintritt in den Zweiten Weltkrieg für einen Versuch, die «verpfuschte Arbeit des Jahres 1919» ohne Rücksicht auf die Kosten zu retten.[35]

Tansill steckte eine Reihe von Argumenten ab, die später als wesentliche Merkmale der Holocaust-Leugnung auftauchten. Die meisten sind nicht auf Fakten gegründet; zum Beispiel behaupteten Tansill und andere Revisionisten, Hitler habe gegen Polen nicht Krieg führen wollen, sondern den Plan gehegt, daß Deutschland und Polen gemeinsam über Europa herrschen sollten. Wenn Polen in Hitlers Komplott eingewilligt und sich zum Hauptsatelliten in der deutschen Umlaufbahn entwickelt hätte, wäre seine Sicherheit garantiert gewesen.[36] Lediglich die Weigerung der Polen, sich dem Plan der Nazis anzuschließen, führte zum Ausbruch des Krieges; die Polen sahen sich zu dieser Weigerung veranlaßt, weil die Briten ihnen Versprechungen gemacht und die Amerikaner sie wiederum selbst zu Versprechungen gedrängt hatten. Letztlich waren also die Intrigen der Amerikaner daran schuld, daß Polen in den Krieg getrieben und die Welt in einen Zweiten Weltkrieg gestürzt wurde.[37] Nach diesem extrem revisionistischen Standpunkt spielte Roosevelt in der gesamten Affäre eine «groteske Rolle», weil er den britischen

Premierminister Neville Chamberlain bestürmt hatte, Polen unerfüllbare Versprechungen zu machen.[38] Derlei extreme Hypothesen, die von beinahe allen Historikern zurückgewiesen werden, lassen die Tatsache außer acht, daß Hitler nicht die Absicht hatte, Polen in einen Satellitenstaat zu verwandeln, sondern es zu zerstören, und daß er die Polen als Untermenschen betrachtete. Bei derartigen Überlegungen wird außerdem Roosevelt übertrieben großer Einfluß auf die Kriegsentscheidungen der Briten und Polen unterstellt. Zur Gewinnung jener Argumente wurde tatsächliche historische Evidenz bis ins Unkenntliche verzerrt; dadurch wurde Nazideutschland freigesprochen und die Verantwortung für den Krieg den Alliierten übertragen. Es kann nicht überraschen, daß die Holocaust-Leugner sie als entscheidende Bestandteile in das Geflecht von Behauptungen aufnahmen, aus denen sich ihre Perspektive der Welt zusammensetzt.

Zu den Extremdenkern, die binnen weniger Monate nach Ende des Krieges damit begannen, sich für einer Minderung der erdrükkenden Schuldlast Deutschlands einzusetzen, zählte die Vorhut der Holocaust-Leugner. Ihre Vertreter äußerten die gemeinsame Auffassung, die USA hätten sich nicht in den Krieg hineinziehen lassen sollen. Ihr Hauptziel war jedoch, Deutschland bei der Wiedererlangung moralischen Ansehens in der Welt den Rücken zu stärken. In ihren Augen bildete ein starkes, wiederbelebtes Deutschland den Schlüssel für die Zukunft Westeuropas. Sie wußten, daß die Alliierten insgesamt und die Amerikaner im besonderen sich davor scheuen würden, einem Land zur Hilfe zu eilen, das für durch und durch verdorben gehalten wurde, ganz abgesehen von dem Ruf, Völkermord begangen zu haben. Deshalb mußte die Unerhörtheit des deutschen Verhaltens im Krieg abgeschwächt oder – noch besser – möglichst negiert werden. Zu diesem Zweck wandten sie diverse Mittel an: Sie rückten Nazideutschland in ein vorteilhaftes Licht, bagatellisierten seine schweren Verbrechen und Feindseligkeiten und stellten unethische Äquivalenzen her, indem sie angeblich vergleichbare Vergehen der Alliierten ins Feld führten.

Einige verhehlten ihre Sympathien für Hitler nicht und porträtierten ihn als einen Führer, dessen Beweggründe ausschließlich dem Wohl seines Landes gegolten hätten. Er hatte nicht nur Polen gegenüber eine versöhnliche Haltung bewiesen, sondern einen Krieg zu verhindern versucht. Laut Austin App war er «ein Mann der Kunst und der Architektur, nicht der Rüstung und des Krieges». Er habe keinen Krieg führen wollen und gezögert, die Deutschen mobil zu machen.[39] Hitlers Deutschland sei eine Gesellschaft mit vielen positiven Eigenschaften gewesen, die aufgrund einer einseitigen Konzentration auf einige unliebsame innenpolitische Entscheidungen ignoriert würden.[40] Man könnte den Krieg nicht als moralisch gerechtfertigte Auseinandersetzung betrachten, denn alle Parteien hätten sich gleichermaßen unredlich verhalten und wären deshalb gleichermaßen schuldig. Diejenigen, die Deutschland seiner besonderen, schweren Schuld entheben wollten, konnten zur Verwirklichung ihrer Absicht nicht umhin, das Thema der nazistischen Gewalttaten unverblümt anzusprechen. Dabei neutralisierten ihre extremsten Sprecher Deutschlands Taten, indem sie die Judenvernichtung und Millionen anderer Morde durch die Nazis mit Taten der Alliierten verglichen. Sie waren der Meinung, die USA hätten ebenso ungeheure Verbrechen begangen. Die engagierte Isolationistin Freda Utley brachte in *The High Cost of Vengeance* dasselbe Argument vor: «Falls Nachahmung die ehrlichste Form der Schmeichelei sein sollte, dann hat niemand den Nazis je größere Ehrerbietung gezollt als ihre Eroberer... Wir bestätigten die Nazi-Doktrin: Macht macht gerecht. Anstatt den Deutschen zu demonstrieren, daß Hitlers Rassentheorien sowohl falsch als auch lächerlich waren, übernahmen wir selbst den Part einer Herrenrasse.»[41]

Die Behauptung, daß die USA ebenso schlimme Verbrechen verübt hätte wie Deutschland, wenn nicht gar schlimmere, ist zum springenden Punkt gegenwärtiger Holocaust-Leugnung geworden und zieht sich als Thema durch viele dieser Schriften. Doch hierbei lassen es die Holocaust-Leugner nicht bewenden. Um ihre Ziele zu erreichen, welche die historische Rehabilitierung Deutschlands einschließen, müssen sie den Holocaust «eliminieren». In dem Moment, da sie dies tun, wird es noch leichter, jene Gleichung – jeder ist in gleichem Maße schuldig – aufzustellen. Wenn es keinen Holocaust gegeben hat und die Alliierten gräßliche Gewalttaten begangen haben, was soll dann an Nazideutschland so schlecht gewesen sein?

Auch denen, die den Holocaust relativieren – die also die Ansicht vertreten, die Nazis seien nicht schlimmer als alle anderen –, dient es als zentrales Argument. Die Relativisten nutzen derlei Behauptungen zum Zweck einer unethischen Gleichsetzung, durch welche die Singularität der deutschen Verbrechen eingeschränkt werden soll. George Morgenstern, ein Redakteur der *Chicago Tribune*, wartete mit einem milden Beispiel für die amerikanische Tendenz zur Gleichsetzung oder Relativierung nach dem Krieg auf, als er bemerkte, keiner unter den Alliierten habe «saubere Hände» oder sei ein wahres «Muster an Gerechtigkeit». Jeder anständige Mensch empfinde Grauen vor den faschistischen «Sklavereistaaten», aber das Britische Königreich, dessen Existenz von der «Ausbeutung» Millionen Eingeborener abhänge, sei genauso grauenvoll.[42] William Neumann, der als einer der ersten die US-Außenpolitik vor dem Krieg unter Beschuß genommen hatte, hielt die alliierten Gewalttaten für die genaue – und zwar «Punkt um Punkt» – Entsprechung der Naziverbrechen.[43] Stalin sei 1939 in Polen eingefallen, England und Frankreich hätten Deutschland den Krieg erklärt und die USA hätten sich noch *vor* Pearl Harbor durch das Leih-Pacht-Gesetz Deutschland gegenüber als Aggressor erwiesen. Frederick Libby vom *National Council for the Prevention of War* versuchte, Deutschlands Schuld durch die Aussage zu verringern, «keine Nation» habe «ein Monopol auf Grausamkeit. Der Krieg selbst ist die ultimative Grausamkeit.»[44]

Einige gaben sich nicht damit zufrieden, Roosevelt zu kritisieren oder deutsche und amerikanische Vergehen einander gleichzusetzen; sie gingen einen Schritt weiter und zeichneten Deutschland als das übel verleumdete Opfer alliierter Angriffe. Derartige Argumente dienten denjenigen als Modell, die später Deutschland vom Holocaust nicht nur freizusprechen, sondern dessen Realität rundweg zu bestreiten versuchten. Den Nachkriegsrevisionisten gemäß bildeten die Bombardierungen Dresdens und Kölns wie auch die alliierte Deutschlandpolitik nach dem Krieg das Gegenstück zu den Greueltaten der Nazis. Sie attackierten die stillschweigende Einwilligung der Alliierten in die Teilung Deutschlands und die sowjetische Vorherrschaft in Osteuropa; dabei ließen sie allerdings bewußt den Umstand außer acht, daß dem Westen kaum eine Alternative blieb, oder er hätte sich möglicherweise auf einen bewaffneten Konflikt mit den Sowjets einlassen müssen. Sie forderten eine Sondereinwanderungserlaubnis für Deutsche nach Amerika und hatten damit auch Erfolg.[45] Sie beschuldigten die USA, die deutsche Bevölkerung verhungern zu lassen, und beharrten auf der Durchführung spezieller Hilfsprogramme für Deutschland, wobei sie ähnliche Lebensbedingungen in anderen Gebieten Europas geflissentlich übersahen. Verfechter des Isolationismus im Senat erreichten, daß insgesamt vierunddreißig Senatoren den Präsidenten gemeinsam davon in Kenntnis setzten, Deutschland und Österreich «sähen sich einer Hungerkatastrophe ausgesetzt, deren Ausmaße alles in der westlichen Welt Dagewesene überträfen».[46] Utley und andere Revisionisten verbreiteten die unwahre Behauptung, die Alliierten hätten in den drei Jahren nach der bedingungslosen Kapitulation die Deutschen auf Lebensmittelrationen gesetzt, die niedriger waren oder bestenfalls genauso hoch wie die in einem Konzentrationslager.

Justus Doenecke – er hat eine wohlwollende Abhandlung über die Isolationisten verfaßt – beobachtete, daß viele von ihnen ihren gerechten Zorn aus dem Erfolg ableiteten, Deutschland als Opfer und die USA als Täter und «böswillige Macht» darzustellen.[47] Einigen Revisionisten des Zweiten Weltkriegs fiel es dennoch schwer, den politischen und militärischen Führern Deutschlands, die das Land in den Krieg gerissen hatten, die Absolution zu erteilen. Sie bemühten sich statt dessen um eine Differenzierung zwischen dem Verhalten der «Leute» im Gegensatz zu dem ihrer «Führer» und stellten die Deutschen als Volk dar, das selbst verfolgt und gequält worden war. In diesen Einwänden mag ein Funken Wahrheit gesteckt haben, aber jene extremen Revisionisten übertrieben sie bis an den Punkt, da Phantasie über die Realität die Oberhand gewinnt.[48]

Die Relativisten und Apologeten Deutschlands zogen die alliierten Massendeportationen deutscher Volksangehöriger aus der Tschechoslowakei und Polen in den unmittelbaren Nachwirren des Kriegs als das äußerste Beispiel alliierter Brutalität heran. Der republikanische Senator William Langer (North Dakota) sprach von einem «grausamen, verbissenen Anschlag» auf das Leben von fünfzehn Millionen deutscher Frauen und Kinder.[49] Senator Langer verbreitete die Nachricht, drei Millionen deutscher Flüchtlinge seien unterwegs gestorben.[50] Freda Utley bezeichnete die Umsiedlungen ganzer Bevölkerungsteile als «Verbrechen gegen die Menschlichkeit». Es spricht Bände, daß sie genau diesen Ausdruck verwendet, der in der Folge der Nürnberger Anklagen eine spezifische, weitverbreitete Gültigkeit erhalten hatte. (Utley entwickelte sich später zu einer lautstarken Anhängerin Senator Joseph McCarthys; sie brandmarkte einen von ihm der kommunistischen Spionage Beschuldigten als «Judasschaf», als Tier, welches andere den Klauen des Schlächters zuführte.[51]) Sie verglich die Flüchtlingstransporte mit dem, was man den Juden angetan hatte, und bediente sich auf diese Weise einer Taktik, welche die Bemühungen aller charakterisiert, die auf ihrem Feldzug zur Verteidigung Nazideutschlands nur knapp davor haltmachten, die Existenz der Vernichtungsaktionen abzustreiten. Laut Utley war die Vertreibung von Millionen Menschen aus ihrer Heimat aufgrund des einzigen «Verbrechens», Angehörige der deutschen «Rasse» zu sein, eine «Schandtat», die «der Ausrottung der Juden und den Massakern an Polen und Russen seitens der Nazis» gleichkäme. Sie schrieb weiter: «Die Frauen und Kinder, die auf dem langen Marsch von Schlesien und aus dem Sudetenland in die Überbleibsel des Deutschen Reichs umkamen, *mögen gedacht haben, daß ein rascher Tod in einer Gaskammer dagegen vergleichsweise gnädig gewesen wäre.*»[52]

Sie entlastete die deutschen Kriegsverbrecher, die in Nürnberg vor Gericht gestellt wurden: Was sie getan hätten, sei in Relation zu den Ausschreitungen der russischen Armee nach dem Krieg und dem «Genozid», den die Polen und Tschechen an den Deutschen verübt hätten, «quantitativ und wohl auch qualitativ unbedeutend».[53] Sie strapazierte die Strategie der unethischen Gleichwertung über jede Gebühr, indem sie behauptete, es habe «kein Verbrechen der Nazis gegeben, das wir oder unsere Verbündeten nicht ebenfalls begangen haben».[54] Obwohl es sich bei Utley um eine Ausnahmeerscheinung handelte, die ihre politischen Überzeugungen nicht einmal nach dem Krieg ablegte, wurden derartige Vorwürfe nicht nur aus extremdenkenden Kreisen erhoben. Die *Chicago Tribune* beschuldigte Frankreich, es hindere mehr als eine halbe Million deutscher Kriegsgefangener an der Heimkehr. Nach dem Bericht des Blattes halte man sie als «Sklaven» fest, verweigere ihnen genügend Nahrung, ohne welche sie bei der Arbeit unmöglich durchhalten könnten, und lasse sie von «marokkanischen Wilden» auspeitschen.[55]

Viele der Kritiker schossen sich auf einen Antrag ein, den der Staatssekretär für Finanzen, Henry Morgenthau, gegen Ende des Kriegs vorgelegt hatte; die Durchführung jenes Konzepts hätte einer wirtschaftlichen Wiedererstarkung Deutschlands vorgebeugt. Obwohl der Plan nie verwirklicht wurde, verbreiten Revisionisten des Zweiten Weltkriegs und Holocaust-Leugner gegenteilige Gerüchte und zitieren ihn als Beispiel für die böswillige Grundeinstellung der Alliierten gegenüber Deutschland und für die Methoden, mittels deren Deutschland zur Zielscheibe alliierter Vergeltungsmaßnahmen nach dem Krieg gemacht werden sollte. Henry Regnery, der beträchtliches Material zum Revisionismus des Zweiten Weltkriegs publiziert hat, ließ ein Flugblatt drucken, das einen Vergleich zwischen Morgenthaus Vorschlag und dem Plan der Nazis zur Vernichtung von Millionen Juden durch Aushungern anstellte.[56] Die Ankläger beeilten sich, den Umstand auszuschlachten, daß Morgenthau nicht nur Mitglied in Roosevelts Kabinett, sondern zudem praktizierender Jude war.*

Die Isolationisten der Nachkriegsära und Revisionisten des Zweiten Weltkriegs spielten Deutschland auch dadurch die Opferrolle zu, indem sie die «Unmenschlichkeit» und «Ungerechtigkeit» der durch die Alliierten angestrengten Kriegsverbrecher-

* 1977 charakterisierte der Holocaust-Leugner James Martin den Morgenthau-Plan als ein Administrationsmodell für das Deutschland der Nachkriegsepoche, »welches auf dem Alten, nicht dem Neuen Testament beruht». Er beharrte darauf, der Plan sei realisiert worden und habe die Massenumsiedlungen von Deutschen zur Folge gehabt, die er «den barbarischsten Vorfall in der Geschichte Europas» nannte: «Wann sieht man je ein Tier, welches dazu gezwungen wird, derart entwürdigende, verzweifelte Bedingungen zu ertragen?» Martin gehört zur Redaktionsleitung des *Journal of Historical Review*; die 1970 erschienene Ausgabe der *Encyclopaedia Britannica* verzeichnet ihn als Mitautor. James J. Martin, *The Saga of Hog Island and Other Essays in Inconvenient History*, Colorado Springs 1977, S. 193.

prozesse und Entnazifizierungsprogramme unterstrichen. (Lindbergh warf den Alliierten vor, eine Bestrafung in «Auge um Auge»-Manier vorzunehmen.) Sie äußerten Zweifel an der Legalität der Nürnberger Prozesse und beschuldigten die Alliierten wegen ihrer Durchführung der Heuchelei; wäre der Krieg nämlich andersherum ausgegangen, hätten die Führer der Alliierten sich auf der Anklagebank wiedergefunden. Beard ging ebenfalls gegen die Prozesse an.[57] Senator Robert Taft, Republikaner aus Ohio, argumentierte, die Prozesse seien von einem «Geist der Rache» durchdrungen; die *Chicago Tribune* erklärte, die Beteiligung der Russen verwandele sie in ein «illegales Gericht».[58] Der Kongreßabgeordnete Rankin warf dem Nürnberger Gerichtshof vor, er habe «mehr Vergewaltigungen an der Gerechtigkeit begangen als jede andere Einrichtung dieser Art». Für besonders erschreckend hielt er die Tatsache, daß kommunistische Sowjetjuden, die in seinen Augen die Verantwortung für die Ermordung vieler Millionen Christen trugen, «fünf bis sechs Jahre nach Kriegsende über deutsche Soldaten, Zivilisten und Ärzte» Urteile verhängen durften.[59] Robert McCormick, wahrscheinlich Amerikas einflußreichster Isolationist, weigerte sich bei einer Gelegenheit, mit dem ehemaligen Bundesgeneralstaatsanwalt Francis Biddle zu Abend zu essen, weil er in ihm wegen dessen Rolle bei den Nürnberger Prozessen einen «Mörder» sah.[60] Die *New York Daily News* befand, «das wahre Verbrechen» der Angeklagten sei wohl, «daß sie nicht gewonnen haben».[61]

Das Verhalten der Alliierten in der unmittelbaren Nachkriegsphase war nicht makellos. Man hatte sich auf diese Zeit nicht ausreichend vorbereitet, demzufolge wies die alliierte Politik zahlreiche Mängel auf. Das Entnazifizierungsprogramm wurde nicht überall in gleicher Weise angewendet, woraus sich Ungerechtigkeiten bei der Bestrafung ergaben. Die Kritiker ignorierten allerdings die Umstände, die zu dieser Situation geführt hatten. Außerdem gab es keinen Plan zum Aushungern Deutschlands, und die den Deutschen ausgeteilten Lebensmittelrationen übertrafen bei weitem alles, was die Nazis den Insassen ihrer Konzentrationslager je gegeben hatten. Die Wucht der isolationistischen Attacken auf das Entnazifizierungsprogramm ließ nicht einmal nach, als Washingtons Wunsch offenbar wurde, es zu verändern oder gar abzuschaffen.

(Inwieweit die Deutschen als alleinige Kriegsverbrecher hingestellt werden durften, stand unmittelbar von Kriegsende zur Debatte an. Die Konzentrationslager waren kaum befreit worden, da brachten Kritiker und Kommentatoren bereits den Einwand vor, die Berichte, offiziellen Photographien und Filme aus den Lagern würden nur veröffentlicht, um den Herzen der Amerikaner Rachedurst einzuimpfen. In der *Nation*-Ausgabe vom 19. Mai 1945 übte James Agee scharfe Kritik an den Konzentrationslagerfilmen der Fernmeldetruppe, obwohl er sie nicht einmal gesehen hatte. Er hielt ihre Vorführung für «unnötig»: «Derartige Propaganda» – selbst wenn sie der Wahrheit entspreche – sei darauf angelegt, alle Deutschen mit den wenigen in einen Topf zu werfen, welche jene Verbrechen verübt hatten.[62] Milton Mayer ging in einem Artikel für den *Progressive* einen Schritt weiter als Agee. Er sprach sich nicht nur gegen ein Sentiment der Rache aus, sondern meldete Fragen nach dem Wahrheitsgehalt der Filme und Berichte an. «Die Berichte beinhalten mit Sicherheit phantastische Widersprüchlichkeiten.»[63] Trotz überwältigender Beweismittel klangen die Zweifel nicht ab.[64])

Angesehene amerikanische Persönlichkeiten äußerten sich besorgt über das Entstehen einer rachsüchtigen Stimmung. In diesem Zusammenhang rüttelten sie zuweilen an der Glaubwürdigkeit der Berichte und nahmen die Täter in Schutz. Robert Maynard Hutchins, Präsident der Chicagoer Universität und vehementer Isolationist, der als Berater für *America First* tätig gewesen war, schrieb 1945, auch «die schlimmsten Schreckgeschichten» könnten die «schlichte Wahrheit» nicht ins Wanken bringen, daß «Menschen keine wilden Tiere sind». (Die unausgesprochene Botschaft, welche Hutchins' Nebeneinanderstellung der Begriffe «schlimmste Schreckgeschichten» und «schlichte Wahrheit» einschließt, mag unbeabsichtigt gewesen sein – sie muß allerdings bei seinen Lesern einen gewissen Eindruck hinterlassen haben.) Ein *Progressive*-Artikel William B. Hesseltines, Historiker an der Universität von Wisconsin, verglich die unwahren Berichte von Gewalttaten, welche im Gefolge des amerikanischen Bürgerkriegs in Umlauf gerieten, mit denjenigen, die nach Beendigung der Kampfhandlungen aus Deutschland durchsickerten.[65]

Als Musterbeispiel dafür, wie die Holocaust-Leugner historische Argumente verdrehen, kann eine Jahre später aufgestellte, nahezu identische These Austin Apps gelten:

«Es ist bereits Tradition, daß die führenden Medien in den USA – vielleicht, weil sie von Juden beherrscht werden... – in bezug auf ihre Gegner keine Fairneß kennen... Außerdem haben sie während des Krieges die Öffentlichkeit durch subversive Verbreitung von Vorurteilen aufgewiegelt. Selbst in unserem Bürgerkrieg, als Amerikaner gegen Amerikaner kämpften, erzählte man den Amerikanern aus dem Norden, daß in Choctaw County die Leichen ermordeter Sklaven gen Himmel stänken und die Südstaatendamen Halsketten aus den Augäpfeln von Yankees trügen – bis sie es schließlich glaubten... Wenn die Yankees tatsächlich zu glauben vermochten, daß die Mädchen aus dem Süden Halsketten aus Yankee-Augen trugen, dann würden sie gewiß noch bereitwilliger glauben, daß die Deutschen die Haut ihrer Gefangenen zu Lampenschirmen verarbeiteten und Juden zu Seife einkochten.»[66]

Zwei Jahrzehnte später würde dieser Gedankengang in einem Aufsatz des *Journal of Historical Review* wiederholt werden, dem Organ der Holocaust-Revision.[67] (Zur Erörterung der Bürgerkriegsanalogien siehe Kapitel 9.) Indem sie historische Parallelen aufzeigten – vielmehr das, was sie dafür hielten –, versuchten die Holocaust-Leugner zu verdeutlichen, daß der Holocaust nicht das einzige Ereignis war, bei dem die Öffentlichkeit durch geschichtliche Konventionen in die Irre geführt worden war.

In den ersten Nachkriegsjahren bemühten sich auch die Deutschen um eine Bagatellisierung der Nazivergehen und wollten die Schuld von sich abwälzen. Einige deutsche Neonazis hielten an der Meinung fest, die deutschen Verbrechen hätten nie das von den Alliierten behauptete Ausmaß erreicht.[68] Andere strebten danach, Hitler von jeglicher Verantwortung loszusprechen. 1952 richtete Dr. Herbert Grabert in Tübingen das Institut für Deutsche Nachkriegsgeschichte ein; Grabert pflegte bekanntermaßen Verbindungen zu rechtsextremistischen und neonazistischen Vereinigungen. Seine öffentliche Schelte galt allen, die Hitler irgendwelche Ambitionen auf die Weltherrschaft unterstellten[69], obwohl er zu diesem Zweck Absichtserklärungen in «Mein Kampf» ignorieren mußte, welche eindeutig das Gegenteil besagen (siehe Kapitel 5). 1958 wurde in Hannover das «Komitee zur Wiederherstellung historischer Wahrheit» gegründet, dessen Mitglieder die Auffassung teilten, der Zweite Weltkrieg sei durch den Versailler Vertrag verursacht worden, die Briten hätten Deutschland ohnehin seit langem den Krieg erklären wollen und Roosevelt habe am Kriegseintritt Großbritanniens kräftig mitgemischt. Das Komitee verleumdete die Juden als «Krebsgeschwür» auf dem «Volkskörper».[70] 1962 wurde in *Nation Europa*, Deutschlands führender Neonazi-Zeitung, die Behauptung aufgestellt, nichts deute darauf hin, daß «Hitler über die Irrsinnstaten einer kleinen Bande von Verbrechern Bescheid gewußt hat». Und 1963 ließ die *Deutsche Hochschullehrer-Zeitung* verlauten, der Holocaust sei eine legitime Vergeltungsaktion gegen die Juden gewesen, eine Reaktion auf jüdische Geschäftsmethoden und die Ermordung deutscher Patrioten durch jüdische Bolschewiken.[71]

Bis zum Jahr 1950 war das Fundament für alle gegossen worden, die mehr als eine bloße Relativierung oder Abschwächung der deutschen Taten anstrebten: Die Argumente, welche sie zur Erhärtung ihrer Unterstellung von der «Erfindung» eines Holocaust brauchten, lagen samt und sonders auf dem Tisch; einige waren seitens respektabler Historiker geäußert, andere durch Politiker und Journalisten mit extremen Anschauungen vorgetragen worden. Die Holocaust-Leugner übernahmen nahezu alle Vorwürfe der Revisionisten, unter anderen, Deutschland trage keine Schuld, die beiden Präsidenten Wilson und Roosevelt hätten sich zur Durchsetzung ihrer Absichten erheblicher Kniffe bedient, nach beiden Kriegen sei die Wahrheit unterdrückt und Propaganda – vor allem in Form verfälschter Berichte von angeblichen Greueltaten – eingesetzt worden, um die Öffentlichkeit bei der Stange zu halten. Derlei Argumente entwickelten sich zu entscheidenden Faktoren für die Beweisführung der Holocaust-Leugner, laut denen es sich bei der «Erfindung» des Holocaust nicht um eine Einzelerscheinung, sondern um ein Glied in einer ganzen Kette historischer Gepflogenheiten handelte, deren Merkmale Intrige, Verschwörung und Täuschung waren. Die französische Autorin Nadine Fresco merkte in ihrer

Analyse des Holocaust-Leugners Robert Faurisson an: «Auf einer ausschließlichen Ethik des Mißtrauens läßt sich keine Wissenschaft begründen.»[72] Aber genau das haben die extremeren Vertreter des Revisionismus zum Zweiten Weltkrieg versucht.

Eines jedoch haben die Verteidiger Nazideutschlands wie auch die Kritiker der amerikanischen Einmischung und der alliierten Nachkriegspolitik nie durchblicken lassen: nämlich daß die fraglichen Gewalttaten nicht geschehen seien. Gleichgültig, auf welcher Seite des Ozeans sie sich befanden – zu einer Negierung dieser Art ließen sie es nicht kommen. Sie mögen behauptet haben, daß die Brutalität vielleicht nicht so schlimm war, wie die Berichte vermeldeten. Sie mögen dahingehend argumentiert haben, daß die Sowjets oder die Alliierten ähnliche Taten begingen oder daß Hitler nichts darüber wußte. Sie mögen auch die moralische Implikation dieser Taten übersehen haben, damit sie das Verhalten der Achsenmächte mit dem der Alliierten gleichsetzen konnten. Die Faktizität der Ereignisse bestritten sie allerdings nie. Es dauerte unterdessen nicht lange, bis Beschuldigungen in dieser Richtung erhoben wurden und binnen weniger Jahre nach Kriegsende Verbreitung fanden.

3. Anfänge der Holocaust-Leugnung

Der Ausgang des Zweiten Weltkriegs bedeutete das Ende für Adolf Hitlers Traum vom Dritten Reich. Die meisten rational denkenden Menschen gingen davon aus, daß damit auch der Faschismus als Ideologie zum Untergang verurteilt war. Solange Faschismus mit Nazismus in Zusammenhang gebracht werden konnte und Nazismus wiederum mit dem Grauen der Endlösung, wären beide auf Dauer in Verruf gebracht. Es gab indessen Leute, die zu einer Absage an diese politischen Systeme nicht bereit waren. Sie wußten jedoch, daß der einzige Weg zu deren Wiederbelebung in ihrer Abgrenzung vom Holocaust und den damit einhergegangenen, entsetzlichen Greueltaten bestand. Nirgendwo traten diese Bemühungen in den unmittelbaren Nachkriegswirren so deutlich hervor wie in Frankreich, wo die Holocaust-Leugnung ihre ersten Fürsprecher fand.

Zunächst versuchte man, das Ausmaß und die schier unglaubliche Brutalität der nazistischen Gewaltverbrechen zu verharmlosen. Aber bereits nach wenigen Jahren ging man noch weiter: Die Ermordung von sechs Millionen Juden sei nicht nur grob übertrieben, sondern eine Lüge. Obwohl der Kreis der ersten Holocaust-Leugner nicht nennenswert wuchs, wurden ihre Taktiken und Argumente zu Grundbausteinen der heutigen Holocaust-Leugnung. Die ersten Leugner bemühten sich kaum oder gar nicht um eine Verhehlung ihrer antisemitischen Einstellung.

1947 leitete Maurice Bardèche, bekannter französischer Faschist, eine Serie gezielter Vorwürfe gegen die alliierte Kriegspropaganda ein. Außerdem warf er sich zu einem vehementen Verteidiger der Nazis auf. In seinem ersten Buch, *Letter to François Mauriac*, nahm Bardèche die Kollaborationspolitik energisch in Schutz. Im zweiten, *Nuremberg ou la Terre Promise*, stellte er die Behauptung auf, die Dokumente und anderen Materialien bezüglich der

Konzentrationslager seien zumindest teilweise gefälscht und die verzeichneten Todesfälle in erster Linie auf kriegsbedingte Entbehrungen zurückzuführen, zum Beispiel unzureichende Nahrungsversorgung, Krankheiten usw. Bardèche schrieb weiterhin, die Welt sei seit Ende des Krieges «von der Geschichtsschreibung an der Nase herumgeführt» worden.[1] Nach ihm bezogen sich Nazi-Akten, die von einer «Endlösung der Judenfrage» sprachen, in Wahrheit auf die geplante Umsiedlung der Juden in osteuropäische Ghettos.

Sein zentrales Argument lautete, die Nazis hätten keine Greueltaten verbrochen – die Juden selbst seien die wahren Schuldigen. Sowohl die umgekommenen als auch die überlebenden Juden verdienten kein Mitleid, da sie durch ihre Unterstützung des Versailler Vertrags aktiv an der Entstehung des Krieges beteiligt gewesen seien. Er bezeichnete es als ethisch verwerflich, deutsche Soldaten oder Offiziere aller Ränge für die Befolgung von Befehlen haftbar zu machen. Nazideutschland mußte um des eigenen Überlebens willen die Kommunisten bezwingen. Ein starker Staat mit einer starken, loyalen Armee war hierfür unerläßlich. Die Nürnberger Prozesse stellten ein moralisches wie legales Unrecht dar, weil sie Deutschland für das bestraften, was es tun mußte, um Stalin abzuschmettern. Aus Bardèches Perspektive kam der alliierte Bombenkrieg einem Kriegsverbrechen gleich.

Einige dieser Überlegungen, insbesondere im Zusammenhang mit dem Versailler Vertrag und der alliierten Bombardierungspolitik, wurden zwar auch von anderen geäußert, beispielsweise von den Isolationisten in den USA; Bardèche war indessen der erste, der de facto behauptete, bei dem Bild- und Dokumentationsmaterial zum systematischen Morden in den Lagern handle es sich um Fälschungen. Ebenfalls als erster war er der Auffassung, die Gaskammern seien zur Desinfektion eingesetzt worden, nicht als Vernichtungseinrichtungen.

Bardèches zweifelhafter Hintergrund – er blieb sein Leben lang überzeugter Faschist – machte ihn in den Kreisen der Holocaust-Leugner zu einer umstrittenen Figur. Ungeachtet seiner Ansicht, der Holocaust sei ein Mythos, in den die Nazis zu Unrecht verwickelt seien, ist Bardèche von den Holocaust-Leugnern der Gegenwart nie offen rezipiert worden, was sie allerdings nicht daran gehindert hat, seine Gedanken zu übernehmen. Doch obwohl sie sich seiner Argumente bedienen, erwähnen sie ihn wegen seiner politischen Anschauungen – über die er nie ein Blatt vor den Mund genommen hat – selten mit Namen. Sein Buch *What Is Fascism?* leitet er mit dem unzweideutigen Bekenntnis ein: «Ich bin ein faschistischer Schriftsteller.»

In *Nuremberg ou la Terre Promise* erläuterte Bardèche seine Ziele, welche nahezu wörtlich wie ein Glaubensbekenntnis der zeitgenössischen Holocaust-Leugnung klingen: «Nicht Deutschland nehme ich in Schutz, ... sondern die Wahrheit ... Ich weiß, daß eine Lüge in die Welt gesetzt worden ist, mir ist die systematische Verzerrung von Fakten bekannt ... Wir haben mit einer Fälschung gelebt, welche die Vorstellungskraft in ihren Bann schlägt.»[2] Heutzutage erklären die Holocaust-Leugner, daß sie weder für Deutschland noch gegen die Juden seien. Sie wollten weder Hitler verteidigen noch die Alliierten geißeln. Ihr einziges Interesse bestehe darin, die Geschichtsschreibung zu überprüfen, auf daß sie die Wahrheit wiedergebe. Doch trotz dieses Anspruchs enthüllt eine Analyse ihrer Methoden und Argumente, daß ihre Aktivitäten seit Bardèches Ansätzen konstant sämtliche Regeln der Wahrheitsfindung verletzen.

Der nächste Eingriff in die geschichtswissenschaftliche Interpretation des Krieges ging ebenfalls von Frankreich aus. 1948 veröffentlichte Paul Rassinier, ehemaliger Kommunist, Sozialist und in den Konzentrationslagern Buchenwald und Dora inhaftiert, das Buch *Le Passage de la Ligne* (Grenzüberschreitung). Es handelte sich um das erste in einer Reihe von Büchern, welche er im Laufe der beiden nächsten Jahrzehnte schreiben würde; mit ihnen wollte er nachweisen, daß den Berichten der Überlebenden über das Verhalten der Nazis, insbesondere in Zusammenhang mit deren Gewalttaten, kein Glauben zu schenken war. Rassinier trat der Kommunistischen Partei 1922 bei, im Alter von sechzehn Jahren; Mitte der 30er Jahre kehrte er den Kommunisten den Rücken und wurde Sozialist. Als der Krieg ausbrach, schloß er sich der Résistance an. Er geriet schließlich in Gefangenschaft und auf diese Weise nach Buchenwald. 1945, nach der Befreiung und seiner Rückkehr, wurde er in Frankreich als Sozialist in die Nationalversammlung gewählt, deren Mitglied er ein Jahr lang blieb. Kurze Zeit später setzte seine rastlose schriftstellerische Produktivität ein; er konzentrierte sich überwiegend auf eine Rehabilitierung der Nazis, indem er darzulegen versuchte, daß die Beschuldigungen gegen sie wegen ihrer angeblichen Grausamkeit übersteigert und ungerecht seien. Unter Berücksichtigung seines früheren Engagements in der Widerstandsbewegung wirken seine Überlegungen wie die Äußerungen eines reuigen Sünders.

Seine Bücher enthalten eine Mischung himmelschreiender Lügen, Halbwahrheiten, aus dem Kontext gerissener Zitate und Attackierungen des «zionistischen Establishments». 1977 wurden Rassiniers wichtigste Schriften über den Holocaust unter dem Titel *Debunking the Genocide Myth* vom amerikanischen Verlag *Noontide Press* neu aufgelegt; der Verlag publiziert Neonazi-Material und steht mit dem in Kalifornien angesiedelten Hauptquartier der zeitgenössischen Holocaust-Leugner in Verbindung, mit dem *Institute for Historical Review*. Der erste Teil des Sammelbands umfaßt Rassiniers früheste Werke, *Crossing the Line (Le Passage de la Ligne)* und *The Lie of Ulysses*, in deren thematischen Mittelpunkt er die Konzentrationslager und das Verhalten der Lagerinsassen wie auch der nazistischen Lageraufseher stellte. Dabei ging er von zwei grundsätzlichen Unterstellungen aus: Die Überlebenden bauschten ihre Erfahrungen auf, und für die entsetzlichen Zustände in den Lagern war nicht die SS verantwortlich, sondern die Häftlinge, die von der SS mit der Verwaltung der Lager betraut worden waren. Das Zeugnis von Überlebenden, welche die Gewalttaten mit eigenen Augen gesehen hatten, tat er als Gerede ab; außerdem setzte er alles daran, Zweifel an der Verläßlichkeit ihrer Schätzungen über die Zahl der ermordeten Juden zu säen. «Wenn es um Mengenangaben geht, haben die ‹Zeugen› die unwahrscheinlichsten Dinge erzählt. Ähnliches gilt für die Beschreibung der Tötungsmethoden und ihrer Durchführung.»[3] Er nannte alles, was über die Konzentrationslager geschrieben wurde, «eine Sammlung widersprüchlichen, übelsten Geschwätzes».[4]

Ursprünglich beschränkte sich Rassinier bei seinen Ausführungen über die nazistischen Massenmorde darauf, die Realität einer Vernichtungspolitik zu bestreiten. Es mögen Menschen umgebracht worden sein, befand er, aber diejenigen, welche derartige

«Ausrottungen» durchführten, handelten auf eigene Faust und nicht im Rahmen einer «staatlichen Vorschrift auf der Basis eines politischen Prinzips».[5] Rassinier wollte die nationalsozialistische Führung von der Verantwortung für die Gaskammern freisprechen, indem er behauptete, die Nazis hätten keine offizielle politische Linie der Vernichtung durch Gaskammern verfolgt. In späteren Jahren leugnete Rassinier ihre Existenz zwar vollkommen ab, doch in seinen anfänglichen Abhandlungen machte er davor noch halt und räumte statt dessen ein, vermutlich seien Menschen durch Gas umgekommen, allerdings nicht so viele wie gemeldet. Zum damaligen Zeitpunkt bestritten nicht einmal die radikalsten Neonazis, daß Gaskammern zur Ermordung von Juden eingesetzt wurden. Anstatt sie zu leugnen, verteidigten sie die Greueltaten der Nazis – das ist einer der grundlegenden Unterschiede zwischen den frühesten Holocaust-Leugnern – unter anderen Bardèche, Rassinier, Barnes, App – und ihren Nachfolgern bis heute. Die erste Gruppe strebte eine Rechtfertigung der Nazis an, indem sie deren Antisemitismus in Schutz nahm. Sie argumentierte, die Gewalttaten seien überspitzt oder falsch dargestellt worden. Gleichzeitig vertraten sie den Standpunkt, die Juden verdienten alles, was man ihnen angetan haben mochte, weil die Juden Deutschlands Feind waren. Sie verdrehten die Wahrheit nach ihrem Belieben, gaben den Juden die Schuld an Deutschlands finanzieller wie auch politischer Not und stellten die Behauptung auf, die Juden seien die Hauptnutznießer des Weimarer Chaos gewesen. Juden waren schlechte Patrioten, die sich leicht als Spione und Umstürzler entpuppen konnten.

Erst während der 70er Jahre änderten die Holocaust-Leugner ihre Taktik, als sie nämlich erkannten, daß alle Anstrengungen zur Reinwaschung des nationalsozialistischen Antisemitismus scheitern mußten. Die Anzeichen für den Antisemitismus der Nazis waren unverkennbar, deswegen sahen sie schließlich – unter strategischen Gesichtspunkten – ein, daß der Versuch, ihn zu rechtfertigen oder abzustreiten, ihre Glaubwürdigkeit untergraben würde. Im Laufe der Zeit entwickelten die Holocaust-Leugner zunehmend mehr Geschick und Raffinesse dabei, ihre Thesen zu Gehör zu bringen; dabei flochten sie allmählich das «Zugeständnis» ein, die Nazis seien antisemitisch gewesen. Sie gebärdeten sich gar als Gegner des Antisemitismus, während sie sich in Wahrheit wie echte Antisemiten verhielten. Außerdem pflegten sie zuzugeben, daß einige Juden infolge von Mißhandlungen seitens der Nazis gestorben sein mochten, hielten jedoch an der Behauptung fest, ein Holocaust habe nicht stattgefunden.

In *Le Passage de la Ligne* schlug Rassinier einen bemerkenswerten Weg ein, um seine extremen Anschauungen über die Konzentrationslagerinsassen und deren Erlebnisse zu vermitteln. Anstatt die Ichform zu wählen, ließ er einen Mithäftling reden; er sei Anwalt in der Tschechoslowakei und vor dem Krieg stellvertretender Bürgermeister von Prag gewesen.[6] Es bleibt unklar, ob dieser Tscheche wirklich gelebt hat oder ob Rassinier ihn als Sprachrohr für seine eigenen, umstrittenen Ideen erschuf. Nicht zu übersehen ist, daß jener Tscheche Überlegungen formulierte, die Rassinier später in seine Holocaust-Tiraden integrierte. Möglicherweise kleidete Rassinier seine Gedanken aus praktischen Erwägungen in die Worte eines anderen. Zu Beginn der 50er Jahre, als er die Meinung äußerte, die Nazis könnten schwerlich, wenn überhaupt, für die begangenen Gewalttaten verantwortlich gemacht werden, waren die Wunden noch nicht verheilt, vor allem in Frankreich nicht, das die Nazis besetzt gehalten hatten. Es ist denkbar, daß Rassinier deshalb zögerte, seinen brisanten Thesen Ausdruck zu verleihen: Unschuld der Naziführer, Eigenverantwortlichkeit der Lagerinsassen für ihre Leiden, Glaubwürdigkeit bzw. mangelnde Glaubwürdigkeit der Zeugenberichte durch die Überlebenden. Derlei Ansichten wären in den 50er Jahren auf heftige Ablehnung gestoßen.

Ob jener Tscheche existiert hat oder lediglich eine literarische Erfindung war, ist im Grunde irrelevant, da Rassinier nicht nur keinerlei Bedenken bezüglich seiner Anschauungen äußerte, sondern vielmehr wiederholt seine Überzeugung kundtat, daß der Tscheche recht habe. Selbst in den Fällen, da Rassinier die Einstellung des Tschechen kritisierte, erkannte er am Ende stets an, daß die Sicht seines Freundes seine eigene wiedergebe.

In jenen frühen Abhandlungen setzte Rassinier sich drei Hauptziele: Zunächst mußte er den Berichten seiner Mithäftlinge Unglaubwürdigkeit nachweisen. Solange man ihren Aussagen Glauben schenken konnte, war jeder Versuch vergeblich, die Nazis von ihrer Schuld freizusprechen. Wegen der Sympathie allerdings, welche den einstigen Lagerinsassen insbesondere während der unmittelbaren Nachkriegsjahre entgegengebracht wurde, konnte er ihnen keine heimtückischen oder gar betrügerischen Motive unterstellen. Statt dessen deutete er ihr Verhalten psychologisch:

«Die Menschen stehen unter dem Zwang, sowohl das Böse wie auch das Gute, das Häßliche wie auch das Schöne zu übertreiben. Jeder wünscht und hofft, aus dieser Angelegenheit von der Aura eines Heiligen, Helden oder Märtyrers umgeben hervorzugehen, daher strickt jeder an seiner eigenen Odyssee, ohne sich bewußt zu werden, daß die Realität an und für sich bereits ausreichen würde.»[7]

Wenn Rassinier oder sein Tscheche die Vermutung geäußert hätten, daß gelegentlich *einige* Lagerinsassen gewisse Aspekte der von ihnen erlittenen Behandlung überspitzt darstellten, wäre kaum Zweifel an ihren Schlußfolgerungen entstanden. Es kommt bis heute – aus unterschiedlichen Gründen – mitunter vor, daß ehemalige KZ-Häftlinge ihre Erlebnisse ausschmücken oder die Erfahrungen anderer Mitüberlebender als ihre eigenen ausgeben. Holocaust-Forscher haben dies erkannt und entwickeln daher eine historische Fallbeschreibung nicht allein aus dem mündlichen Bericht eines einzelnen Überlebenden, sondern bedienen sich der (von den Anthropologen so genannten) Triangulation, indem sie das Zeugnis eines Überlebenden in den Kontext anderen Beweismaterials einarbeiten, beispielsweise Dokumente und geschichtliche Zusatzdaten. Rassinier jedoch verwarf jeden Augenzeugenbericht mit großer Dreistigkeit.

Und das war nicht einmal das Ende seiner Schmähungen gegen die Überlebenden. Er erhob nicht nur Zweifel an den Aussagen der Opfer, sondern entlastete die Täter, die nationalsozialistische Führung im allgemeinen und die SS im besonderen. Laut Rassinier «mischte sich die SS nie ins Lagerleben ein». Falls es dort je zu Exzessen kam, lag die Verantwortung dafür bei den Häftlingen. Gewalttätige Übergriffe in den Lagern wurden durch die Gefangenen stets «noch schlimmer» gemacht.[8]

Wer das Argument ins Feld führte, die Lager hätten eine spezifische Nazimethode zur Bestrafung und Festsetzung gebildet, dem hielt Rassinier die Versicherung entgegen, sie seien keine rein deutsche Einrichtung gewesen. Einsperrung in Konzentrationslagern war eine von allen Nationen praktizierte «klassische Form der Zwangsmaßnahme», Frankreich nicht ausgenommen. Hier kündigt sich ein Gedanke an, der später als Mittel zur Rehabilitierung der Nazis bis zum Überdruß auftauchte: Was immer sie taten, sie wurden stets zu Unrecht angeklagt, denn alle anderen Länder verhielten sich genauso.

Schließlich unternahm Rassinier den Versuch, die Nazis aus Verbrechern in Wohltäter umzuwandeln. Er vertrat die These, sie hätten bei der Einsperrung von Menschen in Konzentrationslager positive, geradezu wohlwollende Absichten gehegt. Die nationalsozialistische Inhaftierung gewisser Personenkreise in Konzentrationslagern sei ursprünglich aus «einer Geste des Mitgefühls» heraus geschehen. Letztlich verfolgten die Nazis lediglich das Ziel, ihre Widersacher zu schützen, indem sie diese an Orte brachten, «wo sie der neuen Regierung nicht schaden konnten und vor einer aufgebrachten Öffentlichkeit sicher waren». Die Nazis wollten sie nicht nur abschirmen, sondern auch alle «verirrten Schafe an ihren angestammten Platz zurückbringen und einem gesünderen Konzept der deutschen Gemeinschaftsordnung [und] ... deren Bestimmung zuführen».[9] Die Überlegung erinnert an Erklärungen und Rechtfertigungen aus Goebbels' Propagandaministerium in den Anfangsjahren des Regimes. Wenn die Nazis Menschen in Lager oder Ghettos pferchten, geschah dies offiziell im Sinn einer Umerziehung oder Wiedereingliederung. Sie «halfen» ihnen durch die Einsperrung dabei, sich zu nützlicheren Mitgliedern der Gesellschaft zu entwikkeln. Rassinier ignorierte zwei signifikante Punkte: Besagte «Wiedereingliederung» wurde mit allergrößter Härte durchgeführt; außerdem konnten der Nazidoktrin gemäß Juden ohnehin nicht integriert werden.

In Anbetracht seiner persönlichen Lagererfahrungen und derjenigen Millionen anderer konnte Rassinier sie nicht ohne weiteres als Anstalten zur Ausbildung des Charakters ausgeben. Er kam um das Eingeständnis nicht herum, daß das Lagerdasein trotz der angeblich fürsorglichen Beweggründe der Nazis durchaus Probleme schuf. Er wollte die Schuldlosigkeit der nationalsozialistischen Führung etablieren und wälzte daher die Verantwortung von ihnen ab: Die eskalierende Grausamkeit habe nicht in der Absicht derjenigen gelegen, die an der Spitze standen, sondern sie wurzelte in den niederen Rängen der SS, wo man Befehlen nicht gehorchte. Laut Rassinier wurden «die SS-Angehörigen zur Rechenschaft gezogen», wenn die Berliner Behörden irgendwelche «Ungereimtheiten bei der Lagerverwaltung entdeckten».[10] Sogar die Entscheidung der SS, Verbrecher, Mörder, Vergewaltiger als Lagerälteste und Kapos einzusetzen, war entschuldbar, obwohl diese Menschen anderen Häftlingen gegenüber eine ausgeprägte Skrupellosigkeit an den Tag legten. Die SS wählte derartige Aufseher für die Lager nicht aus «Sadismus», sondern «um Personal einzusparen». Sie waren brutal, doch daran trug die SS keine Schuld. Im Gegenteil, Rassinier zog den Umgang mit den SS-lern vor, da sie «im Prinzip... besser und... menschlicher waren».[11]

In den 60er Jahren verlagerte Rassinier den Schwerpunkt seiner Kritik. Er konzentrierte sich jetzt nicht mehr überwiegend darauf, die SS zu verteidigen oder die Glaubwürdigkeit der Überlebenden der Konzentrationslager in Frage zu stellen; zu seinem Lieblingsthema entwickelte sich nun vielmehr der «Mythos vom Genozid». In *The Drama of European Jewry* (1964) schrieb er, bei der Beschuldigung, die Nazis hätten in den Gaskammern Massenmorde verübt, handle es sich um eine Lüge der «zionistischen Bewegung». Alle Vorwürfe in bezug auf die Gaskammern wie auch die angeblichen sechs Millionen getöteter Juden seien nichts als Hirngespinste. Bei seinen Erklärungsversuchen, wer hinter dem Schwindel stecken mochte, suchte Rassinier den Fehler nicht bei den Überlebenden. Er verzieh ihnen, obwohl sie ihre Erlebnisse mitunter «drastisch ausschmückten»: «Sie sind Opfer, getrieben von einem Groll, der im Verhältnis ihrem Martyrium entspricht.» Wie andere Holocaust-Leugner mußte er Gründe für die Geständnisse der Täter finden. Wer sich fälschlicherweise zu den Greueltaten bekannte, hatte gewiß kaum eine andere Wahl gehabt, als den Alliierten zu berichten, was sie hören wollten. «Um sich die Gunst seiner Häscher zu erwerben, meldete irgendein armer, gewöhnlicher SS-Soldat aus einer Einsatzgruppe, daß seine Einheit... Zehntausende von Juden vernichtet hatte.»[12] («Einsatzgruppen» hießen die mobilen Tötungseinheiten, welche unmittelbar nach der deutschen Kriegserklärung an die UdSSR unter den sowjetischen Juden Massaker veranstalteten.) Die Aussagen der Naziführer, die bei den Kriegsverbrecherprozessen vor Gericht standen, mußten ebenfalls mit Vorbehalt betrachtet werden, weil sie «unter Androhung der Todesstrafe zum Reden gebracht wurden» und alles gestanden, von dem sie sich «am ehesten die Rettung... [ihres] Lebens» erhofften. In Rassiniers Augen war diese Art der Reaktion «leicht verständlich», deswegen konnte der Wert jener Zeugenberichte generell in Abrede gestellt werden.[13]

Wenn jedoch weder Überlebende noch Täter die Urheber des Schwindels waren, wer setzte ihn dann in Umlauf? Rassinier bereitete es keinerlei Mühe, die Schuldigen zu identifizieren. Es waren die «Zionisten», deren Verschwörung durch eine Reihe jüdischer Historiker sowie Einrichtungen zur Holocaust-Forschung begünstigt wurde. Ihnen galten Rassiniers erbittertste Kommentare, gegen sie entfesselte er seine unbarmherzigsten Attacken. Im Gegensatz zu den Überlebenden, die logen, weil sie soviel erdulden mußten, sowie den Nazis, welche Geständnisse ersannen, um ihre Schergen günstig zu stimmen und ihre Haut zu retten, hatten die Erfinder jenes Schwindels keine Motive, die psychologisch nachvollziehbar oder ethisch zu rechtfertigen gewesen waren. Besagte Historiker (samt den Institutionen in ihrem Rücken) verbreiteten die Denunziation Deutschlands nur, um sich zu bereichern – persönlich, als jüdische Gemeinschaft oder als jeweilige Institution.

Über den prominenten Holocaust-Forscher Raul Hilberg schrieb Rassinier, seine «Verhaltensweise» lasse sich nur durch «Unredlichkeit» erklären. Rassinier teilte seinen Lesern mit, daß Hilberg in eine jüdische Publikation involviert sei: «Als ich... eine biographische Notiz über ihn las, fand ich heraus, daß er an den *Jewish Encyclopedia Handbooks* mitarbeitet.» Das sagte Rassiniers Ansicht nach «alles». Allerdings stand Hilberg in seiner Verantwortlichkeit für die Propagierung jenes Mythos im Auftrag jüdischer Organisationen nicht allein auf weiter Flur. Rassinier diskreditierte auch Hannah Arendts «gedankliche Perspektive» und ihre Beiträge zur Holocaust-Analyse, und zwar aufgrund ihrer Position als Forschungsbeauftragte der Konferenz für jüdische Angelegenheiten.[14] Die beim Eichmann-Prozeß vorgetragene Expertenmeinung des namhaften Geschichtswissenschaftlers Salo Baron, des ersten Inhabers des Columbia-Lehrstuhls für jüdische Geschichte, mußte unbedingt angezweifelt werden, weil Baron Jude war. Damit kein Leser über Barons Abstammung im unklaren blieb, pflegte Rassinier ihn in seinem Buch ausnahmslos als «Mr. *Shalom* Baron» zu bezeichnen.[15]

Die Unaufrichtigkeit der jüdischen Wissenschaftler und die Verlogenheit der Institutionen, denen sie offiziell oder im verborgenen angehörten, rührte – so Rassinier – von einem typisch jüdischen Laster her: der Geldgier. Ihr Beweggrund für das Ersinnen des Völkermordmärchens «ist ausschließlich und infamerweise materieller Natur»,[16] wie Rassinier ohne Umschweife verkündet. Sie wollten «Deutschland zur ewigen Milchkuh Israels machen».[17] Sie konstruierten die Lügengeschichte und verlangten danach, daß «Deutschland Summen an Israel zahlen solle, welche von sechs Millionen Toten ausgehend berechnet sind». Rassinier erläuterte, daß die Reparationsleistung, die Deutschland an Israel entrichtete, anhand der Zahl der Ermordeten kalkuliert wurde: je höher die Todesrate, um so höher die finanzielle Kompensation.[18] Mit Hilfe bereitwillig kooperierender jüdischer Historiker und des «zionistischen Betriebs» blähte Israel die Zahl der Todesopfer auf, damit es die Deutschen um Millionen von D-Mark «erleichtern» konnte. Die Juden sprachen von sechs Millionen Menschen, dabei seien in Wahrheit vier Fünftel besagter sechs Millionen «am Ende des Krieges springlebendig gewesen».[19] Für diese wie auch für die meisten anderen seiner Thesen lieferte Rassinier keine Beweise. Die nämlich wurden vor der Welt verborgen gehalten, damit die Beträge, welche Israel den Deutschen aus der Tasche zu ziehen vermochte, in schwindelnde Höhen getrieben werden konnten.

Rassinier baute seine Argumentation auf einer fehlerhaften Prämisse auf, und man muß in Anbetracht der von ihm zitierten Dokumente annehmen, daß es ihm bewußt war. Die Höhe der Entschädigung, die Deutschland an Israel zahlte, beruhte nicht auf der Zahl der Toten, sondern auf den Israel entstandenen Kosten für die Aufnahme von Juden, die seit 1933 aus Deutschland und den von Deutschland kontrollierten Ländern geflohen waren, sowie von Holocaust-Überlebenden, die nach dem Krieg in Israel eintrafen.

1951 spezifizierte die israelische Regierung ihre Ansprüche gegenüber Deutschland in einem Kommuniqué an die vier Siegermächte; dieses Schriftstück bildete in der Folge die offizielle Basis für die Reparationsvereinbarungen. Es enthielt eine Erläuterung, wie die Höhe der Schadensersatzforderung zustande kam. Die israelischen Behörden erklärten, daß die nazistische Verfolgung einen «zweiten jüdischen Exodus» von nahezu 500000 Menschen verursacht habe. Israel gründete die Kalkulation des Betrags, den es als Reparationsleistung verlangen würde, auf den Umfang des Exodus:

«Die israelische Regierung sieht sich nicht in der Lage, einen vollständigen Überblick über sämtlichen von den Deutschen konfiszierten oder geraubten Besitz jüdischer Bürger zusammenzustellen und vorzulegen; man rechnet allerdings mit einem Gesamtwert von mehr als sechs Milliarden Dollar. Sie kann ihre Forderung nur anhand der bereits entstandenen Kosten und derjenigen Summen kalkulieren, die für die Ansiedelung jüdischer Zuwanderer aus den ehemals von den Nazis besetzten Ländern noch notwendig sein werden. Die Zahl der Immigranten wird auf etwa eine halbe Million geschätzt, was zu Gesamtausgaben in Höhe von anderthalb Milliarden Dollar führen wird.»[20]

Das Geld, welches dem Staat Israel zufloß, hing also mit den Aufwendungen für die Wiedereingliederung der *Überlebenden* zusammen. Unter diesem Aspekt erscheint folgender Hinweis daher beinahe überflüssig: Wenn Israel wirklich seine Entschädigungsansprüche an Deutschland in die Höhe hätte treiben wollen, wäre es wohl eher an einer Zahl von Toten interessiert gewesen, die unter sechs Millionen lag, weil dies bedeutet hätte, daß entsprechend mehr Menschen die Flucht nach Israel gelungen war.

Die Unterstellung, Israel sei der finanzielle Hauptnutznießer des «Mythos vom Genozid», hat sich aus mehreren Gründen zu einem entscheidenden Bestandteil der Holocaust-Leugnung entwickelt. Wichtig ist dieser Erklärungsansatz für die Holocaust-Leugner vor allem deshalb, weil er die Begründung für die Genese des «Schwindels» selbst liefert. Außerdem greift er auf ein traditionelles antisemitisches Vorurteil zurück, denn die Juden werden dabei mit Geld, genauer gesagt: mit unrechtmäßiger Bereicherung assoziiert. Denen, die ohnehin für antisemitische Hetze anfällig sind und die damit verbundenen Stereotype für bare Münze nehmen und anerkennen, ist jener Vorwurf vertraut – er leuchtet ihnen also ein. Es handelt sich hier lediglich um einen der zahlreichen Fälle, in denen die Holocaust-Leugner einen komplexen Zusammenhang herstellen konnten, der Pseudo-Historiographie und überkommenen Antisemitismus geschickt miteinander verflicht. Die Charakterisierung Israels als Nutznießer einer weltweiten jüdischen Konspiration nutzt außerdem bereits vorhandene Abneigungen gegenüber dem Staat Israel aus. Das Holocaust-Märchen muß allen genehm sein, welche Israels Existenz ablehnen und glauben, daß der Staat nur durch Hinterlist gegründet werden konnte. De facto jedoch wurden die allermeisten Entschädigungssummen an überlebende Individuen gezahlt, nicht an Israel.

Seine größte Verachtung behielt sich Rassinier unterdessen für Raul Hilberg vor. Hilberg veröffentlichte seine international vielbeachtete Studie der deutschen Tötungsmaschinerie, *Die Vernichtung der europäischen Juden*, erstmals 1961; es verwundert nicht, daß Rassinier und nachfolgende Generationen von Holocaust-Leugnern gerade ihn häufig und heftig attackierten. Sie standen von Anfang an geradezu unter dem Zwang, Hilbergs Glaubwürdigkeit zu zerstören, weil er sich mit der Bürokratie des Dritten Reichs in ihrer spezifischen Anwendung auf die systematische Ermordung von Menschen derart ausführlich beschäftigt hatte. In *The Drama of the European Jews* brandmarkte Rassinier Hilbergs «Unaufrichtigkeit» und klagte ihn der Fälschung von Informationen an, und zwar vor allem in bezug auf Zahlenangaben über die von den Nazis umgebrachten Juden. Bezeichnenderweise bediente sich Rassinier auf derselben Seite, auf welcher er diesen Vorwurf erhob, ebenjener Art der Irreführung, deren er Hilberg beschuldigte.

Eine von Rassiniers Methoden zur Überzeugung seiner Leser war das Zahlenverwirrspiel. Er gehörte zu den ersten, welche diese Praktik anwendeten, und führte auf diesem Weg ein Schema ein, das alle Holocaust-Leugner applizieren, wenn sie die Ungültigkeit der Zahl der Todesopfer beweisen wollen. Rassiniers Argument lief darauf hinaus, daß jüdische Historiker bei ihrer Arbeit von vorneherein mit Täuschungsabsichten vorgehen und entsprechend Daten manipulieren. Den Beweis für ihre Unaufrichtigkeit bildet Rassiniers Ansicht nach der Umstand, daß jeder die Fakten auf unterschiedliche Weise interpretiert. Infolgedessen ist auf ihre Analysen kein Verlaß und ihnen persönlich nicht zu trauen.

Um seinem Anliegen Erfolg zu verschaffen, produzierte Rassinier eigene Daten, zitierte inkorrekt und riß Aussagen aus ihrem Kontext. Er versuchte zunächst, die mangelnde Einheitlichkeit von Arendts und Hilbergs Schätzungen über die in Polen getöteten Juden herauszustreichen. Rassinier schreibt, daß Arendt in ihrem Artikel im *New Yorker* vom 23. Februar 1963 «uns kühl darüber informiert[e], ‹am ersten Kriegstag sind drei Millionen polnische Juden ermordet worden.›» Er fährt fort: «Mr. Raul Hilberg fand heraus, daß ‹in den Jahren 1942 und 1943 ungefähr zwei Millionen polnische Juden ihrem sicheren Tod zugeführt› wurden.» Rassinier rügt die unübersehbare Unstimmigkeit in den Untersuchungsergebnissen beider Historiker und fügt hinzu: «Es wäre gut, wenn man sich einigen könnte, ob während des Krieges 3 bis 3,3 Millionen Juden in Polen lebten, wie alle – auch die jüdischen – Statistiken gleichermaßen verzeichnen. Oder gab es 5,7 Millionen, eine Zahl, die Madame Hannah Arendt voraussetzen muß, da sich nach ihrer Rechnung fünf Millionen Todesopfer ergeben?»[21]

Rassinier gab Arendts Erläuterungen einfach irreführend wieder. Außerdem nahm er an dem Hilberg-Zitat geringfügige, aber strategisch wichtige Veränderungen vor und riß es dann aus dem Zusammenhang, um den Eindruck zu vermitteln, die beiden Wissenschaftler hätten sich in Widersprüche verwickelt. In *Die Vernichtung der europäischen Juden* analysiert Hilberg die Bedeutung der Eisenbahn für den Vernichtungsprozeß. Er schreibt: «Das Bahnsystem hat in den Jahren 1942 und 1943 über zwei Millionen polnische Juden ihrem sicheren Tod zugeführt.» Geflissentlich übergeht Rassinier den Hinweis auf das Eisenbahnsystem. Er gibt dem Zitat den Anschein, als nenne Hilberg darin die Gesamtzahl aller polnischen Juden, die umgebracht wurden, nicht nur die per Zug transportierten. (Hilberg schließt in diese Zahl weder die Juden mit ein, die auf anderen Wegen deportiert wurden, noch diejenigen, die in Ghettos oder in unmittelbarer Nähe ihrer Wohnstätten den Tod fanden.[22] Wenn sie ebenfalls berücksichtigt werden, gelangt

Hilberg zu einer Gesamtzahl von drei Millionen jüdischen Todesopfern in Polen.)

Arendts Zitat verfälschte Rassinier allerdings noch gravierender. *Nirgendwo* schreibt sie, am ersten Tag seien drei Millionen polnische Juden ermordet worden. Arendt befaßt sich an einer Stelle mit den Angaben der Nazis darüber, wie viele Juden 1940 noch in Europa übrig gewesen wären, und weist in diesem Zusammenhang darauf hin, daß in gewissen Schätzungen «die drei Millionen polnischer Juden, die ohnehin, wie jedermann in diesen Ämtern wußte, seit den ersten Tagen des Krieges massenweise liquidiert wurden», fehlten.[23] Indem er Arendts Satz klingen läßt, als seien drei Millionen *am ersten Tag* umgebracht worden, präsentiert Rassinier Arendt nicht nur so, als isolierten ihre konträren Befunde sie von anderen Forschern, sondern als habe sie zu allem Überfluß unrealistische Vorstellungen. Derartige Taktiken haben Holocaust-Leugner häufig angewandt, um die Untersuchungsresultate der Holocaust-Forscher als Phantastereien zu entwerten.

Rassinier war zwar sehr erpicht darauf, so viele jüdische Wissenschaftler wie möglich zu schmähen, Zweifel an ihren Resultaten und Motiven zu wecken, doch die Zerstörung von Hilbergs Autorität lag ihm – wie bereits gesagt – besonders am Herzen. Er rüttelte an Hilbergs Glaubwürdigkeit, nutzte jedoch gleichzeitig paradoxerweise dessen Ruf als eines bedeutenden Holocaust-Forschers aus, um die Analysen anderer jüdischer Historiker und Institute in Frage zu stellen. Mit der unmißverständlichen Absicht, die Erkenntnisse des Jüdischen Weltkongresses zu diskreditieren, schrieb Rassinier, der Kongreß «gibt (die Toten in der UdSSR) mit einer Million an, während Herr Raul Hilberg nur 420000 gezählt hat».[24] Wieder einmal zitiert Rassinier Hilbergs Resultate falsch. Auf einer seiner Tabellen, welche die Zahl der Todesopfer nach Herkunftsländern auflistet, verzeichnet Hilberg die Einwohnerzahl der UdSSR jeweils vor und nach dem Krieg. Die Differenz zwischen beiden Ziffern beträgt 420000. Sie beziehen sich jedoch auf zwei völlig unterschiedliche Kategorien, was Hilberg in einer Fußnote zu der Tabelle genau erläutert; er verweist darauf, daß die erste Spalte sich auf Vorkriegs-, die zweite auf Nachkriegsgrenzen bezieht. Nach dem Krieg war das Staatsgebiet der UdSSR beträchtlich größer als vorher, Hilbergs Aufstellung spiegelt das wider. In der Vorkriegsspalte werden die baltischen Republiken als einzelne Länder aufgeführt, weil sie vor dem Krieg unabhängig waren. Infolge einer Vereinbarung zwischen Deutschland und der Sowjetunion wurden sie 1941 der UdSSR zugeschlagen, deswegen zählt Hilberg ihre Holocaust-Opfer bei seinen Nachkriegsgesamtsummen zu der Todesbilanz für die gesamte UdSSR. Hilbergs Vorkriegszahlen müssen ebenfalls modifiziert betrachtet werden, da sie – wie er auch in diesem Fall präzise vermerkt – 300 000 Flüchtlinge, Verschleppte und Überlebende aus anderen Gebieten mit einbezieht.* Nach diesen Angleichungen gelangt Hilberg zu der Gesamtsumme von einer Million, die sich exakt mit der des Jüdischen Weltkongresses deckt. Indem er diese Informationen beiseite läßt, erweckt Rassinier den Eindruck, Hilberg widerspreche nicht nur anderen Historikern, sondern auch sich selbst, da er an einer anderen Stelle seines Buches die Gesamtzahl aller Getöteten in der UdSSR mit etwa einer Million angibt.[25]

Rassinier kreierte derlei vermeintliche Unstimmigkeiten, damit er die genannten Historiker so hinstellen konnte, als erschüfen sie vorsätzlich abstruse Fakten und Zahlen. «Am liebsten möchte man diese Leute – [Arendt, Baron, Hilberg] und die vielen weiteren, wel-

* Der Abschnitt über die UdSSR sieht folgendermaßen aus:

	Jüdische Bevölkerung vor dem Krieg 1939	nach dem Krieg 1945
UdSSR	3 020 000	2 600 000
Estland	4 500	
Lettland	95 000	
Litauen	145 000	
Insgesamt	3 264 500	2 600 000

Anmerkung: Die Nachkriegsgesamtzahl für die UdSSR schließt 300 000 Verschleppte, Flüchtlinge und Überlebende aus anderen Territorien mit ein.

Zieht man die 300 000 Verschleppten, Flüchtlinge und Überlebenden von den 2,6 Millionen ab, ergibt sich für die UdSSR ein Verlust von einer Million Juden.

che auf demselben Dampfer fahren – auffordern, sich bitte zusammenzusetzen und über ihre Zahlen zu einigen, ehe sie sich anschikken, uns uns selber zu erklären.»[26] Tatsache ist, daß es zwar voneinander abweichende Berechnungen, jedoch keine fundamentalen Unvereinbarkeiten zwischen den Ergebnissen dieser oder anderer anerkannter Historiker gibt. Sie stimmen fast alle darin überein, daß von allen Getöteten ungefähr drei Millionen polnische Juden gewesen sind. Über die Zahl der sowjetjüdischen Todesopfer herrschen leicht unterschiedliche Ansichten. Die Schätzwerte liegen zwischen einer Million und 1,3 Millionen. Insgesamt sind etwa fünf bis sieben Millionen Todesopfer zu beklagen.[27]

Rassinier vertritt die auf verfälschten Daten gegründete Auffassung, die Diskrepanzen zwischen diesen Historikern machten ihre Befunde ungültig. In einer Beziehung hat Rassinier tatsächlich recht: Forschung weist stets gewisse Variablen auf. Wenige Wissenschaftler berufen sich auf haargenau dieselben Zahlen. Anstatt jedoch die Ergebnisse in ihrer Plausibilität zu entkräften, wirken derlei Diskrepanzen bestätigend. Rassinier gemäß beweist die Tatsache, daß Hilberg und Baron bezüglich der Todesopfer zu verschiedenen Gesamtzahlen gelangen, daß beide fiktive Forschungsberichte erstellen. Da sie sich bei ihren Konklusionen gleichermaßen auf offizielle Dokumente und Zeugenaussagen stützen, kann die Widersprüchlichkeit ihrer Untersuchungsergebnisse nur den Schluß zulassen, daß weder ihnen noch den Dokumenten zu trauen ist. Mit diesem Argument ignoriert Rassinier ein Prinzip jeder Geschichtsschreibung. Unter Historikern ist vorbehaltlose Einmütigkeit in bezug auf ein Geschehnis dieser Größenordnung in sich verdächtig. Wenn sämtliche Holocaust-Forscher ausnahmslos von einer einzigen Todesopferzahl ausgingen, entstünde berechtigter Zweifel an ihrer Unparteilichkeit. Die Differenzen belegen, daß sie keine «höfischen» Geschichtsschreiber, sondern unabhängige Wissenschaftler sind, von denen jeder neutrales Interesse daran hat, die unzähligen Einzelheiten über eines der brutalsten, chaotischsten Kapitel der jüngsten Geschichte zusammenzutragen.

Nun hatte Rassinier zwar die Verantwortlichen für die Entstehung des Mythos «entlarvt», aber er mußte – wie alle Holocaust-Leugner – noch mit einer wesentlichen Schwierigkeit fertig werden, die er allerdings nicht so unproblematisch manipulieren konnte wie die Informationen über die Reparationszahlungen. Hitler und seine engsten Mitarbeiter erwähnten den ausdrücklichen Willen der Nazis zur Judenvernichtung bei zahlreichen Gelegenheiten. Hitlers bekannteste Hetzrede über dieses Thema stammt vom 30. Januar 1939: «Ich will heute wieder ein Prophet sein: Wenn es dem internationalen Finanzjudentum in und außerhalb Europas gelingen sollte, die Völker noch einmal in einen Weltkrieg zu stürzen, dann wird das Ergebnis nicht die Bolschewisierung der Erde und damit der Sieg des Judentums sein, sondern die Vernichtung der jüdischen Rasse in Europa.»[28]

Dies war nicht seine einzige öffentliche Drohung, die Juden zu vernichten. Im September 1942, sechs Monate nachdem die Gaskammern ihre Arbeit aufgenommen hatten, erinnerte er sich seiner Rede von 1939 und wiederholte seine Voraussage über das Schicksal der Juden. Dieses Mal drückte er sich in bezug auf das Ergebnis sogar noch unmißverständlicher aus.

«Ich habe am 1. September 1939* in der damaligen Reichstagssitzung zwei Dinge ausgesprochen: Erstens, daß, nachdem man uns diesen Krieg schon aufgezwungen hat, keine Macht der Waffen und auch nicht die Zeit uns jemals niederzwingen werden, und zweitens, daß, wenn das Judentum einen internationalen Weltkrieg zur Ausrottung etwa der arischen Völker Europas anzettelt, dann nicht die arischen Völker ausgerottet werden, sondern das Judentum... Die Juden haben einst auch in Deutschland über meine Prophezeiungen gelacht. Ich weiß nicht, ob sie auch heute noch lachen, oder ob ihnen nicht das Lachen bereits vergangen ist. Ich kann aber auch jetzt nur versichern: Es wird ihnen das Lachen überall vergehen. Und ich werde auch mit diesen Prophezeiungen recht behalten.»[29]

Rassinier sah sich genötigt, für derlei Ankündigungen – die anders ausgelegt werden mußten, als sie wirklich gemeint waren – eine Begründung zu finden, damit er die Behauptung, der Genozid sei bloß eine Geschichte aus dem Reich der Fabel, aufrechterhalten

* Anmerkung der Autorin: Hitler änderte das ursprüngliche Datum seiner Rede, in welcher er die Juden mit Vernichtung bedrohte, vom 30. Januar 1939 auf den 1. September 1939.

konnte. Also erklärte er die Rede von 1939 kurzerhand als charakteristisch für eine «brüske, trotzige Haltung in der Tradition antiker Heroen» und demzufolge «von geringer Bedeutung».[30] Wie bei seinen Kommentaren zur Gesamtzahl der Todesopfer nahm Rassinier auch hier beide Seiten des Disputes ein. Mehrfach forderte er ausdrückliche, spezifische Beweise für den Plan der Nazis, alle Juden umzubringen. Sämtliche Schlußfolgerungen, ein Massenmord habe stattgefunden, seien null und nichtig, da keine solchen Beweise existierten. Aber sobald ein Dokument oder eine Aussage, die den nazistischen Willen zur Vernichtung explizit erwähnten, als Indizien angeführt wurden, tat Rassinier sie als euphemistisch, hyperbolisch oder belanglos ab. Diese Strategie wurde später von Holocaust-Leugnern bei der Auslegung jener historischen Materialien übernommen, die bezeugten, daß der Genozid an den Juden kein Mythos ist. (Machen die Dokumente definitive Aussagen, dann sind sie euphemistisch. Wenn sie hingegen euphemistisch sind, werden sie für bare Münze genommen.)

Für die Interpretation der Hitler-Rede von 1942 wählte Rassinier einen leicht variierten Ansatz. Anstatt sie als hochgespielten Einschüchterungsversuch unter den Tisch fallen zu lassen, betonte er, diese Drohung gegen die europäischen Juden sei bei den Nürnberger Kriegsverbrecherprozesse nicht zur Sprache gekommen, weil man sie nicht für ein gewichtiges Indiz hielt.

Hätten die Alliierten die Äußerung als relevant empfunden, wäre sie von ihnen auf die Liste der Beweismittel gesetzt worden. Rassinier unterschlug die Tatsache, daß Hitler in Nürnberg nicht vor Gericht stand und aus diesem Grund viele seiner Verlautbarungen und Reden, darunter solche spezifisch antisemitischen Inhalts, nicht zitiert wurden. Es ist übrigens sowohl amüsant zu beobachten als auch bezeichnend, daß Rassinier – der gegen die Nürnberger Prozesse Gift und Galle spie – sie als Maßstab dafür verwendete, wodurch ernst zu nehmende Evidenz sich auszeichnet und wodurch nicht.

Rassiniers Erklärungen, wie der Holocaust-Schwindel ersonnen und weltweit verbreitet wurde, sind gar noch plumper und entlarven die wahren Absichten hinter seiner Leugnung des Holocaust. Bei der Auslegung der jüdischen Pläne bediente er sich landläufiger antisemitischer Vorstellungen: «Die Juden haben es geschafft, die Welt an der Nase herumzuführen, indem sie ihre mystischen Kräfte und konspirativen Fähigkeiten ausnutzten. Wie so häufig schon hat das Weltjudentum seine unbändige Stärke eingesetzt, um die Interessen von Medien und Politik sowie die Mittel der internationalen Finanz für seine eigenen Ziele einzuspannen.»

Den Ursprung dieser gewaltigen Verschwörung gegen Deutschland konnte Rassinier bis aufs i-Tüpfelchen genau bestimmen, und zwar wurzelte sie seiner Meinung nach in den Aktivitäten einer einzigen Person, eines Juden aus Polen.

«Nach fünfzehn Jahren historischer Forschung bin ich zu folgendem Schluß gelangt: 1943 wurde das nationalsozialistische Deutschland erstmals der systematischen Massenvernichtung von Juden in Gaskammern angeklagt. Der Urheber jener ersten schrecklichen, niederträchtigen Beschuldigung war ein polnischer Jude, ... Rafael Lemkin.»[31]

Lemkin unterstützte als Berater Bundesrichter Robert Jackson, während Jackson bei den Nürnberger Prozessen als Ankläger für die USA auftrat; 1944 hatte Lemkin den Begriff und den Tatbestand des Genozids in die internationale Gesetzgebung eingeführt.[32] Rassinier lag wieder einmal falsch. Nazideutschland wurde erstmals 1942 der Massentötungen von Juden beschuldigt, nicht 1943. Lemkin hatte mit diesem Vorwurf nichts zu tun. Rassinier erklärte sich Lemkins Erfolg damit, daß seine Bestrebungen durch angeblich gefälschte Dokumente sowie eine gefügige Weltpresse unterstützt und begünstigt wurden, welche ihre Marschbefehle von den Juden entgegennahm:

«Mit der Bekanntgabe jener Falschmeldung durch einen polnischen Juden sowie der ‹Entdeckung› ausführlicher Akten über die Existenz der Gaskammern während der Nürnberger Prozesse setzte in der internationalen Presse der Wirbel um die Gaskammern ein, ein melodienreiches Märchenballett mit diabolischen Rhythmen; man hat seitdem nicht aufgehört, diese zuchtlose Sarabande mit ihren falschen Schritten zu tanzen.»[33]

Die Presse bildete eines der Hauptinstrumente der Juden zur Verbreitung ihrer Verleumdungen. Erneut verließ Rassinier sich auf herkömmliche antisemitische Spekulationen. Die Medien mußten den Juden helfen, da sie von ihnen beherrscht wurden. Also «veröffentlich[t]en» die Medien «mit bemerkenswerter Hartnäckigkeit» die Hypothese, den Nazis seien sechs Millionen Juden zum Opfer gefallen.[34]

Die eigentlich Schuldigen hinter Lemkin, jüdischen Historikern und Organisationen sowie allen anderen am Schwindel Beteiligten waren in Rassiniers Augen die «Zionisten», die ihren erstaunlichen Einfluß zur Verschleierung der Wahrheit ausnutzten; unter anderem verhinderten sie eine weltweite Zählung der Juden, damit sie die Zahl der Opfer, welche der Holocaust forderte, «allen möglichen Manipulationen» unterziehen konnten.[35] (Rassiniers Quelle für diese Behauptung war der *American Mercury*, von 1952 bis zu einem Besitzerwechsel in den 70er Jahren eine Publikation, die sich besonders durch ihren Antisemitismus auszeichnete.[36]) Letztlich war ihr Motiv finanzieller Natur: Sobald sie Deutschland in eine «Milchkuh» für Israel und dessen Anhänger verwandelt hätten, konnten sie sich ihrem schrecklichen Endziel zuwenden, nämlich der Kontrolle aller internationalen Finanzmittel. Nicht genug damit, daß Rassinier ein traditionelles antisemitisches Vorurteil an das andere reihte und ausschlachtete: die Juden würden ihren ausufernden politischen Einfluß schändlich mißbrauchen, die Medien beherrschen und finanzielle Ränke schmieden – bei seiner Schilderung, was nach einer Bündelung der jüdischen Machtfaktoren geschehen würde, verfiel er endgültig in einen hemmungslos antisemitischen Hetzjargon:

«Heutzutage richtet sich das Sinnen und Trachten [der Zionisten], metaphorisch gesprochen, auf das Gold von Fort Knox. Falls ihrem Plan Erfolg beschieden sein sollte – und dazu ist nichts weiter nötig, als daß die amerikanische Unterabteilung des internationalen Zionismus Wall Street in ihre Finger bekommt –, würde jener israelische Stützpunkt in der Diaspora... der Hauptbefehlsposten für die Industrie auf der ganzen Welt. ‹Im Schweiße eures Angesichts sollt ihr euer Brot verdienen›, sagte der Allmächtige zu Adam und Eva. ‹Unter Schmerzen sollst du deine Kinder gebären›, sagte er und verjagte das Paar aus dem irdischen Paradies, das er für sie geschaffen hatte... Die Frauen Israels müßten ihre Kinder gewiß weiterhin unter Schmerzen gebären, doch ihre Männer würden ihr Brot und das ihrer Kinder im Schweiße andere [sic!] Angesichter verdienen. Dann könnte man mit Fug und Recht behaupten, daß ihre Bestimmung als ‹auserwähltes Volk›, welche die Juden für sich in Anspruch nehmen, in ihre volle [sic!] Bedeutung erfüllt wäre.»[37]

In letzter Konsequenz sind es Gedankengänge wie dieser, die zeigen, daß Rassiniers Leugnung des Holocaust nichts weiter als eine Tarnung für klassische antisemitische Verdächtigungen ist. Obwohl Rassiniers Abhandlungen aufgrund ihrer den Holocaust leugnenden Aspekte aus dem Rahmen fallen, unterscheiden sie sich de facto nicht im geringsten von dem endlosen antisemitischen Gezeter, das im Laufe der Jahrhunderte verbreitet worden ist. Seine Schmähreden über jüdische Macht und jüdischen Einfluß sowie seine Überzeugung, die Juden hegten finsterste Absichten, plazieren ihn in der guten Gesellschaft ganzer Horden von Antisemiten.

Auf die Beobachtungen dieses Mannes berufen sich alle nachfolgenden Holocaust-Leugner, die von ihm bei der Entwicklung ihrer Gedanken entscheidend geprägt wurden. Rassiniers und Bardèches Beiträge zur Entwicklung der Holocaust-Leugnung in Frankreich wurden später von den Arbeiten ihres Schützlings Robert Faurisson, ehemals Professor an der Universität von Lyon, ergänzt; heute zählt Faurisson zu den führenden Holocaust-Leugnern. Anflüge von Faschismus und Holocaust-Leugnung machen sich auch in Frankreichs politischer Arena bemerkbar, man denke beispielsweise an das politische Programm und die Erklärungen Jean-Marie Le Pens und seiner Partei, des *Front National*. Sie stellen Bardèches und Rassiniers wichtigstes Vermächtnis dar und verdeutlichen, daß sowohl Faschismus als auch Holocaust-Leugnung im Frankreich der Gegenwart fruchtbaren Boden vorfinden.

4. Die ersten Regungen der Holocaust-Leugner in Amerika

In den 60er und 70er Jahren schenkte man der Holocaust-Leugnung in den USA bereitwillig Gehör; das taten insbesondere jene, die für ihre ausgeprägten Beziehungen zu extremistischen Gruppierungen und antisemitischen Publikationen bekannt waren. Ihr Antisemitismus bahnte ihrer Neigung zur Holocaust-Leugnung den Weg.[1] Bis zu Beginn der 70er Jahre war das Thema in erster Linie ein Tummelplatz für extremistische, rassistische Randgruppen, denen allerdings durch gewisse, äußerlich respektable Kreise unerwartete Unterstützung zuteil wurde.

Die ersten Holocaust-Leugner in den USA zeigten sich vor allem für Paul Rassiniers Idee empfänglich, daß führende jüdische Persönlichkeiten den Holocaust ersonnen hatten, um Kontrolle über internationale Finanzgeschäfte zu erlangen und die Israel-Hilfe zu fördern. Ihre Behauptungen waren undurchdacht, ungeschickt und ließen häufig jeden Versuch vermissen, ihre Argumente wirklich zu beweisen. 1952 verkündete der amerikanische Antisemit W.D. Herrstrom in *Bible News Flashes*, es gebe in den USA fünf Millionen illegale Einwanderer, die meisten von ihnen seien Juden, und zwar genau diejenigen, welche angeblich während des Holocaust umgekommen seien. «In Schickelgrubers [Hitlers] Öfen braucht man gar nicht erst nach ihnen zu suchen. Man laufe nur die Straßen irgendeiner amerikanischen Stadt entlang – dort wird man sie finden.»[2] 1959 schrieb James Madole, Herausgeber des rassistischen *National Renaissance Bulletin*: «Obwohl der Weltalmanach die Tatsache bestätigt, daß stets weniger als 600000 Juden in Deutschland gelebt haben, beharren die Juden auf ihrer ungeheuerlichen Lüge, Nazideutschland habe sechs Millionen ihrer Rassenangehörigen verbrannt.»[3] Madoles Winkelzug ist leicht durchschaubar. Es entspricht zwar der Wahrheit, daß die jüdische Bevölkerung Deutschlands 1933 weniger als 600000 betrug, doch waren die meisten jüdischen Opfer des Holocaust keine deutschen Juden. Benjamin H. Freedman, Geldgeber der antisemitischen Publikation *Common Sense*, sagte 1959, es gebe viele Millionen Juden mehr in den USA, als die Juden zugeben wollten. Hierbei handele es sich um die sechs Millionen, «die angeblich zwischen 1939 und 1945 in Verbrennungsöfen und Gaskammern zu Tode gekommen seien».[4] Freedman führte ein Argument ein, das in den 70er Jahren bei zahlreichen Holocaust-Leugnern, unter anderen Arthur Butz von der *Northwestern University*, wieder anklingen sollte; er behauptete nämlich, die jüdische Gemeinde in Amerika lehne sich gegen die Zensusfrage nach der Religionszugehörigkeit auf, weil dadurch ans Licht kommen würde, daß «angeblich» gestorbene Juden sich in Wahrheit in den USA aufhielten. (Jüdisch-amerikanische Organisationen haben sich seit je gegen eine derartige Frage gewehrt, weil sie der Auffassung sind, sie verletze die in der Verfassung garantierte Trennung von Kirche und Staat.)

Der berüchtigte amerikanische Nazi-Anführer George Lincoln Rockwell nannte den Holocaust einen «monströsen, einträglichen Betrug». Er betete Freedmans Einfall nach, die sechs Millionen «seien irgendwann einmal reich und glücklich in der Bronx, New York, gestorben». Im Juni 1959 informierte *Cross and the Flag*, das Blatt des amerikanischen Antisemiten Gerald L.K. Smith, seine Leser in einem Artikel mit der Überschrift *«Into the Valley of Death Rode the Six Million. Or Did They?»*, die sechs Millionen Juden lebten in den USA.[5]

Solche himmelschreienden Versuche, die Leserschaft zu verunsichern, waren für das Verhalten der Holocaust-Leugner in den ersten beiden Jahrzehnten nach dem Krieg typisch. Letztlich bewirkten die meisten von ihnen wenig, weil man sie so rasch als Extremisten und Rechtsradikale deklassieren konnte. Dessenungeachtet wurden ihre Unterstellungen im Lauf der Zeit Teil einer allgemeinen, auch einem breiteren Publikum zugänglich gemachten Strömung zur Holocaust-Leugnung. Später wurden die statistischen Spielereien der Holocaust-Leugner zwar nicht unbedingt raffinierter, in jedem Fall jedoch komplizierter.[6] Zur Verwirrung all derjenigen, welche die Fakten nicht kannten, wob man schamlos Lügen in komplexe Argumentationsstränge mit ein. Nicht alle frühen Holocaust-Leugner standen in offener Verbindung zu Extremistenkreisen. Daher konnten sie einige ihrer Anschuldigungen in Publikationen unterbringen, die sich an eine übergreifende Öffentlichkeit richteten. In der Ausgabe der weitverbreiteten katholischen Wochenzeitung *Our Sunday Visitor* vom 14. Juni 1959 hieß es in einem Leserbrief: «Ich verbrachte nach Kriegsende sechs Jahre in Deutschland und Österreich und konnte feststellen, daß eine Reihe von Juden getötet worden war, doch nie und nimmer mehr als eine Million, eher weniger.»[7] Verschiedentlich wandten sich Zeitungsredakteure mit der Bitte um Klarstellung an die *Anti-Defamation League*, weil *Boniface Press* – Apps verlegerisches Organ – ihnen den Holocaust leugnendes Material zugesandt hatte. Ein Redakteur forderte Dokumente zum Beweis dafür an, daß wirklich Juden umgekommen seien.[8]

Harry Elmer Barnes bildete die direkte Verbindung zwischen zwei Generationen amerikanischer Revisionisten einerseits und den Holocaust-Leugnern andererseits.[9] Einige seiner zahlreichen Bücher und Artikel, vor allem jene zur westlichen Zivilisationsgeschichte, zählten während der 60er Jahre an prestigereichen amerikanischen Universitäten, unter anderem Harvard und Columbia, zur Pflichtlektüre. Außerdem hielt Barnes an zahlreichen Universitäten in den USA Vorlesungen; seine Ausführungen zur unnötigen Teilnahme Amerikas am Ersten Weltkrieg fanden die bewundernde Zustimmung vieler Menschen in den USA und im Ausland, unter anderen auch die des Herausgebers der *Nation*, Oswald Garrison Villard, des Sozialistenführers Norman Thomas, des Journalisten H.L. Mencken sowie des Historikers Charles Beard. Eine Zeitlang arbeitete er als Redakteur bei *Foreign Affairs* mit und bibliographierte Quellenverweise.[10]

Barnes' Karriere hat jedoch von Anfang an kontroverse Reaktionen ausgelöst. Während des Ersten Weltkriegs gebärdete er sich als derart eifriger Befürworter der alliierten Sache, daß das Material, welches er dem *National Board for Historical Service* zur Verfügung stellte, als «unzumutbar, da allzu rigoros» abgelehnt wurde. Das *Board* war eine Einrichtung, von der aus die Verbreitung proalliierter Propaganda durch Historiker zentral gesteuert wurde; Personen, die mit dem Thema beschäftigt waren, charakterisierten Barnes als «einen Chauvinisten der härtesten Sorte, nach dem Motto: Die gehören alle bei Sonnenaufgang erschossen!»[11] Doch nach dem Krieg änderte er seine Ansichten um hundertachtzig Grad. Mit dem fanatischen Ehrgeiz eines Konvertiten wechselte er zur isolationistischen, deutschfreundlichen Seite des politischen Spektrums über und verblieb dort bis an sein Lebensende. In seinen Arbeiten bedient er sich häufig einer polemischen, theatralischen Rhetorik. Gegen die Vertreter einer «orthodoxen» Beurteilung des Krieges konnte er derart ausfallend werden, daß selbst diejenigen, welche ihm beipflichteten, sich aufgrund seiner planvollen Beleidigungen anderer von ihm zurückzogen.[12] Als er gegen Bernadotte Schmitt, einen bekannten, anerkannten Historiker an der *University of Chicago*, öffentlich den Vorwurf erhob, seine wissenschaftlichen Schlußfolgerungen den Erfordernissen seiner akademischen Laufbahn angepaßt zu haben, zog er sich den Zorn zahlreicher Universitätsangehöriger zu, Revisionistenkollegen mit eingeschlossen.

Barnes unterstellte Schmitt, er sei nur deswegen zu dem Ergebnis gekommen, daß Deutschland für den Ausbruch des Kriegs verantwortlich war, um auf den heißbegehrten Posten in Chicago zu gelangen. Dieser persönliche Angriff ist typisch für Barnes' spätere Attacken gegen alle und jeden, die seine Meinung nicht teilten. Er glaubte fest daran, seine Vorstellungen seien die objektive Wahrheit; infolgedessen war jeder, der einen anderen Standpunkt einnahm, weder objektiv noch ehrlich.

Barnes' Arbeiten erreichten sowohl in den USA wie auch im Ausland ein breites Publikum. 1926 hielt er während einer Deutschlandreise eine Reihe von Vorträgen des Inhalts, daß Deutschland am Ersten Weltkrieg keine Schuld trage. Begeistert verbreitete Barnes sich über seine Aufnahme durch die Deutschen – er habe sich «wie in einem Märchen» gefühlt. Einen besonderen Eindruck hinterließ bei ihm das «enorme Interesse und Engagement», welches die Weimarer Forscher und Behörden bei ihren Anstrengungen zeigten, «Deutschland von der Schande und dem Betrug der Kriegsschuldklausel im Versailler Vertrag zu befreien».[13] Bei seinem Aufenthalt in Europa traf er sich sogar mit dem exilierten Kaiser Wilhelm II., eine beträchtliche Ehre für einen noch jungen Gelehrten. Barnes zufolge freute sich der Kaiser darüber, «daß ich ihm nicht vorhielt, 1914 den Krieg angefangen zu haben». Sie stimmten allerdings, wie Barnes erinnert, nicht in allem überein: «Meine Ansicht, daß Rußland und Frankreich die Hauptschuldigen gewesen wären, teilte er nicht. Er betrachtete das internationale Judentum und die Freimaurer als die Bösewichte des Jahres 1914; seiner Auffassung nach wollten sie die Auslöschung der Nationalstaaten und des Christentums.»[14] In diesem Punkt pflichtete Barnes dem Kaiser nicht uneingeschränkt bei; er neigte dazu, England und Frankreich für die wahren Übeltäter zu halten.

In den Jahren zwischen den Weltkriegen setzte Barnes seine revisionistische Bewertung des Ersten Weltkriegs zur Förderung der isolationistischen Sache ein. Ehe noch der Zweite Weltkrieg geendet hatte, stellte er die amtliche Version des Kriegsverlaufs in Frage. Er zählte zu einer kleinen Gruppe von Isolationisten, welche das Ansehen der Bewegung wiederherzustellen und Roosevelt in den Schmutz zu ziehen suchten. Finanzielle Unterstützung erhielten sie durch Anhänger des Isolationismus vor dem Krieg, unter anderem Charles Lindbergh und Henry Ford. Barnes wiederholte die Vorwürfe, die er bereits nach dem Ersten Weltkrieg erhoben hatte, und kritisierte die Politiker, Journalisten und Historiker, die die Alliierten von der Verantwortung für den Krieg freisprachen. Er griff Roosevelts Politik an und verteidigte Hitler, indem er darlegte, nahezu sämtliche politischen und militärischen Schachzüge Hitlers, auch der Einfall in die Tschechoslowakei, seien zur «Korrektur» der Ungerechtigkeiten im Versailler Vertrag notwendig gewesen.[15] Schuld war jedoch nicht nur der Versailler Vertrag; das wirkliche Problem ergab sich aus dem grundsätzlichen Versagen der Alliierten, Hitler zu verstehen. 1950 bezeichnete Barnes Hitlers Forderungen von 1939 in einem Brief an seinen revisionistischen Mitstreiter Charles Tansill als «die vernünftigsten von allen»; in seinen Artikeln und Aufsätzen suchte er Hitler fortwährend zu entlasten.[16] Barnes hielt Hitler nicht für einen größenwahnsinnigen Machthaber, der bezwungen wurde, weil er die Herrschaft über Europa angestrebt hatte. Nicht die Bestialität des Führers war die Ursache für seine militärische Niederlage, sondern seine Menschlichkeit. Hitlers

Sturz resultierte in Barnes' Sicht aus der «mangelnden Bereitschaft, seine militärische Stärke rückhaltlos» gegen unschuldige englische Zivilisten einzusetzen.[17] Im Gegensatz zu der vorherrschenden, einmütigen Auffassung «lancierte» Hitler keine «jähe Attacke» gegen Polen. Nein – behauptete Barnes –, Hitler unternahm 1939 sogar größere Anstrengungen zur Kriegsvermeidung als 1914 der Kaiser. Nicht nur nahm Barnes Hitler in Schutz, er bezeichnete auch die Briten als die «beinahe ausschließlich Verantwortlichen» für den Ausbruch des Kriegs, an der östlichen wie an der westlichen Front. Hitler stieß im Juni 1940 nicht mutwillig «einen Dolch in Frankreichs Rücken», sondern wurde durch die britischen «Unternehmungen zur wirtschaftlichen Erdrosselung» Deutschlands in den Krieg hineingetrieben.[18]

1952 schrieb Barnes in einem Brief an den Harvard-Historiker William Langer, Autor einer zweibändigen Verteidigungsschrift zum amerikanischen Vorkriegsverhalten, er betrachte Roosevelts Außenpolitik «als das gewaltigste Verbrechen an der Allgemeinheit in der gesamten Menschheitsgeschichte».[19] An dieser Anschauung hielt Barnes während seiner gesamten Laufbahn fest; 1958 behauptete er, Roosevelt hätte «die USA in den Krieg hineingelogen», und wenn es ihm nicht gelungen wäre, die Japaner zum Angriff auf Pearl Harbor «anzustacheln», hätten die Tragödie des Kriegs und die damit verbundenen, weitaus «größeren Katastrophen» durchaus vermieden werden können.[20] (Über Wilson und den Ersten Weltkrieg hatte Barnes exakt dieselben Argumente vorgebracht.) Barnes hielt nicht nur Hitler für «vernünftig» und Großbritannien, Frankreich sowie die USA für Kriegstreiber, sondern beschwerte sich, daß jeder, der das Konzept der deutschen Schuld hinterfrage, durch eine alles überlagernde, historische «Vernebelung» zum Schweigen gebracht werde. Die «Vernebelung» war der Schlußstein eines Plans, der verhindern sollte, daß die Wahrheit über den Zweiten Weltkrieg ans Licht kam. Barnes' erster Ansturm gegen diese «Verschwörung» manifestiert sich in einer langatmigen Schrift, *The Struggle Against Historical Blackout*, die 1947 erschien und bis 1952 die neunte Auflage erreicht hatte. Laut Barnes ließen sich westliche Liberale durch ihren Haß auf Hitler und Mussolini dazu verleiten, vor Frankreichs Aggressivität, Großbritanniens Doppelzüngigkeit und Roosevelts Täuschungsmanövern die Augen zu verschließen. «Höfische Geschichtsschreiber» verschleierten die Wahrheit, indem sie sämtliche Informationen unterschlugen, die Roosevelts Ansehen beeinträchtigen mochten, und die kritischen Stimmen zum Verstummen brachten, die gegenüber der amerikanischen «Intervention» im Zweiten Weltkrieg Bedenken anmeldeten. Wissenschaftlern, denen man revisionistische Ansichten unterstellte, wurde der Zugang zu offiziellen Dokumenten verweigert.[21] Verleger, die Bücher oder Zeitschriften zu dem Thema herausgeben wollten, mußten mit Druck von außen rechnen, revisionistische Autoren unter Verfolgungen leiden. Material, das revisionistische Fakten oder Argumentationen enthielt, wurde ignoriert oder aus dem Umlauf genommen. Hierbei handelte es sich nicht um einen bloßen Akt der Gleichgültigkeit – dies war willentliche Täuschung. Die «höfischen Geschichtsschreiber» waren für die Tatsachen nicht nur nicht aufgeschlossen oder sich ihrer nicht bewußt; sie logen, übersahen mißliebige Informationen und ersannen neue Wahrheiten. In den darauffolgenden Jahren machten die Holocaust-Leugner Barnes' Beschwerden ebenfalls für sich geltend.[22] Barnes gemäß überstieg die Rachsucht von Politikern, Diplomaten und Historikern gegenüber Deutschland jedes berechtigte Maß, *und sie wußten es.* Sie brauchten daher einen Grund, um ihr Feindbild zu verteidigen. Also beschuldigten sie Deutschland, den Krieg begonnen und beispiellose Greueltaten begangen zu haben.

Barnes behauptete, er sei bereits zehn Jahre nach dem Krieg zu dem Schluß gelangt, daß Deutschland keine Schuld am Ausbruch des Kriegs oder an den Gewalttaten trage, deren man es bezichtigte. 1962 schrieb er: «In der Dekade nach 1945 war ich überzeugt, das Beste, was Deutschland und der Welt in den Vorkriegsjahren hätte passieren können, wäre ein Attentat auf Hitler gewesen, ungefähr 1938 oder Anfang 1939, wenn nicht gar viel früher.»[23] Er gab vor, sich von dieser Perspektive auf ein böses Nazideutschland nur nach langem Zögern getrennt zu haben; er sei jedoch durch evidente Tatbestände gezwungen gewesen, eine anderslautende Wahrheit anzuerkennen. Eine höchst hinterhältige Beteuerung, wenn man seine schriftlichen Äußerungen 1947 in *The Struggle Against the Historical Blackout* wie auch die Anschauungen bedenkt, die er in seiner

Privatkorrespondenz äußerte. Der Krieg war in der Tat kaum zu Ende, da machte Barnes sich bereits daran, den Alliierten die Schuld zuzuschieben und Hitler reinzuwaschen.

Bemerkenswert ist seine Versicherung, er habe seine Auffassung von der Wahrheit erst nach der Bekanntschaft mit revisionistischer Literatur geändert, und zwar nur mit großem Widerstreben. Das ist der Trick, den zahlreiche Verfechter von Verschwörungstheorien anwenden, allen voran die Holocaust-Leugner. Beinahe jeder schwört, er sei nur bekehrt worden, weil die Beweislage ihn gezwungen habe, seine vorherige, irrtümliche Meinung aufzugeben. Wer sich im Laufe der Zeit also mit einer Übermacht an «Informationen» konfrontiert sieht, die zu seiner ursprünglichen These von der Existenz eines Holocaust im Widerspruch stehen, gibt beschämt zu, einem Schwindel aufgesessen zu sein. Offenbar glauben Verschwörungstheoretiker und Holocaust-Leugner, eine solche Version der Geschichte verleihe ihrer neuen Überzeugung mehr Plausibilität. Außerdem umgehen sie damit den Vorwurf, gegen Juden feindlich gesinnt zu sein oder mit den Faschisten sympathisiert zu haben.

Als Tatsache bleibt allerdings folgendes: Weder mußte Barnes dazu überredet werden, diese Sichtweise zu akzeptieren, noch wartete er zehn Jahre, bevor er sie sich zu eigen machte. In einem Brief an Villard vom Juni 1948 erwähnte Barnes, daß Roosevelt und Churchill, «mit gewissen Interessengruppen im Rücken», größere Schuld am Krieg trügen als Hitler. Im selben Jahr brachte er das Argument vor, Frankreich sei im Laufe der Geschichte mehrfach ohne Provokation in Deutschland einmarschiert. In einer privaten Mitteilung schrieb er: «Aus dem Stegreif kann ich mich an keine grundlose deutsche Besetzung Frankreichs in der jüngeren Geschichte erinnern.»[24] Um seine Theorie zu untermauern, stellte er eine Liste aller französischen Invasionen in Deutschland zusammen, angefangen beim Jahr 1522; für das 20. Jahrhundert enthält die Liste zwei Einträge: «1918 – Frankreich überfällt Deutschland mit amerikanischer Unterstützung. 1944–1945 – wieder marschiert Frankreich auf dem Rücken der Amerikaner in Deutschland ein.»[25] Er verschweigt, daß es sich bei beiden «Invasionen» um Reaktionen auf massive deutsche Angriffe handelte.

Ungeachtet der Realität bestand Barnes auf seiner Behauptung, erst 1955 habe er – und zwar mit Hilfe einer in Harvard entstandenen Dissertation von David Leslie Hoggan – erkannt, daß «Hitler keinen Krieg gewollt» habe und Großbritannien im Grunde der «Alleinverantwortliche» gewesen sei.[26]

Hoggan, der zum damaligen Zeitpunkt einen Lehrauftrag am Historischen Institut der *University of California* in Berkeley innehatte, überzeugte Barnes davon, daß Hitler 1939 keinen Krieg wollte. Laut Hoggan stellte Hitler «Forderungen an Polen, die gemäßigter waren als alles, was zahlreiche führende amerikanische und britische Völkerrechtler in den Jahren nach Versailles empfohlen hatten. Darüber hinaus machte Hitler Polen erstaunliche Zugeständnisse, welche die Weimarer Republik auch nicht ansatzweise gebilligt hätte.»[27]

Barnes stand Hoggan bei der Veröffentlichung seines Buchs *The Forced War* («Der erzwungene Krieg») tatkräftig zur Seite; das Buch basiert auf der Dissertation, unterscheidet sich von ihr jedoch erheblich. Der Aussage eines Dozenten zufolge, der in Harvard zu Hoggans Tutoren gehörte, war seine Dissertation «ein solides, gewissenhaftes Stück Arbeit, das die polnische und britische Politik des Jahres 1939 kritisch betrachtete, ohne jedoch die tatsächliche Evidenz überzustrapazieren». Was allerdings 1961 von Herbert Grabert in Deutschland verlegt wurde, war ein völlig anderes Buch.[28] Hoggan zeichnete die Engländer und Polen als willentliche Kriegsprovokateure und die Deutschen als unschuldige Opfer, die jedes Mittel versucht hätten, einen Konflikt abzuwenden. Dieser Krieg war Hitler aufgezwungen worden.

Wie die Deutschen mit den Juden verfuhren, bildete zwar nicht Hoggans Hauptthema, doch richtete er sein Augenmerk auch auf diesen Punkt. Er versuchte, Deutschlands guten Namen wiederherzustellen sowie Hitler und die Nazis von jeder außerordentlichen Schuld zu befreien, indem er argumentierte, die Behandlung der polnischen Juden durch die Polen selbst sei weitaus brutaler gewesen als bei den Deutschen. Er vertrat die Ansicht, die meisten antisemitischen Maßnahmen Deutschlands seien eingeleitet worden, um Polen die Konzession abzuringen, daß es seine jüdische Bevölkerung nicht in das Deutsche Reich ausweise.[29] Hoggan beschrieb die

Judenpolitik Nazideutschlands durchweg als wohlmeinend; zumindest war sie besser als Polens. Hoggan erläuterte, daß die Strafen, welche die deutschen Juden nach den Zerstörungen der «Reichskristallnacht» zahlen mußten, lediglich unterbinden sollten, daß die Juden aus der Zerstörung unberechtigt Kapital schlugen, indem sie «riesige Geldsummen von den deutschen Versicherungsanstalten einklagten».[30] Er vergaß hinzuzufügen, daß es sich bei den Geldern um Schadensersatzbeträge handelte, mit denen die Juden theoretisch für die Vernichtung ihres Eigentums kompensiert worden wären. Die «Sühnezahlungen» wurden nicht nur gefordert, um die Juden am Erhalt der Versicherungssummen zu hindern, sondern auch, um jegliches noch vorhandene Barvermögen der jüdischen Bevölkerung zu beschlagnahmen.[31] Außerdem widersprach Hoggan mit der Behauptung, weder während der Pogrome noch in ihren unmittelbaren Nachwirren sei auch nur ein Jude umgebracht worden, sämtlichen historischen Berichten über die «Kristallnacht».

Weil er zeigen wollte, daß die Juden keiner wirklichen Diskriminierung ausgesetzt waren und sich bis in das Jahr 1938 in einer gesicherten Lage befanden, machte Hoggan darauf aufmerksam, daß noch Anfang 1938 jüdische Ärzte und Zahnärzte in das System der gesetzlichen Ortskrankenkassen Deutschlands integriert waren. Dieses «garantierte ihnen eine ausreichende Zahl von Patienten».[32] Geflissentlich verschwieg Hoggan die beträchtlichen Hindernisse, die den jüdischen Ausübenden medizinischer Berufe in den Weg gelegt wurden, unter anderem den Umstand, daß der Besuch eines Deutschen bei einem jüdischen Arzt schon vor 1938 unerhört bis illegal war; 1938 hatten die jüdischen Ärzte keine «arischen» Patienten mehr. Durch eine im selben Jahr erlassene Vorschrift wurden ihnen schließlich die Zulassungen ganz entzogen. Auch jüdische Anwälte durften laut Hoggan in Deutschland bis 1938 frei praktizieren, wobei er erneut die Fülle von Gesetzen und Verfügungen ignorierte, welche die Möglichkeiten der Juden zur aktiven Teilnahme am öffentlichen Leben in Deutschland enorm einschränkten. Unter Beiziehung eines Zitats aus einem Brief des US-Botschafters in Deutschland an das amerikanische Außenministerium verweist Hoggan darauf, daß 1938 zehn Prozent der deutschen Anwälte Juden waren. Falls dies zutraf, wie konnte man da unterstellen, sie würden verfolgt! Der Botschafter erwähnte in der Tat, daß zehn Prozent der Anwälte Juden waren, allerdings in einem Zusammenhang, der sich erheblich von dem Bild unterschied, welches Hoggan malte. Der Botschafter schrieb nach Washington, daß sich die seit langem beklagenswerte Situation der jüdischen Anwälte zunehmend verschlechterte. «Bereits 1933 wurde Druck ausgeübt, um die Juden von allen juristischen Berufen auszuschließen», teilte er dem Außenministerium mit. Juden standen bei der Beantragung ihrer Anwaltslizenz vor fast unüberwindlichen Hindernissen, und die Ausübung des Notaramts war jüdischen Juristen untersagt: eine Maßnahme, die – so der Botschafter – «in Anbetracht des gewaltigen Bedarfs und der hohen Honorare für notarielle Dienste in Deutschland eine schwerwiegende Benachteiligung für den Berufsstand der jüdischen Juristen bedeutete».[33] Obwohl also 1938 noch zehn Prozent aller Anwälte Juden gewesen sein mögen, waren sie Anwälte nur dem Namen nach, weil ihnen ihre Arbeit so gut wie unmöglich gemacht wurde. Man verbannte sie aus den Gerichtssälen, und sie durften eine ganze Reihe von Amtshandlungen nicht vornehmen, die essentiell zu ihren beruflichen Aufgaben zählten. Am 27. September 1938 verbot Nazideutschland den Juden endgültig jede juristische Betätigung.

Den nationalsozialistischen Beschluß, mit dem der Status der jüdischen Gemeinde als einer offiziell genehmigten religiösen Glaubensgemeinschaft aufgehoben wurde, legte Hoggan ebenfalls vollkommen irreführend aus. Die deutsche Regierung erhob regulär eine Kirchensteuer, die dann der jeweiligen Glaubensgemeinschaft zugeführt wurde. Der Staat fungierte hierbei im wesentlichen als Vermittler, der bei den Einwohnern Deutschlands Geld einzog und dieses ihren jeweiligen Kirchen auszahlte. Der amerikanische Botschafter berichtete, die jüdischen Gemeinden erhielten nicht länger «die Steuern, die der Staat [ihren] Mitgliedern zur Deckung der Gemeindekosten abzog», weil sie aufgehört hätten, staatlich sanktionierte Institutionen zu sein. Anders ausgedrückt: Juden zahlten zwar weiterhin ihre Kirchensteuer, aber der Staat gab sie nicht mehr an die jüdischen Gemeinden weiter. Daraus versuchte Hoggan den Eindruck zu erwecken, als sei in der Vergangenheit vor allem die jüdische Gemeinde vom Staat unterstützt worden, denn er schrieb, durch das neue Gesetz «fielen die Steuereinnahmen Deutschlands nicht länger der jüdischen Kirche in die Hände». Um die Tragweite der Anordnung noch weiter herunterzuspielen, stellte Hoggan die irrige These auf, durch sie habe man die deutsche Praxis schlicht und einfach «der englischen angeglichen».[34] Hoggan erwähnte nicht, daß anderen religiösen Gemeinschaften nichts dergleichen widerfuhr, und ließ den Kommentar des Botschafters außer acht, die neue Vorschrift konstituierte eine «diskriminierende» Gesetzgebung, welche die «ohnehin bereits erheblich eingeschränkte jüdische Gemeinde in ihren gesellschaftlichen und sozialen Aktivitäten» weiter behindere.[35]

Hoggans Buch, das Barnes mit jubelnden Lobreden überhäufte, wimmelt von derartigen Falschdarstellungen der britischen und polnischen Außenpolitik sowie des Umgangs Deutschlands mit seiner jüdischen Bevölkerung. Seine Dissertation dagegen enthält noch wenige solcher Tendenzen. Barnes las die Dissertation, bevor sie in Buchform gebracht wurde, und stand sechs Jahre lang mit Hoggan in Verbindung, ehe das Buch zur Veröffentlichung gelangte. Barnes setzte sich dafür ein, daß es erscheinen konnte, und lieferte den Klappentext für den Einband; offensichtlich spielte er bei der Umwandlung des «soliden, gewissenhaften Stücks Arbeit» in eine Entschuldigungsarie für die Nazis eine bedeutsame Rolle. Ein deutscher Historiker merkte an, selten seien so viele banale, unverbürgte Thesen, Schilderungen und «Schlußfolgerungen» ... in ein einziges unter dem Deckmantel geschichtlicher Wissenschaftlichkeit verfaßtes Werk gezwängt worden.[36] Bei seiner Rezension des Buchs in *American Historical Review* beschrieb Gerhard Weinberg es als Ansammlung von Erfindungen, verzerrten Tatsachen und willkürlichen Umstellungen in der Reihenfolge von Ereignissen. Sämtliche öffentlichen Deklarationen Hitlers, die Hoggans Standpunkt untermauerten, wurden wörtlich verstanden, zum Beispiel, daß Hitler verkündete, er wollte nichts als den Frieden. Alle seine ungeeigneten Aussagen, offizieller wie privater Natur, wurden ignoriert.[37] Hoggans Beitrag zur Holocaust-Leugnung war von großer Bedeutung. Er bekräftigte die absurden Vorstellungen, Deutschland sei das Opfer, die Alliierten die Gewalttäter, und der Krieg sei vermeidbar gewesen. Abgesehen davon verhalfen seine Urkunden aus Harvard und seine Verbindung mit Berkeley, so dürftig sie waren, einer Bewegung, die bis dahin in den entlegenen Zonen wissenschaftlicher Forschung dahingetrieben war, zu Respektabilität.

Im Laufe der 70er Jahre konzentrierte Barnes sich zunehmend auf das Thema der deutschen Gewalttätigkeit. Er behauptete nicht verbatim, daß die Berichte von Greueltaten erfunden seien, ließ indessen durchblicken, sie entsprächen nicht der Realität und entsprängen politischen Beweggründen. In *Revisionism and Brainwashing*, das 1962 erschien, beklagte Barnes, er vermisse «ernsthaften Protest oder gemeinsame Aktionen, um die Schauergeschichten zu widerlegen und Methoden zu enttarnen, durch welche der deutsche Nationalcharakter und das deutsche Verhalten diffamiert werden». Barnes bemühte sich, den Vorwurf der Greueltaten von den Deutschen abzuwälzen, und griff dabei auch zu dem Mittel amoralischer Äquivalenzierung; er betonte nämlich, nirgendwo fänden sich Hinweise darauf, «daß die Gewaltanwendung der Alliierten brutaler, grausamer, vernichtender und häufiger gewesen wären als noch die extremsten Taten, welche man den Deutschen anhängen wollte».[38] Diese Relativierungstechnik entwickelte sich zu einem fundamentalen Element der Holocaust-Leugnung.

In dieser Zeit machte Barnes Bekanntschaft mit Rassiniers Thesen, der Holocaust sei eine glatte Lüge. Anscheinend führten Rassiniers Arbeiten Barnes zu der Erkenntnis, die Berichte von grauenhaften Gewalttaten seien reine Hirngespinste. Barnes stellte Rassinier als «angesehenen französischen Historiker» vor und applaudierte ihm, weil er die Einrichtung von Gaskammern in deutschen Konzentrationslagern anzweifle und «die übersteigerten Greuelmärchen» bloßstelle.[39] (Siehe Kapitel 8.) In einem Aufsatz mit dem Titel *Zionist Fraud*, der ursprünglich im *American Mercury* erschien, überhäufte Barnes Rassinier mit überschwenglichen Lobeshymnen und äußerte seine Zustimmung zu vielen Kritikpunkten des Franzosen: «Der mutige Autor [Rassinier] gibt denjenigen, die wir wohl Krematorienschwindler nennen müssen, die Hauptschuld an den unrichtigen Darstellungen. Es sind die israelischen Politiker, die sich durch nichtexistente, mysteriöse, eingebildete Leichen, deren Anzahl auf schokkierend betrügerische, irreführende Weise ermittelt wurde, Milliarden von D-Mark erschleichen.»[40]

Barnes war nach wie vor mit seinen Einwänden gegen die Politik beider Weltkriege beschäftigt; er erkannte, daß Rassiniers Verteidigung der Deutschen und sein Bemühen, ihre grauenhaften Verbrechen von ihnen abzuwälzen, seine – Barnes' – wichtigste Überzeugung als Wissenschaftler bestätigten: die wahrhaft Schuldigen waren die Alliierten. Rassiniers Leugnung des Holocaust lieferte Barnes wertvolle historische Munition und das theoretische Fundament für seine These, daß der Zweite Weltkrieg dem Ersten Weltkrieg aufs Haar glich. Deutschland blieb das wunderbare Land, welches es immer gewesen war, und Amerika hatte sich wieder einmal völlig ohne Not in den Konflikt eingemischt. Warum wußten die meisten Amerikaner hierüber nicht Bescheid? Barnes kannte die simple Antwort. Es gab eine Verschwörung mit dem Ziel, Deutschland entsetzlicher Greueltaten anzuklagen und seine Vergehen dramatisch aufzubauschen.

Die «Unterstellungen» und «Übertreibungen» nämlich entsprangen, laut Barnes, nicht einer bloßen Laune, sondern dienten den Historikern und politischen Machthabern der alliierten Länder zu einem wichtigen Zweck. Sie waren unabdingbar notwendig, um den Nimbus prominenter amerikanischer, englischer und französischer Führungspersonen zu bewahren, die während der 30er Jahre eine Beschwichtigungspolitik befürwortet hatten. Denn diese Führungsschichten nahmen selbst dann noch Hitler und den anderen Naziführern gegenüber eine wohlwollende Haltung ein, als die «schlimmsten Züge des Hitlerregimes konkret ihre Wirkung entfaltet hatten, und das bereits seit geraumer Zeit», manifest unter anderem in der Verfolgung der Juden gemäß den Nürnberger Gesetzen.[41] Aufgrund ihrer positiven Einstellung zu Hitler und dem Nationalsozialismus in der Phase vor dem Krieg vermochten sie ihre spätere Verdammung Hitlers als «pathologischen Dämon» nur mit Mühe zu rechtfertigen. In den 30er Jahren noch als ein vernunftbegabter Politiker geltend, zehn Jahre später dagegen die Verkörperung des Bösen selbst – wie sollte das zusammenpassen? Man brauchte «etwas anderes, Spannendes», um den Leuten die «Lehre vom wahrhaftigen Satan nahezubringen und einzuprägen», sonst würden jene «prominenten Lobhudeler [der Vorkriegszeit] ... wie leichtgläubige Toren» dastehen. Deswegen gehörten die Behauptungen über angebliche Greueltaten der Nazis *während* des Krieges zu einer Strategie, mit deren Hilfe das Ansehen der Führer der Alliierten erhalten werden sollte. Nun konnten sie ihn als einen «Wahnsinnigen» porträtieren, von dessen verbrecherischem Potential man bis zum Ausbruch des Krieges nichts wußte.

Doch nicht nur die «Lobhudeler» der Vorkriegszeit mußten den Krieg gegen Hitler verteidigen. Die Erblast der «Anstrengungen, dem ‹Nazi-Irren› Einhalt zu gebieten» – des Krieges also –, war «noch verhängnisvoller als der Krieg selbst». Aus Barnes' isolationistischem Blickwinkel hatte sich der Krieg für die Alliierten als Desaster erwiesen. Deutschland war geteilt, Stalin stärker als zuvor. Osteuropa, unter anderem deutsche Gebiete, stand weitestgehend unter sowjetischer Oberhoheit, während die USA Milliarden ausgeben mußten, um Westeuropa wiederaufzubauen und zu bewaffnen. All dies die Resultate eines Versuchs, Hitler aufzuhalten, der – laut Barnes – an einem Krieg gegen die Alliierten kein Interesse gehabt hatte. Um die «Schrecken und schlimmen Folgen des Zweiten Weltkriegs» zu entschuldigen, mußten diejenigen, welche die Alliierten in den Krieg verwickelt hatten, ihr Vorgehen rechtfertigen.[42] Also stellte man zwei unzutreffende Glaubensartikel auf, welche «dieses Vorhaben ausgezeichnet unterstützten»: Deutschlands gleichsam teuflische Künste bei der Entfesselung des Kriegs zum einen und die unfaßbaren nazistischen Gewalttaten zum anderen. Die Alliierten kürten Hitler und den Nationalsozialismus zu ihrem «Sündenbock».[43] Laut Barnes' Beobachtungen wurden beide Unterstellungen auf eine perfide Weise miteinander verknüpft: «Daß Hitler den Krieg auslöste, betrachtete man gleichzeitig als Ursache für die Massenausrottung der Juden, denn man gab immerhin zu, daß diese erst geraume Zeit nach Kriegsausbruch einsetzte.»

Er war zwar noch nicht an dem Punkt angelangt, den Holocaust abzustreiten, meldete jedoch Zweifel an seiner Existenz an – er sei nämlich bestenfalls eine Theorie: «Das Ausmaß der deutschen Reparationsleistungen an Israel stützt sich auf die Theorie, *auf Hitlers ausdrücklichen Befehl* sei eine riesige Anzahl von Juden ausgelöscht worden, wobei man in der Regel von sechs Millionen ausgeht.»[44]

In seinem Artikel *Revisionsm: A Key to Peace* einige Jahre später betonte Barnes erneut die fragwürdige Realität des Holocaust. Offensichtlich schreckte er vor einer direkten Leugnung des Holocaust zurück, deswegen relativierte er, wie bereits bei früheren Gelegenheiten, die «angeblichen» Greueltaten der Nazis: «Selbst wenn man die radikalen, übertriebenen Klagen akzeptiert, die jeder, der eben das Recht besitzt, außerhalb einer psychiatrischen Anstalt herumzulaufen, gegen Hitler und die Nationalsozialisten wegen ihres Verhaltens nach 1939 aufs Tapet bringen mag, ist es fast alarmierend einfach nachzuweisen, daß die Brutalität der Alliierten im selben Zeitraum weit mehr Opfer betraf und sich in den überwiegenden Fällen *durch Methoden manifestierte, die grausamer und qualvoller waren als die vorgeblichen Hinrichtungen in Gasöfen.*»[45]

In *The Public Stake in Revisionism* erhob Barnes 1967 den Vorwurf, was ursprünglich eine «Vernebelung» gewesen sei, habe sich im Zuge des Eichmann-Prozesses zu einer kompletten «Verdunkelung» entwickelt. Der Prozeß bot seiner Meinung nach eine «unerwartete, aber ungewöhnlich günstige Gelegenheit und eine wirkungsvolle Ausgangsposition, um revisionistischen Ansätzen zum Zweiten Weltkrieg die Luft abzuwürgen». Mit der Bemerkung, das Verfahren veranschauliche «... die geradezu pubertäre Leichtgläubigkeit und Erregbarkeit der Amerikaner im Umgang mit deutschen Kriegsverbrechen, echten oder *eingebildeten* ...»[46], bewegte Barnes sich knapp an einer unumwundenen Holocaust-Leugnung vorbei. Die Anschuldigungen gegen Eichmann und Nazideutschland beruhten auf der «... prinzipiellen, aber *unbewiesenen Vermutung*, daß Hitler und die Nationalsozialisten gemeine, sadistische, blutrünstige Verbrecher der niedersten Sorte waren. Dies enthüllt sich angeblich durch ihre Handlungen in den Jahren *nach* Großbritanniens und Amerikas Kriegseintritt.»[47]

Barnes kritisierte gewisse vielgelesene amerikanische Wochen- und Monatsjournale wegen ihrer «überspitzten, sensationslüsternen Artikel» über «das nationalsozialistische Barbarentum».[48] Die Greueltaten der Alliierten waren schlimmer als die der Nazis – wie ein Kehrreim zog sich der Gedanke durch seine Artikel. Zu den alliierten Grausamkeiten, auf welche er immer wieder verwies, zählte Barnes die Bombardierungen Hamburgs, Tokios und Dresdens sowie die Vertreibung der Sudetendeutschen nach dem Krieg, in deren Verlauf, wie er angab, «mindestens vier Millionen von ihnen bei

Massakern und durch Krankheiten starben oder verhungerten». Barnes wählte bewußt Formulierungen, die Assoziationen mit den «Klagen» der Juden darüber weckten, was man ihnen angetan hätte, indem er die Umsiedlung jener Volksgruppe als «Endlösung» für die besiegten Deutschen bezeichnete.

In *The Public Stake in Revisionism* machte Barnes wieder nur eben vor einer expliziten Negierung der Gaskammern halt: «Die Zahl der Zivilisten, welche die Alliierten vor, während und nach dem Zweiten Weltkrieg auf dem Gewissen haben, ist genauso hoch, wenn nicht höher als die von den Deutschen Umgebrachten, und die alliierten Liquidierungspläne wurden oft mit Mitteln durchgeführt, die erheblich brutaler und qualvoller waren als *jede Form der Tötung*, die sich in den deutschen Gasöfen *tatsächlich abgespielt haben mag.*»[49]*

Im selben Artikel beschwerte er sich darüber, die Gewalthandlungen der Alliierten würden niemals «zwingend und ehrlich mit den Vorgängen, *ob real oder hypothetisch*, in Auschwitz verglichen».[50]

Barnes versuchte zu argumentieren, bei den Gaskammern handele es sich um eine Nachkriegserfindung. Er ignorierte den Umstand, daß Nachrichten über Gaskammern in verschiedenen Todeslagern bereits lange vor Kriegsende an die Öffentlichkeit getragen wurden, und behauptete fälschlicherweise, diese Beschuldigungen seien erst im nachhinein erhoben worden, als die Notwendigkeit entstand, den Krieg und seine Folgen zu rechtfertigen. Barnes vermutete, daß die «höfischen Geschichtsschreiber» etwas Neues brauchten, um dem Nazireich weiterhin den Geruch des Bösen an-

* Ganz offensichtlich beunruhigte den zuständigen Redakteur des *Journal of Historical Review* die Ambiguität dieser Aussage zutiefst, denn sie konnte auch dahingehend ausgelegt werden, daß Barnes glaubte, es hätte in Auschwitz wirklich «Gasöfen» gegeben. Als das *Journal* den Artikel 1980 neu abdruckte, versah der Redakteur Barnes' Äußerung über die Gasöfen mit einer Fußnote: «Barnes ist sich an dieser Stelle nicht über den Unterschied zwischen einem ‹Gasofen› und einer ‹Gaskammer› im klaren. Bald nachdem er den Artikel verfaßt hatte, begann er den Holocaust-Mythos in seiner Gesamtheit zu verwerfen, nicht mehr nur Aspekte davon.»

heften zu können. Die «Revisionisten» hätten ihnen nämlich schließlich das widerwillige Eingeständnis abgerungen, daß es in Deutschland lediglich Konzentrations- und keine Todeslager gab. Daraufhin dachten sie sich das Vorhandensein von Gaskammern in den anderen Lagern aus. Als diese Unterstellung der Allgemeinheit bekannt war, verlagerten die «Verdunkelungs»-Historiker den Tenor ihrer Angriffe auf das nazistische Deutschland. Sie strichen nicht länger den japanischen Überfall auf Pearl Harbor oder Hitlers Kriegstreiberei heraus, denn sie hatten etwas weitaus Wirkungsvolleres gefunden:

«Heutzutage hält man die Frage, ob Hitler 1939 den Krieg begann oder ob Roosevelt an Pearl Harbor schuld war, nicht mehr für wichtig, sondern befaßt sich damit, wie viele Gefangene *angeblich* in den Konzentrationslagern der Deutschen während des Kriegs zu Tode kamen. Zunächst vermutete man, die meisten Sterbefälle hätten sich in den in Deutschland selbst gelegenen Lagern ereignet, in Dachau, Belsen, Buchenwald, Sachsenhausen und Dora, doch dann erfolgte der Nachweis, daß in diesen Lagern keine systematische Vernichtung stattgefunden hat. Nun verlagerte sich die Aufmerksamkeit auf Auschwitz, Treblinka, Belzec, Chelmno, Jonowska [sic!], Tarnow, Ravensbrück, Mauthausen, Brezeznia [sic!] sowie Birkenau, und damit ist die Liste noch nicht erschöpft; sie wurde offenbar nach Belieben erweitert.»[51]

Die neuen Anschuldigungen verhinderten in Barnes' Worten, daß die Öffentlichkeit sich beim Hören der ewig gleichen Geschichten «langweilte». Um das Interesse der Allgemeinheit zu gewährleisten, ließ man die Kette «zündender, die Empörung schürender Details nicht abreißen».[52] Wieder einmal verfremdete er die Wahrheit völlig und verlieh den historischen Fakten ein neues Gesicht. Man wußte über Chelmno, Auschwitz, Birkenau und andere Lager lange vor Kriegsende Bescheid; Einzelheiten waren wiederholt in der westlichen Presse veröffentlicht worden.

Außerdem hatten akkurat diejenigen, die Barnes der «höfischen Geschichtsschreiberei» anklagte, Belege dafür erbracht, daß in den Konzentrationslagern Deutschlands keine mörderischen Gaskammern in Betrieb waren. Nach dem Krieg herrschte beständig Verwirrung über den Unterschied zwischen Konzentrations- und

Todeslagern. Letztere – außerhalb Deutschlands gelegen – besaßen eigens zu diesem Zweck konstruierte Tötungsanlagen, in erster Linie zur Vernichtung der Juden. In Deutschland selbst gab es zwar keine Todes-, dafür allerdings zahlreiche Konzentrationslager, in denen unzählige Menschen an Krankheit, Hunger, Zwangsarbeit, Prügeln und schweren Mißhandlungen starben. Ein Großteil des Mißverständnisses resultierte aus der Annahme, in Dachau habe eine Gaskammer zur Ermordung der Häftlinge existiert. Mehrere Historiker versuchten im Lauf der Jahre, die Angelegenheit aufzuklären; in diesem Sinn schrieb beispielsweise Professor Martin Broszat, langjähriger Direktor des Münchener Instituts für Zeitgeschichte, 1962 an *Die Zeit*, der fortwährend übersehene oder bestrittene Unterschied zwischen Konzentrations- und Vernichtungslagern gehöre endlich und ein für allemal den Köpfen eingebleut.

Er distanzierte sich sogleich von den Unterstellungen der Holocaust-Leugner, indem er sagte, sein Brief bedeute kein Eingeständnis seinerseits, sondern den Versuch, den Sachverhalt richtigzustellen.[53] Denn dies ist und bleibt eine ständige Taktik der Holocaust-Leugner. Jedesmal wenn Wissenschaftler, die sich mit dem Holocaust beschäftigen, einen Fehler in den historischen Darstellungen korrigieren, verkünden die Holocaust-Leugner auf der Stelle, dies geschehe, weil sonst ihre Lügen ans Licht kämen.*

Barnes' Anläufe, die Geschichte umzuschreiben, manifestierten sich auch darin, wie er die Aufgabe der Einsatzgruppen, der mobilen Tötungseinheiten, schilderte; er verlieh ihnen nämlich einen vollkommen anderen Charakter. Im Juli 1941 erreichten die Einsatzgruppen sowjetisches Gebiet. Man schätzt, daß sie von diesem Zeitpunkt an bis zum Rückzug der deutschen Streitkräfte im Frühjahr 1943 weit über eine Million Juden und Hunderttausende weitere Sowjetbürger umbrachten. Ihre bestialischen Methoden wurden schließlich von den «effizienteren» Gaskammern abgelöst.

* So reagierten sie beispielsweise im Zusammenhang mit dem Verdacht, die Nazis hätten die Leichen getöteter Juden zu Seife verarbeitet. Als Holocaust-Forscher die Irrtümlichkeit dieser Vermutung aufdeckten, hatten die Holocaust-Leugner nichts Eiligeres zu tun, als zu behaupten, das hätten sie nur getan, um nicht als vorsätzliche Lügner entlarvt zu werden.

Barnes modelte diese Trupps, deren ausdrücklicher Auftrag in der Ermordung aller Juden auf sowjetischem Territorium bestand, in Einheiten um, welche «den Partisanenkrieg hinter der Front niederzuschlagen hatten». Unzählige Dokumente sowie die Zeugnisse von Einsatzgruppenleitern und -mitgliedern sowie jener, die ihre Massaker an den Juden mit ansahen, widerlegen diese Interpretation ohne jedes Wenn und Aber. Barnes' Umdeutung der Einsatzgruppenfunktion war seine Art, um den heißen Brei herumzureden. Er brauchte gar nicht zu bestreiten, daß sie vermutlich wirklich einige Juden umgebracht hatten, denn seinen Ausführungen gemäß waren ihre Aktionen ohnehin gerechtfertigt, da es sich bei den Opfern um feindliche Partisanen handelte.

Doch trotz aller Manöver, Informationen zu verdrehen und etabliertes historisches Wissen irreführend zu präsentieren, standen Barnes und andere Revisionisten bei ihren Bemühungen um eine Absolution Nazideutschlands unweigerlich vor einem grundlegenden Problem. Solange sich die westdeutsche Nachkriegsregierung zu ihrer Verantwortung für den Krieg und seine Auswüchse bekannte, war es schwierig, die These aufrechtzuerhalten, daß Deutschland keine Freveltaten begangen hatte.[54] Barnes tadelte sowohl die Regierung als auch die akademischen Zirkel der Bundesrepublik Deutschland dafür, daß sie sich nicht gegen den «unfairen» Schuldzuspruch und die «falschen Dogmen» wehrten, welche von den Alliierten verbreitet und von der Bonner Regierung hingenommen wurden.[55] Das Eingehen der Regierung auf die deutsche Geschichte verhinderte, daß «Deutschland an seinen angestammten Platz unter den Nationen der Welt zurückkehren und seine Einheit, Stärke und Ehre wiedererlangen konnte».[56]

Barnes' Zorn auf Adenauers Regierung steigerte sich noch, als er ihr «masochistisches» Gebaren mit der Haltung der Weimarer Republik zum Ersten Weltkrieg verglich. Er beklagte, von der geistigen Offenheit, welche er bei seiner Deutschlandreise zu Zeiten der Weimarer Republik erlebt hatte, sei in der Bundesrepublik nichts zu spüren. Die Bonner Regierung habe die Deutschen «einer Gehirnwäsche unterzogen» und ihnen «eingeimpft», den «Vorwurf einer deutschen Kriegsschuld» zu akzeptieren. Barnes' Meinung nach ging das Verhalten der führenden deutschen Politiker nach dem

Krieg über eine stillschweigende Anerkennung der Deutschland gemachten Vorhaltungen hinaus. Es begünstigte vielmehr die «Verdunkelung», indem es die «Enthüllung und Bekanntmachung der Wahrheit verunmöglichte».[57] Barnes sagte von sich selbst, er stünde vor einem «kompletten Rätsel», warum die Adenauer-Regierung eine deutsche Verantwortlichkeit für den Ausbruch des Kriegs nicht ablehnte und sich «geradezu sträubte, die empörenden Beschuldigungen zurückzuweisen, die gewissenlose Schauergeschichtenerzähler über Deutschland verbreiteten und in denen Deutschland der Grausamkeit und Barbarei angeklagt wurde. [Außerdem] erhob sie keinen Einspruch gegen die Fortführung der gar nicht so geringfügigen Nürnberger Prozesse.»[58] Selbstverständlich zog Barnes keine Sekunde lang die Möglichkeit in Betracht, daß Westdeutschland nicht einschritt, weil die Vorwürfe der Wahrheit entsprachen und die Westdeutschen, angefangen bei Bundeskanzler Adenauer, dies wußten. Statt dessen verurteilte er die deutschen Regierungsmitglieder, weil sie den Ruf von Leuten wie Rassinier «besudelten» und die «wahnsinnige Verrücktheit» begingen, Reparationen zu leisten, die «auf Greuelmärchen beruhten».[59] Mit derlei Argumenten wiederholte Barnes exakt das, was bereits sein Vorgehen zur revisionistischen Auslegung des Ersten Weltkriegs gekennzeichnet hatte. Da er der festen Überzeugung war, seine Ansichten entsprächen einer objektiven Wahrheit, verwarf er jede seinen Schlußfolgerungen widersprechende Information als die Ausgeburt eines gestörten Verstandes.

Ganz besonders ärgerte Barnes die Beziehung Westdeutschlands zum Staat Israel. Über eine Rede des deutschen Bundestagspräsidenten 1962 in Israel zeigte er sich völlig verblüfft; der Politiker bekannte sich zu den deutschen Missetaten und bat um Vergebung für den Holocaust. Barnes nannte die Rede «unterwürfig ... fast unbeschreiblich kriecherisch».[60] Über den deutschen Beschluß, im Rahmen der «Aktion Sühnezeichen» Freiwillige nach Israel zu entsenden, war er entsetzt. Es ist erstaunlich, wenn der Nichtdeutsche Barnes sich derart darüber ereifern kann, daß die deutsche Regierung Israel um Vergebung ersucht und deutsche Bürger in israelischen Kibbuzim arbeiten wollen.

Die Wurzeln von Barnes' Anschauungen über den Holocaust sowie seine Haltung zu Israel reichen über seine eingefleischte Germanophilie und sein revisionistisches Geschichtsverständnis hinaus; sie sind bei seinem Antisemitismus zu suchen. Barnes' Abhandlungen ist dieser Antagonismus bis in die späten 60er Jahre in der Regel nicht anzumerken, privat hat er ihm allerdings bereits in den 40er Jahren Ausdruck verliehen. In einem unmittelbar nach dem Krieg veröffentlichten Artikel ließ er durchblicken, Lord Vansittart (Robert Gilbert Vansittart) sollte mitsamt den Nazis wegen Mitverursachung des Kriegs vor Gericht gestellt werden; Vansittart war bis Anfang 1938 ständiger Staatssekretär im britischen Außenministerium und im Anschluß diplomatischer Hauptberater der Regierung Seiner Majestät. Revisionisten und Holocaust-Leugner schießen sich häufig gegen Vansittart – einen erklärten Nazigegner – ein: er habe im wesentlichen die englischen Politiker zur Befolgung einer antideutschen Linie gedrängt. Vansittart reagierte auf Barnes' Polemik, indem er sich zu einer Verleumdungsklage entschloß; mit seiner Vertretung beauftragte er den prominenten amerikanischen Anwalt Louis Nizer. Als die Klage in der *Washington Post* angekündigt wurde, teilte Barnes Oswald Garrison Villard seinen Unmut mit. Beide waren standhafte Isolationisten und unterhielten einen regelmäßigen Briefwechsel bezüglich Amerikas «fehlgeleiteter» Außenpolitik. (Barnes' Ansichten über vermeintliche Greueltaten oder eine Schikanierung Deutschlands teilte Villard allerdings nicht, ungeachtet seiner fanatischen Überzeugung, daß die US-Politik ein Fehler gewesen war.) Barnes bezeichnete die Klage als «Intrige der Juden und der *Anti-Defamation League* zur Einschüchterung aller amerikanischen Historiker, die sich der wahren Gründe für den Krieg annehmen». Er beschimpfte Louis Nizer als «Strohmann der *Anti-Defamation League*», der «[Vansittart] zum Handeln aufgehetzt» habe, und beklagte, daß er sich nicht imstande sehe, der unermeßlichen Macht und den finanziellen Ressourcen der Gegenpartei Entsprechendes entgegenzusetzen:* «Wenn ich ge-

* Die *Anti-Defamation League* (ADL) nahmen die Revisionisten bevorzugt ins Visier. In einem vertraulichen Bericht aus dem Jahr 1944 verwies John Flynn auf die ADL als eine der Gruppierungen, die für die Entwicklung eines Programms zuständig waren, durch das Isolationisten zum Schwei-

nügend Geld für eine echte Verteidigung zusammenbekäme, könnten wir hieraus eine internationale *Cause célèbre* machen, aber mit leeren Taschen vermag ich gegen die dreißig Millionen Dollar in den Schatzkammern der *Anti-Defamation League* zu Zwecken des Rufmordes nichts auszurichten. Wenn wir denen gestatten, hiermit durchzukommen, sind wir von Anfang an erledigt.»[61]*

Barnes gab die Schuld an seinem Mißgeschick also einem jüdischen Anwalt und führte es auf den Erfolg zurück, den eine jüdische Organisation bei der Anstiftung eines prominenten britischen Regierungsbeamten zu einer Klage gehabt hatte. Beide Unterstellungen bilden ein weiteres Indiz für seine Antipathie den Juden gegenüber und illustrieren seine bevorzugte Verwendung antisemitischer Stereotype. Zudem demonstriert der Fall beispielhaft Barnes' Verhaltensmuster, andere Menschen konspirativer Absichten gegen seine Person zu beschuldigen. In den Augen Peter Norvicks von der *University of Chicago*, der Barnes' Korrespondenz sorgfältig analysiert hat, enthält sie einen «umfassenden pathologischen Befund» seiner unverschämten Ausfälle gegen alle, die nicht mit ihm übereinstimmen, sowie seiner Gewißheit, er sei die Zielscheibe ungezählter Verschwörungen. Als das *New York World-Telegram* 1940 seine Kolumne strich, gab er dem britischen Geheimdienst, der Morgan-Bank und jüdischen Kaufhausbesitzern aus New York die Schuld; Barnes behauptete, sie hätten dem Verleger gedroht, «alle Anzeigen zurückzuziehen, falls er mich weiterhin beschäftigte».[62]

gen gebracht und «[ihr] Ansehen zerstört» werden sollte, indem man sie und alle, die unter ihrem Einfluß stehen mochten, unter Druck setzte. 1947 veröffentlichte die *Chicago Tribune* eine Serie von fünf Artikeln Flynns, in denen er seine Mutmaßungen erläuterte (Wayne S. Cole, *Roosevelt and the Isolationists, 1932–1945* [Lincoln, Nebraska]).

* Villard rügte Barnes ob dieser Unterstellungen: «Ich glaube keinen Moment lang, daß Du dies den Juden in die Schuhe schieben kannst. Wie seine Bücher gezeigt haben, ist [Vansittart] ein harter, aggressiver Kämpfertyp; als er Nizer zu seinem Berater auserkor, suchte er sich den Mann aus, der die 100 000-Dollar-Klage gegen Victor Ridder übernahm, einen Betrag, den der Richter auf 50 000 Dollar kürzte. Engländer sind in puncto Verleumdung sehr empfindlich ... ich denke nicht, daß er auch nur den geringsten Anstoß von außen brauchte.»

Aber offenbar begriff Barnes auch, daß er – wie alle Holocaust-Leugner – ein schwerwiegendes Hindernis zu bewältigen hatte. Solange man sie als antisemitische Extremisten verurteilen konnte, würden sie beim allgemeinen Publikum niemals Fortschritte erzielen. Wenn man ihre Äußerungen schlicht für die Umformulierung uralter Ressentiments hielt, besaßen sie keinerlei Glaubwürdigkeit. Barnes versuchte, diesem Vorwurf den Wind aus den Segeln zu nehmen, indem er ihn gegen diejenigen richtete, die ihn erhoben: Er warf allen vor, welche die Holocaust-Leugner als Antisemiten abstempelten, sie würden dieses Etikett als Mittel einsetzen, um jedem einen Dämpfer zu verpassen, der die «offizielle» Version der Geschichte hinterfragte. Den Gipfel ihrer «Verdunkelungsbestrebungen» bildete die These, die Juden seien beispielloser Verfolgung und Mißhandlung ausgesetzt gewesen. Ein genialer Schachzug, fand Barnes, da er die Schöpfer des Betrugs in die Lage versetzte, Kritiker mundtot zu machen. Jeder, der die offizielle Version der Geschichte anzweifelte, wurde als Antisemit eingeordnet. Barnes vermutete bei den Drahtziehern der «Verdunkelung» die Einstellung, daß «es prinzipiell weitaus schlimmer [sei], Juden umzubringen, als Christen auszurotten, selbst bei einem Verhältnis von zwei Christen zu einem Juden».[63] Auch diese Art der Argumentation reflektiert Barnes' persönliche Abscheu vor Juden. Sobald Barnes oder andere Gleichgesinnte diese Moralvorstellung im Namen eines «rassistisch unvorbelasteten Humanismus» konfrontierten, wurden sie des Antisemitismus angeklagt, dem ein «schlimmeres Stigma als Elternmord oder Nekrophilie anhaftete».[64]

Barnes' Status als Historiker ist umstritten. Seine frühen Arbeiten zum Ersten Weltkrieg wurden positiv bewertet, viele Jahre lang galten seine Beiträge als ernst zu nehmend, wenn auch extrem. Seine beleidigenden Attacken gegen jeden, der seine Meinung nicht teilte, sowie seine Überlegungen zum Zweiten Weltkrieg schreckten viele seiner ehemaligen Anhänger ab, gingen jedoch zunächst nicht auf Kosten seiner Glaubwürdigkeit als Historiker. In späteren Jahren, als er bereits eifrig Schriften über «Verdunkelungsbestrebungen» und eine «Theorie» des Holocaust verfaßte, wurden seine Bücher in Universitätsseminaren zur (Geistes-)Geschichte der westlichen Welt nach wie vor als Pflichtlektüre angegeben. (Studenten in

Harvard und Columbia haben mir berichtet, sie hätten keine Ahnung davon gehabt, wie und was er sonst schriebe, als sie seine Bücher benutzten.)

Die bereits erwähnte Anspielung auf die «Vorgänge, ob real oder hypothetisch, in Auschwitz» machte er in *The Public Stake in Revisionism*, und im selben Aufsatz charakterisierte er auch die Einsatzgruppen als «Bekämpfer feindlicher Partisanen»; als er im Magazin des *Rampart College* erschien, machte der Dekan des Colleges, Robert LeFevre, in derselben Ausgabe dazu einige Anmerkungen. Sein Kommentar dokumentiert die Bereitschaft der akademischen Welt, Barnes' Benehmen als entschuldbare Ausbrüche eines überschäumenden Temperaments zu betrachten: «An einigen Stellen wird Dr. Barnes' verständliche Frustration durch seine Verwendung einer emotionsgeladenen Sprache verdeutlicht, was bedauernswert, aber verzeihlich ist.»[65]

Heutzutage distanzieren sich die meisten Wissenschaftler von Barnes' Œuvre, weil er von seiner Verschwörungstheorie in Verbindung mit dem amerikanischen Kriegseintritt 1941 wie besessen war. Für einige Mitglieder der *Libertarian Party* unterdessen, die Barnes' Stil einer revisionistischen Historiographie nacheifern, ist er eine Art historische Kultfigur geblieben. Wie Paul Berman in einem Artikel in *The Village Voice* berichtet, machen Buchhandlungen, die sich auf Literatur der *Libertarians* spezialisiert haben, besondere Angebote für Bücher von Barnes und James Martin, der auch für den Holocaust leugnende Ansichten steht.[66] Man darf die *Libertarians* weiterhin als Randgruppierung einstufen; größeren Anlaß zur Besorgnis bietet indessen eine Ausgabe des *History Teacher* aus dem Jahr 1975, einer Publikation der *Society for History Education*, die damals von der *California State University* in Long Beach herausgegeben wurde. *History Teacher* will Lehrern Anregungen zur Entwicklung interessanter Unterrichtsmethoden bei der Vermittlung geschichtlicher Daten geben. Die bewußte Ausgabe trug den Titel *Harry Elmer Barnes: Prophet of a ‹Usable› Past* und charakterisierte Barnes als einen Wissenschaftler, der sich «mit Leib und Seele der Geschichte verschrieben hat». Auf diese Weise wurde Barnes' Hinterlassenschaft ungeachtet seiner Ideen über den Holocaust und andere Aspekte des Zweiten Weltkriegs weitgehend intakt gehalten. In Justus Doeneckes Worten – er war der Autor dieses Barnes-Porträts – «ähnelt» die Sache, die er «verficht, der unseren, und das Dilemma, vor dem er steht, kommt uns auf unheimliche Art bekannt vor». Barnes' Anschauungen über Hitler, jüdische Macht, alliierte Greueltaten und den Holocaust wurden in dem ausführlichen Essay mit keiner Silbe erwähnt. Statt dessen präsentierte er Barnes all denjenigen als nachahmenswertes Vorbild, die an die Relevanz von Geschichte glauben. Stillschweigen bewahrte der Autor auch über Barnes' Behauptung, die Brutalität der Alliierten überträfe die der Deutschen, doch immerhin gab es einen flüchtigen Hinweis auf seine Tendenz, Ansichten zu vertreten, die nur «teilweise durchdacht» waren. Jeder Lehrer, der sich in Zukunft auf Barnes zu stützen gedachte, würde seine Holocaust-Thesen womöglich ernst nehmen, wenn er mit ihnen Bekanntschaft machte. Denn der *History Teacher* hätte Barnes gewiß nicht als Vorbild empfohlen, wenn seine Arbeit keine Gültigkeit besäße.[67]

5. Austin J. App: Ein Universum amoralischer Äquivalenzen

Harry Elmer Barnes war nicht der einzige amerikanische Akademiker, der zur Entlastung Deutschlands den Holocaust abstritt. Austin J. App, Englischprofessor an der *University of Scranton* und am *La Salle College*, spielte für die Genese der Holocaust-Leugnung in den USA ebenfalls eine bedeutende Rolle. Er war zwar nicht so bekannt wie Barnes, dafür allerdings weitaus infamer; schon wenige Jahre nach dem Krieg leugnete er die Realität des Holocaust vehement ab. In den späten 50er Jahren offerierte er in einem Brief an das katholische *Brooklyn Tablet* nicht nur «Beweise» dafür, daß es sich bei der Zahl von sechs Millionen um eine «überspitzte Verleumdung» handele, sondern posaunte auch vor diversem Publikum seine Beschuldigung heraus, die Juden hätten eine faustdicke Lüge in die Welt gesetzt.[1]

Wie Barnes wollte App vor allem die moralische Last von den Schultern eines besiegten, geteilten Deutschland nehmen, die dem Land auferlegt worden war, indem man es wegen begangener Greueltaten anklagte. Im Gegensatz zu Barnes hatte App in Universitätszirkeln keine wichtige Position inne. Er hegte eine ausgesprochene Vorliebe für die Deutschen und Nazideutschland. Mehrere Jahre lang stand er als Präsident der *Federation of American Citizens of German Descent* vor, die 1945 gegründet wurde und 500 000 Mitglieder zählte. Obwohl er seine angestrebte Mitgliederzahl von drei Millionen nie erreichte, trug der Verein entscheidend zum Erfolg einer Lobby im amerikanischen Kongreß bei, der es nach dem Krieg gelang, deutsche und österreichische Immigranten in den Genuß eines beträchtlichen Teils der Einwanderungsquoten zu bringen, die ursprünglich Holocaust-Überlebenden zugedacht gewesen waren.[2]

App wurde 1902 in Milwaukee als Sohn deutschstämmiger Eltern geboren. Er besuchte die Katholische Universität in Washington, D.C., und schloß das Studium mit dem Magister- und dem Doktortitel in englischer Literatur ab. Die *University of Scranton* verlieh ihm in den Jahren 1934 bis 1942, während er dort unterrichtete, ihren Fakultätspreis für außergewöhnliche pädagogische Befähigung. 1942 diente er kurze Zeit beim Militär, wurde jedoch bald nach seiner Einziehung aus unbekannten Gründen ausgemustert. Hierauf wurde er Mitglied des Lehrkörpers am *La Salle College*, wo er bis zum Ende seiner Universitätslaufbahn blieb. In *La Salle* hielt er Seminare über englische Literatur des Mittelalters und war dafür bekannt, *Beowulf*, die *Canterbury Tales* und andere alt- und mittelenglische Werke im Original zu rezitieren, weswegen manche seiner Studenten ihn für eine Art «langweiliges Faktotum» hielten, welches das College nicht entließ, um ein bestimmtes Prestige zu erlangen. Von seinen Umtrieben außerhalb des Colleges ahnten sie nichts.[3]

Denn App hatte – was seine Studenten nicht wußten – eine weitaus dubiosere Seite. Er überschwemmte Zeitungen, Zeitschriften, Politiker und Journalisten mit Briefen, in denen er die US-Intervention im Zweiten Weltkrieg, die alliierte Durchsetzung einer bedingungslosen Kapitulation und die erzwungene Anwendung des «Morgenthauismus» in Deutschland attackierte. App neigte nämlich dazu, sämtliche Verantwortung für die Nachkriegsprobleme Deutschlands Henry Morgenthau in die Schuhe zu schieben, Präsident Roosevelts Finanzminister. Morgenthaus Plan wurde selbstverständlich nie in die Tat umgesetzt. De facto gingen die Alliierten mit Deutschland genau entgegengesetzt um. Die Briefe gehörten außerdem zu Apps selbstauferlegter Mission, die «Lügen und Verunglimpfungen» zum Platzen zu bringen, die seit dem Krieg über Deutschland verbreitet wurden, sowie Roosevelt und Morgenthau noch nachträglich davon abzuhalten, das «christliche Europa an die roten Barbaren» zu verkaufen. Sie barsten von unverhülltem Antisemitismus und Rassismus. In Apps Hirn waren Talmudisten, Bolschewiken und Zionisten untrennbar miteinander verbunden und trugen die Schuld an allem Übel, das die Welt nach dem Krieg befallen hatte.[4] Obwohl nur wenige seiner Briefe je von den Zeitungen und Zeitschriften veröffentlicht wurden, ließ App den Strom seiner Verlautbarungen niemals abreißen. Die meisten schriftlichen Ergüsse Apps fallen in die Kategorie eines klassischen, geradezu vulgären Antisemitismus; er ist eine für die Entwicklung und Evolution der Holocaust-Leugnung wichtige Figur. Sein Hauptbeitrag bestand in der Formulierung von acht Axiomen, auf denen die wesentlichen Postulate der Holocaust-Leugnung beruhen. Das kalifornische *Institute for Historical Review* erkor sie sich bei seiner Gründung zum zentralen Prinzip. Seit App diese Thesen 1973 formulierte, haben so gut wie alle Holocaust-Leugner ihre Argumentation auf ihnen aufgebaut. Die Strategien der Holocaust-Leugner mögen sich im Lauf der Zeit verändert haben, doch ihre Unterstellungen sind dieselben geblieben.

App übernahm viel von Barnes' Sichtweise, zum Beispiel charakterisierte er Hitler als «Mann der Architektur und der Kunst, nicht der Rüstung und des Krieges»[5] und Deutschland als Opfer, nicht Gewalttäter; er gebärdete sich allerdings radikaler als Barnes. Barnes liebte die Deutschen, war aber kein Faschist. Er bemühte sich, Deutschland von dem Makel des Verbrechers zu befreien, doch er strebte nicht nach einer Wiederbelebung des totalitären Regimes, während App mit dieser Idee liebäugelte. Seine Holocaust-Leugnung setzte eher ein als Barnes', sie war ungestümer und eindeutiger ausgebildet. Barnes schreckte, wie bereits gesagt, zunächst vor einer unverhüllten Bestreitung des Holocaust zurück. Statt dessen ließ er auf verschiedene Arten durchblicken, der Holocaust sei eine «Theorie», ein «realer oder eingebildeter Vorgang», eine «angebliche Freveltat». Während des Kriegs sah Barnes von offener Kritik an der alliierten Politik ab. Austin App hingegen übte derlei Zurückhaltung nie. Er wartete das Ende des Krieges nicht erst ab, um sein Plädoyer zur Rechtfertigung des deutschen Verhaltens aufzubauen. Zu dem Zeitpunkt, da die Alliierten 1942 an allen Fronten Niederlagen erlitten, sandte App eine nicht enden wollende Flut von Briefen an Zeitungen, Magazine und einzelne Journalisten, in denen er seiner ausgeprägten Sympathie für Deutschland und dessen politische Ziele Ausdruck verlieh. In Anlehnung an die Revisionisten des Ersten Weltkriegs wandte er sich heftig gegen die Auffassung, man könne Deutschland für den Ausbruch des Krieges belangen, und versuchte, Deutschlands Handlungsweise vor Kriegsbeginn in Schutz zu nehmen.

Im Mai 1942, also knapp sechs Monate nach Pearl Harbor, meldete App in einem Brief an den CBS-Kommentator Elmer Davis Zweifel daran an, daß Deutschland Europa «beherrschen» wolle. Laut App waren Deutschlands Eroberungen fremder Territorien kein Merkmal unverblümten Angriffs, sondern verdeutlichten lediglich den Wunsch des Reiches, sich die Rohstoffe und Hoheitsrechte zu sichern, die es benötigte und – in seinen Augen – verdiente. Während die Alliierten sowohl in Europa als auch im Pazifik von den Achsenmächten zurückgedrängt wurden, verkündete App, das «angelsächsische Lager» müsse Deutschland vermutlich sowohl die Rohstoffquellen als auch die Macht überlassen, «die seiner Befähigung angemessen sind», andernfalls würden die Alliierten unweigerlich «zermalmt und entsetzlich geschlagen». App hielt an der Theorie fest, Deutschland habe sich nur auf einen Krieg eingelassen, weil es das, was ihm legitimerweise zustand, «anders nicht bekommen konnte». In seinen Überlegungen bestand die einzige Möglichkeit zur Beendigung des Krieges und Herbeiführung des Friedens darin, Deutschland «exakt die Dinge zu geben, die den Krieg verhindert hätten, wenn wir sie Deutschland 1939 gewährleistet hätten».[6] Doch damit nicht genug. Seine Unterstützung Deutschlands und seine Einwände gegen die alliierte Politik hielten den ganzen Krieg über unvermindert an. Nachdem sich Roosevelt und Churchill 1943 auf der Konferenz von Casablanca darüber geeinigt hatten, daß nur die «totale Eliminierung» Deutschlands und Japans der Welt Frieden bescheren könne, beschwerte sich App gegenüber dem *Columbus Evening Dispatch*, die Forderung nach einer bedingungslosen Kapitulation Deutschlands sei «in höchstem Maße unethisch».[7] Als sich die bevorstehende Niederlage Deutschands 1944 immer deutlicher abzeichnete und Spekulationen darüber einsetzten, wie ein Nachkriegsdeutschland aussehen mochte, argumentierte App, die Alliierten führten Krieg gegen Deutschland, weil es einen berechtigten Anspruch auf den Zusammenschluß mit Danzig (Gdansk) besäße. In Apps Augen hatte die Aussicht auf ein vereintes Deutschland die Alliierten in Angst versetzt, deswegen entfesselten sie den Krieg. In diesem und ungezählten anderen Briefen wiederholte App seine wesentlichen Thesen. Am Vorabend des Zweiten Weltkriegs stand Deutschland im Vergleich zu Großbritannien als die stärkere Nation da. Das konnten die Briten und ihr Verbündeter, die USA, nicht ertragen. App behauptete, die USA befänden sich mit Deutschland nur deswegen im Krieg, weil sie niemanden «in Europa zivilisiert und leistungsfähig sein lassen wollen; sonst könnten unsere lieben Verwandten, die Briten, ihn ja nicht mehr herumschubsen und ihm erzählen, was er tun und lassen darf».[8]

Während der Gesamtdauer der kriegerischen Auseinandersetzungen hielt App an seinem nazifreundlichen Standpunkt fest: Deutschland war unschuldig, die Alliierten waren für den Ausbruch des Krieges verantwortlich. Nach Kriegsende erweiterte App die Konstanten seiner Strategie. In der Nachfolge der Erste-Weltkriegs-Revisionisten – beispielsweise Barnes und Beard – vertrat er die Auffassung, Deutschland sei für das Entstehen eines bewaffneten Konflikts nicht verantwortlich. Er beschränkte sich indessen nicht darauf, Deutschlands Streben nach territorialer Expansion in Schutz oder mutmaßliche politische Ränke der Alliierten aufs Korn zu nehmen. Vielmehr wandte er sich nun einem weitaus gravierenderen Projekt zu, nämlich dem, die Kriegsverbrechen der Deutschen zu verteidigen und zu rechtfertigen. Als eine Woche nach dem Kriegsende in Europa, im Mai 1945, Nachrichten von der Befreiung der Konzentrationslager in Amerika die Zeitungen füllten, vertrat App die Meinung, daß Deutschlands Handlungsweise nach den Gesetzen der Kriegsführung legitim gewesen sei.

Zunächst konzentrierte er sich auf einige wenige Ausschreitungen, beispielsweise das Massaker, welches die Deutschen an den Bewohnern des tschechoslowakischen Dorfs Lidice verübt hatten. Nach dem Attentat auf Reinhard Heydrich im Mai 1942 behaupteten die Deutschen, die Bewohner des Dorfes hätten bei Heydrichs Ermordung geholfen. Sie töteten sämtliche Männer des Dorfes, insgesamt 192, sowie 72 Frauen. Die übrigen 198 Frauen wurden nach Ravensbrück gebracht, wo viele von ihnen starben. Nur 16 der 98 Kinder, die man «in Erziehungsanstalten steckte», überlebten. Lidice wurde dem Erdboden gleichgemacht.[9] Die Zerstörung des Ortes war Anlaß zu stürmischen Reaktionen in der amerikanischen Öffentlichkeit. App führte allerdings an, die Liquidierungen seien gemäß der internationalen Gesetzgebung gerechtfertigt gewesen, weil die Deutschen jedermann hingerichtet hätten, der an politischen Morden beteiligt war,[10] und überdies würde amerikanisches Recht ein derartiges Vorgehen unterstützen. Er erhellte weder, aufgrund welcher Umstände er zu dem Schluß gelangt war, das gesamte Dorf hätte den Attentätern geholfen, noch lieferte er eine Erklärung dafür, inwiefern die Ermordung aller Männer sowie eines Drittels der Frauen, die Einsperrung der restlichen Bewohner inklusive der Kinder sowie die vollkommene Zerstörung des Ortes als korrekte Anwendung internationaler bzw. amerikanischer Gesetze interpretiert werden konnte.

Zwei Wochen nach seinem Anlauf zur Verteidigung der deutschen Vergeltungsmaßnahmen in Lidice brachte App die Massenmorde an Juden zur Sprache. Da er noch nicht an dem Punkt einer unumwundenen Leugnung des Holocaust angelangt war, tat er vorerst nichts weiter, als das Verhalten der Deutschen zu entschuldigen, wobei er sich auf zwei Prämissen stützte. Er räumte zwar ein, die Deutschen hätten «Verbrechen und Fehler» begangen, insistierte allerdings gleichzeitig darauf, daß jedes andere Land in ihrer Situation dasselbe getan hätte. Die USA beispielsweise, meinte er, hätten während des Kriegs ähnlich gehandelt, indem sie willkürlich Amerikaner japanischer Abstammung inhaftierten – so wie Deutschland seine Juden.

Dies war jedoch nicht Apps einziger Schachzug bei Erteilung der Absolution an Deutschland. Das störrische Benehmen der Opfer rechtfertigte ihre Ausrottung. Wären die Japaner ebenso «eigensinnig» gewesen wie die deutschen Juden, argumentierte App, «hätten wir sie möglicherweise genauso umgebracht».[11] An Apps Legitimierung der deutschen Judenvernichtung verblüfft vor allem, daß er zum damaligen Zeitpunkt die millionenfachen Tötungen noch nicht bestritt. Aber Widerspenstigkeit bildete offenbar einen ausreichenden Anlaß für das Ermorden von Menschen.

Fünf Monate später änderte App seine Taktik und näherte sich echter Holocaust-Leugnung an. Er versuchte, die Tragweite der nazistischen Greueltaten herunterzuspielen, indem er die Spuren der Gaskammern verwischte. In einem 1945 verfaßten Brief an den Autor eines Artikels über die Kriegsverbrechensverfahren betonte App ausdrücklich, die «sogenannten deutschen Missetäter» müßten rasch verurteilt werden. «Im Interesse von Unvoreingenommenheit und Gerechtigkeit» müßte, so App, «allen Kriegsverbrechern beider Seiten in ähnlicher Weise der Prozeß gemacht werden». Im Anschluß daran formulierte er seine Definition eines Kriegsverbrechers: «Die Deutschen, die Deutsche jüdischer Herkunft aufgrund ihrer Abstammung in Konzentrationslager einsperrten, müssen verurteilt werden – analog dazu haben Amerikaner, die Amerikaner japanischer Abstammung um ihrer Rasse willen in Internierungslager (*relocation camps*) brachten, sich vor Gericht zu verantworten. So wie Hitler für seinen Angriff auf Polen (um das Prinzip der politischen Selbstbestimmung wiederherzustellen, das der Versailler Vertrag in puncto Danzig verletzt hatte) hätte angeklagt werden müssen, so auch Stalin für seine Invasion in Finnland (die völlig grundlos erfolgte). Die Deutschen, die vergewaltigten und plünderten, haben mit einer Verurteilung zu rechnen; entsprechend sollte den Truppen General Eisenhowers, die an einem einzigen Wochenende 2000 Stuttgarter Frauen Gewalt antaten und seitdem noch Hunderten anderer, sowie den Russen, die ... vergewaltigten ... plünderten und raubten ..., ebenfalls der Prozeß gemacht werden. Wenn ihre Schuld erwiesen ist, muß man mit ihnen genauso umgehen, wie gemäß allen Regeln des Anstandes und der unparteiischen Rechtsprechung mit den Deutschen verfahren wird – wie Sie es fordern.»[12]

Aus naheliegenden Gründen vermied es App, den deutschen Einsatz der Gaskammern zur Tötung von Juden und anderen Gefangenen zu erwähnen. Um derlei amoralische Äquivalenzen – jeder war eines Vergehens schuldig, alle sollten gleichermaßen bestraft werden – konstruieren zu können, mußte App den Holocaust sowie die Ermordung unzähliger Menschen in Todes- und Konzentrationslagern von der Liste der Gewalttaten streichen. Einige der Übergriffe, die App aufzählt, sind nicht erwiesen, unter anderem die Stuttgarter Vergewaltigungen. Den Holocaust und die Gaskammern mit einzubeziehen, hätte die Balance seiner Gleichung gestört. Der Holocaust verhinderte ein wechselseitiges Aufwiegen der Handlungen aller Kriegsparteien, weil nichts, was die Alliierten getan hatten, mit den Tötungsmethoden der Nazis und der Zahl der von ihnen Umgebrachten vergleichbar war. App mußte die Alliierten und die Nazis zu Gegnern umfunktionieren, die gemeinsam –

wie es sich seit den Anfängen der Menschheitsgeschichte fortlaufend zugetragen hatte – in das Grauen des Kriegs verwickelt gewesen waren. Deswegen wurden die Reduzierung der Todesopfer und die Aussparung der einzigartigen, automatisierten Mordprozeduren für die Holocaust-Leugner zu unabdingbaren Voraussetzungen, um ihre Gleichsetzung vorzunehmen. So errichteten sie die Fassade rationalen Denkens, hinter der sie sich verbargen: Krieg ist durch und durch böse, alle Seiten sind schuld, zwischen den Kämpfenden gibt es keine moralischen Unterschiede.

Die Massenmorde und Gaskammern unterschlug App bei seinen Schilderungen zunächst völlig. Er stellte jedoch schnell fest, daß er sie nicht länger nur unter den Tisch fallen lassen konnte, wenn er sein Ziel verwirklichen wollte. Deswegen verlegte er sich darauf, der Öffentlichkeit weiszumachen, sie würde zum Narren gehalten. Dieses Unterfangen gab er dreieinhalb Jahrzehnte lang nicht auf.

1946 verfiel App bei seinen sich intensivierenden Bemühungen zur Rechtfertigung des deutschen Verhaltens auf das «Zahlenverwirrspiel», dem sich alle Holocaust-Leugner mit ausgesprochener Inbrunst widmen. Sie versuchen nachzuweisen, daß – statistisch betrachtet – unmöglich sechs Millionen umgekommen sein können. Dieses Argument bildet eines der Grundversatzstücke ihrer Strategie; dazu tritt die Frage nach der Einsatzmöglichkeit von Gaskammern zum Töten, die sie für wissenschaftlich nicht plausibel erachten. Die Holocaust-Leugner stürzen sich absichtlich auf solche schwer nachzuvollziehenden Aspekte des Holocaust, weil sie der größten Vorstellungskraft bedürfen; im Grunde muß man sie schlicht und einfach glauben. Die Ausnutzung fortschrittlicher Technologie zu Zwecken der Massenvernichtung und das schiere Ausmaß des Unternehmens – speziell die Zahl seiner Opfer – tragen dazu bei, das Geschehen in den Bereich des Phantastischen zu verweisen.

App kam sogar Paul Rassinier mit diesen arithmetischen Kniffen zuvor, stellte sich im Anfang allerdings eher ungeschickt an. Zunächst versuchte er, die jüdischen «Vermutungen» in bezug auf den Holocaust zu widerlegen, indem er demonstrieren wollte, daß die meisten deutschen Juden den Krieg überlebt hätten. In einem Brief an *Time Magazine* aus dem Jahr 1946 verwies er darauf, daß

Deutschlands jüdische Bevölkerung nie mehr als 700 000 Menschen gezählt habe und bei der deutschen Kapitulation «weiterhin etwa eine halbe Million dort zu leben schienen».[13]

Damit bediente App sich voller Wonne eines der taktischen Winkelzüge, die man inzwischen als für die Holocaust-Leugnung charakteristisch erkannt hat. Da er die Aufgeblähtheit der Zahlen veranschaulichen wollte, gab er die Zahl der überlebenden Juden mit einem Betrag an, der mehr als doppelt so hoch war wie in Wirklichkeit; er erläuterte allerdings nicht, wie er dieses Resultat errechnet hatte.[14] Zusätzlich zur Aufstockung der Zahl überlebender Juden in Deutschland nach Ende des Krieges verlieh er ihnen eine neue Identität als *deutsche* Juden. In Wahrheit jedoch kamen die meisten Überlebenden nicht aus Deutschland, sondern aus den zahlreichen besetzten Ländern. Viele von ihnen waren im Osten in Konzentrationslagern gewesen und in den letzten Kriegsmonaten, während die sowjetische Armee vorrückte, auf brutalen Todesmärschen nach Deutschland getrieben worden. Unter anderem dadurch wollten die Nazis verhindern, daß Lagerinsassen von den Sowjets entdeckt wurden. Unvorstellbar viele Menschen starben unterwegs; diejenigen, die überlebten, fanden sich zu Kriegsende in Deutschland wieder. Ihre Schar wurde durch Juden vergrößert, die sich unmittelbar im Anschluß an die Befreiung gen Westen aufmachten, um nicht den Sowjets in die Hände zu fallen.

Nach offizieller Alliiertenpolitik sollten alle *Displaced persons* (D.P.s) so zügig wie möglich in ihre Heimatregionen zurücktransferiert werden. Ein beträchtlicher Teil weigerte sich jedoch kategorisch, wieder nach Polen, in die Sowjetunion oder andere kommunistische Blockländer repatriiert zu werden, und ersuchte um Aufnahme in Palästina oder den Vereinigten Staaten. Die Briten waren strikt gegen ihre Einreise nach Palästina eingestellt, und die Amerikaner gestatteten nur einer sehr begrenzten Anzahl die Immigration in die USA. Als ein Ergebnis des Konflikts um jene D.P.s wurde die Tatsache, daß fast alle Juden in Deutschland damals keine deutschen Juden waren, weithin bekanntgemacht und hätte von jemandem wie App, der die Ereignisse so aufmerksam verfolgte, nicht übersehen werden können.

Im selben Brief deutete App an, unter den vermeintlichen jüdischen Opfern nazistischer Gewalttaten gebe es viele, die aus «legitimen» Gründen gestorben, und solche, die gar nicht wirklich tot seien, sondern sich gemütlich in der westlichen Hemisphäre aufhielten. Er forderte *Time Magazine* auf, zu überprüfen, «... wie viele Juden hingerichtet wurden und weswegen; wie viele aufgrund von Mißhandlungen in den Konzentrationslagern starben und worin die Ursachen bestehen; wie viele angeblich getötet wurden, in Wahrheit jedoch lediglich aus Altersschwäche starben. Und wie viele brachte man auf dem einen oder anderen Weg in die USA, nach Mexiko und Kanada? Laut einer AP-Meldung ... haben die Vereinigten Staaten drei Millionen Vertriebene gerettet, anscheinend überwiegend Juden, und dennoch ließ Richter Simon F. [sic!] Rifkind kürzlich verlautbaren, die Nazis hätten sechs Millionen Juden *erschlagen*. Fakten, bitte!»[15]

Die Fakten waren simpel: Die USA *hatten* zahlreiche europäische Flüchtlinge aufgenommen. Sie hatten jedoch nicht drei Millionen Flüchtlingen, jüdischen D.P.s, Überlebenden oder Vertriebenen *irgendeiner* ethnischen Gruppierung die Einwanderung erlaubt. App wandte einen cleveren, doch leicht durchschaubaren Trick an. Die von ihm zitierte AP-Meldung beruhte auf dem Bericht des Militärgouverneurs in der amerikanischen Besatzungszone zur *Heimatüberführung* – nicht Immigration in die USA – der geschätzten drei Millionen D.P.s, die sich bei Kriegsende in den amerikanischen Besatzungszonen Deutschlands und Österreichs befanden. Bericht und Meldung legten unmißverständlich dar, daß die große Mehrheit der D.P.s bis Ende Dezember 1945 an ihre Herkunftsorte zurückgebracht worden war. Darüber hinaus enthielt der Bericht des Gouverneurs an keiner Stelle einen Anhaltspunkt dafür, daß es sich bei den fraglichen Flüchtlingen um Juden handelte.[16] Die meisten Juden, denen die Einreise in die USA genehmigt wurde, kamen vor Beginn der 50er Jahre nicht ins Land.

App versuchte jedoch nicht nur, Zweifel an der Anzahl der getöteten Juden zu erwecken. Er ließ, und zwar unverhohlen, durchblikken, daß seitens jüdischer Politiker und anderer Führungspersönlichkeiten ein schwerwiegendes Täuschungsmanöver in Gang gesetzt worden war; man deklarierte Millionen für tot, obwohl viele der Millionen noch lebten. Auf diesen Leitgedanken – vermeintlich ermordete Juden versteckten sich in Wirklichkeit in Amerika – sollte App wiederholt zurückgreifen, und zwar immer unverblümter. 1973 bezog er sich beispielsweise auf eine 1947 erfolgte Äußerung des Rabbis Philip S. Bernstein, der als Berater in jüdischen Fragen den US-Militärkommandanten in Deutschland und Österreich zur Seite stand. Bernstein vertrat die Auffassung, die «einzige realistische Lösung» für das Problem der *Displaced persons* in Deutschland bestünde in ihrer Übersiedelung in die USA oder nach Palästina. In die Appsche Sprache übersetzt hieß das: «Hier mag die Erklärung dafür liegen, warum New York seit 1945 ein jüdisches Sodom und Gomorrha sowie Washington, D.C., eine Arbeitsvermittlungsstelle für Juden und Neger [sind].» Auf diese Weise vermittelte er den verwirrenden Eindruck, die Angelegenheit sei dadurch geregelt worden, daß man D.P.s in die USA geschickt habe.[17]

1949 sandte App einen weiteren seiner redundanten Kettenbriefe an *Time Magazine*, in dem er die Zeitschrift erneut dringend ersuchte, die Zahl der ermordeten Juden «gründlich» zu überprüfen. Außerdem stellte er eine der bis heute unverfrorensten Kalkulationen zur tatsächlichen Anzahl von Opfern des Holocaust-«Schwindels» auf: «Bevor ich im Juni nach Europa reiste, hatte ich errechnet, daß rund anderthalb Millionen Juden ihr Leben durch die Nazis verloren hatten; dabei stützte ich mich auf die besten mir damals zur Verfügung stehenden Quellen. Einige der Opfer waren Partisanen und Spione, die sterben mußten, genauso wie Amerika Personen exekutiert hätte, wenn sie ähnlicher Vergehen schuldig gewesen wären. Nachdem ich mich einen Monat lang hier aufgehalten habe, entdecke ich vermehrt Anzeichen dafür, daß selbst diese Schätzung zu hoch angesetzt ist.»[18]

App bot keinerlei Beweismaterial an, um seine These zu untermauern. Seine Überlegungen fanden bei den Leuten große Resonanz, denen eine Rehabilitierung der Nazis am Herzen lag. (1952 stutzte ein ehemaliger Angehöriger des deutschen Außenministeriums unter den Nazis die Zahl auf 1277212 herab.[19]) Doch zu dem Zeitpunkt, da App den erwähnten Brief schrieb, betrat er damit Neuland. Kein anderer Holocaust-Leugner – Bardèche, Rassinier oder

Barnes eingeschlossen – hatte je derart krasse Mutmaßungen geäußert.

Jahre später schilderte App seine Europareise. Sein Bericht enthüllt die ausgeprägte Abneigung, die er gegenüber den Juden dort empfand. «Als ich 1949 Deutschland und Österreich besuchte, wimmelten sie von ungehobelten Juden aus dem Osten.» Die Juden benahmen sich «den Deutschen gegenüber grundsätzlich arrogant», schrieb App. «Es wirkte so, als wären sie alle in Schwarzmarktgeschäfte verwickelt, und die deutsche Polizei durfte ihnen kein Haar krümmen. Sie logen, betrogen und bestahlen die Deutschen, ganz nach Belieben.»[20] (App wußte also offensichtlich darüber Bescheid, daß die am Ende des Krieges in Deutschland verbliebenen Juden keine deutschen Juden waren.) In seiner Beschreibung bediente er sich sämtlicher bei den Antisemiten beliebten Schlagworte – finanzielle Halsabschneiderei, die Macht der jüdischen Minderheit über die unschuldige Mehrheit, Arroganz und Arglist; ein verlogener Refrain, der sich zu einem Dauerthema seiner diversen Werke entwickelte. Darüber hinaus stellte er sein Leben lang unablässig die Todesopferzahl in Frage und spornte andere Holocaust-Leugner an, es ihm gleichzutun. 1965 trieb App seine Offensive gegen den Holocaust auf die Spitze, als er die Zahl von sechs Millionen als «Fabel zu Zwecken der Denunzierung und Terrorisierung» anprangerte und ungeachtet der erdrückenden Masse von Gegenbeweisen behauptete, es gebe «kein einziges Dokument, keine einzige Verfügung oder Bauzeichnung», die belegten, daß die Nazis die Juden zu vernichten gedachten. Um seinen Standpunkt zu erhärten, brachte er ein sonderbares Argument ins Spiel: Die Tatsache, daß einige überlebten, genügte als der Beweis dafür, daß niemand ermordet worden war. App ging bei seiner Begründung tautologisch vor, indem er darauf beharrte, die Beschuldigung sei «offenkundig» falsch, «*weil die Nazis sie nicht ausgerottet haben. Jeder Jude, der die deutsche Zwangsherrschaft überlebt hat, bezeugt das.*» Nazideutschland habe so präzise funktioniert, daß «kein Kalb geboren, kein Schwein geschlachtet wurde, ohne daß es hierzu eine Aktennotiz gab». Wenn die Nazis den Beschluß gefaßt hätten, alle Juden zu töten, «hätten sie es auch getan – sie hatten immerhin fünf Jahre Zeit dazu».[21]

Diese Argumente – das Dritte Reich arbeitete zu wirkungsvoll, als daß irgendein Jude hätte entkommen können, und es hätte sie mit Stumpf und Stiel ausgerottet, wenn das sein Ziel gewesen wäre – entwickelten sich zu Standardideen der Holocaust-Leugner.[22] Die trügerische Logik von Apps Beweisführung war allerdings leicht durchschaubar. Nazideutschland bildete eine vergleichsweise effiziente Gesellschaft, doch auch seine Effizienz war nicht unbegrenzt, und nicht jedes Ziel, das die Regierung sich setzte, wurde erreicht – den Krieg hat Deutschland zum Beispiel verloren. Auch in bezug auf die Juden ging der Plan nicht perfekt auf: Dänemark und Bulgarien retteten ihre Juden. Außerdem kämpften zahlreiche Juden bei Partisaneneinheiten mit, und Tausende wurden über die gesamte Kriegsdauer hinweg in Konzentrationslagern festgehalten.

Apps Gedankengebäude weist allerdings ein Element auf, das noch besorgniserregender ist als die ihm innewohnende sublime Widersinnigkeit und Kaltblütigkeit. Die Implikationen seiner Andeutungen werden deutlich, wenn man die Hypothesen definiert, auf die er seine Argumentation stützt. Holocaust-Forscher konzentrieren sich häufig auf die wissenschaftlichen und technologischen Gesichtspunkte des Grauens sowie seine ungeahnten, unfaßbaren Dimensionen. Diese Aspekte strapazieren, wie gesagt, das menschliche Vorstellungsvermögen und erfordern daher zunächst nichts weiter als Glauben. Wie der Theologe Richard Rubenstein jedoch beobachtet hat, bestand der eigentliche Horror der Naziherrschaft darin, daß sie die sittlichen Barrieren jeder gesellschaftlichen Organisationsform durchbrach. Ihre inhumane Gesellschaftsordnung verschaffte den Nazis die Gelegenheit, ihr Vorhaben zur Massenvernichtung der Juden unter Einsatz fortschrittlichster Technologien zu realisieren.[23] Und weil die bürokratischen Errungenschaften der Nazis das Morden erst ermöglichten, waren sie beängstigender als ihre technischen Leistungen.

Lange vor dem Aufkommen des Nazismus analysierte Max Weber die potentielle Macht der Bürokratie in der Gesellschaft. Nach Weber wird der Bürokratie um so höherer Wert beigemessen, je stärker sie entmenschlicht ist. Sie wird in dem Grad «perfekter», indem es gelingt, jegliche Emotion aus den amtlichen Betriebsabläufen zu eliminieren. Ein absolutistisch bürokratischer Mechanismus setzte optimale Präzision, Einigkeit, Unmißverständlichkeit, Aktenkenntnis und strikte Unterordnung voraus.[24] Weber erkannte auch, daß Bürokratien selten, wenn überhaupt, diesen Idealzustand erlangen, obwohl sie ihn ansteuern. Die Nazis waren sich über die entscheidende Rolle des bürokratischen Apparats bei der Verwirklichung ihrer Pläne im klaren. Sie wußten, daß sie ihrem System – wie Weber es erläutert hatte – bedingungslose «Dehumanisierung» abverlangen mußten, falls sie ihr Ziel erreichen wollten. Vielleicht schafften sie es letztlich nicht, einen reibungslos funktionierenden, bürokratischen Organismus ins Leben zu rufen – doch nicht, weil sie es nicht versucht hätten. Es wirkt daher wie Ironie, daß App bei seinem Anlauf, Nazideutschland aus der Perspektive von dessen bürokratischer Leistungsfähigkeit zu verteidigen, den Nagel auf den Kopf traf und genau Nazideutschlands entsetzlichste Eigenschaft ins Feld führte.

1973 faßte App seine vollständig ausgereiften Thesen zur Holocaust-Leugnung in der Schmähschrift *The Six Million Swindle: Blackmailing the German People for Hard Marks with Fabricated Corpses* zusammen. Die Verwendung des Begriffs «Schwindel» im Titel kennzeichnet einen weiteren seiner nicht allzu subtilen Vorstöße zur Verkettung seiner Holocaust-Unterstellungen mit herkömmlicher antisemitischer Metaphorik. In dem Pamphlet setzte App seinen Lesern auseinander, daß es sich bei dem Holocaust-Betrug um eine von Kommunisten und Juden gemeinsam ersonnene und aufrechterhaltene Intrige handele. Gegen Ende der 50er Jahre hatte er behauptet, die «gänzlich unbewiesenen» Angaben – über sechs Millionen Tote – dienten ausschließlich dem Vorteil der Roten.[25] In Apps Augen besaßen die Sowjets ein naheliegendes Motiv, sich an dem Täuschungsmanöver zu beteiligen; sie wollten nämlich den düsteren Umstand verschleiern, daß in Stalins Reich mehr Juden «zu Schaden» gekommen waren als in den von den Nazis beherrschten Ländern. Die Sowjets selbst hatten die verübten Greueltaten begangen, nicht die Nazis. Durch das Holocaust-Märchen konnten sie die Schuld bequem den Deutschen in die Schuhe schieben.

Die Sowjets standen allerdings nicht allein da. App vertrat den Standpunkt, die «talmudischen» Führer seien sich der «gräßlichen

Wahrheit» ebenfalls wohl bewußt: die Anklagen entsprangen der Phantasie, die Deutschen waren unschuldig. Doch sofern die Juden davon Kenntnis hatten – warum ließen (und lassen) sie sich darauf ein? Worin bestand (und besteht) ihr Motiv, Deutschland an den Pranger zu stellen, wenn sie wußten, daß in Wirklichkeit die UdSSR verantwortlich war? App führte eine einfache und – für alle, die zum Antisemitismus neigen – höchst logische Antwort ins Feld. Die Juden kannten die Wahrheit, aber machten sie aus praktischen Erwägungen heraus nicht publik, da man die Bolschewiken wegen einer Entschädigung für «echte wie erfundene Leichen» nicht gewinnbringend unter Druck setzen konnte.[26] Solange ihr Hauptinteresse letztlich dem Geld galt, ergab es keinen Sinn, die Bolschewiken zu beschuldigen. Deutschland hingegen war sowohl finanziell gut bestückt als auch politisch gewillt zu zahlen, um seinen Ruf reinzuwaschen. Mit diesem Punkt befaßte App sich in einem Artikel mit der Überschrift *The Elusive Six Million* für den *American Mercury* sehr ausführlich; er warf den Zionisten vor, «rachsüchtig nütz(t)en sie die Zahl von sechs Millionen als ewige Keule aus, um von Westdeutschland Abfindungen zu erzwingen und aus den amerikanischen Juden monetäre Unterstützung herauszuprügeln».[27] Laut App gleichen Zionisten und Bolschewiken sich in ihrer Prädestination für das Böse aufs Haar, und die Zionisten stehen als treibende Kraft hinter dem Holocaust-Mythos. (Die Holocaust-Leugner ritten auf diesem Argument herum, bis die sowjetische Politik einen scharf antizionistischen Kurs einschlug, aufgrund dessen es schwierig wurde, die Existenz eines sowjetisch-zionistischen Geheimbunds zu unterstellen. Deswegen mußten die Holocaust-Leugner von dieser These Abstand nehmen.) In *The Six Million Swindle*, das er bald nach dem Jom-Kippur-Krieg verfaßte, ließ App an den Hintergedanken der Juden keinen Zweifel. «Von Anfang an haben die Talmudisten den Sechs-Millionen-Schwindel zur Erpressung Westdeutschlands eingesetzt, damit es mit einer Schadensersatzzahlung über zwanzig Milliarden Dollar an Israel ‹Sühne leisten› könne.»[28] (App übertrieb maßlos. Deutschland überwies dem Staat Israel 110 Millionen Dollar, ein insgesamt weitaus größerer Betrag wurde an Einzelpersonen verteilt.[29]) Darüber hinaus nutzten Israel und seine Helfershelfer den «betrügerischen Sechs-Millionen-Verlust an Menschenleben» zur Verwirklichung ihrer politischen und militärischen Absichten aus.

«Verborgene, uneingestanden [sic!] Gewissensbisse» veranlaßten die USA dazu, sich 1973 im arabisch-israelischen Krieg auf Israels Seite zu schlagen. Hier offenbart sich ein weiterer Schnitzer in Apps Argumentationsaufbau. In seiner Interpretation übernahmen die USA bei der Begünstigung des Holocaust-Betrugs einen zentralen Part. Warum sollte eine Regierung aus uneingestandenen Gewissensbissen heraus handeln, wenn sie um die Unwahrheit der vorgebrachten Beschuldigungen wußte? Apps Meinung nach waren sämtliche Beteuerungen über Israels Bedeutung für die amerikanische Sicherheit nichts als «Gewäsch und Scheinheiligkeit», Israel ein «Mühlstein um Amerikas Hals und wir sowie die Deutschen sein Futtertrog».[30] Israel manipulierte die amerikanische und deutsche Öffentlichkeit, indem es das Märchen von der Holocaust-Leugnung ausschlachtete. 1974 rekurrierte App auf dieses Thema und verknüpfte dessen wesentliche Aspekte miteinander. Er behauptete, mindestens 500000 der angeblich in deutschen Konzentrationslagern vergasten Juden lebten de facto in Israel, wo sie gewaltige «Reparationen» von Deutschland erhielten. Weitere vermeintliche Opfer befanden sich in Wirklichkeit in New York und hatten 1973 zur Entstehung der Energiekrise beigetragen, indem sie Nixon zu einer übereilten Waffenlieferung im Wert von mehreren Milliarden Dollar an Israel «nötigten», auf daß es die Araber «niederknüppeln» konnte. Bei ihren Anstrengungen zur Beeinflussung der Außenpolitik besaßen die «Talmudisten» einen geheimen Verbündeten: die Medien. Die Juden brüllten sich in «*ihren* Medien» – zu denen App unter anderem die *New York Times*, die *Washington Post* und *Newsweek* zählte – «heiser», weil die Araber kein Öl an den Westen liefern wollten.[31] App war nicht der erste, der eine jüdische Kontrolle der Medien mit der Holocaust-Falschmeldung in Zusammenhang brachte (das hatte Rassinier bereits vor ihm getan), aber App machte diesen Vorwurf zu einem Hauptargument seiner Beweisführung. Wiederholt befaßte er sich mit dem Thema der jüdischen Medienbeeinflussung[32]: Durch ihre Beherrschung der Presse konnten die Juden nicht nur ihren Betrug verwirklichen, sondern in seiner Folge auch die Innen- und Außenpolitik vieler Länder auf der ganzen Welt steuern. Der Klagegesang über die jüdische Dominanz in den Medien ist eine traditionelle Komponente des modernen Antisemitismus. Antisemitische Kräfte im äußersten rechten Spektrum des politischen Lagers nähren prinzipiell die Vorstellung, die Juden seien eine nie versiegende Quelle für Aufruhr und alle revolutionären Tendenzen.[33] Laut jenen Antisemiten nutzen die Juden unter anderem in erster Linie die Medien, um Unruhe zu schüren. Das in dieser Beschuldigung enthaltene Paradox wird von ihnen geflissentlich übersehen. Falls die Medien unter jüdischer Kontrolle stehen, warum behandelten sie dann Nazideutschlands Judenverfolgung zwischen 1933 und 1945 mit derartiger Gleichgültigkeit?

Neben den Hauptanstiftern hinter dem Holocaust-Märchen, den «Talmudisten und Bolschewiken», identifizierte App einen dritten Drahtzieher bei den verleumderischen Holocaust-Klagen. Als die Amerikaner und Briten gegen Kriegsende in Deutschland «eindrangen», entdeckten sie die Resultate ihrer wahllosen Bombardierungen. Die Alliierten wußten – so App –, daß sie für mehr Zerstörung verantwortlich waren als sämtliche «Vandalen der Menschheitsgeschichte zusammen – mit Ausnahme der Bolschewiken». Die Führer der alliierten Mächte begriffen, daß ihre Bürger solch «unnötige Barbarei» weder verstehen noch entschuldigen würden; deswegen brauchten sie einen Vorwand, der ihnen eine unausweichliche Verurteilung ersparen würde. Gemäß Apps Theorie gelangten sie genau zu jenem Zeitpunkt zu der Einsicht, daß ihre einzige «Rettung» darin bestand, «einen Berg von Gewalttaten», insbesondere gegen die Juden, «zu ersinnen» und auf ihnen «herumzureiten». Die geschundenen Juden in den Mittelpunkt zu rükken, erkannten die Alliierten als besonders wirkungsvoll, weil die Juden ja die Medien in der Hand hatten und die Medien wiederum bei der Ausstreuung des lügnerischen Samens eine entscheidende Rolle spielen würden. Sie dehnten das Ausmaß wahrer wie erfundener Greueltaten des Dritten Reiches bis ins unendliche aus, so daß die Verbrechen der Alliierten völlig in den Hintergrund gerieten. Danach gingen sie sogar noch einen Schritt weiter, indem sie Deutschland einen derartigen Schuldkomplex einimpften, daß sich die Deutschen gezwungen fühlten, beispiellos hohe Entschädigungssummen an die Juden und Israel zu zahlen.[34]

Doch obwohl er den Holocaust-Betrug mit dem Bedürfnis der Alliierten erklärte, ihre eigenen Freveltaten zu verbergen, sprach App die «Talmudistenherrscher» von ihrer Schuld nicht frei. Vielmehr vertrat er beharrlich den Standpunkt, letztlich seien die Juden für die alliierte Handlungsweise generell verantwortlich, denn sie hielten die Fäden der alliierten Politik in Händen. Dieser Gedankengang ermöglichte ihm zu behaupten, die sowjetische und amerikanische Brutalität gegen die Deutschen sei jüdischem Betreiben entsprungen. App richtete seine Kritik vor allem gegen zwei Personen, die seiner Meinung nach die Grausamkeiten maßgeblich befürworteten. Natürlich handelte es sich in beiden Fällen um Juden, nämlich um den Staatssekretär im amerikanischen Finanzministerium, Henry Morgenthau, sowie um Ilja Ehrenburg, Mitglied des sowjetischen Antifaschismuskomitees. Ihnen fiel die Schuld an der Vergewaltigung deutscher Frauen und der Plünderung deutschen Eigentums durch sowjetische Soldaten zu. Ohne einen einzigen Beweis anzuführen, unterstellte App, Ehrenburg habe höchstpersönlich sowjetische Soldaten dazu aufgefordert, deutsche Frauen zu vergewaltigen. (Ehrenburg rief nach Rache, doch nicht nach Vergewaltigung.) Der vergeltungssüchtige jüdische Kommunist gab angeblich den «viehischsten Befehl aller Zeiten: Vergewaltigt die deutschen Frauen als Beute!» In ähnlicher Weise bezichtigte App Henry Morgenthau, für so gut wie jede amerikanische Aktion gegen die Deutschen verantwortlich zu sein. Nachdem Morgenthau von der grauenhaften Judenvernichtung der Deutschen Kenntnis erhalten hatte, schlug er in der Tat vor, Deutschland nach dem Krieg in ein primär landwirtschaftlich orientiertes, präindustrielles Land zu verwandeln.[35] Wie bereits erwähnt, wurde der Plan nie ernsthaft in Betracht gezogen und schließlich von Präsident Truman ganz fallengelassen. App verkündete jedoch, er sei zumindest teilweise durchgeführt worden. Morgenthau habe nicht nur Druck auf Churchill ausgeübt, damit er die Behandlung der deutschen Kriegsgefangenen verschärfte, sondern die Alliierten dazu angeregt, mehrere Millionen Kriegsgefangener auszuhungern und «zu mißhandeln, bis sie starben». Das sei unverkennbar ein Produkt aus der jüdischen Ränkeschmiede gewesen, sagte App, denn «selbst die schlechtesten Christen sind niemals so verdorben wie das Gros der Kommunisten und Juden».[36] Die Juden sorgten für Gegenmaßnahmen, als sie beobachteten, daß die Alliierten mit den Deutschen nach dem Krieg nachsichtig verfahren würden. App wußte von einem Plan zu berichten, demzufolge die amerikanischen Streitkräfte allen deutschen Gefangenen nach Kriegsende so rasch wie möglich die Heimkehr gestatten wollten. Doch ungeachtet dessen, was die militärische Führung und «unsere christlichen Mitbürger» wünschten, geschah nichts dergleichen. App lieferte eine simple Begründung, warum die «Stammesbrüder» diese Absicht erfolgreich verhindern konnten. Unaufhörlich «kreischten sie Zeter und Mordio, weil die Deutschen sechs Millionen von ihnen ‹vergast› hätten. Die Juden waren es, die nach einer Schikanierung der deutschen Kriegsgefangenen schrien, die wollten, daß sie nicht nach Hause zurückkehren durften und daß man sie zur Zwangsarbeit einsetzte ... So klingt die Stimme der Talmudisten, der primitiven Morgenthauisten!»[37]

Je wütender Apps Polemik gegen den Einfluß der Juden in der alliierten Politik wurde, um so untrennbarer flossen die Dinge für ihn ineinander. Inzwischen sprach er nicht einmal mehr von einer jüdischen Kontrolle der alliierten Politik. Die Strategie der Alliierten und die Ziele der Juden wurden eins, alliierte Politik war – in ihren schlimmsten Auswüchsen – gleichbedeutend mit jüdischer Politik. Am deutlichsten läßt sich dies im letzten Teil des Buchs *A Straight Look at the Third Reich* erkennen. Nach einer Erörterung der alliierten Greueltaten schreibt App – ohne mit einer Silbe zu erwähnen, daß nun das Thema seiner Hetzrede wechselt: «Weil sie sich eingestehen mußten, daß die Nazis keiner echten Kriegsvergehen schuldig waren, die sich mit den monströsen Verbrechen der Sieger vergleichen ließen, verlegten sie sich auf die einzige Alternative, die Heuchlern und Lügnern offensteht, nämlich auf die Erfindung eines Massenmords. So entstand die Legende von sechs Millionen ‹vergaster› Juden ... ein Märchen und ein Schwindel.»[38]

In Apps Augen handelte es sich bei den Entscheidungsträgern der alliierten Politik und den Anführern der Juden um ein und dieselben Personen. Er wählte einen ähnlichen Ansatz wie Harry Elmer Barnes, indem er den Hintermännern des Täuschungsmanövers unterstellte, sie bezichtigten jeden der «Verunglimpfung und

Terrorisierung» und beschimpften ihn als Antisemiten, der dem Mythos mit wissenschaftlichen Mitteln auf die Spur kommen wollte.[39]

Den neutestamentlichen Ausdruck «Heuchler und Lügner» zur Charakterisierung der Juden verwendete App sicher nicht zufällig, sondern verfolgte damit zweierlei Absichten: Erstens sollte eine solche Bedienung antisemitischer Stereotype bei vielen Nichtjuden auf Widerhall stoßen. Darüber hinaus waren für ihn die Juden des 20. Jahrhunderts, die den Holocaust-Schwindel in die Welt setzten, im Prinzip dieselben Personen wie im Neuen Testament die Kreuziger Jesu. Im Vorwort zu seiner 1975 veröffentlichten Sammlung privater Briefe merkte App an, daß seine Korrespondenz ebensowenig zu einer Erleichterung des deutschen Schicksals und zur Verhinderung einer gültigen Rezeption der Schauergeschichten hatte beitragen können, wie es Jesus von Nazareth gelungen war, seine Kreuzigung abzuwenden. Das hieß jedoch nicht, daß Jesu oder Apps Kampf unberechtigt waren. Beide Märtyrer unterlagen denselben Gegnern. Die Vorfahren der «Weltkriegstalmudisten» hatten Jesus ans Kreuz geschlagen, und nun zerfetzten ihre Nachkömmlinge jeden, der die Wahrheit verkündigen wollte. (Dies war nicht das einzige Mal, daß App zur Charakterisierung der Juden biblische Bilder heranzog. 1948 forderte er eine Umerziehung der Juden, die sie von ihrer «Auge um Auge»-Grundsatzhaltung abbringen würde. Siehe App, *Morgenthau Era Letters*, S. 73.)

Am Ende von *The Six Million Swindle* hatte App sämtliche seiner den Holocaust leugnenden Thesen durchgearbeitet und formuliert; er präsentierte seinen Lesern acht sogenannte «unumstößliche Erklärungen» zur Veranschaulichung dessen, daß die Zahl von sechs Millionen, welche die Medien «*bis zum Erbrechen* (ad nauseam) und ohne jegliche Basis» wiederholten, irreführend war. Apps Grundsatzüberlegungen teilen sich in drei klar eingrenzbare Kategorien auf; sie wurden peu à peu vom *Institute for Historical Review* und anderen revisionistischen Kreisen als fundamentale Doktrin der Holocaust-Leugnung adaptiert. Zunächst werden die Nazis mit den Argumenten entschuldigt, daß sie in keinem Moment die Absicht zur Ausrottung der Juden gehegt hätten und daß die angeblich eingesetzten Vernichtungsmittel technisch niemals funktionstüchtig gewesen sein können. Die Nazis wollten nichts weiter als eine jüdische Emigration, und falls Juden starben, war letztlich die UdSSR dafür verantwortlich. Zweitens legitimieren Apps Thesen die Tötung der tatsächlich umgekommenen Juden durch die Behauptung, sie seien aus berechtigten Gründen liquidiert worden. Drittens beschuldigen sie israelische und jüdische Führer sowie Forscher der Erfindung und Verbreitung des Holocaust-Schwindels, und zwar aus materiellen wie auch politischen Interessen.

Die acht Axiome lauteten:

1. Zur Lösung des deutschen Judenproblems sah das Reich die Auswanderung, doch niemals die Auslöschung der Juden vor. Wenn Deutschland sie hätte vernichten wollen, hätten niemals eine halbe Million Konzentrationslagerinsassen überleben und nach Israel gelangen können, wo sie «hübsche Abfindungssummen von Deutschland eintreiben».
2. «In keinem deutschen Konzentrationslager wurde auch nur ein einziger Jude vergast, und die Beweise häufen sich, daß auch in Auschwitz keine Vergasungen stattfanden.» Hitlers Gaskammern existierten nicht. Die Vergasungseinrichtungen in Auschwitz dienten in Wirklichkeit zur Kremation derer, die aus vielerlei Gründen gestorben waren, unter anderem im «völkermörderischen» anglo-amerikanischen Bombenhagel.
3. Die Mehrheit der verschwundenen Juden, über deren Verbleib keine Nachricht vorliegt, stammte aus sowjetischen, nicht deutschen Hoheitsgebieten.
4. Bei den meisten Juden, die angeblich durch die Deutschen ums Leben kamen, handelte es sich um subversive Elemente, Partisanen, Spione, Saboteure und Verbrecher oder Opfer bedauernswerter, doch nach internationalem Recht legaler Vergeltungsmaßnahmen.
5. Bestünde auch nur die geringste Wahrscheinlichkeit, daß die Nazis wirklich sechs Millionen Juden ermordet haben, würde das «Weltjudentum» Subventionen zur Untersuchung der Angelegenheit beantragen und Israel seine Archive Historikern öffnen. Dies ist bisher nicht geschehen. Statt dessen schmähen und brandmarken sie jeden als Antisemiten, der den Schwindel ent-

larven möchte. Ihre Druckausübung belegt schlüssig, daß es sich bei der Angabe von sechs Millionen um «Betrug» handelt.*

6. Die Juden sowie die Medien, welche die Zahl ausschlachten, haben nicht das Zipfelchen eines Beweises für ihre Richtigkeit erbracht. Die Juden zitieren Eichmann und andere Nazis mit Bedacht falsch, um ihre Behauptung zu erhärten.
7. Den Anklägern, nicht den Angeklagten, fällt die Beweislast zur Untermauerung der Zahl von sechs Millionen zu. Die Talmudisten und Bolschewiken haben die Deutschen dermaßen eingeschüchtert, daß sie Milliarden zahlen und nicht wagen, nach der Wahrheit zu fragen.
8. Selbst bei den Berechnungen jüdischer Gelehrter zur Zahl der Todesopfer haben sich «absurde» Diskrepanzen ergeben, was endgültig jeden Zweifel daran zerstreut, daß es für diese Anklage keinerlei wissenschaftlich nachprüfbare Evidenz gibt.[40]

Apps Unterstellungen können mühelos durch Dokumente und anderes Beweismaterial ad absurdum geführt werden; einige beruhen auf derart unsinnigen Gedankengängen, daß ihre Verkehrtheit sogar ohne die Hinzuziehung von Beweismaterial verdeutlicht werden kann. Bei seiner achten These übersah App – Rassinier hierin ähnlich – eine grundlegende Unlogik. Falls es sich beim Holocaust wirklich um eine jüdische Lüge handelte, hätte man von einer so mächtigen Bewegung wie dem «Weltjudentum» berechtigterweise erwarten können, es würde sicherstellen, daß jüdischen Holocaust-Forschern bei ihren Analysen keine Ungereimtheiten unterliefen. Ihre Befunde wären nahtlos ineinander verzahnt und würden sich gegenseitig bestätigen. Und wenn die «Talmudisten» so schlau waren, hätten sie überdies gewußt, daß vollkommene Uniformität verdächtig war; sie hätten dafür gesorgt, daß die Forschungsergebnisse die erforderlichen winzigen Unterschiede aufwiesen.

Selbstverständlich ist dies nicht die einzige Inkonsistenz der Appschen Argumentationsweise. Er schiebt zum Beispiel den israeli-

* Diese Unterstellungen entsprechen nicht im mindesten der Realität. Israel hat seine Archive jedem seriösen Wissenschaftler und Studenten, der sich mit dem Thema befaßt, zugänglich gemacht.

schen Archiven beim Ersinnen des «Hirngespinstes» eine zentrale Rolle zu, benutzt jedoch gleichzeitig ihre Erkenntnisse zur Bekräftigung seiner eigenen: App wollte nachweisen, nicht einmal israelische Institutionen seien in der Lage gewesen, die Zahl der Toten zu eruieren; deswegen zitierte er bei einer Gelegenheit aus einer Veröffentlichung Yad Vashems, der nationalen Holocaust-Gedenkstätte in Israel. In ihr heißt es, man habe lediglich zweieinhalb Millionen Seiten mit Zeugnissen über die Toten sammeln können.* Yad Vashem habe in den Jahren seit Kriegsende also nicht einmal vier Millionen dokumentieren können, sagte App und folgerte daraus, dies deute darauf hin, daß es einfach nicht so viele Tote gegeben habe. Selbst die von ihnen geltend gemachten zweieinhalb Millionen seien nichts als «Lug und Trug».[41] Aber falls Yad Vashem Apps Schilderung entspricht – nämlich eine israelische Organisation ist, die am Hebel des Holocaust-Schwindels sitzt –, hätte es den dort Beschäftigten ein leichtes sein müssen, die fehlenden Schriftstücke zu fälschen, die gebraucht wurden, um zu einem Ergebnis von sechs Millionen zu gelangen.[42]

In jüngerer Vergangenheit veröffentlichte das *Institute for Historical Review* eine Meldung der *Jerusalem Post*, in welcher der Direktor von Yad Vashem berichtete, mehr als die Hälfte seiner Zeugnisse von Holocaust-Überlebenden seien «nicht abgesichert». Nach den Verlautbarungen Yad Vashems wurden sie niemals in den Kriegsverbrecherprozessen gegen die Nazis verwendet, weil Überlebende, die «in die Geschichte eingehen» wollten, vielleicht in der Tat ihrer Phantasie erlaubten, «mit ihnen durchzugehen»[43] – ein gefundenes Fressen für die Holocaust-Leugner! Die Frage allerdings, welche das *Institute for Historical Review* in Anbetracht seiner ideologischen Befangenheit nicht stellen konnte, lautete: Warum bekannte Yad Vashem sich zu gewissen Unstimmigkeiten

* Eine «Seite mit Zeugnissen» in Yad Vashem verzeichnet Namen und Geburtsdatum des Toten sowie zusätzliche biographische Angaben. Im Normalfall wird diese Art Fragebogen von einem überlebenden Verwandten, Freund oder Nachbarn ausgefüllt. Viele Menschen starben allerdings, ohne Verwandte oder Nachbarn zu hinterlassen, welche diese Aufgabe zu ihrem Gedächtnis übernehmen konnten.

in seinen Archivunterlagen, wenn ihm an einer Aufrechterhaltung des Holocaust-«Mythos» gelegen war? Warum wurden derlei Zeugnisse nicht einfach durch «fehlerlose» ersetzt? Warum beauftragte man die dortigen Forscher nicht damit, die Daten noch einschneidender zu «verfälschen»? Falls die Juden es fertigbrachten, binnen weniger Monate nach dem Krieg Dokumente zu produzieren, die für eine Verurteilung nazistischer Kriegsverbrecher ausreichten, wären sie im Laufe der Jahrzehnte seit 1945 gewiß auch imstande gewesen, Yad Vashem mit glaubwürdig wirkenden, historisch zutreffenden Zeugenberichten auszustatten. Die simplifizierende und dennoch tückische Betrachtungsweise der Holocaust-Leugner ist lediglich ein weiteres von vielen Beispielen für ihre Taktik, Beweise für die Realität des Holocaust entweder nach Belieben zu ignorieren oder so zu entstellen, daß ihre Verschwörungstheorie auf stabileren Füßen steht.

App stolperte also gelegentlich, wie man unschwer am Aufbau seines argumentativen Blendwerks erkennt. Wenn er sich zum Beispiel in die wissenschaftliche Auseinandersetzung um die Zahl der Todesopfer einmischte oder Statistiken und Kommentare aus Yad Vashem zu Zwecken der eigenen Beweisführung verfremdete, waren das nicht die einzigen Fälle, in denen er seinen eigenen Bemühungen zur Verzerrung des Tatbestands auf den Leim ging. In *The Six Million Swindle* attackierte er einen Journalisten, weil dieser geschrieben hatte, daß die Nazis vor Kriegsende noch «so viele Juden wie möglich» umbringen wollten. App bezichtigte den Journalisten der Lüge und versuchte dies dadurch zu konkretisieren, daß er auf Himmlers Order vom Herbst 1944 verwies, die jede weitere Exekution von Juden untersagte.[44] Das Dokument belegte laut App zweierlei: Erstens wollten die Nazis nicht so viele Juden wie möglich umbringen, sonst hätte Himmler den Tötungen nicht Einhalt geboten. Zweitens offenbarte sich an dieser Stelle, daß Himmler, nicht Hitler, für die Judenpolitik verantwortlich war.[45] Indem er Himmler die Verantwortung an den Maßnahmen gegen die Juden in die Schuhe schob, begab er sich auf eine heikle Gratwanderung zur Entlastung der Nazis im allgemeinen wie auch Hitlers im besonderen. Dabei achtete App allerdings nicht darauf, daß sein Argument einen elementaren Widerspruch enthielt: Falls es kein politisches Programm zur Ermordung der Juden gab, wem oder was galt dann Himmlers Befehl?

Apps Umgang mit den Fakten erinnert hier und auch anderswo an Rassiniers Unterstellungen bezüglich der Augenzeugenberichte. Mit dieser Standardmethode verwerfen die Holocaust-Leugner jegliche Evidenz, welche ihre Schlußfolgerungen anficht. Die vor Gericht beschworenen Aussagen der Nazis, in denen sie den Plan einer Endlösung zugaben, werden als «unverfrorene Fälschungen» abqualifiziert; alle Bezeugungen der Massenmorde seitens jüdischer Überlebender sind «teilweise oder insgesamt meineidig, stets unzuverlässig und häufig das Ergebnis reicher Belohnungen».[46] Eine derartige, allumfassende Entwertung des Dokumentationsmaterials – Augenzeugenberichte mit eingeschlossen –, das die Existenz des Holocaust belegt, hat sich zum Paradestück in der Strategie der Holocaust-Leugner entwickelt. Einfacher gesagt: Alles, was ihren vorgefertigten Konklusionen widerspricht, wird zurückgewiesen. Aufgrund der erdrückenden Fülle von Berichten durch Überlebende, Täter und Augenzeugen müssen die Holocaust-Leugner die zahlreichen Hinweise auf die Realität des Holocaust kategorisch ablehnen, andernfalls können sie ihren eigenen Schwindel nicht aufrechterhalten.

Apps Thesen bilden letztlich ein Konglomerat aus fehlerhaften Behauptungen, Manipulation der Daten und – vor allem – unverhohlenem Antisemitismus. Er tat mehr, als bereits existente antisemitische Vorurteile auszubeuten: Er trug wesentlich zur Unterstützung antijüdischer Strömungen in den USA und anderswo bei. Seine Einbettung der grundsätzlichen Unterstellungen der Holocaust-Leugner in besagte acht Axiome hat sich für die Einzelpersonen wie Gruppen gleichermaßen als äußerst nützlich erwiesen, die nicht nur den Holocaust abstreiten, sondern die Juden so porträtieren wollen, als könnten sie die amerikanische Außenpolitik zur Förderung ihrer eigenen diabolischen Absichten steuern. Jedes einzelne dieser Axiome bringt eine altbekannte antisemitische Saite zum Klingen. Seine Hypothesen leisten außerdem denjenigen unschätzbare Dienste, welche die Existenz des Staates Israel für unrechtmäßig erklären.

App, Barnes, Rassinier, Bardèche und Hoggan sind Schlüssel-

Figuren bei der Entwicklung des Schwindels, der Holocaust-Leugnung genannt wird. Die Nachfolger entledigten sich einiger ihrer Argumente, die zu offensichtlich falsch und niederträchtig waren; sie lernten, ihre Anschuldigungen etwas eleganter vorzutragen. Doch der kanonische Text war etabliert – von jetzt an war so gut wie alles Erläuterung.

6. Holocaust-Leugnung: Rechtsextremismus mit Methode

Seit Ende der 60er und durch die 70er Jahre hindurch wächst in Westeuropa, vor allem in England, die Zahl und Stärke neofaschistischer Verbände und Parteien. In diesen Kreisen wehrt man sich entschieden gegen die Präsenz von Asiaten, Arabern, Schwarzen, Juden – Nichtweißen generell – in der eigenen Heimat; ganze Serien gewaltsamer Anschläge gegen Immigranten, Minderheiten und jüdische Einrichtungen gehen auf ihr Konto. Eine grundsätzlich ablehnende Haltung gegenüber der Einwanderung von Afrikanern und Ostasiaten aus den anderen Commonwealth-Ländern nach Großbritannien entwickelte sich im Fall der neofaschistischen englischen *National Front* zu einem veritablen politischen Programm. 1977 konnte sie bei landesweiten Wahlen beinahe eine Viertelmillion Stimmen auf sich vereinen.

In der Ideologie jener Gruppierungen verschmolzen Rassismus, Ethnozentrismus und Nationalismus, wobei sie gemeinsam vor einem gewissen Dilemma standen. Seit dem Zweiten Weltkrieg war der Faschismus durch den Nazismus im allgemeinen und den Holocaust im besonderen in Verruf geraten. Wer – wie diese Vereinigungen es bevorzugt taten – nach dem Krieg weiterhin behauptete, daß Hitler ein Held und der Nationalsozialismus ein lebensfähiges politisches System waren, hatte mit heftigsten Reaktionen zu rechnen. Deswegen mußten sie die Holocaust-Leugnung in ihr weltanschauliches Gefüge integrieren. Hatte man die Allgemeinheit nämlich davon überzeugt, daß es sich beim Holocaust um einen Mythos handelte, rückte eine Wiederbelebung des Nationalsozialismus durchaus in den Bereich des Möglichen.

Diese speziell auf eine Leugnung des Holocaust gerichteten Bestrebungen wurden 1974 durch die Veröffentlichung des 28seitigen

Pamphlets *Did Six Million Really Die? The Truth at Last* von Richard Harwood entscheidend vorangetrieben. Beinahe zehn Jahre lang blieb es die hervorstechendste britische Publikation zur Holocaust-Leugnung.[1] Bei ihrem ersten Erscheinen standen sämtliche Parlamentsmitglieder, eine breite Auswahl von Journalisten und Akademikern, führende Angehörige der jüdischen Gemeinden sowie zahlreiche Personen des öffentlichen Lebens auf der Versandliste. Innerhalb eines Jahrzehnts wurden über eine Million Exemplare in mehr als vierzig Ländern vertrieben.[2] Weil das Heft auf den ersten Blick wie eine sachliche wissenschaftliche Arbeit wirkte, konnten die darin enthaltenen Thesen bei denjenigen Verwirrung stiften, die nicht zu den Kreisen der Holocaust-Leugner zählen. Letztere zitieren das Pamphlet häufig und bis heute als maßgebende Quelle.

In Anbetracht der immensen Publizität, die ihm zuteil wurde, herrschte in der Öffentlichkeit beträchtliche Neugier über den Autor und Verleger der Schmähschrift. Als Verfasser wurde Richard E. Harwood vorgestellt, der sich – so beschrieb man ihn – über politische und diplomatische Themen zum Zweiten Weltkrieg Kompetenz erworben hatte und «derzeit an der *University of London* tätig ist». Die britische Presse brauchte nicht lange, um die Unrichtigkeit der biographischen Angaben aufzudecken. Die *University of London* teilte der *Sunday Times* mit, daß Harwood weder Mitglied ihres Lehrkörpers noch eingeschriebener Student und dazu vollkommen unbekannt dort sei; sämtliche an Harwood adressierte Post wurde mit dem Vermerk «Empfänger unbekannt» zurückgeschickt.[3] In Wirklichkeit handelt es sich bei Richard Harwood um ein Synonym Richard Verralls (der einst an der *University of London* ein Geschichtsstudium absolvierte); er war Herausgeber des *Spearhead*, des Organs der rechtsextremen, neofaschistischen *National Front* Großbritanniens. *Did Six Million Really Die?* ähnelt in Format, Aufmachung und Druckbild dem *Spearhead* wie ein Ei dem anderen.[4] Weder die *National Front* noch Verrall dementierten seine Urheberschaft.[5] 1979, in einem Brief an den *New Statesman*, formulierte Verrall eine Replik auf diverse Holocaust-Artikel jenes Blatts; dabei wiederholte er die Hauptargumente seines Pamphlets und verteidigte seine Erkenntnisse gegen Angriffe seitens der britischen Presse, obwohl die meisten seiner Schlußfolgerungen bereits widerlegt waren.[6] Er machte keine Anstalten, gegen seine Kenntlichmachung als Autor von *Did Six Million Really Die?* zu protestieren; ein Artikel des *New Statesman* hatte ihn namentlich als solchen genannt. Die Redakteure der Zeitschrift bezeichneten seinen Brief als eines der «zahlreichen pseudowissenschaftlichen Schreiben», welche sie in regelmäßigen Abständen von Verrall und Konsorten erhielten.

Der oder die Herausgeber versuchten nicht nur, die wahre Identität des Autors zu verbergen, sondern auch ihre eigene. Das Impressum verzeichnete zwar die Adresse eines Verlags, *Historical Review Press*; dabei handelte es sich allerdings um ein leerstehendes Gebäude, dessen Besitzer – wie die britische Presse herausfand – Robin Beauclair hieß. Er war Landwirt und stand in enger Beziehung zur *National Front* sowie weiteren Organisationen, die sich der Bewahrung «rassischer Reinheit» widmeten.[7] Als er zu dem Pamphlet befragt wurde, äußerte er gegenüber der Presse, er halte den Holocaust für nur einen Strang in einem weitverzweigten «jüdischen Propagandanetzwerk», und verlieh einem tiefsitzenden Antisemitismus Ausdruck. «Wissen Sie denn nicht, daß wir von den Juden beherrscht werden? Sie kontrollieren sämtliche Massenmedien. Es wird Zeit, daß wir Briten unser Schicksal selbst in die Hand nehmen.»[8]

Die Schmähschrift war kein Originalwerk, sondern fußte weitestgehend auf einem schmalen Band mit dem Titel *The Myth of the Six Million*, der 1969 von der amerikanischen *Noontide Press*, einem Ableger der antisemitischen *Liberty Lobby*, verlegt worden war.

Die amerikanische Ausgabe enthielt sowohl ein nicht unterzeichnetes Herausgebervorwort sowie die Einführung eines gewissen E. L. Anderson, der den biographischen Angaben nach fester Mitarbeiter beim *American Mercury* war; zu jenem Zeitpunkt bemühte sich jenes Magazin gar nicht mehr darum, seinen blanken Antisemitismus zu verhehlen. Bei dem anonymen Herausgeber handelt es sich wohl um Willis Carto, Gründer der *Liberty Lobby*, der *Noontide Press* und des *Institute for Historical Review*. Wie später zu sehen sein wird, pflegte Carto damals bereits langjährige Beziehungen zu einer Mélange rechtsextremistischer US-Politgruppen. (Laut Cartos ehemaligen Kollegen benutzte er E. L. Anderson gelegentlich als Pseudonym.[9]) Der Anhang von *The Myth of the Six Million* beinhaltet fünf Artikel, die ursprünglich 1967 und 1968 in dem von Carto seit längerem redigierten *American Mercury* erschienen waren: Apps *The Elusive ‹Six Million›*, Barnes' *Zionist Fraud*, Teressa Hendrys *Was Anne Frank's Diary a Hoax?*, *The Jews That Aren't* von Leo Heiman, *Paul Rassinier: Historical Revisionist* von Herbert C. Roseman sowie Harry Elmer Barnes' Rezension des Rassinierschen Buches.

Die amerikanische Version hat offensichtlich David Hoggan verfaßt, der Harvard-Doktorand, dessen Arbeiten Harry Elmer Barnes beeinflußten. 1969 reichte er gegen *Noontide Press* eine Entschädigungsklage ein, in der er Anspruch auf die Verfasserrolle bei der Entstehung des Buchs erhob.[10] (Die Einführung von *The Myth of the Six Million* weist den Autor als College-Dozenten aus; er habe das Büchlein 1960 geschrieben, aber keinen Verleger gefunden, der den Mut aufbrachte, das Risiko einer Veröffentlichung einzugehen. Die Identität des Autors durfte angeblich nicht enthüllt werden, da er seine «wohlverdiente Pension nicht verlieren will, die ihm dereinst ins Haus steht».[11])

In beiden Publikationen mischen sich fortlaufend Wahrheit und Phantasie, korrekte und gefälschte Zitate, glatte Lügen und teilweise zutreffende Details. An der Art und Weise, wie die britische Ausgabe das amerikanische Original an vielen Stellen paraphrasiert, läßt sich ablesen, daß Harwood häufig nicht auf ursprüngliche Quellen zurückgriff, sondern lediglich die Aussagen des Amerikaners wiederholte.* Der wiederum lehnte sich häufig selbst bei ande-

* Sowohl der amerikanische als auch der britische Verfasser beschreiben beispielsweise Eichmanns Assistenten als «nervöses Wrack mit der starken Neigung, in stundenlange, unkontrollierbare Weinkrämpfe zu verfallen» (S. 46 bzw. S. 11). Außerdem charakterisieren sowohl die amerikanische als auch die britische Fassung Dr. M. Nyiszli, den Autor von *Doctor at Auschwitz*, als eine «offenkundig erfundene, höchst mysteriöse Gestalt» (S. 118 bzw. S. 20). Der jüdische Arzt Nyiszli arbeitete unter dem berüchtigten Dr. Josef Mengele als Pathologe. Seine Existenz und Posi-

ren Holocaust-Leugnern an. Freizügige Anleihen sind bei den Holocaust-Leugnern an der Tagesordnung; es ist gängige Praxis unter ihnen, sich wechselseitig aufeinander zu beziehen, und zwar nicht nur hinsichtlich der Quellen, sondern auch deren Verifikation. Sie fahren bereits seit langem auf einem «inzestuösen Karussell [von] gegenseitiger Befruchtung und ineinander verzahnten Unwahrheiten» im Kreis umher.[12] Die in beiden Büchern erörterten Grundsatzüberlegungen stützen sich auf Rassiniersches Material, wobei sie allerdings in einigen Fällen wesentlich weiter gehen.[13]

Die Zusammenhänge zwischen Holocaust-Leugnung, rassistisch geprägtem Nationalismus und Antisemitismus manifestieren sich in beiden Schriften aufs lebhafteste. Harwood beschwerte sich darüber, daß die «große [Holocaust-]Lüge» jedes aufkeimende Nationalgefühl in seiner Entfaltung behinderte; wann immer Großbritannien oder ein anderes europäisches Land seine «nationale Sauberkeit» zu bewahren suchte, wurde es sogleich als neonazistisch gebrandmarkt.[14] Auf die Erhaltung der nationalen Integrität eines Lands legte man in beiden Ausgaben großen Wert. Der Holocaust-Mythos gefährdete das «Überleben der Rasse als solcher». Harwood käute eine aus Extremistenkreisen vertraute Klage wieder, nämlich daß die Bewohner der angelsächsischen Welt sich der schwerwiegendsten Krise in ihrer Geschichte gegenübersähen, weil «fremde Rassen» in ihrer Mitte lebten. Er stellte die Holocaust-Leugnung und die Notwendigkeit zum Schutz der «Rasse» in einen gemeinsamen Kontext und warnte, irgend etwas müßte unternommen werden, um die Zuwanderung und Aufnahme Nichtweißer aufzuhalten, andernfalls stünde den Angelsachsen nicht nur «biologische Umwandlung», sondern auch die «Vernichtung» der europäischen Kultur und ihres rassischen Erbes bevor.[15]

Dieses Denkschema – in das Programm der *National Front* ein-

tion sind durch Dokumente und Zeugenberichte zur Genüge belegt. Es gibt zahlreiche weitere Beispiele für derartig «geteilte», abgeschriebene Querverweise und Zitate. Siehe z. B. den Abschnitt über das *Internationale Komitee vom Roten Kreuz* mit der Überschrift «Dankesbriefe jüdischer Internierter» (S. 99 bzw. 25). Man vergleiche zudem S. 98 mit S. 24 sowie S. 101 mit S. 25.

betoniert – gibt den Juden die aktive Schuld am rassischen und nationalen Niedergang Englands wie auch Europas insgesamt. Kurz nach dem Erscheinen des Harwoodschen Pamphlets bezichtigte ein Führer der *National Front* die Juden, sie steckten «Milliarden» in die Förderung «rassischer Vermischung», um überall auf der Welt die nationale Identität der Länder zu schwächen und sich so den Weg zur eigenen Weltherrschaft zu ebnen.[16] Wenn man Harwood glauben darf, haben die Juden das Holocaust-Märchen zur Rettung ihres eigenen kulturellen Erbes eingesetzt und damit gleichzeitig andere Völker «ihrer Kraft» zur Selbsterhaltung «beraubt».[17] Die Juden – so Harwood – nutzten ihre gewaltige Macht und Manipulierungsfähigkeit aus, um sich persönlich wie auch ihre Gemeinden enorm zu bereichern, und zwar in beträchtlichem Maße auf Kosten des Wohlergehens und der Sicherheit anderer Volksgemeinschaften. (Harwood ließ selbstverständlich keinen Zweifel daran offen, daß es sich bei letzteren um Menschen weißer Hautfarbe handelte.) Harwood kritisierte, daß jeder, der das Rassenproblem anzusprechen wagte, als Rassist angeprangert wurde, ein Codewort für *Nazi*, und *Nazi* war natürlich gleichbedeutend mit Holocaust-Verbrecher.[18]

Die Einleitung zur amerikanischen Ausgabe stellte eine analoge Verbindung her: Die Fabel vom Holocaust verunmöglichte es den USA, ihr «überwältigendes Rassenproblem» anzugehen. Der Nazismus war durch den Holocaust in Ungnade gefallen, infolgedessen konnten die Schwierigkeiten, die sich in der US-Gesellschaft durch einen «Kontakt zwischen Negern und Weißen» ergaben, nicht bei ihren wirklichen Namen genannt werden, dem biologischen nämlich und dem politischen. Jeder, der den Mut aufbrachte, es auszusprechen, wurde ein Freund des *Rassismus* geschimpft, und «Rassismus ist das Hauptmerkmal eines Nazis»![19] Seit den 60er Jahren, seit der zunehmenden Immigration von Nichtweißen nach Europa, vor allem nach Großbritannien und Frankreich, wiederholen Angehörige der extremen Rechten diese seltsame Mixtur aus Vorwürfen, in der Rassismus, die Wiederbelebungsversuche des Faschismus und Holocaust-Leugnung miteinander verwoben sind. Auch in Nordamerika wurden derlei Überlegungen von einer Reihe rechtsextremistischer Gruppierungen absorbiert. Berücksichtigt man die Beziehungen der ideologischen Strömungen auf beiden Seiten des Atlantiks untereinander, kann nicht verwundern, daß der Holocaust-«Schwindel» in der ewigen Leier von Argumenten, welche von jenen äußersten Rändern der Gesellschaft her ertönen, eine feststehende Komponente bildet.

Zur Rehabilitation des Nationalsozialismus bemühten sich beide Publikationen um den Nachweis, daß die Nazis die Auswanderung, nicht die Vernichtung der Juden befürworteten. Zunächst behaupteten sie, bei der Endlösung habe es sich lediglich um ein Unternehmen zur Aussiedlung aller Juden aus dem Reich gehandelt. Später versuchten sie sich an einer historischen Legitimierung des Evakuierungsplans, indem sie ihn mit dem Namen Theodor Herzls, des Begründers des modernen Zionismus, verbanden. Ihrer Meinung nach hatten die Nazis nichts anderes angestrebt, als Herzls ursprüngliches Ziel zu verwirklichen und alle Juden nach Madagaskar überzusiedeln. Herzl hat Madagaskar nie erwähnt. Vorübergehend erwog er zwar Uganda als denkbare Alternative zu Israel, ließ den Gedanken allerdings wieder fallen, da er bei anderen Zionisten auf stürmische Ablehnung stieß.

Dies war nicht Harwoods einziger Ansatz, die Nazis in Befürworter einer allgemeinen Emigration zu verwandeln. Indem er eine jüdische Auswanderung nach Madagaskar als Hauptanliegen des nationalsozialistischen Parteiprogramms vor 1933 bezeichnete, wollte er herausstreichen, daß den Nazis in erster Linie an einer harmlosen Umschichtung der Bevölkerung gelegen war. Die Wirklichkeit sah so aus, daß die Nazis eine Emigration der Juden vor 1933 nicht zu ihren politischen Zielen zählten, geschweige denn eine solche Aktion programmatisch in den Mittelpunkt gestellt hätten.[20] Der Madagaskar-Plan wurde erst in den späten 30er Jahren als Option genannt. Der nazistische Schlachtruf lautete «Juda verrecke!», nicht «Juda verschwinde». «Juda verrecke» könnte genausogut heißen: «Stirb, du räudiger Hund!»[21] Naziführer wie Joseph Goebbels, Julius Streicher und Hans Frank verglichen die Juden mehrfach mit auszurottendem Ungeziefer. 1929 schrieb Goebbels, der Jude sei gewiß ein menschliches Wesen. Aber auch der Floh sei eine lebendige Kreatur – nur keine erfreuliche. Da der Floh kein angenehmes Insekt sei, sei man nicht verpflichtet, ihn zu schützen und gedeihen zu lassen, es sei vielmehr Pflicht, ihn zu vertilgen. Selbiges gelte für die Juden.[22] In einem Artikel des «Völkischen Beobachters» aus dem Jahr 1921 charakterisierte Hitler die Juden als «Läuse und Wanzen, die unserem lieben Volk das Blut aus den Poren saugen».[23]

Die Unterstellung, daß die Nazis an einer allgemeinen jüdischen Auswanderung interessiert gewesen wären, illustriert die Methoden der Wahrheitsfälschung, die die Holocaust-Leugner anwenden. Während der 30er Jahre förderten die Nazis *in der Tat* die Auswanderung von Juden, weil sie auf diesem Weg das Reich säubern wollten. Von 1933 bis 1939 drängten sie die jüdische Bevölkerung zum Verlassen des Landes, was mehr als 300 000 Menschen bzw. etwa die Hälfte der deutschen Juden auch taten. Diesen Umstand schlachten die Holocaust-Leugner aus, um die Nazis als wohlmeinende Organisatoren einer Generalumsiedlung darzustellen, während ihre wahre Absicht in den 30er Jahren darin bestand, die deutschen Juden brutal auseinanderzutreiben und gleichzeitig den Antisemitismus im Ausland zu schüren. In der Vorkriegsperiode stellte dies ihr Mittel dar, Deutschland «judenrein» zu machen. Im Chaos des Kriegs konnten – oder, wie manche behaupten würden: mußten – sie sich statt dessen auf die Vernichtung der Juden verlegen.*

* Unter Historikern herrscht Uneinigkeit darüber, wann genau im Verlauf des Jahres 1941 die Nazis den Entschluß zur Ermordung aller Juden in ihrem Einflußbereich faßten. Als ihnen klar wurde – gerade während sie die Sowjetunion überrollten –, daß sie mehrere Millionen Juden in ihre Gewalt bekommen würden, kristallisierte sich bei ihnen der Gedanke heraus, Mord sei das einzig «wirksame» Mittel zur Lösung des jüdischen «Problems». Die Intentionalisten argumentieren dahingehend, daß die Nazis von Anfang an die Ausrottung der Juden im Sinn hatten und die Endlösung nach einem höchst konsequenten, logisch strukturierten Plan ablief. Die Funktionalisten hingegen glauben, daß es für die Massenmorde an den Juden kein Konzept gab; statt dessen wies der Vernichtungsprozeß den Nazis zunächst einmal vor allem einen Ausweg aus der Sackgasse, in die sie sich selbst hineinmanövriert hatten. Funktionalisten sind der Auffassung, daß die Tötungen zunächst improvisiert wurden und später eine Eigendynamik entwickelten. Ich gedenke nicht, in diese Diskussion einzugreifen. Beide Seiten stimmen überein, daß der Krieg

Doch bereits die Aufforderung zur Auswanderung barg teuflische Hintergedanken – Auswanderung in dem Sinn, daß die Nazis hierunter eine Lösung für das «Judenproblem» des Dritten Reichs verstanden. Ein Memorandum des Außenministeriums vom 25. Januar 1935 skizziert den Zynismus hinter der Emigrationspolitik: «Je ärmer und damit belastender für das Einwanderungsland der einwandernde Jude ist, desto stärker wird das Gastland reagieren und desto erwünschter ist die Wirkung im deutschen propagandistischen Interesse.»[24] In dem Grad, in dem die Deutschen mittellose, verzweifelte Juden in andere Länder schickten, exportierten sie auch ihren Antisemitismus. Das war unter anderem der Grund, warum sie die Juden durch Erhebung einer stetig wachsenden Emigrationsgebühr all ihres Vermögens beraubten. Bis zum Januar 1939 waren sie vollständig aus der deutschen Wirtschaft «herausgesteuert» worden. Verschiedentlich verfügten Nazipolitiker schlicht, daß ganze jüdische Gemeinden an Orte außerhalb der deutschen Grenzen geschafft wurden, und nötigten so ihren Nachbarn die Versorgung zahlloser bedürftiger Immigranten auf. Der bekannteste Zwischenfall dieser Art ereignete sich Ende Oktober 1938 an der polnischen Grenze, kurz vor der «Reichskristallnacht», dem antijüdischen Nazipogrom im November 1938, in dessen Verlauf Hunderte Synagogen zerstört und 26000 Juden in Konzentrationslagern inhaftiert wurden.

Das Auswanderungsmärchen – die Hypothese, daß die Nazis an ihrer ursprünglichen Absicht festhielten, sich die Juden durch Emigration vom Hals zu schaffen – läßt sich mühelos anhand von Originalakten, Zeitungen und Zeitschriften der Nazis widerlegen; darin wimmelt es von Verlautbarungen der Parteiführer und anderer leitender Beamter, welche deren wahre Ziele preisgeben. Reichs-

und speziell die Invasion der Sowjetunion das Eliminierungsprogramm ermöglichten – unabhängig davon, wann und wie die Idee entstand. Bis 1939 versuchten die Nazis, die Juden durch Zwangsemigration loszuwerden. Von 1939 an stießen sie diesen Bevölkerungsteil unter Anwendung von Gewalt ab. Eine ausgezeichnete Zusammenfassung der Debatte findet sich bei Michael R. Marrus, *The Holocaust in History*, New York 1989 *(pbk.)*, S. 34–48.

arbeitsführer Dr. Robert Ley artikulierte diesen Vorsatz 1942 mit der Bemerkung, es genüge nicht, «den Juden, den Feind der Menschheit, auszugliedern – der Jude muß vernichtet werden».[25] Bei seiner Aussage vor dem Nürnberger Gerichtshof gab Victor Brack zu, daß die «unbedingte Tilgung der Juden» in den Führungskreisen der Partei kein Geheimnis gewesen sei;[26] Victor Brack war von 1939 bis 1941 für die Vergasung von 50 000 geistig behinderten sowie chronisch erkrankten Deutschen und Juden im Rahmen des Euthanasieprogramms verantwortlich. In einem Artikel der Berliner Wochenzeitung *Das Reich* vom 9. Mai 1943 verkündete Goebbels: «Kein prophetisches Wort des Führers bewahrheitet sich mit einer so unheimlichen Sicherheit und Zwangsläufigkeit wie das, wenn das Judentum es fertigbringen werde, einen zweiten Weltkrieg zu provozieren, dieser nicht zur Vernichtung der arischen Menschheit, sondern zur Auslöschung der jüdischen Rasse führen werde.»[27] Im Oktober 1943 sprach SS-Chef Heinrich Himmler vor ranghohen Offizieren in Posen von einer «Pflicht gegenüber unserem Volk, dieses Volk [der Juden], das uns umbringen wollte, umzubringen».[28]

Man vermag sich also auf diese und eine Vielzahl anderer Erklärungen seitens der Naziobersten zu stützen, darunter Hitlers persönliche Zusage vom Januar 1939, die Juden zu vernichten, sowie die Wiederholung dieses Versprechens während des Kriegs. In den 30er Jahren diente die Emigration durchaus als Mittel, um Deutschland von seinen jüdischen Einwohnern zu entledigen, doch dann gerieten Polen und sowjetische Gebiete mit ihren starken jüdischen Bevölkerungsanteilen unter Naziherrschaft. Von diesem Zeitpunkt an – daran besteht kein Zweifel – wurde die Judenvernichtung von den Deutschen zum politischen Prinzip erhoben.

Selbst der erfinderischste Holocaust-Leugner vermag sich nicht auf den Standpunkt zu stellen, daß der Nationalsozialismus nicht antisemitisch war – dafür manifestiert Antisemitismus sich allzu offenkundig als fundamentaler Aspekt dieser Ideologie. Doch was die Holocaust-Leugner nicht abstreiten oder verdrehen können, das rationalisieren sie, wie sich beispielsweise an ihren Bemühungen beobachten läßt, die deutschen Juden als Spione und Partisanen zu zeichnen, welche jede Strafe im Ermessen der Nazis verdienten. Harwood erweiterte dieses Spiel um einige Varianten. Er interpretierte den Antisemitismus der Nazis als Deutschlands legitime Erwiderung auf Angriffe durch das «internationale Judentum». Sein Argument lautete, man müsse eine bestimmte, 1939 erfolgte Ankündigung des Zionistenführers Chaim Weizmann als offizielle Kriegserklärung der Juden an Nazideutschland betrachten, die sie zu einer Bedrohung für Deutschlands Sicherheit werden ließ;[29] Harwood zitierte Weizmann dahingehend, daß er unmittelbar vor Kriegsausbruch gesagt habe, die Juden stünden auf seiten Großbritanniens und würden gemeinsam mit dem demokratischen Lager in den Kampf eingreifen. De facto hat Weizmann Großbritannien in seiner Verlautbarung niemals erwähnt, er bezog sich vielmehr auf die demokratische Welt insgesamt. «Großbritannien» ergänzte Harwood eigenmächtig. Er beharrte darauf, daß Hitler laut den Statuten der internationalen Gesetzgebung das Recht besaß, die Juden zu einer feindlichen Macht zu erklären, die einen Krieg gegen das Reich anstrengte. Deswegen durfte man sie berechtigterweise einer generellen Internierung unterziehen.

Harwood ignorierte die Tatsache, daß die Nazis ihren antisemitischen Kurs bereits fast sieben Jahre vor Weizmanns Aussage eingeschlagen hatten. Sie bildete eine Entgegnung auf die Politik der Nazis, nicht umgekehrt. Seit 1933 verbannten die Nationalsozialisten die Juden aus fast allen Berufen und setzten sie wirtschaftlichen Restriktionen, Verhaftungen, physischer Gewalt und unerträglichen Schmähungen aus. Diese Entwicklung setzte sich in den Nürnberger Gesetzen aus dem Jahr 1935 fort, kraft deren die Juden ihre Bürgerrechte verloren, und gipfelte 1938 in der Zerstörung und Brutalität der «Reichskristallnacht». Weizmann sprach als Anführer eines staatenlosen Volks, das sich mitnichten in der Lage gesehen hätte, einen Krieg gegen eine unabhängige, wohlgerüstete Nation anzustrengen.[30] Immerhin war er britischer Staatsbürger und Palästina eine Region unter britischer Oberhoheit. Seine Loyalität zu den demokratisch regierten Ländern der Welt bei ihrem Krieg gegen Deutschland zu bekunden war das mindeste – und, auf einer gewissen Ebene, das einzige –, was er tun konnte.

Man könnte diesen hämischen Trick, den nazispezifischen Antisemitismus als berechtigte Reaktion auf eine Gefährdung der deutschen Sicherheit darzustellen, leicht abtun, wäre nicht die Art und

Weise beunruhigend, in der er von ernsthaften Historikern aufgegriffen worden ist. Der deutsche Wissenschaftler Ernst Nolte, dessen Faschismusbücher zu den klassischen Werken der Geschichtsschreibung zählen, legte für seine argumentative Milderung der nationalsozialistischen Schuld am Grauen des Zweiten Weltkriegs Weizmanns Worte ähnlich aus. In den 80er Jahren war Nolte an prominenter Stelle in einen unter dem Stichwort «Historikerstreit» bekanntgewordenen Disput verwickelt; einige Wissenschaftler, insbesondere solche, die zu konservativen politischen Anschauungen neigten, unternahmen damals den Versuch, die Geschichte der Nazizeit mit der Begründung zu neutralisieren und zu relativieren, daß viele der nationalsozialistischen Vorhaben, unter anderem die Judenvernichtung, in Abwehr gegen Druck von außen entstanden seien und sich nicht von der Handlungsweise anderer Länder in der Vergangenheit unterschieden. Bundeskanzler Helmut Kohls Einladung an Präsident Ronald Reagan, mit ihm an einer Kranzniederlegung in Bitburg teilzunehmen, reflektierte auf politischer Ebene diese historische Tendenz zur Normalisierung der deutschen Vergangenheit, d.h. insbesondere der nationalsozialistischen Vergangenheit. Kohl bat den amerikanischen Präsidenten, ihn in einem Akt der Versöhnung auf einen deutschen Militärfriedhof zu begleiten, wo auch gefallene SS-Soldaten begraben lagen; damit bemühte sich Kohl, den historischen Schandfleck auf deutschem Nationalismus und Patriotismus zu verwischen. Er versuchte nicht, die Vergangenheit umzudichten und abzustreiten, aber er wollte sie in einem anderen Licht betrachtet wissen.[31] Eine der Holocaust-Leugnung immanente Gefahr besteht darin, daß ihre Verfechter die Parameter der Diskussion über das deutsche Verhalten im Krieg so lange erweitern, bis Noltes relativistischer Ansatz an Gültigkeit gewinnt. (Für eine ausführlichere Erörterung der Verquickung von Relativismus und Leugnung siehe Kapitel 11.)

Wie ein Echo Harwoods sprach Nolte die Überzeugung aus, daß Weizmanns offizielle Deklaration unmittelbar vor dem Ausbruch der Feindseligkeiten Hitler begründeten Anlaß gab, «von dem Vernichtungswillen seiner Gegner sehr viel früher überzeugt zu sein als zu dem Zeitpunkt, wo die ersten Nachrichten über die Vorgänge in Auschwitz zur Kenntnis der Welt gelangt waren».[32] Nolte erläuterte nicht näher, mit welchen Mitteln die Juden Hitlers Vernichtung hätten vollziehen können. Als Kritiker Noltes ihm hierauf die gewaltsamen Diskriminierungsmaßnahmen gegen die Juden in der Vorkriegszeit entgegenhielten, lautete seine Antwort, er habe sich lediglich an David Irving orientiert, einem rechtsextremen Autor geschichtswissenschaftlicher Werke. Es bleibt offen, wie eine historisch so unqualifizierte Sichtweise durch das Zitieren Irvings gerechtfertigt werden kann, es sei denn, man zieht es vor, Noltes persönliche Voreingenommenheit darin reflektiert zu sehen.[33] Irving ist – zu seiner Entwicklung siehe die Folgekapitel – mittlerweile zum authentischen Holocaust-Leugner geworden; er hat in der Vergangenheit des öfteren höchst kontroverse Holocaust-Theorien, unter anderem auch die Hypothese formuliert, daß Hitler über den Holocaust nichts wußte.

Derartige Machwerke veranschaulichen, auf welche Weise Holocaust-Leugner inkorrekt zitieren, Unwahres berichten, Statistiken verfälschen und sich bei ihren verlogenen Schlußfolgerungen auf respektable Quellen berufen. Sie können sich auf Bücher stützen, die ihren Argumentationen diametral widersprechen, weil sie diese Werke in einer Art referieren, durch welche die Intentionen des jeweiligen Autors vollkommen irreführend wiedergegeben werden. Holocaust-Leugner verlassen sich auf den Umstand, daß die große Mehrheit ihrer Leser keinen Zugang zu den von ihnen benutzten Dokumenten hat bzw. nicht die Mühe auf sich nimmt, nachzuvollziehen, wie sie Informationen falsifiziert oder mißdeutet haben.

Harwood wollte nachweisen, daß schon aus rein statistischen Gründen niemals sechs Millionen Juden durch die Nazis umgekommen sein konnten. Seine Pseudomethodologie hält unterdessen schon einer flüchtigen Überprüfung seiner Quellen nicht stand. Harwood berief sich auf einen Artikel der *Chambers Encyclopedia*, der in seiner Interpretation besagt, daß die jüdische Gesamtbevölkerung Europas vor dem Zweiten Weltkrieg sechseinhalb Millionen betrug. «Dies würde bedeuten, daß fast alle umkamen», schrieb Harwood, und fragte weiter, wie in dem Fall so viele Juden in andere Länder auswandern oder Abfindungssummen erhalten konnten, wenn angeblich fast alle getötet worden waren.[34]

Die *Chambers Encyclopedia* nennt zwar an einer Stelle sechseinhalb Millionen, allerdings nicht in Zusammenhang mit der jüdischen Einwohnerzahl Europas vor dem Krieg: «Auf dem europäischen Kontinent – *Rußland nicht mit eingerechnet*, dessen westliche Regionen ebenfalls schrecklich litten – konnte nur eine Handvoll jüdische Gemeinden in den neutral gebliebenen Staaten entkommen, eine zu vernachlässigende Zahl; von den sechseinhalb Millionen Juden, *die 1939 in Ländern unter nationalsozialistischer Regierung lebten*, waren sechs Jahre später, als der Krieg endete, kaum noch anderthalb Millionen übriggeblieben.»[35]

Die *Chambers Encyclopedia* berücksichtigte bei ihrer Angabe von sechseinhalb Millionen also weder die jüdische Bevölkerung der Sowjetunion noch die anderer, von den Nazis 1939 nicht besetzter Länder.

Harwood behauptete des weiteren, die Mehrzahl der deutschen Juden habe Deutschland vor dem Krieg verlassen. Infolgedessen hätten sie sich außerhalb der Reichweite der Nazis befunden und seien vor jeglicher Verfolgung geschützt gewesen.[36] Man dürfe sie daher bei den sechs Millionen Toten nicht mit einkalkulieren. Mehr als die Hälfte der deutschen Juden emigrierte, das trifft zu. Aber obwohl viele in Länder auswanderten, welche Mitte der 30er Jahre genügend Sicherheit zu bieten schienen, zum Beispiel die Niederlande, Frankreich und Belgien, erfaßte der nationalsozialistische Mahlstrom sie am Ende doch. In Anbetracht der Tatsache, daß die Todesrate unter Europas Juden mit insgesamt sechs Millionen beziffert wird, bleibt der Prozentsatz ausgewanderter Juden eine statistisch irrelevante Größe, außer man vermerkt ihren Bestimmungsort.

Sofern die Holocaust-Leugner Daten nicht entstellen können, werden sie von ihnen unterschlagen, vor allem natürlich, wenn sie wesentlichen Ideen der Leugner widersprechen. Dies geschah auch mit Material aus der *Chambers Encyclopedia*, denn der bereits zitierte Abschnitt wendet sich – nach den Bevölkerungszahlen – einer Beschreibung der «systematischen Ausrottungskampagne in den unterschiedlichen Todeslagern» zu, in deren Verlauf ein Drittel der Juden umkam.[37]

Wiederholt teilte Harwood Fakten nur bruchstückhaft mit, um hieb- und stichfeste Dokumentierungen zu verfälschen. Zum Beispiel ließ er seine Leser wissen, die *Basler Nachrichten* hätten im Juni 1946 von einer «Maximalzahl von eben anderthalb Millionen jüdischer Todesopfer» geschrieben.[38] Harwood unterschlägt einen sich an die Meldung unmittelbar anschließenden Artikel, der die Unrichtigkeit der zuvor genannten Ziffer bestätigt und die korrekte Zahl der Opfer mit 5 800 000 vermeldet.[39]

Margarete Buber-Neumanns Aufzeichnungen *Als Gefangene bei Stalin und Hitler* stellte Harwood in ähnlicher Weise auf den Kopf. Er legte sie so aus, als habe Buber-Neumann belegen wollen, daß es sich bei Konzentrationslagern um komfortable Institutionen mit ausreichender Nahrungsversorgung und einer Ausstattung gehandelt habe, die den Insassen akzeptable Lebensbedingungen boten. Harwood wies die Autorin als deutsche Jüdin aus, der von der Gestapo als einziger Jüdin in einer Gruppe von Deportierten aus Rußland verboten wurde, nach Rußland zurückzukehren.[40] In dem Erinnerungsband wird dagegen mit keiner Silbe erwähnt, daß Buber-Neumann Jüdin war. Noch bezeichnender ist allerdings, wie Harwood ihre Schilderung des Lagers Ravensbrück verfremdet. Seinen Worten gemäß fand sie es bei ihrem Eintreffen 1940 «sauber, wohlgeordnet und gut verwaltet» vor. Nach der Ankunft erhielt sie eine aus «Weißbrot, Wurst, Lauchgrütze und Trockenfrüchten» bestehende Mahlzeit.[41] Unter diesen bequemen Umständen wohnte sie mehrere Jahre lang in Ravensbrück, bis sie 1945 die «wachsende Verschlechterung der Lagerbedingungen miterleben» mußte. Mit diesen Unterstellungen rekurrierte Harwood auf ein altbekanntes Argument. Laut den Holocaust-Leugnern resultierten die entsetzlichen Zustände in den Lagern aus den alliierten Angriffen auf die deutschen Kommunikations-, Transport- und Versorgungssysteme. Die Alliierten richteten in den letzten Stadien des Krieges verheerende Verwüstungen der zivilen Infrastruktur Deutschlands an und behinderten dadurch die Deutschen in der Verpflegung der Lagerhäftlinge. Deswegen waren die Überlebenden bei der Befreiung der Lager so unendlich ausgezehrt und ausgemergelt. Harwood sprach die Gewalttäter frei und klagte die Sieger an; er verwandelte die Alliierten in Verbrecher, die die größte Schuld an den in Deutschland durchlittenen Qualen trugen. Er schlug damit gewissermaßen zwei Fliegen mit einer Klappe, da gleichzeitig ein Umstand neu dargestellt wurde, der nicht zu bestreiten war, nämlich die skeletthafte Magerkeit der Lagerinsassen.

Harwoods Version des Buberschen Berichts steht in völligem Widerspruch zu ihren eigenen Aussagen. En détail beschreibt sie die Existenzbedingungen in Ravensbrück, wo bereits lange vor 1945 alles zusammenbrach. Explizit erwähnt sie auch Hinrichtungen, verhungernde Menschen, gräßliche Zustände, und zwar vor den alliierten Bombardierungen 1945. Sie schildert nicht nur, wie Gefangene «im Zellenbau erschlagen worden, erfroren oder verhungert» waren, sondern bezieht sich ausdrücklich auf Gaskammern und Exekutionen. Sarkastische Bemerkungen wie «‹Du gehst auch nur durch den Kamin nach Hause!›», schreibt sie, «kennzeichneten die Einstellung der Häftlinge zum Sterben».[42] Womit sie ohne Umschweife auf das Krematorium im Lager anspielt. Derlei Einzelheiten übersieht Harwood geflissentlich und verwandelt so Buber-Neumanns Buch mit seinen unmißverständlichen Beschreibungen des Grauens in ein Werk, das die Lager positiv darstellte.*

Auch Colin Cross' *Adolf Hitler* krempelte Harwood durch selektives Zitieren völlig um. Gemäß Harwood gelangte Cross zu der Ansicht, daß die Verschiebungen von Millionen Juden innerhalb Europas und «ihre Ermordung in einer Phase desperater Kriegsanstrengungen... von einem rationalen Standpunkt her unsinnig» war.[43] Damit implizierte Harwood, daß Cross das Ausrottungsprogramm – weil er es als vollkommen absurd empfand – für nicht existent erklärte. Diese Schlußfolgerung entbehrt jeder Basis, denn fast alle Holocaust-Forscher betonen die Irrationalität der nationalsozialistischen Judenvernichtung. Man tötete fähige Arbeiter, bevor ihre Aufgaben fertiggestellt waren. Güter- und Lastwagen, welche dringend für Materialtransporte an die Front benötigt wurden, kamen zum Einsatz, um Juden in den sicheren Tod zu befördern. Es ist dem Holocaust immanent, daß er keine mit Mitteln der Vernunft

* Buber-Neumanns Buch enthält eine Reihe faktischer Irrtümer. Ich beziehe mich auf ihr Werk nicht wie auf eine historisch fundierte Quelle, sondern aufgrund seines Beispielcharakters dafür, in welcher Weise die Holocaust-Leugner regelmäßig die Schlußfolgerungen der von ihnen angeführten Autoren verzerrt wiedergeben.

nachvollziehbare Funktion besaß; dies muß zu seinem Verständnis vorausgesetzt werden. Aus diesem Grund darf man Cross' Etikettierung des Holocaust als irrational keinesfalls so auslegen, als zeichne sich darin eine Leugnungstendenz ab. Analog zur Interpretierung von Bubers Buch kehrt Harwood auch hier eine Anzahl von Textabschnitten unter den Tisch, an denen sich Cross' feste Überzeugung ablesen läßt, daß es einen systematischen Plan zur Vernichtung der Juden gegeben hat: «Zeitgleich mit dem Einmarsch in die Sowjetunion richtete Hitlers politisches Kalkül sich definitiv auf die Durchführung eines Massenmordes.»[44] Cross zweifelte außerdem keinen Augenblick lang an Hitlers Rolle beim Zustandekommen der Endlösung: «Bereits eine oberflächliche Bestandsaufnahme der Fakten verdeutlicht plausibel, daß Hitler von der Judenpolitik nicht nur Kenntnis hatte, sondern sie aktiv vorantrieb... Außerdem teilte Himmler seinen Offizieren – wie aus Gesprächsprotokollen ersichtlich – mehrfach dezidiert mit, die Vernichtungsaktionen würden auf Befehlen des Führers beruhen. Und schließlich enthält Hitlers ‹Testament› aus dem Jahr 1945 Paragraphen, in denen er die Ausrottung der europäischen Juden als persönliche Leistung verzeichnet.»[45] Cross hob hervor, daß der Holocaust einen «Stützpfeiler» der Hitlerschen Politik bildete: «Millionen von Männern, Frauen und Kindern wurden in Gaskammern gepfercht und ermordet, nur weil sie Juden waren.»[46]

Als Harwood sich mit dem 1948 veröffentlichten dreibändigen Bericht des Internationalen Komitees vom Roten Kreuz (IKRK) über dessen Bemühungen zugunsten der Internierten befaßte, wandte er die Taktik, Texte vollkommen anders klingen zu lassen, als sie gemeint sind, noch systematischer an. Schamlos präsentierte er die in jenem Bericht enthaltenen Informationen so, als erhärteten sie die Glaubwürdigkeit seiner Behauptungen, durch die er die Realität des Holocaust widerlegen wollte. Harwood nannte den IKRK-Report die einzige Untersuchung über die Lage der Juden in Europa während des Zweiten Weltkriegs sowie die Umstände in deutschen Konzentrationslagern, die sich nicht nur durch eine «singuläre Redlichkeit und Objektivität», sondern auch durch strikte politische Neutralität auszeichnete. Für ihn ging aus der Studie eindeutig hervor, daß das Internationale Rote Kreuz in den europäischen Lagern der Achsenmächte «nicht die geringsten» Spuren eines «politischen Vorsatzes zur Eliminierung der Juden» entdeckt hatte.[47] Harwood schrieb, auf keiner der insgesamt 1600 Seiten des Berichts werde «so etwas wie eine Gaskammer» auch nur erwähnt. (Die amerikanische Version, *The Myth of the Six Million*, stellte bezüglich des IKRK-Reports dieselbe Behauptung auf.) Das IKRK gebe zwar zu, daß die Juden, wie viele andere Völker während des Kriegs, unter besonderen Unbilden und Entbehrungen litten, aber «von einer durchgeplanten Vernichtungsaktion ist nirgends die Rede, was die Legende von den sechs Millionen unbestreitbar widerlegt».[48]

An dieses Ergebnis konnte Harwood sich nur herantasten, weil er Schlüsselpartien des IKRK-Reports ignorierte. Das Internationale Rote Kreuz drückte sich über das Schicksal der Juden klar und deutlich aus. Es vermerkte, daß Juden unter dem Naziregime «vogelfrei» und «aufgrund einer unbarmherzig rassistischen Gesetzgebung zu permanentem Terror, Verfolgung und *systematischer Vernichtung* verurteilt waren».[49] Das IKRK mußte eingestehen, daß es für die Juden nichts hatte tun können, trotz der Kontrollbefugnisse, mit denen es in bezug auf andere Häftlinge und Kriegsgefangene ausgestattet war. «Nichts schützte sie; die Juden waren weder Kriegsgefangenen noch internierten Zivilisten gleichgestellt, sie bildeten eine Sondergruppe, deren Sicherheit durch kein geltendes Abkommen gewährleistet wurde.» Obwohl die Nazis mit der fabrikmäßigen Vernichtung von Menschen noch gar nicht begonnen hatten, waren die Erscheinungsformen der Nazi-Methoden eindeutig. Ohne jegliche Beschönigung schilderte es die Verfahrensweisen in einem kühl kalkulierten Eliminierungsprozeß: «Sie wurden in Konzentrationslager und Ghettos gesperrt, zur Zwangsarbeit abkommandiert, brutal mißhandelt und in *Todeslager* deportiert, ohne daß irgend jemand in dieser Angelegenheit einschreiten durfte.»[50] Dies waren nicht einmal die einzigen Hinweise des IKRK auf Todeslager oder systematische Vernichtung; in dem Bericht finden sich unmißverständliche Angaben folgender Art: «Im September 1940, als die [rumänische] ‹Eiserne Garde› mit Unterstützung der Gestapo und der deutschen SS die Macht übernahm, fielen die Juden schwerster Verfolgung zum Opfer und wurden in *Todeslager* gebracht.»[51]

«In Deutschland und seinen Satellitenstaaten war das Los derjenigen Zivilisten, die dieser Bevölkerungsgruppe angehörten, bei weitem das schlimmste. Sie befanden sich in der Gewalt einer rassendiskriminierenden Regierung, die mehr oder minder offen ihre Vernichtung anstrebte, und konnten selbst das Notwendigste zum Leben nicht mehr beschaffen.»[52]

Harwood stellte die Studie so hin, als hielten ihre Verfasser die Vermutung für «Unsinn», daß es «listig als Duschkabinen getarnte Gaskammern gegeben» habe. Ein von ihm vorgebrachtes Beispiel soll seine Deutung untermauern: Die von ihm zitierte Passage berichtet über eine IKRK-Inspektion von Bädern und Duschen in mehreren Lagern. Sofern den Vertretern der Hilfsorganisation Mißstände auffielen, schritten sie unverzüglich ein, «damit die Installationen verbessert, repariert und ggfs. vergrößert wurden».[53] Ein schlüssiger Beweis dafür – so Harwood –, daß Duschen als Duschen funktionierten, so primitiv sie auch sein mochten, und nicht als Tötungseinrichtungen. Die Schwierigkeit bei dieser Zitatwahl Harwoods besteht trotz seiner ausnahmsweise korrekten Zitierweise darin, daß der Abschnitt nicht von deutschen Konzentrationslagern handelte, sondern sich auf *alliierte* Lager zur Internierung von Zivilisten in Ägypten bezieht.[54]

Harwood betonte wiederholt, dem IKRK sei es von August 1942 an gestattet gewesen, die wichtigsten Konzentrationslager Deutschlands aufzusuchen und dort Lebensmittelpakete auszuteilen; dieses Privileg sei von Februar 1943 an auf alle weiteren Lager und Gefängnisse ausgedehnt worden.[55] Harwood schreibt allen Ernstes, dies stünde auf Seite 78 des dritten Bands. Auf jener Seite ist zwar vom Betreten «wichtiger deutscher Konzentrationslager» die Rede, allerdings mit der Einschränkung, daß dies lediglich für Dachau und Oranienburg galt. Die Zusatzgenehmigung, welche 1943 erteilt wurde, erweiterte den Aktionsradius des IKRK auf alle *in Deutschland befindlichen* Lager und Gefängnisse.[56] Die zahlreichen Lager außerhalb Deutschlands waren davon nicht betroffen. Darüber hinaus gab das IKRK bekannt, daß seine Möglichkeiten darauf reduziert wurden, an verschleppte Ausländer, deren Adressen genau bekannt waren, Pakete auszuteilen, und daß viele Lagerinsassen, unter ihnen die große Mehrheit der Juden, überhaupt keine Nahrungsmittel entgegennehmen durften.

Bei seinen Bemühungen, die Befunde des IKRK zu verfälschen, blieb Harwood hartnäckig; er vermeinte, der Dokumentation expressis verbis entnehmen zu können, daß ein Großteil der europäischen Juden nicht in Lagern inhaftiert war, «sondern weiterhin, wenn auch gewissen Zwangsmaßnahmen unterworfen, zur freien Zivilbevölkerung zählte». Dies stand laut Harwoods Worten in direktem Widerspruch zu den jüdischen Klagen, das «Vernichtungsprogramm» sei mit durchschlagender «Gründlichkeit» vollstreckt worden. In diesem Fall versäumte Harwood es, den ersten Absatz des Kapitels zu zitieren, auf welches er seine Behauptung gründete. Dieser führt seine Hypothese über Behandlung und Schicksal der Juden ad absurdum: «Keine andere Bevölkerungsgruppe mußte ein solches Übermaß an Demütigungen, Entbehrungen und Leid ertragen. Die Situation der Juden gewährte ihnen keinerlei Schutz durch vertraglich festgesetzte Konventionen, sie wurden der Doktrin der nationalsozialistischen Ideologie gemäß verfolgt, ihnen drohte die völlige Vernichtung ... Man *deportierte sie wie Herdenvieh auf unmenschliche Weise, sperrte sie in Konzentrationslager, teilte sie zur Zwangsarbeit ein und brachte sie in Massen um.*»[57]

Harwoods Mißbrauch des IKRK-Reports veranschaulicht, wie die Holocaust-Leugner Informationen und Feststellungen grob verzerren, weil sie sich im großen und ganzen sicher sein können, daß nur wenige Menschen in der Lage sind, das Originalmaterial zur Überprüfung heranzuziehen. Statt inkorrekt zu zitieren, so wie er mit anderen Dokumenten tat, verlegte Harwood sich darauf, die unzähligen Abschnitte des Berichts zu unterschlagen, welche mit seinen Vorstellungen nicht harmonierten.

Er benutzte sogar noch andere Quellen, um die Erkenntnisse des IKRK verfälscht wiedergeben zu können. Laut seinen Angaben hatte die Schweizer Zeitung *Die Tat* eine Auflistung sämtlicher Verluste des Zweiten Weltkriegs erstellt und anhand von IKRK-Statistiken ermittelt, daß die Zahl der Opfer, welche aufgrund politischer, rassischer oder religiöser Verfolgung zwischen 1939 und 1945 in Gefängnissen und Konzentrationslager starben, sich auf «300 000 belief, von denen nicht alle Juden waren». Harwood deklarierte diese Ziffer zur bis dato präzisesten Schätzung.[58] Das Schweizer Blatt nannte in der Tat die Zahl 300 000, allerdings ausschließlich in Zusammenhang mit «Deutschen und deutschen Juden», nicht mit Angehörigen anderer Nationalitäten.[59] Es eruierte weder die Gesamttodesrate des Zweiten Weltkriegs noch verwendete es Zahlen des IKRK.

Weil letzteres infolge von Harwoods tückischen Kapriolen mit Briefen überschwemmt wurde, unternahm es mehrmals den Anlauf, sich von den Aussagen der Holocaust-Leugner zu distanzieren. 1978 ließ das offizielle *IKRK-Bulletin* verlauten, das aus humanitären Motiven gegründete IKRK habe «niemals Statistiken der Art recherchiert oder gar veröffentlicht», die man ihm unterzuschieben suche. Die Aufgabe des IKRK sei, «den Betroffenen der Kriege zu helfen, nicht, sie zu zählen». Man hätte die Opfer des Zweiten Weltkriegs zahlenmäßig nie erfassen können, selbst wenn man es gewollt hätte, da den IKRK-Repräsentanten nur zu wenigen Konzentrationslagern der Zutritt erlaubt wurde, und das «lediglich in den letzten Kriegstagen».[60]

Es war nicht das erste Mal, daß das IKRK Harwoods Unterstellungen öffentlich und entschieden zurückwies. Nachdem Harwoods Schmähschrift in England erschienen war und eine wachsende Zahl von rechtsgerichteten Gruppierungen begonnen hatte, seine Thesen über die Kriegsstudie der Hilfsorganisation nachzubeten, erreichte das *Board of Deputies of British Jews* in London 1975 ein Brief aus dem Hauptbüro des IKRK, der sich mit Harwoods Verleumdungen befaßte: «Die Zahlen, auf welche der Urheber jenes Pamphlets verweist, beruhen auf Statistiken, die von uns stammen sollen, was nicht der Wahrheit entspricht; vermutlich geschah dies mit der Absicht, ihre Glaubwürdigkeit zu steigern, und das ungeachtet der Tatsache, daß wir niemals derartige Informationen veröffentlicht haben.»[61]

Trotz diverser Bemühungen seitens des IKRK zur Richtigstellung des historischen Sachverhalts beriefen die Holocaust-Leugner sich weiterhin hemmungslos auf derlei Fehlinformationen. Die bewußt irreführenden Auslegungen des IKRK-Reports wurden 1985 auch von der Verteidigung im Zündel-Prozeß als Beleg dafür angeführt, daß selbst eine anerkannte internationale Hilfsorganisation den Holocaust für eine Legende hielt. (Ernst Zündel war aus Deutschland nach Kanada ausgewandert; später klagte die kanadische

Regierung ihn wegen der Veröffentlichung und Verbreitung von Holocaust-leugnendem Material an, unter anderem *Did Six Million Really Die?*[62])

In einer für die Holocaust-Leugner charakteristisch gewordenen Weise bediente sich Harwood traditioneller antisemitischer Stereotype. Er hob darauf ab, Deutschlands Judenverfolgung sei für den Kriegseintritt der Alliierten ausschlaggebend gewesen.[63] Damit wollte er das antisemitische Vorurteil vom übermächtigen Einfluß der Juden schüren; angeblich setzten die Juden damals durch, daß die Alliierten ihre sämtlichen Wünsche ausführten. Nonchalant überging Harwood den Umstand, daß Deutschland den Krieg durch seinen Überfall auf Polen am 1. September 1939 eingeleitet hatte. Die USA – wo man über das Ausmaß des jüdischen Leids wohl Bescheid wußte – mischten sich in den europäischen Konflikt erst nach Pearl Harbor ein, als Deutschland Amerika den Krieg erklärte. Die Alliierten hatten Deutschlands Umgang mit seiner jüdischen Bevölkerung seit 1933 sorgfältig beobachtet. Sie hatten Nazideutschland weder im Gefolge der Nürnberger Gesetze noch der «Reichskristallnacht», noch der mannigfachen Erniedrigungen, denen die Juden während der Vorkriegszeit ausgesetzt wurden, den Krieg erklärt. Den USA waren die an Juden verübten Massaker hinter der in die Sowjetunion vorstoßenden Wehrmacht beim Vorrükken der russischen Front 1941 bekannt, aber sie handelten nicht, leisteten keine Hilfe. Wären tatsächlich die Verbrechen an den Juden der Grund für den Kriegseintritt der Alliierten gewesen, hätten sie sich lange zuvor dazu entschlossen.

Harwood stiftete auch bei seiner Darstellung der Nürnberger Prozesse absichtlich Verwirrung. Gemäß seinen Angaben wurden dem Gericht 300000 «schriftliche Erklärungen» vorgelegt, welche die Vorwürfe gegen die angeklagten Kriegsverbrecher spezifizieren sollten. Harwood versteifte sich darauf, die enorme Zahl der Petitionen sei ein Indiz für die ungeheuerlichen Dimensionen des Holocaust-Betrugs. Laut Raul Hilbergs Schätzungen, der beim Zündel-Prozeß als Experte in den Zeugenstand gerufen wurde, legte die Staatsanwaltschaft bei der Beweisaufnahme in Nürnberg insgesamt etwa 40000 Dokumente vor, darunter Korrespondenz der deutschen Regierung und andere Materialien aus dem Dritten Reich.

Daß ein Gerichtsverfahren sich je auf einen Korpus von 300 000 Schriftstücken berufen könnte, scheint vollkommen unrealistisch; trotzdem haben sich die Holocaust-Leugner Harwoods «Argument» nach gewohntem Muster angeeignet. Seine abwegigste Behauptung zu den Kriegsverbrecherprozessen lautet, daß die Nürnberger Verteidiger davon abgehalten wurden, die Zeugen der Anklage einem Kreuzverhör zu unterziehen.[64] Schon eine oberflächliche Beschäftigung mit den Prozeßunterlagen ergibt, daß die Anwälte genügend Gelegenheit zur Befragung aller Zeugen erhielten.

Harwood versuchte auch, seine Leser davon zu überzeugen, daß Anne Franks Tagebücher nicht echt seien. In einem Abschnitt mit der Überschrift «Wie man aus einem Schwindel einen Bestseller macht» verkündete er, die Tagebücher gehörten zur «Konstruktion einer Propagandalüge».[65] Harwood war nicht der erste, der Zweifel an der Authentizität der Tagebücher wecken wollte. Er schloß sich kritischen und ungläubigen Stimmen gegen die Tagebücher an, die bereits seit 1957 laut geworden waren. (Der Feldzug der Holocaust-Leugner gegen Anne Franks Tagebücher wird im Anhang ausführlicher erläutert.) Der französische Holocaust-Leugner Robert Faurisson griff das Thema ebenfalls auf und verbreitete sich des langen und breiten darüber; unter anderem deswegen faßte das Niederländische Staatliche Institut für Kriegsdokumentation 1989 den Beschluß, eine historisch-kritische Ausgabe der Tagebücher anfertigen zu lassen, die ihre Echtheit verbindlich verifizierte.[66]

Die Anhäufung absichtlich mißverständlicher Aussagen, inkorrekter Zitate sowie regelrechter Fälschungen in Harwoods Broschüre wirft Fragen nach ihrer Rezeption und Wirkung auf. Bis zur Veröffentlichung von *The Hoax of the Twentieth Century*, das Arthur Butz von der *Northwestern University* schrieb, blieb Harwoods Werk die meistzitierte Schrift zur Holocaust-Leugnung. Weil sie weniger umfangreich und billiger in der Machart ist als Butz' Buch, wird sie bis heute vertrieben. Natürlich läßt sich unmöglich feststellen, in welchem Umfang genau sie in die allgemeine Literatur Eingang gefunden hat. In zumindest einem Fall wurden Harwoods Thesen beinahe wörtlich übernommen; sie tauchten nämlich in einer nicht unwichtigen britischen Publikation wieder auf, wo sie nicht etwa als Paradebeispiel für die Lügen und unredlichen Befunde eines Rechtsextremisten, sondern als Resultate gültiger historischer Forschung zitiert wurden. 1974 erschien in der englischen Zeitschrift *books and bookmen* eine umständliche, zweiteilige Rezension zu Joachim Fests Hitler-Biographie.[67] Ihr Verfasser war Colin Wilson, bekannter britischer Romancier und Kritiker, der für das Magazin regelmäßig Bücher besprach. Den zweiten Teil seiner Fest-Rezension beschloß Wilson mit einem – in seinen eigenen Worten – «sonderbaren, doch höchst bedeutsamen Postskriptum».[68] Wilson berichtete, daß er einige Jahre zuvor von einem Dubliner Verleger eine Vorankündigung für *The Myth of the Six Million* erhalten hätte. Aus «Neugier» bestellte er den Titel, mußte allerdings erfahren, daß er dort bereits vergriffen war. Während seiner Arbeit an dem Artikel über Fests Buch erhielt er plötzlich das Pamphlet durch Richard Harwood von der *University of London.* Wilson faßt Harwoods Argumentation folgendermaßen zusammen: «Kurz gesagt, Harwood schreibt, daß Hitler keinen Grund zur Ermordung von Juden besaß, weil er sie zur Zwangsarbeit brauchte, und schließt den Hinweis an, daß die Gesamtzahl der Juden in Europa vor dem Krieg sechseinhalb Millionen betrug und daß anderthalb Millionen ins Ausland emigrierten. Um zu verdeutlichen, daß sich nicht mehr als drei Millionen Juden in Nazideutschland befanden, stützt Harwood sich auf die Zahlen internationaler Organisationen und belegt alles durch Zitate.»[69]

Harwoods Leugnung der Existenz von Vernichtungslagern beeindruckte Wilson sehr; er schien Harwoods Theorie Glauben zu schenken, daß die meisten Berichte über die Lager «journalistische Dichtungen» seien, mit denen das sensationslüsterne «Publikum wie mit Pornographie überschüttet wird, auf daß es sich am Entsetzen weide». Er akzeptierte außerdem, daß Harwood angeblich gewissenhaft Zahlenangaben internationaler Einrichtungen wie des IKRK auswertete. Wilson räumte ein, er könne sich zwar, nachdem er sowohl Raul Hilbergs «500 000-Wörter-Buch» (*Die Vernichtung der europäischen Juden*) zum Thema (ein «gigantisches» Werk, so Wilsons Kommentar) sowie die mehr als fünfzig Bücher über den Holocaust in seiner eigenen Bibliothek gründlich gelesen habe, kaum vorstellen, daß der Holocaust «eine pure Erfindung» sei. Es gebe tatsächlich mehr als genügend dokumentierbare Anzeichen dafür, daß Juden im Dritten Reich abgelehnt wurden und Hitler sich vermutlich «nichts dabei gedacht hätte, sie von der Erde zu tilgen». Dennoch hielt Wilson nach seiner Lektüre Harwoods die Frage für angemessen, ob die Nazis wirklich *sechs Millionen* Juden vernichtet hätten oder ob derlei Anschuldigungen lediglich eine «weitere historische Verzerrung» bildeten. Er schreckte schließlich nicht einmal davor zurück, öffentlich darüber nachzusinnen, ob es sich bei der Endlösung nicht doch um ein Märchen handele, und falls ja, ob es in dem Fall «nicht besser ist, sich auf die ganze Wahrheit einzulassen, gleichgültig, wie unerfreulich sie sein mag».[70] Dies war nicht das letzte Mal, daß er derlei provozierende Fragen stellte. Wilson gab unmißverständlich zu verstehen, daß Harwood ihn von der unliebsamen Wahrheit überzeugt hatte: Der Holocaust hatte nicht stattgefunden.

Wie zu erwarten war, lösten Wilsons Reflexionen eine Flut von Briefen an *books and bookmen* aus, darunter zwei Schreiben Harwoods. Viele Leser zitierten Beweismaterial, welches Harwoods Thesen widerlegte. Mit diesen Vorwürfen konfrontiert, verteidigte Wilson Harwoods Ansichten um so heftiger. Bei seiner Reaktion auf das briefliche Sperrfeuer wagte Wilson eine eigentümliche Prognose, die in gewisser Weise seine persönliche Voreingenommenheit widerspiegelt: «Irgendwann im Lauf der nächsten zehn Jahre wird ein israelischer Historiker ein Buch mit dem Titel *The Myth of the Six Million* verfassen. Er bricht dadurch einen ungeheuren Skandal vom Zaum, das Buch macht ihn zum Ziel vehementer Angriffe – aber er wird dabei ein reicher Mann. Und niemand beschuldigt ihn des Judenhasses.»[71]

Wilson versuchte also, seine Argumentation auf dieselbe Art zu verstärken wie Barnes und App: Die Juden werfen jedem Zweifler an der Realität des Holocaust vor, er sei Antisemit, um ihn so zum Schweigen zu bringen.

Über die Bücher, die er zum Holocaust in seiner persönlichen Bibliothek zusammengetragen hatte, schrieb Wilson: «Ich würde gerne wissen, wie viele meiner fünfzig Abhandlungen über die Todeslager lügen.»[72] Besonders aufschlußreich ist Wilsons Bereitwilligkeit, Harwoods Unterstellung, daß gewisse Bücher Fälschungen oder «kommunistische Propaganda» seien, kommentarlos für bare

Münze zu nehmen, jedoch die Möglichkeit außer acht zu lassen, daß Harwood selbst ein Fälscher sein könnte. In seinem zweiten Antwortbrief auf weitere Zuschriften bezeichnete Wilson Harwoods Stil als «rational, logisch» und «bar jeder Hysterie oder jedes emotionsgeladenen Antisemitismus». Er empfand Harwoods Ideen als einleuchtend, weil jener Zahlen liefere, seine Quellen nenne und einen «insgesamt ziemlich pedantischen» Tonfall anschlage. Wilsons Beurteilung bildet ein weiteres Indiz dafür, warum der von Holocaust-Leugnern in den vergangenen Jahren adaptierte pseudoakademische Stil Gefahr in sich birgt. Ihre Verpackung – sie ahmen die Terminologie seriöser Geschichtsforschung nach – verwirrt gleichsam den Verbraucher. Leser lassen sich durch eine akademische Diktion eher beeindrucken als durch nachlässig produzierte, extreme und rassistische Flugschriften.[73]

Gegen die Angriffe wegen seiner Sympathiebekundungen für Harwoods ideologische Einstellung verwahrte sich Wilson mit der beinahe verräterisch reflexhaften Erwiderung, er sei nicht gegen die Nazis oder Juden eingestellt, sondern lediglich «zutiefst an ‹Objektivität›» interessiert. Derlei Einwände gemahnen an die Beteuerungen der Holocaust-Leugner, ihnen liege an nichts anderem als an der Wahrheit, und sie hegten weder eine besondere Vorliebe für die Nazis noch eine spezielle Abneigung gegen die Juden.[74]

Die Kontroverse setzte sich bis zum Juni 1975 fort. Schließlich fühlten sich gar die Redakteure von *books and bookmen* genötigt, auf die Kritik ihrer Leser zu reagieren, das Magazin hätte eine Rezension des Harwoodschen Buchs gar nicht erst in Auftrag geben sollen. Die Redakteure versicherten ihren Lesern, «... *b&b* habe Colin Wilson ...» das Pamphlet «... weder zur Besprechung übersandt», noch sei «je ein redaktionsinterner Artikel hierzu in *b&b* erschienen».[75] Wilson habe es eigenmächtig in seinen Text aufgenommen. Der vorletzte Brief, den die Redaktion zu der Debatte abdruckte, stammte von Harwood selbst. Darin wiederholte er seine unrichtigen Angaben über die Schätzungen der *Chambers Encyclopedia* über die jüdische Bevölkerung Europas vor dem Krieg. Auf Harwoods Brief folgte noch ein allerletzter, der als endgültiger redaktioneller Kommentar der Zeitschrift zu dem Thema aufzufassen ist. Der Schreiber fragte sich, ob die Leugner des Holocaust wohl folgendes erklären konnten: «Was geschah mit meinen deutschen Eltern, Großeltern, Cousins und Cousinen? Mir fällt es nämlich schwer, ihren Tod, der vom IKRK bestätigt wurde, entweder auf die Gutwilligkeit der Nazis oder russische Propaganda zurückzuführen.»[76]

Nach dieser Erkundigung herrschte nur noch Schweigen.

7. Vorstoß in die Normalität – Der Fall Arthur R. Butz

Im Jahre 1977 unternahm ein bis dahin unbekannter Elektroingenieur, Dozent für dieses Fach an der *Northwestern University* (Evanston, Illinois), dezidierte Anstrengungen, der Holocaust-Leugnung wissenschaftliche und historische Legitimität zu verleihen. Arthur R. Butz, Verfasser von *The Hoax of the Twentieth Century*, erregte mit seinem Engagement beträchtliches Aufsehen; einige führende amerikanische Zeitungen erhoben sein Buch zum Nachrichtenthema. Die Hitzigkeit der Debatte wurde durch Butz' Status als Mitglied des Lehrkörpers an einer renommierten Universität gesteigert. Die Öffentlichkeit hatte Schwierigkeiten, Holocaust-Leugnung und Wahrheitsfindung, letzteres gemeinhin das Ziel von Forschung und Lehre, auf einen Nenner zu bringen. Überdies kam ein zweiter, brisanter Faktor ins Spiel: Butz schlug einen anderen Kurs ein als seine Vorgänger, er entwickelte nicht nur einen subtileren, raffinierteren und letztlich tückischeren Ansatz für den Umgang mit der Materie, sondern änderte den Charakter der Holocaust-Leugnung insgesamt.

Über Butz ist nur wenig bekannt.[1] Er wurde Mitte der 40er Jahre in New York geboren, seine Vorfahren sind deutscher und italienischer Abstammung. Er studierte am *Massachusetts Institute of Technology (MIT)* und promovierte an der *University of Minnesota*. Was Butz von fast allen anderen Holocaust-Leugnern vor ihm unterscheidet, sind sein akademisches Gepräge sowie der Eindruck von Seriosität und Neutralität, den er zu vermitteln weiß. Seit 1974 lehrt er an der *Northwestern University*; mit den Gepflogenheiten der akademischen Welt ist er bestens vertraut. Aufbau und Gestaltung seines Buchs demonstrieren, daß er Struktur und Feinheiten des wissenschaftlichen Diskurses begreift und ihn für seine Zwecke zu nutzen versteht. Im Gegensatz zu zahlreichen Publikationen der Vergangenheit, insbesondere zu den schlecht aufgemachten Broschüren der Holocaust-Leugner, enthielt Butz' Werk die erforderliche Anzahl von Fußnoten sowie eine umfassende Bibliographie, beides Kennzeichen wissenschaftlicher Arbeiten. Er zitierte häufig prominente Historiker, die sich mit demselben Forschungsgebiet auseinandersetzten, und berief sich dankend auf eine Reihe namhafter Institute und Archive. Auf den ersten Blick besteht kaum Anlaß dafür, nach der wahren Bedeutung oder Absicht seines Buchs zu fragen, aber jeder Leser, der sich über den Charakter der Verleger im klaren ist, bei denen es erschien, durchschaut sie mühelos. In den USA wurde das Buch von *Noontide Press* veröffentlicht, in England durch die *Historical Review Press*, welche bereits Richard Harwoods *Did Six Million Really Die?* herausgebracht hatte.[2]

Butz' Werk unterschied sich jedoch nicht nur formal von seinen Vorläufern. Seine vorgespiegelte Bereitschaft, sich mit einer Anzahl von Dingen auseinanderzusetzen, welche die Holocaust-Leugner vor ihm geflissentlich übergangen hatten, verlieh seinem Buch einen anderen Ton – einen Ton, der gezielt darauf angelegt war, arglose Leser zu überrumpeln und Butz' Aura wissenschaftlicher Objektivität zu verstärken. Er kritisierte andere Holocaust-Leugner und bezeichnete *The Myth of the Six Million*, Richard Harwoods amerikanische Vorlage, als «voll faktischer Irrtümer».[3]

Er versuchte nicht, Deutschlands Verhalten während des Krieges zu entschuldigen, und war bereit einzuräumen, daß die Nazis tatsächlich eine Million Juden umgebracht haben mochten, was seine Fassade der Wissenschaftlichkeit überzeugender gestalten sollte. Überdies gestand er zu, daß die Einsatzgruppen möglicherweise auch Zivilisten ermordet hatten und daß speziell die Juden, die in Konzentrationslagern vieles erdulden mußten, von den Deutschen hart angefaßt wurden.

Anders als Barnes, App, Rassinier usw. rechtfertigte Butz die Verfolgung der Juden durch die Deutschen nicht mit der Behauptung, die Juden seien unloyal und auf Deutschlands Untergang aus gewesen – man habe ihnen also nicht trauen können. Er gab sich den Anstrich eines ernst zu nehmenden Historikers, der den Antisemitismus der Nazis mißbilligte.[4] Eine nähere Überprüfung ergibt indessen, daß er exakt dieselben Einstellungen hegte und dieselben Methoden anwandte, die sich seit jeher wie rote Fäden durch sämtliche Schriften der Holocaust-Leugner ziehen. Die Verpakkung hatte sich geändert, doch der Inhalt blieb derselbe: Die Geschichte der Judenvernichtung im Zweiten Weltkrieg war eine Propagandalüge, eine Ausrottung der europäischen Juden fand nie statt.[5] Butz wies alles zurück, was seiner vorgefaßten Meinung und den Thesen seines Buches widersprach, indem er es als «offensichtliche Täuschungen», «albern», «so absurd, daß es einem den Atem raubt», «vollkommenen Wahnsinn», «suspekt», «eindeutig falsch» und «Quatsch» bezeichnete.[6] Die Aufzeichnungen der «Überlebenden» – der Begriff steht bei ihm durchweg in Anführungszeichen – werden als «endlose delirische Ausrottungsphantasien» verworfen. Trotz seiner Bemühungen, sich einen sachlichen Anstrich zu verleihen, gestattete Butz sich einen polemischen Stil, der das Gegenteil bewirkte: Amerikanische Diplomaten verfielen in «hysterisches Gejaule über sechs Millionen»,[7] die «Gaskammer»-Geschichten waren «Legenden im Sinne der Kriegspropaganda», «Schund», «Ammenmärchen».[8]

Butz' Sympathien bewegten sich in dieselbe Richtung wie die der Generationen von Holocaust-Leugnern vor ihm; er verkündete, die Deutschen und Österreicher seien die wahren Opfer des Krieges gewesen, und dies sei die größte Tragödie.[9] Seine Antipathien deckten sich ebenfalls mit denen seiner Vorkämpfer. Er beschrieb die Juden als eine der «mächtigsten Gruppierungen der Welt» und unterstellte ihnen einen gewaltigen Einfluß, aufgrund dessen sie Regierungen manipulierten, Kriegsverbrecherprozesse steuerten, Medien kontrollierten und die Außenpolitik anderer Staaten bestimmten, und das alles, um den größten Schwindel des 20. Jahrhunderts Wirklichkeit werden zu lassen.[10] Butz gemäß ersannen die Juden die Holocaust-Legende zur Förderung «zionistischer Vorhaben».[11] Über diesen Umweg schälte sich heraus, daß jedweder aktive Antisemitismus der Nazis seine Berechtigung hatte. Die Lehre vom Judendämon, der fast ausnahmlos jeder Holocaust- Leugner anhängt, affirmiert die nazistische Weltsicht. Den Nazis galt die arische als die «Herrenrasse», stark und unbesiegbar. Im Kontrast dazu betrachtete man die Juden als Nichtmenschen. Doch für die jüdischen Verschwörer waren die Arier ungeachtet ihrer Überlegenheit eine leichte Beute. Der Erfolg der Juden bei der Schaffung des Holocaust-Mythos bewies die Richtigkeit dieser nazistischen Hypothese: Sie bildeten eine Gefahr für die Welt.

Sowohl in seinem Buch als auch in den Artikeln, die er später im *Journal of Historical Review* veröffentlichte, akzeptierte Butz die Gültigkeit der regelmäßig gegen die Holocaust-Leugner vorgebrachten Einwände, unter anderem den Umstand, daß sie keine akademisch und wissenschaftlich renommierten Historiker zu den Ihren zählen konnten. Butz beklagte dies und führte es darauf zurück, daß geachtete Gelehrte sich wegen Drucks von außen davor scheuten, an etwas so «Unumstößlichem wie den Pyramiden» Zweifel anzumelden. Aufgrund eines «Versäumnisses» der historischen Fachleute blieb die Verantwortung an historisch Unausgebildeten wie ihm selbst hängen, den «idiotischen Unsinn Holocaust» zu entlarven.[12]

Um die Holocaust-Leugnung in konventionelle Bahnen zu lenken und ihr wissenschaftliche Respektabilität zu verschaffen, gab Butz außerdem zu, daß Neonazis, Extremisten und Rassisten Holocaust-leugnendes Material in ihren Büchern, Artikeln und Magazinen verbreiteten; Unterstützung erführen sie dabei von radikalen Nationalisten und ähnlichen Volksverhetzern, die eine Vorherrschaft der Weißen über alle Rassen verfochten. Den Vorwurf ideologischer Befangenheit versuchte Butz abzuwehren, indem er die Veröffentlichung von Literatur zur Leugnung des Holocaust in wissenschaftlichen Publikationen für wünschenswert erklärte und im gleichen Atemzug darüber klagte, daß leider die Kanäle, auf denen die Ergebnisse wissenschaftlicher Forschung an die Öffentlichkeit gelangen, denen verschlossen blieben, welche die «Wahrheit» enthüllen wollten. Um der Aufklärung des Holocaust-Betrugs willen hatten die, welche sich mit der Angelegenheit befaßten, keine andere Möglichkeit, als sich einseitig tendenziösen Publikationen anzuvertrauen. Bei seiner Darstellung der Holocaust-Leugner als Märtyrer, die ihren Ruf aus Mangel an Alternativen durch die Zusammenarbeit mit solch anrüchigen Verlagen riskierten, ließ Butz die intensive, symbiotische Beziehung jener Zirkel untereinander außer acht – die inniger war, als jede Zwangsehe es hätte sein können.

Butz bemühte sich beharrlich darum, sein Gesicht als unparteiischer Gelehrter zu wahren; trotzdem sind seit Erscheinen seines Buchs etliche Verbindungen seinerseits zu extremistischen und neonazistischen Gruppierungen ans Licht gekommen. Der Ku-Klux-Klan sowie neonazistische Vereine sorgen für Werbung und Vertrieb seiner Werke. Unmittelbar nach der Veröffentlichung wurde das Buch in mehreren Folgen von dem deutschen Neonazi-Blatt *Deutsche Nationalzeitung* abgedruckt. 1985 trug er seine Überlegungen zur Holocaust-Leugnung beim «Erlösertag» der von Louis Farrakhan angeführten *Nation of Islam* vor.[13]

Trotz seiner vermeintlich unvoreingenommenen Wissenschaftlichkeit dominieren in Butz' Buch die traditionellen antisemitischen Ressentiments und Verschwörungstheorien wie auch die germanophile Haltung, die man aus den Pamphleten der Holocaust-Leugner kennt; sie werden von Neonazigruppen der skurrilsten Sorte in Umlauf gebracht. Besonders deutlich zeigt sich Butz, wenn er den Holocaust-Betrug analysiert und mit dem Finger auf die «Schuldigen» zeigt. Die Juden waren zwar die Anstifter, konnten das Täuschungsmanöver allerdings nur dank der Unterstützung anderer durchführen. Sie spannen ein ausgedehntes Netz von Verschwörungen, dessen Existenz trotz der Vielfalt der beteiligten Kreise ein wohlgehütetes Geheimnis blieb. Laut Butz kontrollierten die Zionisten jene divergierenden machtvollen Gruppierungen und nährten die Legende, bis sie sich zu einem historischen Mythos mit internationalen Dimensionen ausgewachsen hatte.[14] Wundersamerweise vollzog sich dieser komplexe, verwickelte Prozeß unter Einbindung mannigfaltiger Strömungen völlig im verborgenen, bis ein Dozent für Elektrotechnik höchstselbst historische Forschungen durchführte.

Butz' Liste der verantwortlichen Sünder umfaßt alles und jeden. Er beschuldigt sowohl die «zionistische Internationale» als auch die Kommunisten, als auch das *War Refugee Board* der US-Regierung und das *Office of Strategic Services*;[15] außerdem das New Yorker Forschungsinstitut YIVO, Mitglieder der US-Regierung, die Staatsanwälte und Richter der Kriegsverbrecherprozesse, polnisch-jüdische «Propagandisten» und sowjetische Regierungsvertreter – alle halfen bei der Durchsetzung des Betrugs, wobei ihnen die Medien und internationale Wohlfahrtsorganisationen wie das Rote Kreuz obendrein als Verstärkung zur Seite standen.[16]

Butz schwankte unterdessen: Mal gab er den Juden die Alleinschuld an dem «jüdischen Schwindel» – gleichzeitig ein «zionistischer Schwindel»[17] –, dann wieder beschrieb er ihn als das Resultat gemeinschaftlicher Anstrengungen, an denen sich Washington, London, Moskau, Jerusalem und die Juden weltweit beteiligten. Letztere nutzten ihren politischen Einfluß, um eine breite Auswahl Verbündeter auf ihre Seite zu ziehen, unter anderem «ganz Washington».[18] Man beachte, daß die Juden, die Washington zur Kooperation bei der Durchführung jenes großangelegten Täuschungsmanövers zwangen, dieselben Menschen waren, die weder vor dem noch im Krieg die amerikanische Regierung dazu überreden konnten, ihre Immigrationsbestimmungen zu entschärfen, den neunhundert Juden auf der *St. Louis* Tore und Türen zu öffnen, jüdische Kinder aufzunehmen, die aus Deutschland entkommen waren, Flüchtlinge auf Transportschiffen ins Land zu bringen, die leer aus Europa zurückkehrten, oder während des Kriegs mehr als 1000 Juden die Einwanderung in die USA zu gestatten.[19]* Butz wollte seinen Lesern weismachen, daß es denselben Juden, deren Rettungsversuche trostlos scheiterten, irgendwie gelang, Washington zur Kooperation bei der Konstruierung eines gigantischen Lügengebäudes zu bewegen.

Der Schlüssel zur erfolgreichen Umsetzung der betrügerischen Pläne lag – so Butz – in der Fälschung unzähliger Dokumente, ein Unternehmen, bei dessen Verwirklichung die alliierten Regierungen als Komplizen fungierten. Es herrschte kein Mangel an Personal, welches das Vorhaben realisieren konnte: In den unmittelbaren Nachwirren des Kriegs wurden Hunderte ausgebildeter Mitarbeiter nach Europa entsandt. Sie waren für die «Fabrikation» eines Text-

* Die *St. Louis* war ein deutsches Schiff, das im Mai 1939 vor Kuba wieder abdrehen mußte, weil die kubanische Regierung die Ausschiffungserlaubnisse der Flüchtlinge an Bord ungültig gestempelt hatte. Als das Schiff in Miami vor Anker gehen wollte, verweigerten die Regierungsbehörden dort ebenfalls die Genehmigung.

apparats verantwortlich, der sich «aus Meineiden, Fälschungen, Verfremdungen von Fakten und irreführender Präsentation gewisser Unterlagen zusammensetzte».[20] Unentdeckt setzten sie die fiktiven Meldungen von Einsatzgruppenleitern über Städte auf, wo die SS Massaker verübt hatte, wobei präzise die Zahl der jeweils getöteten Männer, Frauen und Kinder verzeichnet wurde. Die Fälscher fertigten Schriftstücke an, bei denen es sich angeblich um offizielle Kommuniqués der obersten Chargen des Dritten Reichs handelte. Sie vermochten nicht nur soviel zu fälschen und neu zu schaffen, wie ihnen beliebte, es gelang ihnen sogar, die Unterlagen an den richtigen Stellen zu plazieren, auf daß diejenigen, welche in die Schiebungen nicht verwickelt waren, darauf stießen. Sie hatten die Angelegenheit so fest in der Hand, daß sie bestimmen konnten, ob dem Nürnberger Gerichtshof authentische, gefälschte oder überhaupt keine Akten vorgelegt wurden.[21] Sie manipulierten Tonaufnahmen von den Reden der Naziführer und schmuggelten sie unter das Material, welches die Truppen der Befreier beim Einmarsch sammelten.[22] Hunderte von Fälschern waren dergestalt in den westlichen wie östlichen Besatzungszonen am Werk, und zwar mit stillschweigender Einwilligung amerikanischer, britischer, französischer und sowjetischer Besatzungsbeamter; ohne daß ihre Machenschaften aufgedeckt und publik gemacht wurden, schafften sie es in unfaßbar kurzer Zeit, Tausende von Schriftstücken herzustellen, die allesamt als Belege dafür dienen sollten, daß die Nazis die Juden zu vernichten gedachten.

Die wichtigste Frage stellten Butz und Genossen indessen nie: Wenn die für den Schwindel verantwortlichen «Propagandisten» bei einer solch umfangreichen Aktenproduktion reüssierten, warum zauberten sie dann nicht das eine, einzige Dokument aus dem Zylinder, das – wie die Holocaust-Leugner behaupten – sie zum Glauben an eine Endlösung bekehren würde, nämlich einen Befehl Hitlers zur Auslöschung der Juden?

Butz bemühte sich, die Aussagen der Nazis bezüglich ihrer Eliminierungspläne zu vertuschen, unter anderem auch, daß Hitler sich wiederholt wörtlich im Sinne einer «Vernichtung des Judentums» äußerte. Butz räumte ein, daß die Worte zwar «das Töten aller Juden» bedeuten konnten, Hitler allerdings lediglich die «Zerstörung jüdischen Einflusses und jüdischer Macht» gemeint hatte. Weil Butz wußte, daß er mit dieser Interpretation alle Regeln rationaler Textauslegung sprengte, rang er sich widerwillig das Zugeständnis ab, Hitler «hätte seine Worte durchaus sorgfältiger wählen können».[23]

Doch nicht nur Hitlers Andeutungen, die Juden auszurotten, erwiesen sich als problematisch. Bei seiner berühmten Rede vor SS-Offizieren im Oktober 1943 in Posen sprach Himmler von der «Vernichtung» der Juden: «Ich rede von der Evakuation der Juden, von der Vernichtung der Juden. Dies ist eines der Dinge, die leicht dahingesagt sind. ‹Die Juden werden vernichtet werden›, tönt jedes Parteimitglied. ‹Gewiß, denn es steht in unserem Programm: Eliminierung der Juden, Vernichtung der Juden – wir werden uns darum kümmern.› Und dann kommen sie einhergestapft, 80 Millionen ehrenwerte Deutsche, jeder einen anständigen Juden im Schlepptau. Natürlich, alle anderen sind Schweine, aber dieser hier ist ein guter Jude. Keiner von denen, die so reden, hat mit angesehen, was geschehen ist, keiner hat es erduldet. Die meisten unter euch wissen, was es heißt, hundert Leichen nebeneinanderliegen zu sehen, oder fünfhundert oder tausend. Dies durchgehalten und – bis auf Einzelfälle menschlicher Schwäche – dennoch unsere Integrität bewahrt zu haben, hat uns hart gemacht. Es ist eine nicht geschriebene Seite unserer Geschichte, eine ruhmreiche Seite, die niemals geschrieben werden wird; wir wissen, welche Schwierigkeiten wir uns selbst bereitet hätten, wenn heute – inmitten des Bombenhagels, der Not und der Entbehrungen des Kriegs – die Juden als heimliche Saboteure, Agitatoren und Demagogen in unseren Städten ihr Unwesen trieben. Wären die Juden zum jetzigen Zeitpunkt noch ein Teil der deutschen Volksgemeinschaft, stünden wir vermutlich mittlerweile vor derselben Situation wie 1916/17.»*

Wegen der unmißverständlichen Anspielungen auf die Vernichtungsaktionen mußte Butz den Inhalt der Rede ad absurdum führen. Wer die Rede nicht als Fälschung diskriminieren wollte, den

* 1916 wendete sich das Blatt zuungunsten der Deutschen. Die Nationalsozialisten führten die Niederlage im Ersten Weltkrieg auf einen «Dolchstoß in den Rücken» zurück, den die Juden ausgeführt hatten.

köderte er mit folgender Idee: bei den von Himmler erwähnten Leichen handele es sich um Deutsche, die während der alliierten Bombenangriffe umgekommen waren[24] – ein lachhafter Einfall, wie sich bereits nach einer flüchtigen Analyse von Himmlers Rede herausstellt.[25]

Selbst auf Hitlers Letzten Willen und Testament wollte Butz das Licht des Zweifels werfen. Der Führer – in vollem Bewußtsein, daß sein Reich um ihn herum zusammengebrochen war – entlarvt darin die Juden als «die Rasse, welche für den mörderischen Kampf die eigentliche Verantwortung innehat», und merkt an, er habe sein Versprechen gehalten, daß die wahren Schuldigen für ihre Verbrechen bezahlen sollten. Butz war sich darüber im klaren, daß man das Dokument schwerlich als Fälschung abtun konnte, da es Hitlers Unterschrift trug; also deutete er an, man habe möglicherweise «daran herumgepfuscht»,[26] ohne seine Unterstellung jedoch im mindesten zu belegen. Butz realisierte vermutlich, daß dieses Argument wenig Durchschlagskraft besaß, deswegen versicherte er seinen Lesern, das Testament dürfe nicht ernst genommen werden, selbst wenn es echt sein sollte, weil es lediglich ein typisches Beispiel für die Neigung aller Politiker sei, vor Beendigung ihrer öffentlichen Laufbahn «die Signifikanz ihrer Leistungen aufzubauschen».[27]

Butz übersah die dubiosen Implikationen, die sich ergaben, indem er die wirkliche Bedeutung von Hitlers Äußerungen zu verwischen suchte und dessen Testament als Ausdruck politischer Überspitztheit charakterisierte. Sprachliche Übertreibung besitzt eine Reihe von Funktionen: Sie kann zur positiven Erhöhung der eigenen Taten und Errungenschaften bzw. zum Ausgleich von Fehlern beitragen oder als bewußtes Mittel eingesetzt werden, um die Anhänger des Testamentschreibers zu von ihm gewünschten, aktiven Schritten anzustacheln. Wozu sollten Hitlers «Übertreibungen» aus Butz' Sicht demnach dienen? Übertrieb er, um sein Scheitern zu beschönigen, weil er den «mörderischen» Kampf nicht bis zu einem Ende führte? Übertrieb er, um seine Verdienste herauszustreichen, zu denen in diesem Fall die Vernichtung der Juden zählte? Oder waren seine Übersteigerungen eine Art Triumphgeschrei, mit dem er eine Politik der Unterdrückung feiern wollte, die so furchtbar gewütet hatte, daß ihr – laut Butz' Schätzungen – eine Million Juden zum Opfer gefallen waren? Gleichgültig, welche der möglichen rhetorischen Anwendungen Butz im Sinn hatte – die Idee, daß Hitler «die Signifikanz» dieses speziellen Aspekts «seiner Leistungen aufbauschen» wollte, läßt darauf schließen, daß Butz selbst eine äußerst merkwürdige Auffassung von nationalsozialistischen «Triumphen» vertritt; überdies gemahnen seine Überlegungen an Apps Behauptung, der Umstand, daß einige Juden überlebt hätten, beweise zur Genüge, daß kein Jude ermordet worden sei.

Um seine Leser davon zu überzeugen, daß der Holocaust *die* Propagandalüge des 20. Jahrhunderts, wenn nicht gar der gesamten dokumentierten Menschheitsgeschichte ist, mußte Butz zeigen, daß die zahlreichen eidesstattlichen Erklärungen der wegen Kriegsverbrechen Angeklagten, die das Vorhandensein eines Plans zur Ausrottung der Juden untermauerten, nicht der Wahrheit entsprachen. Zunächst versuchte er, an der Glaubwürdigkeit von Augenzeugen als solchen zu rütteln, indem er Augenzeugenberichte als vergleichsweise unbedeutend definierte. Sein Motiv liegt auf der Hand.[28] Die existierenden, umfassenden Holocaust-Zeugnisse – gleichgültig, ob von Opfern, Tätern, Zuschauern oder anderweitigen, neutralen Parteien – bestätigen die Realität eines Vernichtungsprogramms. Dokumente kann man als Fälschungen ausgeben, man kann behaupten, es sei an ihnen «herumgepfuscht» worden, oder sie auf verquere Weise auslegen, damit sie sich einem bestimmten ideologischen Hintergrund anpassen. Komplizierter hingegen wäre es geworden, jeden, der zur Judenvernichtung konkrete Aussagen machte, einen Lügner, leichtgläubigen Dummkopf, Propagandisten oder Selbstankläger zu schimpfen.

Doch obwohl er Dokumente, die das Geschehene schwarz auf weiß festhielten, für bedeutender ansah, mußte Butz nach wie vor eine Begründung für Sätze wie «Ich war dabei» oder «Ich habe die Tötungen mit angesehen» oder «Ich hörte Hitler und Himmler von einer Vernichtung der Juden reden» ersinnen. Seine Erfindungsgabe bildet das «schöpferischste» Element seines Buchs. Er scherte aus den Reihen der Holocaust-Leugner vor ihm aus, indem er die Theorie verwarf, die Angeklagten von Nürnberg hätten ihre Schuld nur deswegen gestanden, weil man sie durch Folter dazu zwang. Er argumentierte statt dessen: Die Naziführer erkannten, daß die Welt vom Holocaust überzeugt war und sie deshalb keine Chance hatten, mit einer Bestreitung des Holocaust durchzukommen – man würde ihnen nicht glauben. Obwohl sie nichts Böses getan hatten, war die Welt fest entschlossen, sie schuldig zu sprechen. Da eine Beteuerung ihrer Unschuld die Lage nur verschlimmert hätte, hielten sie es gemeinsam mit ihren Anwälten für das günstigste, sich schuldig zu bekennen. Dieser Ansatz lieferte Butz die Antwort auf eine kritische Frage, mit der die Holocaust-Leugner häufig konfrontiert sind: Falls der Holocaust erlogen ist, warum hörte man dann von angeklagten Nazis höchstpersönlich, daß er sich tatsächlich ereignete? In Butz' Augen eine klare Sache: Besser, man beichtete das Verbrechen des Jahrhunderts und riskierte damit sein Leben, als daß man gegen einen überdimensionalen Betrug Protest einlegte. Bei dieser Interpretation übersah Butz allerdings einen wesentlichen, heiklen Punkt: Das Endergebnis war in beiden Fällen dasselbe, nämlich die Todesstrafe – wozu also sollte man sich zu einer grauenhaften Tat bekennen, die man nicht begangen hatte?

Butz stand nun vor der Aufgabe, diejenigen gleichsam zu entmündigen, die nicht nur die Vernichtungsaktionen bezeugten, sondern ihre Mittäterschaft gestanden. Warum würden Angeklagte zugeben, in ein entsetzliches Verbrechen verwickelt gewesen zu sein, wenn sie um ihre eigene Unschuld und auch darum wußten, daß es sich um erfundene Beschuldigungen handelte? Laut Butz gedachten sie, alles zum Überleben Notwendige zu unternehmen, während eine vorübergehende Welle der «Nachkriegshysterie» über Deutschland hinwegschwappte. Also verschoben sie die Chance, den Sachverhalt zu klären, auf eine ferne Zukunft, wenn die Wahrheit ans Licht kommen durfte.[29]

Die Angeklagten verhielten sich allerdings nicht alle gleich, deshalb mußte Butz unterschiedliche Methoden finden, um die Mehrschichtigkeit ihrer Geständnisse zu veranschaulichen. Diejenigen, welche einräumten, daß der Holocaust sich zugetragen hatte – obwohl sie wußten, daß es nicht stimmte –, aber beteuerten, daß sie nichts damit zu tun hatten, wollten auf diese Weise die Schuld auf andere abwälzen. Das «ermöglichte dem Gericht, Milde walten zu lassen, ohne politisch» das Gesicht zu verlieren.[30] In diese Kategorie fiel Oswald Pohl, hoher SS-Offizier und Herr über alle Konzentrationslager, der den Rücktransport der persönlichen Habe getöteter Juden nach Deutschland überwachte. Er war maßgeblich für die Verwaltung der Konzentrationslager und die wirtschaftlichen Aspekte der Endlösung verantwortlich und wurde dafür zum Tode verurteilt. 1947 sagte Pohl bei den Kriegsverbrecherprozessen aus, daß er Himmlers berühmte Rede 1943 vor SS-Offizieren in Posen mit eigenen Ohren gehört hatte.[31] Butz schob diese Äußerung auf Pohls individuelle Verteidigungsstrategie; Pohl habe «eigennützig» versucht, diejenigen zu bezichtigen, die sich nicht dagegen wehren konnten, indem er die Schuld der SS-Führung zu seinem Vorteil ausnutzte.[32]

Und noch eine Erklärung für die Geständnisse der Angeklagten hatte Butz parat: Sie irrten sich. So war das alles nicht gemeint, sie beabsichtigten mitnichten, sich wissentlich zur Judenvernichtung zu bekennen. Sie verstanden die Fragen nicht, welche die Sieger ihnen stellten. Die Antworten klangen zwar, als beichteten sie ihre todbringenden Pläne, doch das entsprach nicht der Wahrheit. Hermann Göring zum Beispiel war verwirrt, als er die Durchführung von Massenmorden bestätigte. Fragen nach Leichenbergen oder dem Übermaß an Todesopfern wurden von ihm falsch gedeutet. Er nahm an, daß man sich bei ihm nach den Vorgängen in deutschen Konzentrationslagern erkundigte, wo viele Leichen gefunden wurden. Hätte er die Frage begriffen, hätte er die Vermutungen der Alliierten richtiggestellt und ausgesagt, daß diese Menschen wegen der horrenden Zustände gegen Kriegsende gestorben waren, Zustände, die von *alliierten* Kampfmaßnahmen herrührten.[33] Männer wie Göring hielten im Dritten Reich alle Macht in Händen – wie diese Männer derart folgenschwere Fragen mißverstehen konnten, die ihr Schicksal besiegelten, bleibt Butz' Geheimnis, genauso wie das ungelöste Rätsel, warum sie keine Klarheit schafften, als sie merkten, wie ihre Aussagen interpretiert wurden.

Butz behauptete überdies, die Bekenntnisse der Angeklagten zu ihrer Mitschuld am Holocaust resultierten aus der Flut «vertrauter Propaganda», der sie seit Kriegsende ausgesetzt wurden; die ehemaligen Oberhäupter Nazideutschlands saßen einem Schwindel auf. Man kann sich über den Einfluß der für diese kapitale Täuschung Verantwortlichen wahrlich nur wundern. Sie hatten nicht nur die Hilfe der militärisch und politisch mächtigsten Nationen der Welt erwirkt, in Rekordzeit Tausende von Akten gefälscht, ohne enttarnt zu werden, und konkrete Indizien für die Existenz eines Ausrottungsprogramms erschaffen, sondern – und darin bestand ihre größte Leistung – es gelang ihnen sogar, die unschuldigen Personen, die sie des von ihnen erfundenen Holocaust bezichtigten, davon zu überzeugen, daß dieser tatsächlich stattgefunden hatte. Butz gemäß kannte die quasi überirdische Kraft der Juden keine Grenzen. Ihr eindrucksvollstes Meisterstück bestand darin, daß die Angeklagten bei der Belastung *ihrer selbst* kooperierten! Die jüdischen Ränkeschmiede brachten die Naziführer dazu, daß diese nicht nur den Wahrheitsgehalt des Mythos bekräftigten, sondern ihre Unterschriften persönlich unter gefälschte Dokumente setzten. «Jüdische Propagandisten» machten den Angeklagten plausibel klar, daß ein solches Verhalten Staatsanwaltschaft und Gericht gnädig stimmen würde.[34] Nur deswegen weisen einige Schriftstücke Unterschriften auf, die sich nicht als Fälschungen deklarieren lassen. Butz schweigt sich darüber aus, warum nie – auch nachdem die Prozesse längst abgeschlossen waren – jemals ein Angeklagter den Mund aufmachte und sich verteidigte, er habe damals gelogen, um nachsichtig behandelt zu werden. Im Gegenteil, viele ehemalige Nazis hielten an ihren Schilderungen des radikalen Eliminierungskonzepts fest und bestritten nicht, daß sie zu dessen Umsetzung beigetragen hatten.

Laut Butz heckten die Verschwörer nicht nur die Beweise aus, mittels deren der Holocaust-Schwindel faktisch etabliert werden konnte, sondern gewannen außerdem die Massenmedien zur Verbreitung der Legende. Die Medien der westlichen Demokratien glichen einer «Lügenmaschine, deren Ausdehnungen riesenhafter sind, als selbst die unabhängigsten Köpfe es nachvollziehen könnten»;[35] zum Teil lag das an ihrer Leichtgläubigkeit, teilweise trugen sie selbst die Schuld. Mit derartigen Beschuldigungen greift Butz auf Rassinier, App und Barnes zurück, in ihnen erklingt erneut das sattsam bekannte antisemitische Klagelied von der Kontrolle der Presse und Banken durch die Juden.

Butz deklassierte die Medien als «Lügenmaschine», weil sie die Holocaust-Fabelgeschichte in Umlauf brachten. Gleichzeitig jedoch schlachtete er das Phänomen aus, daß die Medien die systematische Judenvernichtung der Nazis bei ihrer Kriegsberichterstattung eben nicht hervorhoben, denn dies bewies seiner Meinung nach besser als alles andere, daß die Geschichte nicht stimmte[36] (andernfalls hätte sich die Presse gierig darauf gestürzt). Bei dieser «Erklärung» ignorierte Butz eine Reihe von Faktoren, die bei der Reaktion der Medien und der Welt auf die Schreckensmeldungen eine entscheidende Rolle spielten.[37]* Außerdem formulierten die alliierten Regierungen im Dezember 1942 offiziell ihre Mißbilligung der Geschehnisse in Deutschland, und mehrere Zeitungen berichteten fortlaufend darüber, unter anderem *New Republic, Nation, PM*, die Zeitungen des Hearst-Imperiums sowie die katholische Zeitschrift *Commonweal*; diesen Umständen trug Butz keinesfalls Rechnung. Seine «Erklärung» barg überdies einen wesentlichen Widerspruch in sich: Wie konnte es dazu kommen, daß die Juden nach dem Krieg die Presse teuflisch manipulieren konnten, aber während des Kriegs nicht den geringsten Erfolg bei ihr hatten?

Butz liebte es, dem Echo in den amerikanischen Medien Berichte der Nazipresse gegenüberzustellen. Die Zeitungen des Dritten Reichs sahen entschieden davon ab, die «jüdische Beschwerde, sie würden ausgerottet», mit einer Silbe zu erwähnen; dies machte deutlich, daß sie auf einer höheren Reflexionsstufe angesiedelt waren als die alliierten Blätter. Butz lobte die deutsche Presse dafür, daß sie die tendenziösen Nachrichten aus den Todeslagern überging und ihre Aufmerksamkeit statt dessen «berechtigten» Problemen zuwandte, zum Beispiel dem «Ausmaß der Gewalt, welche die Juden über die alliierten Medien haben, und die Methoden, welche sie dabei anwenden».[38]

Es spricht Bände, daß Butz die Nazipresse als Apotheose hochrangigen Journalismus lobt, denn bekanntermaßen erfolgte jegliche Information der Öffentlichkeit im Dritten Reich ausschließlich unter den Argusaugen der Regierung. Ähnliche Bedenken müssen sich einstellen, wenn er die Frage nach dem jüdischen Einfluß auf die Medien als «berechtigt» etikettiert. Diese Beurteilungen sind zuverlässige Indikatoren für Butz' persönliche Weltanschauung.

* Der wichtigste Grund lag in ihrer Beispiellosigkeit.

Doch nicht nur deutsche Dokumente und Aussagen der Kriegsverbrecher bezeugen die Judenvernichtung. Wie bei der Analyse von Richard Harwoods Broschüre bereits zu erkennen war, brachte auch der IKRK-Report die «Ausrottungspläne» explizit zur Sprache. Bei seinem Umgang mit diesem Bericht spaltete Butz sich von Holocaust-Leugnern wie Harwood und seinem anonymen amerikanischen Vorbild ab. Butz bestritt nicht, daß das IKRK die Generalvernichtung der Juden thematisierte, lieferte allerdings mehrere Deutungsmöglichkeiten, wie die eigentliche Wahrheit zwischen den Zeilen herauszulesen sei. Butz beharrte auf dem Standpunkt, das IKRK habe sich politischem Druck von außen fügen müssen und in seiner Untersuchung deshalb «Vorbehalte gegen die Deutschen» zum Ausdruck gebracht.[39] Die Anspielungen auf Massenausrottungen sollten die Alliierten beschwichtigen, insbesondere die Russen.[40] Wer diese Interpretation nicht akzeptieren mochte, dem bot Butz eine zweite Hintergrundinformation an. Demnach war das IKRK demselben Schwindel zum Opfer gefallen wie die Angeklagten der Kriegsverbrecherprozesse. Die humanitären Vertreter hatten während des Kriegs in Europa konkrete Beobachtungen gemacht, die dem Holocaust widersprachen, doch nach dem Krieg wurde ihre Sicht der Vorkommnisse durch Pseudodokumente und gefälschte Zeugenaussagen getrübt.[41]

Letztlich warnte Butz seine Leser vor dem Report: Da er Rechenschaft darüber ablegen sollte, wie das IKRK den europäischen Juden Beistand geleistet hatte, steckte ohnehin pure «Berechnung» dahinter. Es sei, so lautete Butz' Argument, typisch für die Veröffentlichungen einer gemeinnützigen Organisation, daß in ihnen die Effektivität der gewährten Hilfe aufgebauscht wurde; das IKRK hatte vermutlich weit weniger ausgerichtet, als es vorgab. Butz versuchte, sein Publikum darob zu «trösten», und schrieb in diesem Zusammenhang einen Satz nieder, der wahrscheinlich zu den entlarvendsten des ganzen Buchs zählt: «Wir dürfen nicht allzu niedergeschmettert sein, falls je herauskommen sollte, daß die jüdisch-ungarischen Kinder oder die Juden, die nach Wien marschieren mußten, in Wirklichkeit ein wenig mehr litten, als die Untersuchung uns glauben machen will; beiden wurde angeblich vom IKRK geholfen.»[42] Es wirft ein erschreckendes Licht auf seine wahren Gefühle, daß Butz meint, seine Leser könnten «niedergeschmettert» sein, wenn sie erführen, daß jüdische Kinder mehr litten, als das IKRK vermeldete.

In Butz' Interpretation des Reports spiegeln sich die Schwächen seiner Methodologie wider. Er rüttelte an der Glaubwürdigkeit des Reports und beschuldigte die Verfasser, Marionetten der Politiker zu sein, die von den Holocaust-Betrügern gefoppt wurden. Aber sobald es seinen Absichten diente, verwandelte sich dieselbe Studie flugs in eine qualifizierte Quelle, mit der er seine These untermauerte, daß der Holocaust eine Erfindung war. An einer Stelle berichtet das IKRK, daß viele der Insassen des Lagers Theresienstadt «nach Auschwitz übergeführt» worden seien. In Anbetracht der unzähligen Indizien für die Judenvernichtung der Nazis läßt diese Information wenig Zweifel daran offen, was eine solche Überführung bedeutete. Butz hingegen behauptete steif und fest, das IKRK habe diesen Vorgang nicht für signifikant gehalten, da die Beobachtung ohne «irgendeinen finsteren Kommentar» für sich im Raum stehe. Bis auf Butz und seine Kollegen im Geiste der Holocaust-Leugnung empfindet jeder Mensch die Worte «nach Auschwitz übergeführt» zwangsläufig als finster und bedrohlich, daher erübrigte sich ihre Erläuterung durch das IKRK.

Dieser Versuch, einer fehlenden Stellungnahme Bedeutung beizumessen, erinnert an einen Vorfall, der sich während des Eichmann-Prozesses ereignete, in dessen Verlauf der protestantische Pfarrer Heinrich Grüber als Zeuge auftrat. Er hatte während des Kriegs wiederholt versucht, Eichmann zu einer milderen Behandlung der Juden zu bewegen. Er beantragte, daß ungesäuertes Brot für das Passahfest an ungarische Juden gesandt würde, und reiste in die Schweiz, um seine Mitchristen dort aufzufordern, sie sollten Immigrationsvisa und Einreisegenehmigungen für Juden erwirken. Grüber unternahm sogar Anstrengungen, das südfranzösische Konzentrationslager Gurs aufzusuchen, wo Juden unter entsetzlichen Bedingungen dahinvegetierten. Für sein Engagement wurde er schließlich selbst in einem Lager inhaftiert. Zu seiner Verteidigung wollte Eichmann nachweisen, daß die deutsche Öffentlichkeit mit seiner Handlungsweise einverstanden gewesen sei – schließlich habe ihm niemand «Vorhaltungen gemacht» wegen seiner Amtstätigkeit. «Dies behauptet selbst der Zeuge Propst Grüber nicht von sich.» Eichmann räumte ein, daß Grüber sich um «Erleichterung» des qualvollen Schicksals der Juden bemüht hatte, doch «ohne sich gegen meine Amtstätigkeit selbst zu wenden».[43]

Eichmann und Butz hatten ähnlich diffuse Gedankengänge, um etwas anders wirken zu lassen, als es tatsächlich gewesen war. Eichmann argumentierte, der Pfarrer habe die Vernichtungsaktionen gebilligt, da er ihnen nicht expressis verbis «Halt!» geboten habe. In analoger Weise gelangte Butz zu dem Schluß, «Überführung nach Auschwitz» impliziere nichts Bedrohliches, weil das IKRK die Liquidierungen in diesem Zusammenhang nicht direkt erwähne.

Butz' Handhabung des IKRK-Reports bildet ein Musterbeispiel für seinen Trick, die beiden Seiten einer Medaille gegeneinander auszuspielen, indem er einerseits unterstellt, die IKRK-Mitarbeiter seien an der Nase herumgeführt worden, im gleichen Atemzug aber ihre Beobachtungen als Beweis dafür anführt, daß in Auschwitz keine Verbrechen verübt worden seien. An Butz' Haltung den Medien gegenüber wird ebenfalls erkennbar, daß derartige Widersprüche zu den Prinzipien seiner Argumentationsstruktur gehören. Es liegt in der Natur der Dinge, daß Dokumente oder individuelle Aussagen gelegentlich gewisse Fehler enthalten, andere Einzelheiten dagegen korrekt wiedergeben. Vor Gericht beschreiben die vorgeladenen Zeugen die Details eines Falls häufig unterschiedlich, während sie über den Kern des Ereignisses in der Regel übereinstimmen. Richter, Staatsanwälte und Verteidiger können ein Lied davon singen, wie unpräzise das menschliche Gedächtnis funktioniert, sofern es um Entfernungen, Ausmaße und exakte Zahlen geht; an den Kern eines Geschehens vermag es sich allerdings meistens zuverlässig zu erinnern. Trotzdem besteht eine der Lieblingstaktiken der frühen Holocaust-Leugner darin, die Angaben eines Angeklagten sofort für ungültig zu erklären, selbst wenn sie nur in wenigen Punkten Irrtümer aufwiesen.

Butz hingegen wandte bei seiner Kritik an den Medien und dem IKRK eine neue Strategie an. Seiner Meinung nach waren ihnen nicht nur hier und da Schnitzer unterlaufen, sie mußten vielmehr überhaupt als Informanten verworfen werden, da sie nichts als «riesenhafte Lügenmaschinen» und politische Schachfiguren darstellten. Doch wenn es ihm in den Kram paßte, zitierte er die Berichte beider Institutionen als verläßliche, kompetente Quellen für seine eigenen Ansichten. Butz operiert fortwährend mit diesem Paradoxon, er kann indessen nicht alles haben: Entweder entspricht etwas der Wahrheit oder nicht. Es entbehrt jeder Logik, die Worte «Überführung nach Auschwitz» bezögen sich nicht auf den Holocaust, aber parallel dazu beim Stichwort «Vernichtung» das IKRK sofort als politische Schachfigur oder Opfer eines Täuschungsmanövers abzustempeln.

Butz führte keine eigenen Beweise an, um seine Schlußfolgerungen zu erhärten. Jeder wissenschaftlich Arbeitende (auch auf dem Gebiet der Elektrotechnik) sucht zur Verifikation seiner Deduktionen nach entsprechenden Daten. Die Holocaust-Leugner ignorieren beharrlich jede Tatsache, die ihren Thesen widerspricht. Ein berühmter mittelalterlicher Kirchenvater, der heilige Anselm, sprach vom «Glauben, der die Vernunft sucht». Dies beschreibt die Vorgehensweise der Holocaust-Leugner. Ihr Glaube an die Nichtexistenz des Holocaust veranlaßt sie dazu, Vernunft, Fakten und Geschichte entsprechend ihren eigenen Zielen anzupassen und umzuformen.

Butz konnte die Konstruktion seiner Schwindeltheorie nicht ohne die Frage nach den «verschwundenen» Juden abschließen. Was geschah mit den Juden, die nach den Aussagen ihrer nächsten Familienangehörigen zufolge ums Leben kamen? Butz unterbreitete mehrere Lösungsvorschläge, ohne einen einzigen Anhaltspunkt zu nennen, der sie bekräftigt hätte. Er verstreute die Juden zunächst in alle vier Himmelsrichtungen – die meisten befänden sich in der Sowjetunion.[44] Außerdem waren mindestens 50 000 in die USA eingewandert. Die Phantomjuden – so Butz – ließen sich in New York nieder, wo man sie nicht aufzuspüren vermochte, weil dort bereits Millionen Juden wohnten. Wem würden «hunderttausend mehr oder weniger auffallen»?[45]

Was aber war mit den «Überlebenden», die angaben, daß sie ihre unmittelbaren Angehörigen verloren hatten? Butz läßt durchblikken, daß viele von ihnen höchstwahrscheinlich die Unwahrheit sagten; andere logen nicht absichtlich, unterlagen jedoch vielleicht dem Irrtum, ihre Verwandten seien ermordet worden, während diese in Wirklichkeit noch lebten.[46] Wo also befanden sie sich? Sie überlebten den Krieg, ihre «Vorkriegsbeziehungen nahmen sie [allerdings] nicht wieder auf».[47] Womöglich verbot die Sowjetunion ihnen den Kontakt mit ihren Familien, außerdem wußte Butz einen noch «einleuchtenderen Beweggrund»: Viele Überlebende stammten aus Ehen, die «einzig und allein durch soziale und wirtschaftliche Notwendigkeit zusammengehalten wurden».[48] Der Krieg zerstörte diese Zwänge. Nach dem Krieg fanden diese «einsamen Ehefrauen und Ehemänner» andere Partner und knüpften Verbindungen, die ihnen «kostbarer» waren als ihre früheren.[49] Sie kehrten Gatten, Kindern und ihren übrigen Angehörigen den Rücken, begannen ein neues Leben und fügten sich so als lebende Glieder in den Betrug mit ein, um ihre persönlichen Entscheidungen zu legitimieren. (Wäre das Thema nicht so ernst, könnte man diese herzlose Hypothese, warum jene Menschen ihre Familien aufgaben, als satirische Randerscheinung vernachlässigen.)

Da Butz sich offensichtlich darüber im klaren war, daß hierdurch nicht einmal ein Bruchteil der Vermißtenzahl erklärt wurde, erörterte er ausführlich, wie dieses Element der betrügerischen Strategie funktionierte, mittels deren der Holocaust-Betrug in die Welt gesetzt wurde. Gatten, Kinder, Eltern, Geschwister, Schwiegereltern, Schwäger und Schwägerinnen meldeten jemanden als vermißt. Jeder Jude ging also stets mehrfach als Opfer in die Statistik ein. «Auf diesem Weg läßt sich über die vermißten Juden beinahe endlos Rechenschaft ablegen.»[50] Butz versicherte seinen Lesern, diese Erklärung sei unbedingt stichhaltig, denn auch er habe «mit zahlreichen Freunden und Bekannten aus der Vergangenheit den Kontakt verloren, doch ich vermute, daß die meisten noch leben».[51] Eine fahrlässige, ja infame Bemerkung, obwohl Butz sehr eigenwillige Maßstäbe in bezug auf das jüdische Leid hatte; er hielt es nämlich geradezu für selbstverständlich, daß die Juden aus ihren Häusern vertrieben, in Ghettos eingesperrt, in Arbeitslagern inhaftiert, von ihren Familien getrennt wurden und unter derart erschwerten Bedingungen existieren mußten, daß eine Million von ihnen starben. In Anbetracht der Realität schießt dieser Kommentar noch weit über jede Fahrlässigkeit hinaus.

Jeder Schreibende strebt nach einer Art von Unsterblichkeit und hofft, daß ihr oder sein Werk über die Grenzen der Zeit hinweg zu den Menschen sprechen wird. Butz hat dieses Ziel erreicht. Seine Erkenntnisse sind in zahlreichen Datenbanken gespeichert, in öffentlich zugänglichen Bibliotheken wie auch in den Einrichtungen von Fanatikern, zum Beispiel den Computersystemen des Ku-Klux-Klans und der Neonazis. Waffentragende Sicherheitstrupps zitieren Butz, wenn sie ihren Antisemitismus rechtfertigen wollen.[52] Faschisten, Rassisten und radikale Extremisten schreiben seine Ideen auf ihre Fahnen. Bei der künftigen Bewertung der abstrusen, schädlichen Theorien aus den Sphären der Holocaust-Leugnung wird man sich an Butz' Buch – zusammen mit ähnlich verleumderischem Schriftgut wie den *Protokollen der Weisen von Zion* – orientieren müssen.

8. Geschichtsumwandlungen: Das Institute for Historical Review

Im Spätsommer 1979 lud eine bis dato weitgehend unbekannte Einrichtung, das *Institute for Historical Review (IHR)*, auf dem in der Nähe des Flughafens von Los Angeles gelegenen Gelände einer technischen Privatschule zur ersten «Revisionismus-Konferenz» ein. Bis zum damaligen Zeitpunkt hatte das IHR, das im Jahr zuvor gegründet worden war, nur wenig Aufmerksamkeit erregt. Die meisten, die über seine Existenz Bescheid wußten, straften es als ein Sammelbecken für Holocaust-Leugner, Neonazis, Deutschlandfanatiker, rechtsgerichtete Extremisten, Antisemiten, Rassisten und Verschwörungstheoretiker mit Verachtung. Während jener Zusammenkunft verkündete der Direktor des Instituts, welchen die dort Versammelten unter dem Namen Lewis Brandon kannten, das IHR werde jedem eine Belohnung von 50000 Dollar zahlen, der «beweisen kann, daß die Nazis während des Zweiten Weltkriegs Gaskammern zur Judenvernichtung einsetzten». Brandon, dessen richtiger Name (wie sich herausstellen sollte) William David McCalden lautete, gestand später ein, das Angebot sei nie wirklich ernst gemeint, sondern als Anreiz gedacht gewesen, um eine Werbekampagne des Instituts in eigener Sache in Gang zu setzen: «Der Wettbewerb war ein Kunstgriff, um unser Anliegen an die große Glocke zu hängen.» Den Lesern des IHR-Organs *Journal of Historical Review* gegenüber prahlte McCalden damit, der Plan sei von großem Erfolg gekrönt gewesen. Die in seiner Folge publizierten Zeitungsartikel hätte man «zentimeterweise» messen können. Doch ungeachtet von McCaldens Begeisterung kam diese Gauklernummer das IHR letztlich teuer zu stehen.[1]

Außer Lewis Brandon verwandte McCalden eine ganze Reihe weiterer Pseudonyme, unter anderem Sondra Ross, David Berg,

Julius Finkelstein, David Stanford. Er wurde 1951 im nordirischen Belfast geboren, wo er Grundschule und Gymnasium besuchte.[2] An der *University of London* absolvierte er das Lehrerexamen. In England war er für seine Beziehungen zur neofaschistischen, extremistischen Szene bekannt. Bevor McCalden in die USA übersiedelte, gehörte er der rechts gerichteten *National Front* Englands an, bekleidete dort einen Funktionärsposten und gab antisemitisch-rassistische Schriften heraus. McCalden war erklärter Rassist, und aufgrund seiner unverhohlenen «rassistischen politischen Einstellung» verweigerte man ihm die Mitgliedschaft in der englischen Journalistengewerkschaft. In seinem Einspruch gegen die Entscheidung des Verbands bekannte McCalden freimütig, er befürworte einen Journalismus, welcher der «Rassendiskriminierung» förderlich sei; er bezeichnete sich selbst als überzeugten «Rassisten».[3] Zu einem Jünger der Holocaust-Leugnung wurde er – wie er berichtete – durch die Lektüre von Richard Harwoods *Did Six Million Really Die?*. 1978 verlegte er seinen Wohnsitz nach Kalifornien, wo er zunächst für das antisemitische Magazin *American Mercury* arbeitete. Als McCalden merkte, daß die Zeitschrift und alles, was mit ihr zusammenhing, zum Scheitern verurteilt waren, mischte er – seinen Aussagen zufolge – tatkräftig beim Aufbau des IHR mit, um das Evangelium der Holocaust-Leugnung ausbreiten zu können.[4] Er leitete das IHR von 1978 bis 1981.*

Im ersten Jahr nach der Aussetzung der Belohnung ignorierten die Medien sowohl diese wie auch alle weiteren Aktivitäten des IHR. Um seine Arbeit publik zu machen – was ja bekanntlich das Ziel des «Wettbewerbs» war –, verfügte McCalden, daß eine Auswahl prominenter Überlebender Briefe erhalten sollten, in denen sie herausgefordert wurden, die Vergasung von Juden in Auschwitz stichhaltig zu belegen; wem es gelinge, dem winke eine Anerkennung von 50000 Dollar.[5] Den Adressaten wurden ein Wettbewerbsformular sowie eine Aufzählung der Teilnahmebedingungen

* Im Frühjahr 1981 verließ er das IHR wegen Differenzen mit Carto, dem mächtigsten Mann hinter der Organisation. Bis zu seinem Tod 1991 führte er einen nahezu unaufhörlichen, bitteren und hitzigen Kampf gegen Carto und das IHR.

zugesandt,[6] die vorschrieben, daß potentielle Anwärter auf den mit 50000 Dollar dotierten Preis der «Nachfolgekonferenz zum Revisionismus» auf eigene Kosten beiwohnen mußten, um dort ihre Befunde vorzulegen. Die Entscheidung der Expertenjury konnte durch nichts angefochten werden; das IHR nominierte die Mitglieder der Jury, die über die Gültigkeit der Beweismittel befinden und die vorgelegten Indizien bewerten würde. Der Fragebogen erheischte von den Wettbewerbsteilnehmern Auskunft über ihre ethnische Abstammung, ihre Inhaftierungszeiten in einem bzw. mehreren Konzentrationslagern sowie die exakten Daten und Lokalitäten der Tötungen durch Gas, deren Zeugen sie angeblich gewesen waren. Darüber hinaus sollten sie detailliert die technischen Abläufe der von ihnen beobachteten Vergasungen beschreiben und «forensische Evidenz» zur Untermauerung ihrer Thesen abliefern, beispielsweise persönliche Tagebücher oder Photographien.[7]

Eines dieser provozierenden Schreiben wurde Mel Mermelstein zugestellt, der im kalifornischen Long Beach lebte; Mermelstein hatte Auschwitz überlebt, seine Mutter und Schwestern waren dort vergast worden, Vater und Bruder kamen im Auschwitz-Nebenlager Jaworzno ums Leben. Beim IHR war man auf Mermelstein wegen seiner Leserbriefe an mehrere Zeitungen aufmerksam geworden, unter anderen an die *Jerusalem Post*, in denen er das Institut und seine Aktivitäten mit Schimpf und Schande überhäufte. In diesem Blatt ließ das IHR einen offenen Brief an Mermelstein erscheinen und bezichtigte ihn, «mit dem Vernichtungsschwindel hausieren zu gehen». Außerdem schickte McCalden ihm eine persönliche Aufforderung, am Wettbewerb teilzunehmen. Der IHR-Direktor bat sich eine zügige Antwort aus, gleichzeitig warnte er Mermelstein: sollte das IHR nichts von ihm hören, werde es seine «eigenen Schlüsse» ziehen und Mermelsteins Weigerung, an dem Wettstreit teilzunehmen, an die Medien weitergeben.[8] Was das bedeutete, lag auf der Hand: Das IHR würde eine Ablehnung als Unvermögen interpretieren, die Realität des Holocaust zu bestätigen.

Mermelstein nahm die Herausforderung an.* Noch im selben

* Zuvor hatte Mermelstein sich mit mehreren jüdischen Einrichtungen, unter anderen der ADL und dem *Simon Wiesenthal Center*, beraten, die ihm

Monat übersandte er dem IHR einen notariell beglaubigten Bericht über seine Erfahrungen in Auschwitz sowie eine Liste mit Namen zusätzlicher Augenzeugen und wissenschaftlicher Gutachter, welche dem Tribunal, das über den jeweiligen Sachverhalt urteilen würde, nötigenfalls zur Verfügung stehen konnten. Mermelstein versah seinen Brief mit dem Hinweis, daß er gerichtliche Schritte einleiten würde, um seine Vereinbarung mit dem IHR durchzusetzen, sollte bis zum 20. Januar 1981 keine Reaktion bei ihm eingegangen sein. Am 26. Januar 1981 verlangte Mermelsteins Anwalt vom IHR eine «unverzügliche Bereinigung» der Angelegenheit. Das Ende dessen, was als Fall Mermelstein Aufsehen erregen sollte, stand jedoch noch lange nicht bevor. *

McCalden unterrichte Mermelstein davon, daß auch Simon Wiesenthal einen Antrag auf Anhörung gestellt habe und das IHR zunächst sein Gesuch bearbeiten wolle.[9] Wiesenthal zufolge bot man ihm 50000 Dollar, falls er bewies, daß auch nur ein einziger Jude in einem Konzentrationslager vergast worden sei, und 25 000 Dollar, wenn er die Authentizität von Anne Franks Tagebüchern bekräftigte. Wiesenthal ließ sich auf den Vorschlag ein, womit dem IHR ein werbeträchtiger Geniestreich gelungen schien. In einem Rundschreiben an die Abonnenten des *Journal of Historical Review* gab McCalden zu, bei dem «Preisausschreiben» handele es sich um eine Falle, und das Institut habe gehofft, daß irgendein «naiver Eiferer» hineintappen würde. Frohlockend tat er kund, mit Wiesenthal habe man eine «höchst geeignete, höchst prominente Maus» angelockt.[10] McCalden verschwieg seinen Lesern, daß die «Maus» sich bereits aus der Falle befreit hatte.

Wiesenthal regte an, ein Richter des kalifornischen Obersten Gerichts solle über seinen Fall wachen. Das IHR wies die Empfehlung zurück und beharrte auf seinem Anspruch, eine eigene Jury zusam-

nahelegten, er solle die Provokation seitens des IHR nicht beachten, da eine Beteiligung den Holocaust-Leugnern lediglich das Forum verschaffte, das sie um jeden Preis erstrebten. Dennoch entschied Mermelstein sich für ein weiteres Vorgehen.

* 1990 wurde Mermelsteins Geschichte mit Leonard Nimoy in der Hauptrolle für das Fernsehen verfilmt.

menzustellen, die Wiesenthals Beweismaterial begutachten würde. Am 4. März 1981 teilte Wiesenthal «Brandon» mit, er ziehe sich aus der Angelegenheit zurück, da er die IHR-Sachverständigen für befangen halte. In einem persönlich unterzeichneter Dokument erläuterte Wiesenthal den Grund für seinen Widerruf: er werde sich keinesfalls einem Verfahren anschließen, bei welchem eine Partei gleichzeitig als Ankläger und Richter fungiere.[11] Wiesenthals Argwohn erwies sich als um so berechtigter, nachdem Tom Marcellus, McCaldens Nachfolger als IHR-Direktor, von Mermelsteins Anwalt auf Herz und Nieren ausgefragt worden war – mit niederschmetterndem Ergebnis. Der Anwalt erkundigte sich bei Marcellus, wer für das Gremium auserwählt werden solle, welches das IHR zur Überprüfung der vorgelegten Evidenz einberufen wollte. Als prädestinierte Experten schlug Marcellus Robert Faurisson, Arthur Butz und Ditleib Felderer vor. Alle drei gehörten dem Redaktionsbeirat des *Journal of Historical Review* an. Butz hatte mit *The Hoax of the Twentieth Century* seine Zeichen gesetzt. Als der Fall Mermelstein verhandelt wurde, war Faurisson von einem französischen Gericht bereits wegen Verleumdung – weil er die Realität des Holocaust bestritt – zu einer Gefängnisstrafe auf Bewährung, zu Geldbußen und Schadensersatzzahlungen verurteilt worden. Ditleib Felderer, ein schwedischer Staatsbürger österreichischer Herkunft und nach eigenen Angaben jüdischer Abstammung, publizierte eine beißend antisemitische Zeitschrift, *Jewish Information Bulletin*, deren antisemitische Haßtiraden, anders als beim *Journal of Historical Review*, nicht einmal unter einem Deckmäntelchen von Ernsthaftigkeit verborgen waren.*

* Unter den Rundschreiben, welche jene sogenannte *Jewish Information Society* distribuiert, findet sich die grob verzerrende, obszöne Karikatur einer älteren Jüdin und eines älteren Juden, beide mit langen Hakennasen. Die Brüste der Frau baumeln bis zu ihren Knien herab; ihr Kinn ist mit Stoppeln bedeckt, und sie raucht eine Zigarette. Der erigierte Penis des Mannes wird von einer Schiene aufrecht gehalten, sein Hodensack hängt ihm ebenfalls bis auf die Knie. Die Bildunterschrift lautet: »Ungeachtet seiner schwächlichen Konstitution gelang es Dr. Mengele, ihn zu verjüngen. Stolz führt er nun seine hübsche neue Vorrichtung seinem schönen, höchst erwartungsvoll und verführerisch dreinblickenden Liebchen vor.»

1983 saß er wegen der Verbreitung von volksverhetzendem Material für zehn Monate in Haft. Der Staatsanwalt des Prozesses berichtete, daß Felderer den Vorstehern jüdischer Gemeinden in Europa Umschläge mit menschlichen Gewebepartikeln und Haarsträhnen zugeschickt und sich in dem beigefügten Schreiben erkundigt hatte, ob sie anhand dieser Partikeln in Auschwitz vergaste ungarische Juden identifizieren könnten.[12]

Mermelstein ließ sich von derlei Erkenntnissen über die «Gutachter» nicht abschrecken und reichte am 19. Februar 1981 gegen das IHR, Carto und Brandon alias McCalden eine Klage ein. Noch vor der Hauptverhandlung, während der verschiedenen Vorbereitungsgespräche, verfügte Richter Thomas T. Johnson, die Tatsache, daß Juden in Auschwitz vergast wurden, sei offiziell ins Protokoll aufzunehmen; dies «steht nicht zur Debatte», sondern «ist ein schlichtes Faktum». Aus dem langwierigen Prozeß mit zahlreichen Aufschüben ging Mermelstein als Sieger hervor. Im Juli 1985 verurteilte der Oberste Gerichtshof von Los Angeles das IHR dazu, an Mermelstein 90000 Dollar zu bezahlen; die Summe setzte sich aus der versprochenen Belohnung von 50000 Dollar sowie 40000 Dollar Schmerzensgeld zusammen. Die Angeklagten mußten überdies einwilligen, in aller Form bei Mermelstein für die psychische Belastung Abbitte zu leisten, die sie ihm und den anderen Überlebenden aus Auschwitz auferlegt hatten. Der vorformulierte Entschuldigungsbrief schloß eine wörtliche Wiederholung der richterlichen Verfügung über die Realität von Auschwitz ein.[13] (Dies war nicht das Ende des Falls Mermelstein. Während eines Radiointerviews am 7. August 1985 gab Mermelstein bekannt, die beschuldigten IHR-Mitglieder hätten die gerichtlich aufgesetzte Erklärung unterzeichnet. Am 6. August 1986, einen Tag vor Ablauf der Verjährungsfrist, erstatteten Willis Carto und das IHR wegen diffamierender Äußerungen in jenem Rundfunkgespräch Anzeige gegen Mermelstein. Anderthalb Jahre später zogen sie ihre Klage freiwillig zurück. Infolge der Vorfälle hat Mermelstein wegen böswilliger Verfolgung erneut gerichtliche Schritte gegen das IHR und Carto eingeleitet. Die Angelegenheit ist noch nicht abgeschlossen.[14]) Trotz der finanziellen Verluste und der lächerlichen Figur, welche das IHR im Zuge der Mermelstein-Affäre in den Augen der Allgemeinheit machte, wichen die, welche an der Spitze des Instituts standen, nicht von der Meinung ab, daß die Herausforderung an die Holocaust-Überlebenden in Anbetracht des Presseechos ein voller Erfolg war.

Der Fall Mermelstein ist nicht der einzige Weg, auf dem das IHR in seinen Anfängen coram publico einigen Wirbel veranstaltete. 1981 mietete es das *Lake Arrowhead*-Konferenzzentrum der *University of California* für seine Jahresversammlung. Als das Institut mit der Bitte um Benutzung der Räumlichkeiten an die Universitätsverwaltung herantrat, vermutete der für die Vermietung der Konferenzsäle zuständige Angestellte hinter dem IHR offenbar eine legitime wissenschaftliche Körperschaft. Trotz heftiger Proteste seitens Fakultätsangehöriger und Studenten machte die Administration mit Rückendeckung durch Gouverneur Jerry Brown geltend, sie könne den Kontrakt aufgrund der Rechtslage nicht brechen. Als man im Universitätsdekanat allerdings erfuhr, daß McCalden beim Abschluß des Mietvertrags mit seinem Pseudonym Brandon unterzeichnet hatte, erklärte man, daß angesichts einer «begangenen Täuschung» legitimer Anlaß bestehe, die Vereinbarung mit dem IHR zu annullieren. Ungefähr zu demselben Zeitpunkt, da die Universität sich darum bemühte, die Übereinkunft außer Kraft zu setzen, setzte McCalden die Anhänger des IHR davon in Kenntnis, daß der Gaskammerstreit nichts weiter als ein Public-Relations-Trick gewesen sei. Die Universität rechtfertigte ihre Absage, indem sie jenes Eingeständnis McCaldens zitierte, bei dem Wettbewerb handele es sich um einen «Kunstgriff der Öffentlichkeitsarbeit».[15]

Dieser Verlauf bedeutete in gewisser Hinsicht eine Abweichung vom ursprünglichen Kurs des IHR, mit dessen Gründung sich dieselben Intentionen verbanden wie mit Arthur Butz' *The Hoax of the Twentieth Century*: Die Holocaust-Leugnung sollte aus den entlegenen Sphären rassistischen und antisemitischen Extremismus in die Gefilde akademischer Seriosität verlagert werden. Das IHR war dahingehend konzipiert, den Holocaust-Leugnern wissenschaftliche Anerkennung zuteil werden zu lassen; schon allein deswegen war man so erpicht darauf, im universitären Bereich tagen zu dürfen. Obwohl das IHR und seine Befürworter stets verkünden, die Holocaust-Leugnung fühle sich einer unverfälschten Tradition geistig-philosophischen Strebens verpflichtet,[16] wird bei einer Untersuchung des Instituts, seiner Veröffentlichungen, Aktivitäten und der eng mit ihm verbundenen Personen mehr als deutlich, daß das IHR in ein Kontinuum rassistischer, antisemitischer Strömungen hineingehört. Wären seine Publikationen und Aktionen nicht mit einer Aura der Wissenschaftlichkeit umgeben, würde man sie kurzerhand als das abstempeln, was sie wirklich sind, nämlich fanatische Ausgeburten einer neonazistischen Ideologie. Die antiisraelische, rassistische, antisemitische Haltung des Instituts manifestiert sich in allem, was dort seinen Ausgang nimmt. Die Organisationsform einer Forschungseinrichtung, welche das IHR sich selbst verlieh, sowie sein äußerlicher Anstrich mögen neu gewirkt haben, seine Pläne zur Wiederbelebung des Nationalsozialismus, zur antisemitisch-rassistischen Indoktrinierung und Verunglimpfung der Demokratie waren es jedoch nicht.

Das IHR hat sein eigentliches Programm von Anbeginn durch Aktivitäten verschleiert, die für Forschung und Lehre charakteristisch sind. Es lanciert jährliche Versammlungen, die wie akademische Seminare aufgebaut werden, und gibt das *Journal of Historical Review* heraus, das den würdigen, hochgestochenen akademischen Sprachstil imitiert. Obwohl nahezu alle Aktivitäten des Instituts auf dem Gebiet der Holocaust-Leugnung angesiedelt sind, engagiert es sich vorgeblich für wesentlich weitgespanntere, erhabenere Ziele. Das IHR behauptet von sich selbst, es wolle mit seinen Nachforschungen die Geschichte des 20. Jahrhunderts den tatsächlichen Begebenheiten anpassen und die historischen Götzenbilder umstürzen, deren Aufstellung durch geschickt verhüllte Interessen gesteuert werde. In vorderster Reihe stünden hierbei die Mythen vergangener Kriege. Wie alle Holocaust-Leugner der Vergangenheit beteuerte das IHR, es beziehe seine Motivation nicht aus Vorbehalten gegenüber anderen, sondern einzig und allein aus einer «tiefempfundenen Hingabe an geschichtliche Objektivität».[17] Auf den Einwand, die Holocaust-Leugner trachteten nach einer Rehabilitierung des Nationalsozialismus, reagierte das IHR empört; man sei nicht daran interessiert, irgendeinem Regime den Wiederaufstieg zu ermöglichen, sondern nur, «der *Wahrheit* zu ihrem Recht zu verhelfen». Im Gegensatz zu den gesellschaftlich sanktionierten Historikern erklärte man sich nämlich bereit, den «zwielichtigen Unterdrückern» geschichtlicher Realität entgegenzutreten.[18] Nur wenn die historischen Lügen aufgedeckt würden, mit welchen die USA zugeschüttet worden waren, ließ sich verhindern, daß die Nation von einem katastrophalen Konflikt in den nächsten «befördert» wurde, vor allem im Nahen Osten.[19] Dies ist und bleibt das nach außen hin vertretene Programm des IHR, doch die Wirklichkeit sieht anders aus.

Ungeachtet seiner vorgeblichen Ambitionen auf eine umfassende Revision der gesamten Menschheitsgeschichte konzentriert sich das IHR beinahe ausschließlich auf den Zweiten Weltkrieg und den Holocaust. Bei ihm handelt es sich – so das IHR – um «die am stärksten verzerrte Epoche» der Geschichte und um das Ereignis, welches am häufigsten wie ein «historischer Knüppel zur Einschüchterung der öffentlichen Meinung» eingesetzt werde. David McCalden besaß präzise Vorstellungen davon, welche Auffassungen der Allgemeinheit solchermaßen und quasi drohend aufgedrängt werden sollten, und äußerte sich auch dazu. In einem Rundbrief zur Anwerbung neuer Abonnenten für das *Journal of Historical Review* schrieb McCalden, der Bezug des Magazins sei nicht nur eine Maßnahme, die jeder amerikanischen Familie Hunderte von Dollar an Steuergeldern ersparen würde, sondern auch die Gefahr eines desaströsen Atomkriegs von den USA abwandte. McCalden erläuterte detailliert, wie derart hochtrabende Visionen dank einer schlichten Zeitschriftenbestellung realisiert werden konnten: «Jedes Jahr stiehlt eine fremde Regierung Millionen Dollar von Ihnen und anderen amerikanischen Steuerzahlern. Der Dieb ist niemand anderer als die korrupte, bankrotte israelische Regierung mitsamt ihren Horden bezahlter wie auch ehrenamtlicher Agenten in den USA, insbesondere in Washington. Und der Diebstahl wird in erster Linie durch die schlaue Ausschlachtung der größten Lüge aller Zeiten verübt – der ‹Holocaust›-Lüge.»[20] (Die Involvierung Israels bildet einen ständigen Refrain im Klagelied des IHR.)

Für das IHR bedeutete die Entlarvung des «sogenannten» Holocaust weit mehr als ein Umschreiben der historischen Berichterstattung – sie hatte entscheidende politische Implikationen. Solange der Holocaust nicht als Betrug bloßgestellt wurde, lag die Zukunft der Vereinigten Staaten im dunkeln. Mit der Wahrheit über den Holocaust kämen auch die geheimen Kreise zum Vorschein, die einen Großteil der amerikanischen Rüstungs- und Außenpolitik bestimmten. Unter Einbeziehung typischer antisemitischer Vorurteile klagte das IHR eine «superreiche ... winzige Bevölkerungsschicht» an, daß sie der Gesellschaft ohne jegliche Skrupel «Schaden» zufüge und «falsche Vorstellungen» in Umlauf bringe. Jene Gruppe – eine kaum verschleierte Anspielung auf die Juden – kontrolliere die Medien und benutze sie, um sich jammernd den Holocaust um den Hals hängen zu können, der das Grundprinzip für «Amerikas hündische Ergebenheit gegenüber dem illegalen Staate Israel bildet».[21]

Tom Marcellus, McCaldens Nachfolger in der Leitung des IHR, erweiterte das Spektrum der Argumentation. Die Holocaust-Legende «legitimierte» nicht nur den von Israel praktizierten Völkermord, sondern beeinträchtigte außerdem die Rechte amerikanischer Bürger in ihrem eigenen Land. Die in der amerikanischen Verfassung verbürgte Redefreiheit wurde außer Kraft gesetzt, um die Belange derer zu schützen, die schrien, Israel müsse stets an erster Stelle stehen. Die Bedrohung beschränkte sich jedoch nicht nur auf die USA. Auch das «Fortbestehen Deutschlands und der westlichen Zivilisation» standen auf Messers Schneide.[22]

Marcellus winkte mahnend mit dem Zeigefinger: ein Hinnehmen des Holocaust-Mythos hätte den drastischen Verfall aller gültigen Normen für menschliches Verhalten und einen sinkenden Standard des «Selbstbewußtseins bei *Menschen weißer Hautfarbe*» zur Folge. Mit derlei Beschwörungen gab er die wahren Hintergedanken des Instituts preis. Mehr und mehr verbarg es seine rassistischen Affinitäten vor der Öffentlichkeit, trotzdem gehörten sie wesentlich zu dem extremistischen Hintergrund, dessen Erbe das IHR angetreten hat.[23]

Die ideologischen Grundfesten des Instituts weisen geradewegs auf seinen Begründer und Vorkämpfer Willis A. Carto zurück. Carto rief unter anderem die *Liberty Lobby* ins Leben und war ihr Schatzmeister. Bei der *Liberty Lobby* handelt es sich um eine ultrarechte Organisation mit direkten Verbindungen zu anderen antisemitischen Unternehmen, unter anderem *American Mercury*, *Washington Observer Newsletter* und *Noontide Press*. Sowohl das IHR als auch jene Publikationen haben sich kaum bemüht, ihre Beziehungen untereinander zu kaschieren. Es gab Zeiten, da bedienten sich das IHR, *Noontide Press* und *American Mercury* derselben Postfachadresse.[24] Dieses Antisemitenbündnis bringt nachgewiesenermaßen israelfeindliche Hetzschriften in Umlauf, die vorzugsweise und bis in sämtliche Einzelheiten eine «zionistische Weltverschwörung» ausmalen. Einige schmähen Israel als «Bastardstaat».[25]

Carto wurde 1926 in Indiana geboren. Nach dem Militärdienst besuchte er das College und zog dann nach San Francisco, wo er für eine Finanzierungsfirma als Schuldeneintreiber arbeitete. Für kurze Zeit schloß er sich der rechtsradikalen *John Birch Society* an, zerstritt sich allerdings mit ihrem Gründer, Robert Welch. Einem ehemaligen Mitarbeiter der *Liberty Lobby* gemäß gingen Cartos antisemitische Bestrebungen selbst Robert Welch zu weit, der Carto persönlich vor die Tür setzte.[26] 1958 sorgte er für die Entstehung einer «Interessengemeinschaft zur Rettung des Patriotismus», aus der schließlich die *Liberty Lobby* hervorging. Ein früheres Vorstandmitglied der *Liberty Lobby* teilte mit, daß die jährlichen Einnahmen in den 80er Jahren fast vier Millionen Dollar betrugen. Das Verbandsorgan *Spotlight* erreicht angeblich eine Auflage von mehr als 300000. 1981 feierte es diesen Erfolg mit einem Galaempfang im *National Press Club*, Washington.

Die *Liberty Lobby* gilt als so radikal, daß sie sich «selbst den extremsten rechten Rändern des politischen Spektrums entfremdet hat».[27] Der Journalist Drew Pearson, Spezialist für hartnäckige Recherchen, nannte Carto einen «Hitlerfan» und beschrieb die *Liberty Lobby* als «von Nazis durchsetzt, die Hitlers Andenken ehrfürchtig bewahren». Unter anderen das *Wall Street Journal* hat in seinen Artikeln den Antisemitismus Cartos und der *Liberty Lobby* hervorgehoben.[28]

Die *Anti-Defamation League (ADL)* hält Carto für einen der wichtigsten, einflußreichsten hauptamtlichen Antisemiten in den USA. Laut ADL-Informationen herrscht die *Liberty Lobby* über ein weitverzweigtes Geflecht von Verlagen und Vereinen, die bereits mehr als zwei Jahrzehnte lang antisemitische, rassistische Propaganda in den USA verbreitet haben.[29] Das *Wall Street Journal* und die ADL stehen mit ihren Erkenntnissen nicht allein da. Als Carto und die *Liberty Lobby* das *Wall Street Journal* verklagten, weil es sie als Antisemiten denunziert habe, entschied das Oberste Gericht des District of Columbia zu ihren Ungunsten; in der Begründung hieß es, daß schwerlich ein Fall vorstellbar sei, in welchem der Tatbestand des Antisemitismus «zwingender vorliegt».[30]

Die schärfste Kritik an Carto und der *Liberty Lobby* ist jedoch aus den Reihen der Konservativen und rechtsgerichteten politischen Gruppierungen in den USA zu vernehmen gewesen. Scott Stanley, Geschäftsführer des *American Opinion* – der Hauszeitung der *John Birch Society* –, hält Willis Carto für in entscheidendem Maße dafür verantwortlich, daß der organisierte Antisemitismus in den Vereinigten Staaten nicht ausstirbt. 1981 nannte William F. Buckley die *Liberty Lobby* «eine antisemitische Brutstätte» mit dem «mysteriösen» Carto im Zentrum, der «regelmäßig die Basis jeder politischen Diskussion vergiftet».[31] Die konservative Wochenzeitschrift *Human Events* rügte die *Liberty Lobby* scharf, weil sie rassistische, antisemitische Emotionen schüre; Carto habe von jeher eine verdächtig große Vorliebe für Hitlers Deutschland bekundet. Buckleys *National Review* bezichtigte Carto, «ständig aus dem Augenwinkel auf die Juden zu schielen»; nicht nur Cartos Antisemitismus sei verderblich, warnte das Blatt, sondern auch seine Ideologie der absoluten Macht, die nicht dem amerikanischen Demokratieverständnis entspreche, sondern ihm deutlich entgegenstehe.[32] Der konservative Kolumnist R. Emmett Tyrell jr., Chefredakteur des *American Spectator*, verurteilte die *Liberty Lobby*, weil sie bevorzugt ein «buntes Trüppchen von Fanatikern und Einfaltspinseln» um sich schare, welche die Anwendung von Verschwörungstheorien auf jedes die Gesellschaft irritierende Problem zu einer Kunst erhoben.[33] Es verwundert nicht, daß Carto diese Vorwürfe entschieden bestritt. Eine Analyse dessen, was er geschrieben, gesagt und getan hat, widerlegt seine eigenen Darstellungen jedoch eindeutig.

Willis Cartos politische Haltung rankt sich um drei Prinzipien: Er verachtet und haßt die Juden, hält ein totalitäres Regime zur Protektion des «rassischen Erbes» in den USA für notwendig und glaubt an die Existenz einer Verschwörung, deren Urheber der westlichen Welt gräßlichen Schaden zufügen wollen. In den Artikeln, Magazinen und Büchern, welche durch Cartos Publikationsnetz verbreitet werden, herrschen permanent leicht durchschaubare Themen vor: die schändliche Behandlung Nazideutschlands durch die Alliierten, die jüdische Verantwortung für alles Böse im Abendland, die makabren Missetaten des israelischen «Bastardstaats» sowie die Konspiration zur Manipulierung der amerikanischen Außen- und Finanzpolitik, die von einem «kleinen, elitären Personenkreis», in dem jüdisch klingende Namen überwiegen, vorangetrieben wird. Juden besudeln Deutschlands guten Namen und unterstützen die Anstrengungen der Kommunisten, dem Westen ihr System aufzuoktroyieren. Im Grunde resultiert jedes ernsthafte Problem, mit dem die USA konfrontiert sind – gleichgültig, ob es um Bürgerrechte, Energie, Verteidigung oder rassische Integration geht –, aus den Machenschaften der Juden, wobei sie nichts als ihren eigenen Vorteil im Sinn haben.

Aber Carto nimmt nicht nur die Juden aufs Korn. Seiner Meinung nach bilden «Juden und Neger» die Wurzeln allen Übels in der Gesellschaft.[34] 1955 beklagte Carto in einem Brief an den rassistischen Schriftsteller Earnest Sevier Cox, zu wenige Amerikaner kümmerten sich gebührend um den «ständig wachsenden Niggereinfluß in den Vereinigten Staaten».[35] Cartos Weltsicht ist wesentlich durch sein Konzept von rassischer Reinheit geprägt. 1962 machte er sich für eine an der Rassenlehre orientierte Geschichtsschreibung stark und verkündete, die Gleichberechtigung aller Rassen sei leichter zu akzeptieren, wenn es «keine Neger gibt, die das Bild zerstören».[36] Cartos Ressentiments erinnern an die Angst deutscher Rechtsextremisten vor «Überfremdung». Weil er die USA vor der Gefahr schützen wollte, welche ihr seiner Meinung nach von seiten der Afroamerikaner drohte, rief er das *Joint Council for Repatriation* ins Leben, mit dessen Hilfe alle Schwarzen nach Afrika zurückgebracht werden sollten. Kurz vor der Gründung der *Liberty Lobby* im Jahre 1957 prophezeite Carto Tom P. Brady, daß sich die *Liberty Lobby* für die Rückführungsvorhaben des *Joint Council* als von unschätzbarem Wert erweisen würde. Brady war Richter am Landgericht des Staates Mississippi und hatte das zur Bürgerrechtsbewegung antagonistisch eingestellte *White Citizens Council* aus der Taufe gehoben. Carto achtete eifrig darauf, daß die Verflechtung von *Liberty Lobby* und *Joint Council* ein Geheimnis blieb, was übrigens für seine Methoden beim Aufbau von Organisationen typisch war: «Sie verstehen gewiß, daß zwischen den beiden niemals eine offensichtliche Beziehung erkennbar werden darf, sonst machen sie sich gegenseitig zunichte.»[37] Das *Joint Council of Repatriation* strebte jedoch nicht nur eine Übersiedelung von Afroamerikanern in die Heimat ihrer Vorfahren an. Es zielte außerdem darauf ab, dem organisierten Judentum einen Stoß zu versetzen, der alles Gewesene übertreffen sollte.[38] Während des Zweiten Weltkriegs – so Carto – war der Westen wegen des jüdischen Einflusses auf die US-Politik für die Vorteile eines Bündnisses mit Hitler blind gewesen. Die verräterische «Propaganda und Lügen» der Juden hatten Hitlers Niederlage bewirkt, die in Cartos Augen mit der «Niederlage Europas und Amerikas» identisch war.

Das Unheil beschränkte sich allerdings nicht auf den Zweiten Weltkrieg: «Falls Satan sich vorgenommen haben sollte, fortwährenden Zwist und eine Macht zur Vernichtung aller Nationen heraufzubeschwören, hätte ihm nichts Besseres einfallen können, als die Juden zu erschaffen.»[39] In einer Notiz drückte Carto das noch lakonischer aus: Die Juden waren «Landesfeind Nummer eins».[40]

Die Maximen von Cartos politischer Philosophie und sein Zugang zur Holocaust-Leugnung lassen sich auf *Imperium – The Philosophy of History and Politics* von Francis Parker Yockey zurückverfolgen. Das Buch ist Adolf Hitler gewidmet und predigt, daß die Welt künftige Größe nur in Anlehnung an die deutsche «Revolution» des Jahres 1933 erlangen werde. Manche Forscher bezeichnen Yockey als den «amerikanischen Hitler». Er wurde 1917 in Chicago geboren; nach dem Besuch von fünf verschiedenen Colleges schloß er sein Studium an der *Notre Dame Law School* ab.[41] 1942 meldete er sich zum Militär, war jedoch kurze Zeit später bereits längere Zeit ohne Urlaub abwesend. 1943 wurde er schließlich aus medizinischen Gründen ausgemustert; die Diagnose lautete «Dementia praecox, paranoider Typus». Den Akten gemäß litt er an ausgeprägtem Verfolgungswahn sowie unter auditiven Halluzinationen. In seine Wahnvorstellungen integrierte er häufig prominente Persönlichkeiten.[42]

1945, nach dem Krieg, nahm er eine Tätigkeit als juristischer Sachbearbeiter für amerikanische Militärgerichte bei den Nürnberger Prozessen an. Weniger als ein Jahr später kündigte er die Stellung, weil er sich über die seiner Ansicht nach ungerechte Behandlung der Naziführer durch das Gericht empörte. Er begab sich nun nach Irland, wo er *Imperium* verfaßte. 1952 erkannte ihm das amerikanische Außenministerium in absentia den Paß ab, und 1954 wurde er als amerikanischer Agent des Neonazis Rudolph Aschenauer enttarnt.[43] Nach der Niederschrift von *Imperium* bereiste er Nordamerika, Europa und Ägypten, um seine Thesen zu verkünden. 1960 wurde er verhaftet, nachdem man entdeckt hatte, daß er drei Pässe mit drei unterschiedlichen Namen bei sich trug. (Bei einem Flug war sein Koffer verlorengegangen. Als er wieder auftauchte, wurde er von Angestellten der Fluggesellschaft geöffnet, weil sie die Identität des Besitzers eruieren wollten. Dabei fanden sie die Pässe.) Während er in Untersuchungshaft auf seine Verhandlung wartete, schluckte Yockey eine Zyankalikapsel und beging Selbstmord. Der Mann, der ihn nur eine knappe Woche zuvor als letzter besucht hatte, hieß Willis Carto.

In *Imperium* forderte Yockey ein absolutistisches Regime, eine Weltherrschaft der westlichen, arischen Länder, die unter Hitlers nationalsozialistischem System vereint sein müßten. Yockey antizipierte eine Ära, in der die Macht nicht länger von Einzelpersonen gehalten und alle Industrie in gemeinschaftlichen Besitz und kollektive Kontrolle übergehen würde. Yockeys ideale Regierungsform läutete den Tod der Demokratie ein. Er rief nach einem Zeitalter totalitärer Politik, in dem Wahlen immer obsoleter werden würden, bis man sie schließlich abschaffte.[44]

In erster Linie rühren die Anklänge an den Nationalsozialismus in Yockeys Buch von dessen antisemitischem Ton her. «Der Jude ist geistig am Ende», schreibt Yockey. «Er vermag sich nicht weiterzuentwickeln. Er bringt weder auf ideellem noch auf wissenschaftlichem Gebiet Innovationen hervor. Er hat nichts anderes im Kopf als Rache an den Nationen der weißen Rasse in Europa und Amerika.»[45] Die vermeintliche Macht der Juden war Yockeys fixe Idee; sie würden den Westen unaufhaltsam zerstören, lautete seine alarmierende Botschaft. *Imperium* wimmelt von Räuberpistolen über

Verschwörungen gegen die westliche Welt und die Vereinigten Staaten. Darin werden die Drahtzieher der Konspirationen beschuldigt, sie hielten der «Zivilisation einen Zerrspiegel» vor. Zu diesen Drahtziehern zählen die Befürworter kulturellen Austauschs und des Austauschs zwischen den Rassen, die Verfechter egalitärer Grundsätze, die Menschenrechtler und Verteidiger einer Basisdemokratie sowie die «Nachhut im Westen der vollendeten arabischen Gesellschaft, die Kirche-Staat-Nation-Volk-Rasse der Juden».[46]

1949 verfaßte Yockey die *«Proclamation of London»*, in der er nicht nur die Wiederauferstehung des Nationalsozialismus, sondern auch die Vertreibung der Juden aus Europa verlangte. (Im Verlauf eines Prozesses, den die *Liberty Lobby* 1979 gegen die ADL anstrengte, gab Carto unter Eid zu, daß er mit der Doktrin von Yockeys Deklaration übereinstimme.[47])

Yockey trieb selbst diese extrem antisemitische Polemik noch einen Schritt weiter. Zwanzig Jahre vor der Entstehung des IHR formulierte er die wesentlichen Glaubenssätze der Holocaust-Leugnung. Den Mythos vom Holocaust führte er auf die Behauptung der Zivilisationsschänder zurück, daß sechs Millionen Juden in europäischen Lagern umgekommen seien. Nicht genug damit, wetterte Yockey, daß sie diese Unterstellung in die Welt setzten – sie hatten auch einen reibungslosen Propaganda-Apparat aufgebaut: «Es gab Millionen ‹photographische Abzüge›. Tausende der Menschen, die in den Lager getötet worden waren, veröffentlichten ihre Erlebnisse. Hunderttausende scheffelten auf den Schwarzmärkten der Nachkriegszeit ein Vermögen. Nicht existente ‹Gaskammern› wurden abgelichtet, und als Kitzel für die technisch Interessierten ersann man einen ‹Gaswagen›.»[48]

Yockeys Buch wäre möglicherweise nicht weiter beachtet worden, wenn *Noontide Press* es nicht 1962 in einer neuen Auflage publiziert hätte, samt einer fünfunddreißig Seiten starken Einführung Cartos, in der er Yockeys Weltherrschaftsplänen seine bedingungslose Zustimmung aussprach und den Standpunkt vertrat, daß «alles andere vorübergehend geopfert werden muß», wenn man politische Macht erlangen will.[49] *Noontide Press* hat dafür gesorgt, daß das Werk seit damals nie mehr vergriffen ist.

In den späten 60er Jahren beteiligte Carto sich an der Gründung einer Reihe politischer Gruppierungen, um seinem Ziel, Amerikas rechtes Lager zu regieren, ein Stück näherzukommen. Die *United Republicans for America*, welche die Kontrolle über die republikanische Partei gewinnen sollte, unterstützte G. Gordon Liddys New Yorker Wahlkampf durch eine Briefkampagne. (Kurze Zeit später sollte Liddy für seine Rolle bei den Watergate-Einbrüchen berühmt und berüchtigt werden.) Carto wirkte auch bei der Einrichtung des Komitees *Youth for Wallace* zur Unterstützung der Präsidentschaftskandidatur George Wallaces mit; hinterher entwickelte sich hieraus die *National Youth Alliance (NYA)*. Offiziell kämpfte die NYA gegen: Drogen, Black Power, die linksgerichteten *Students for a Democratic Society (SDS)* sowie die amerikanische Einmischung in ausländische Kriege. Doch ihr Programm enthielt noch einen weiteren Punkt. Früheren NYA-Funktionären gemäß – die von Carto sofort verstoßen wurden, wenn sie aufbegehrten – befürwortete der Verband Yockeys Ideologie. NYA-Mitglieder sollten eigens zu dem Zweck gedruckte Taschenbuchausgaben des *Imperiums* verkaufen. Aus einem NYA-Rundschreiben ging hervor, daß der politische Ansatz des Verbands auf Yockeys «monumentalem *Imperium*» beruhe.[50] Während einer NYA-Versammlung 1968, bei der allerorten Nazi-Utensilien sichtbar waren und jede Menge Nazilieder gesungen wurden, pries Carto Yockeys Ideen und artikulierte seine eigene Absicht, sich innerhalb eines Komplexes von Organisationen soviel politischen Einfluß wie möglich zu verschaffen. Er sah einen nationalen Rechtsruck voraus, deswegen strebte er die Führung von möglichst vielen konservativen Vereinigungen an. Ein ehemaliger hauptamtlicher Mitarbeiter der *Liberty Lobby* und Moderator ihrer Rundfunksendungen bezeugte vor Gericht, Carto habe oft angedeutet, das Land brauche eine «rechte Diktatur».[51] Weil die Köpfe der «legalen Rechten», wie beispielsweise William F. Buckley, ihn auf seinem Weg an die Spitze der radikalen Rechten behinderten, etikettierte Carto sie mit dem für sein Gespür schmachvollsten Begriff, nämlich als «ADL-Spione»[52], also Spione der *Anti-Defamation League*, einer jüdischen Organisation, die sich gegen jede Form von Rassismus wendet. Die mit Carto und seinem Geflecht von Verbunden assoziierten Publikationen intrigierten zugunsten dieser rechtsgerichteten Diktatur und forderten die tatkräftige Zerschlagung aller Gruppen, die sich im verborgenen dagegen zusammenrotteten.

Eine der Zeitschriften unter Cartos direkter Aufsicht war der *American Mercury.** Den Abstieg in antisemitische Tiefen hatte die Zeitschrift zwar bereits unter ihren früheren Besitzern angetreten, doch als 1966 die Ära Carto begann, beschleunigte sich das Tempo des Niedergangs. Zu dem Zeitpunkt, da 1978 das IHR entstand, galt der *American Mercury*, der sich seit dreizehn Jahren unter der Ägide Cartos befand, als eines der führenden antisemitischen Blätter in den USA.[53] Es spornte die Holocaust-Leugner zu Höchstleistungen an. Die Redaktion des *American Mercury* sang das Loblied des IHR, weil es den heilsamen Gegenpol zum «Feldzug der *Anti-Defamation League*» bildete, um eine «öffentliche Diskussion über den ‹Holocaust› zu entfachen».[54]

Der *American Mercury* war allerdings nicht das einzige Medium in Cartos Dunstkreis zur Verbreitung derartiger Ansichten. Im *Liberty Letter*, der Hauszeitschrift der *Liberty Lobby*, hallten dieselben Themen wider. Das Blatt würdigte *Imperium* als Hauptwerk der Philosophie und geiferte gegen die «aggressive Minderheit», welche die sogenannte freie Presse in ihrem eisenharten Griff umklammert hielt. Als die Schuldigen, welche «Amerika stets hintanstellten» und «fremdem Gedankengut gegenüber allzu aufgeschlossen» seien, identifizierte man «skrupellose Zionisten, die systematisch Druck ausübten». Der *Liberty Letter* brüstete sich damit, Tausende verdeckt operierender «zionistischer ‹Hantierer›, Lobbyisten und Linke» entlarvt zu haben, die auf den Korridoren des Kongresses herumschlichen und sich allmählich dem Weißen Haus näherten.[55]

1975 wurde der *Liberty Letter* mit seiner Auflage von mehr als 100 000 Stück mit dem *Spotlight* fusioniert, einem Sensationsblatt, in dem regelmäßig Bibelauslegungen und Artikel über die vermeint-

* 1979 übergab Carto die Leitung des *American Mercury* an Ned Touchstone, der dem Vorstand der *Liberty Lobby* angehört hatte und gleichzeitig als Redakteur beim hauseigenen Magazin des *White Citizens Council* tätig gewesen war.

lichen Anstrengungen des *Council on Foreign Relations* und der *Trilateral Commission* zur Beherrschung der USA erschienen. Der *Spotlight* versorgte seine Leser mit Tips, wie man Steuern hinterziehen und gegen das Finanzamt vorgehen konnte. Er attackierte Martin Luther King jr. als Kommunisten und beweihräucherte Ku-Klux-Klan-Mitglieder. Er veröffentlichte einen Nachruf auf Gordon Kahl, den Anführer der rechtsextremistischen *Posse Comitatus*, der bei einer Schießerei mit der amerikanischen Bundespolizei drei Polizeioffiziere umbrachte und eine Reihe weiterer verwundete, bevor er selbst getötet wurde.

Publikationen dieser Art wittern allenthalben Verschwörungen. Kurz vor den Präsidentschaftswahlen 1976 unterstellte der *Spotlight*, ein typischer Vertreter der Regenbogenpresse, Jimmy Carter direkte Verbindungen zum internationalen Kokainhandel.[56] (Die US-Wahlkommission belegte die *Liberty Lobby* mit einer Geldstrafe, weil sie diese völlig haltlose Geschichte unmittelbar vor den Wahlen herausbrachte.) 1979 schilderte ein Leitartikel des Blatts die Umtriebe einer weltumspannenden Elite, die sich den globalen Umsturz aller Regierungen zum Ziel gesetzt hatte. Die Zeitung behauptete, einer ihrer Reporter habe in Österreich an einer Internationalen Versammlung teilgenommen, bei welcher ein derartiges Vorhaben erörtert worden sei. An dieser Konferenz nahm kein Vertreter des *Spotlight* teil, und der Verfasser des Berichts gab schließlich zu, alles erfunden zu haben.[57]

Sein Hauptaugenmerk hat der *Spotlight* allerdings darauf gerichtet, die von ihm so bezeichnete «jüdisch-zionistische» internationale Bankiersverschwörung auffliegen zu lassen, die nichts anderes bezweckt, als redliche, pflichtbewußte, fleißige Amerikaner zu schädigen und zu quälen. Die Boulevardzeitung wittert zwar überall Konspirationen, die meisten werden allerdings mit Israel und den erfolgreichen Bemühungen seiner Freunde in Verbindung gebracht, den Kongreß zu kontrollieren und die amerikanische Politik zu steuern.[58] Während der Ölkrise 1979 informierte der *Spotlight* seine Leser darüber, daß «Ihr Benzin in Israel landet»,[59] und zwar als Resultat einer geheimen Abmachung zwischen Präsident Carter und Premierminister Begin. Wenn man dem Blatt glauben darf, operierten die Zionisten nicht isoliert; Bankierscliquen, Rotchinesen und US-Politiker, darunter Senator Jesse Helms und der verstorbene Kongreßabgeordnete Larry McDonald, waren Teil der proisraelischen Verschwörung gegen die USA.[60]

Weil man in einschlägigen Kreisen die Holocaust-Lüge für einen zentralen Aspekt jener Intrigen hält, hat sich die Holocaust-Leugnung zu einem Lieblingsthema des *Spotlight* entwickelt. Carto wird als die treibende Kraft hinter dem IHR anerkannt; gelegentlich widmet die Zeitung der Holocaust-Leugnung eine gesamte Ausgabe.[61] Häufig erscheinen Berichte über die Jahresversammlungen des IHR, weil bei ihnen die Geschichte dem «Abgrund der Erinnerung» entrissen wird.[62] Die fünfzehnseitige Beilage der Nummer vom 24. Dezember 1979 enthielt ausschließlich Artikel den Holocaust leugnenden Inhalts. Die altvertrauten Diffamierungen der Holocaust-Leugner kehrten im *Spotlight* in alter Frische wieder; man behauptete unter anderem, daß die Leichen in Auschwitz aufgrund von hygienischen Maßnahmen zur Eindämmung des Typhus verbrannt wurden; daß es sich bei den sogenannten Gaskammern um lebensrettende Entlausungsvorrichtungen und bei Anne Franks Tagebüchern um einen Propagandaschwindel handelte; daß man die Zahl von sechs Millionen einsetzte, um die Vereinten Nationen dazu zu bewegen, daß sie die Erschaffung des «illegalen Staates Israel» protegierten; daß professionelle zionistische «Überlebende» darauf hinarbeiteten, den USA fünf Millionen Dollar aus der Nase zu ziehen. Außerdem warb der *Spotlight* für das IHR-Preisausschreiben. Die Titelseite der «Holocaust-Beilage» trug folgende Überschriften:

WURDEN SECHS MILLIONEN JUDEN AUSGELÖSCHT?
BERÜHMTEN «GASKAMMER-OPFERN» GEHT ES GUT!
BRAUCHEN SIE 50 000 DOLLAR? SPÜREN SIE EIN HOLOCAUST-OPFER AUF!
DEUTSCHE «GESTÄNDNISSE» DURCH FOLTER ERZWUNGEN
DIE GEWINNTRÄCHTIGE JAGD AUF «KRIEGSVERBRECHER»[63]

Ein Artikel aus dem Jahr 1981 war folgendermaßen überschrieben:

MÖGLICHE ENTHÜLLUNGEN ÜBER EINEN ALLIIERTEN KRIEG BEI EINER VERSAMMLUNG DER «BEFREIER»!
ES GEHT UM GREUELTATEN: «HOLOCAUST-GLÄUBIGE» HABEN

DIE «BEFREIER» DER KONZENTRATIONSLAGER ZU EINER GEMEINSAMEN KONFERENZ EINGELADEN. ZU ERSCHEINEN HEISST ALLERDINGS ZUZUGEBEN, DASS MAN UNSCHULDIGE DEUTSCHE WACHTPOSTEN ERMORDET HAT.[64]

Die durchschnittliche Leserschaft des *Spotlight* läßt sich bis zu einem gewissen Grad anhand seiner Anzeigen einschätzen. Sie werben für Lyrik, dubiose Krebsheilmittel, Eheanbahnungsinstitute für patriotisch gesinnte Christen und Gerätschaften, mit denen man den Benzinverbrauch eines Wagen dramatisch drosseln kann (angeblich gibt es eine Verschwörung, derlei Vorrichtungen zum Schaden des amerikanischen Verbrauchers nicht auf den Markt zu lassen). Darüber hinaus finden sich regelmäßig Angebote für Nazi-Zubehör, Pistolendämpfer, kugelsichere Westen, Geheimbriefkästen und Gebrauchsanweisungen zur Anfertigung falscher Papiere.[65]

Auch *Noontide Press* hat zur Verbreitung der Botschaft beigetragen, der Yockey, Carto, die *Liberty Lobby* und das IHR anhängen. Yockeys *Imperium* taucht im 1992er Katalog der *Noontide Press* auf, in dessen Kommentar Yockey als brillanter junger Amerikaner charakterisiert wird, der «den Holocaust-Trick schon 1948 durchschaute». Lieferbar waren auch die Klassiker der Holocaust-Leugnung, von denen *Noontide Press* viele verlegt hat, unter anderem das *Journal of Historical Review*, Butz' *The Hoax of the Twentieth Century* und Harwoods *Six Million Lost and Found*. Der Katalog verzeichnete außerdem antisemitische Standardwerke, wie Henry Fords *The International Jew* und die *Protokolle der Weisen von Zion* sowie eine Auswahl von Büchern über «Rasse und Kultur», die sich vorwiegend – so der Text der Verlagsschau – mit dem Risiko befaßten, das rassische Integration darstellte. *The Testing of Negro Intelligence* von Travis Osborne und Frank C. J. McGurk wurde als gewissenhafte Studie beschrieben, die die von Schwarzen erzielten Ergebnisse bei Intelligenztests der Jahre 1966 bis 1980 auswertete; ihre Befunde mußten für «die egalitären Gleichmacher alles andere als beruhigend sein». Carleton Putnams *Race and Reason: A Yankee View* wurde als «Leitfaden für intelligente Leser» gepriesen, der «aus weißer Sicht zum Verständnis der Tücken einer schwarz-weißen Vermischung» beiträgt. Der Folgeband *Race and Reality* verdeutlichte, wie die «egalitären Gleichmacher» stümperhafte Forschung und falsche Wissenschaftlichkeit ausnutzten, um «biologische Fakten über Rassenunterschiede» zu verschleiern.[66] *Noontide Press* setzte nicht nur derlei rassistische Schriften auf das Verlagsprogramm, sondern versuchte auch, Abonnenten für das Sensationsblatt *White Student* zu gewinnen. Verlagsverlautbarungen zufolge wollte diese Zeitung Studenten beim «Zurückschlagen» helfen. Sie bilde ein Gegenmittel zu der Gehirnwäsche durch marxistische Dozenten und der Schwächung, welche die Studenten «durch die Härten des Überlebens an unseren integrierten Schulen» erfuhren.[67]

Die beschriebenen Publikationen unterscheiden sich in ihren antisemitischen, rassistischen und extremistischen Tendenzen nicht von den zahllosen Pamphleten ähnlicher Couleur, die weltweit vertrieben werden. Im Gegenteil, ihre Inhalte gleichen sich auf geradezu stumpfsinnige Weise. Grund zur Sorge bietet allerdings, daß in diesem Kanon von Schriftgut wechselseitige Verknüpfungen bestehen und die Urheber auf ständig wachsende Finanzmittel zurückgreifen können.[68] 1989 verbat sich der Leiter des IHR ausdrücklich, daß man ihm oder einem seiner Mitarbeiter unterstellte, sie könnten Auskunft über die Verdienste «patriotischer Bewegungen» oder rechtsgerichteter Gruppierungen erteilen: Das IHR «habe keine Ahnung» von den Zielen oder Methoden andererer Gruppen, denen es nicht zuvorderst um die «Revision der Geschichte» ging.[69] Mit dieser Verteidigung wollte das Institut seine Fassade als unabhängige Forschungseinrichtung aufrechterhalten, die sich der Aufdeckung historischer Fälschungen widmet. Doch trotz dieser Erklärung war die Verbindung zwischen dem *Institute for Historical Review*, *American Mercury* sowie *Noontide Press* bereits hergestellt und amtlich. 1980 beantragte Cartos Frau Elisabeth im Auftrag der *Legion for the Survival of Freedom* in Torrance, Kalifornien, eine Firmenlizenz für das IHR. Laut den vorgelegten Dokumenten sollte einer Einrichtung die Geschäftsfähigkeit zuerkannt werden, welche unter dem Namen *Noontide Press/Institute for Historical Review* agieren würde. Die auf den Formularen angegebene Adresse für das IHR war mit der des *American Mercury* und der *Noontide Press* identisch. Einige Personen aus der Geschäftsführung des *American Mercury* waren auch bei *Noontide Press/Institute for Historical Review* beschäftigt. Ehemalige Angestellte, unter ihnen David McCalden, haben unter Eid ausgesagt, daß Carto bei allen Entscheidungen des IHR das «unwiderruflich letzte Wort» hatte.[70]

Mehrfach sind die engen Beziehungen zwischen dem IHR, *Noontide Press*, *Spotlight*, der *Liberty Lobby* und Willis Carto außerdem durch Gerichtsurteile bestätigt worden. 1988 wies der Appellationsgerichtshof der USA ein Gesuch des IHR, der *Noontide Press* und der *Legion for the Survival of Freedom* ab, sich als voneinander unabhängige Körperschaften präsentieren zu dürfen. In seiner Ablehnung von Cartos Klage gegen das *Wall Street Journal* – weil es ihn einen Antisemiten genannt habe – begründete Richter Robert Bork seine Entscheidung damit, daß Carto «die Verflechtung von *Liberty Lobby/Legion/Noontide/Institute for Historical Review* bewußt geschaffen hätte, um *Liberty Lobby* von seinen anrüchigen Verbündeten abtrennen zu können».[71] Das Prozessieren ist seit eh und je eine wichtige Taktik des Carto-Imperiums gewesen, um sich Kritiker vom Leib zu halten. Verleumdungsklagen waren keine Seltenheit, und das im gesamten US-Bundesgebiet. Der US-Appellationsgerichtshof vermerkte, Carto und sein Organisationsnetzwerk setzten Verleumdungsklagen beständig als «Waffen zur Belästigung anderer» ein.[72]

Die rasche Niederlage des IHR im Fall Mermelstein hielt das Institut nicht davon ab, seine Mission zur Verkündung von Holocaust-Leugnung, Antisemitismus und Rassismus fortzusetzen. Um seiner Selbstdarstellung als ein Forschungsinstitut mit breitgefächerten historischen Interessen Glaubwürdigkeit zu verleihen, wählte es unter anderem den Weg, im *Journal of Historical Review* Aufsätze zu Themen zu veröffentlichen, die weder den Zweiten Weltkrieg noch die Endlösung betrafen. In einem Rundbrief an Studenten mehrerer Universitäten erläuterte David McCalden, die Geschichtsschreibung sei bereits seit langem von denen beeinflußt, die «gewillt sind, das nachzuplappern…, was die Gesellschaft von ihnen verlangt»; das IHR gedenke dem ein Ende zu bereiten.[73] Die Frühjahrsausgabe 1982 des *Journal of Historical Review* enthielt einen Artikel Harry

Elmer Barnes' mit dem Titel «*Revisionism and the Promotion of Peace*»; Barnes vertrat darin die Auffassung, der Revisionismus bemühe sich «redlich» und mit allen Kräften um «das Aufspüren historischer Wahrheit und die Widerlegung irriger Vorstellungen, welche den Frieden und guten Willen unter den Völkern blockieren». Barnes beschrieb die Revisionisten als Wissenschaftler, welche sich durch das Zusammentragen und Vervollständigen historischer Daten für notwendige Korrekturen der Geschichtsschreibung engagierten, und zwar in «einer gelasseneren politischen Atmosphäre und mit stärkerer Objektivität».[74]

Das *Journal* zählte eine Reihe von Ereignissen auf, deren historische Betrachtung – wie beim Holocaust – manipuliert worden war. Folgende Momente der Geschichte galt es dringend einer «revisionistischen» Überprüfung zu unterziehen: die amerikanische Revolution (so rigide war die britische Politik nicht), der Krieg von 1812 (Madison wurde nicht dazu gezwungen, sondern traf seine Entscheidung aufgrund seiner eigenen Beurteilung der Lage), die deutsche Invasion Belgiens im Ersten Weltkrieg (wenn die Deutschen es nicht zuerst getan hätten, wären die Briten einmarschiert) und Theodore Roosevelts Part während des spanisch-amerikanischen Kriegs (sein Befehl zum Angriff auf die spanische Flotte war Bestandteil seiner imperialistischen Expansionspolitik zugunsten der USA).[75] Die angesprochenen Kritikpunkte bargen, wie häufig bei revisionistischen Reflexionen, durchaus einen Funken Wahrheit. Die Holocaust-Leugner verlegten sich jedoch darauf, diese Funken nicht nur übertrieben ernst zu nehmen, sondern aus ihnen ein Strohfeuer von Verschwörungsängsten zu entfachen; aus politischen Motiven verzerrten sie voreingenommen und vorsätzlich die Wahrheit. Indem die Autoren der *Journal*-Beiträge zu jedem der Fälle alternative Interpretationen anboten, glaubten sie offenbar, die Leser so weit einlullen zu können, daß auch diese die Notwendigkeit einer Revision des Holocaust akzeptierten.

Diese Absicht verbarg sich jedenfalls hinter einem Aufsatz über Kriegsgefangenenlager während des amerikanischen Bürgerkriegs. Sein Verfasser, Mark Weber, stellte die These auf, daß falsche Meldungen über die Torturen, welche die Soldaten der Unionsstaaten in den Lagern der Konföderation zu erdulden hatten, den Norden provozierten, vergleichbare Schikanen gegen die Insassen seiner «Konzentrationslager» zu veranlassen. Weber führte in diesem Kontext wörtlich den Begriff «Sonderbehandlung» ein, jenen euphemistischen Ausdruck, welchen die Nazis zur Umschreibung dessen benutzten, was mit den Juden geschah, wenn sie in die Lager im Osten geschleppt worden waren. Dadurch wollte Weber in den Köpfen seiner Leser die Assoziation mit dem Holocaust herstellen. In dem Maße, in dem ehemalige Kriegsgefangene Bücher über ihre angeblichen Erfahrungen veröffentlichten, potenzierten sich die aufgebauschten Beschreibungen der Zustände im Süden. Henry Wirz, Kommandeur des berüchtigsten Konföderiertenlagers Andersonville, wurde von den Vereinigten Staaten hingerichtet, weil die Häftlinge in ihm den «grausamen, unmenschlichen Verursacher all ihrer Leiden sahen». Weber schlug vor, Andersonville solle wie «ein Schatten Dachaus» als Kriegsdenkmal instandgehalten werden, und verfocht (wahrheitsgetreu) den Standpunkt, daß zwar auf beiden Seiten zahllose Gefangene umgekommen, aber nicht absichtlich getötet worden seien. Vor allem im Süden habe überwiegend «schlechtes Management» zu Tod und Elend geführt. Prinzipiell bewegte Weber sich auf mehr oder minder sanktioniertem historiographischem Grund und Boden, lediglich seine Konklusionen offenbarten seine wahren Hintergedanken. Er zog einen direkten Vergleich zwischen dem amerikanischen Bürgerkrieg und dem Zweiten Weltkrieg: bei beiden Konflikten schilderten die Sieger die Gefangenenlager in «hysterisch überspitzter» Weise und brandmarkten den geschlagenen Feind als «das Böse schlechthin». In Webers Worten: «Alles Leiden und Sterben in den Lagern der Partei, die den Krieg verlor, wurde der intentionalen Politik eines von Natur aus sadistischen Regimes zugeschrieben. Die triumphierenden Mächte forderten ‹bedingungslose Kapitulation› und verhafteten die besiegten Regierungsmitglieder wie ‹Verbrecher›.»[76]

Es gab allerdings einen essentiellen Unterschied, betonte Weber: «Die Durchführung von ‹Sonderbehandlungen› im amerikanischen Bürgerkrieg erreichte niemals den düster-unheilvollen Ruhm ihrer Parallele aus dem Zweiten Weltkrieg.» Nichtsdestoweniger bewertete man nach beiden Kriegen das politische System der Unterlegenen nicht nur als «andersartig, sondern [als] moralisch verderbt»;

das ethische Bewußtsein der Verlierer wurde danach beurteilt, inwieweit sie «bereit waren, die Sünden der Vergangenheit zu bereuen und sich in die Gesellschaftsordnung ihrer Bezwinger einzufügen».[77] Der Gedanke erinnert an ein Dogma der Holocaust-Leugnung: Krieg ist böse, keine Seite darf sittliche Überlegenheit für sich beanspruchen, und die Sieger beschuldigen die Besiegten mit hübscher Regelmäßigkeit der schrecklichsten Missetaten. Die amoralische Äquivalenzierung, die Weber in bezug auf den Umgang mit dem bezwungenen Gegner vornahm, paßte zu den Anstrengungen der Holocaust-Leugner, den «Mythos vom Holocaust» als logische Folge langfristiger Bemühungen darzustellen, mittels deren die Geschichte zu politischen Zwecken verfremdet wird.

Aus Sicht der Holocaust-Leugner bildet der Holocaust nicht das einzige trügerische Vermächtnis des Zweiten Weltkriegs. Auch der japanischen Attacke auf Pearl Harbor gilt ihr besonderes Interesse. In einer Fortführung des Disputs, den die Revisionisten nach Ende des Zweiten Weltkriegs initiiert hatten, widmete sich eine gesamte Nummer des *Journal of Historical Review* diesem Thema.[78] Dabei wurde kein Hehl daraus gemacht, daß man Roosevelt nachweisen wollte, er habe um den bevorstehenden Überfall gewußt und ihn ungehindert geschehen lassen, damit Amerika nichts anderes übrigblieb, als in den Krieg einzugreifen.

Die Besessenheit, welche die Holocaust-Leugner bei der Beschäftigung mit Pearl Harbor an den Tag legten, entsprang zweierlei Beweggründen: Zum einen wollten sie Roosevelts Doppelgesichtigkeit und analog dazu die der US-Regierung enthüllen, zum anderen den Anspruch der Alliierten und «höfischen Geschichtsschreiber» abschmettern, der Zweite Weltkrieg sei kein Kampf um Macht, sondern eine moralische Auseinandersetzung gewesen. Die Revisionisten meinen, sie brauchten nur zu demonstrieren, es habe sich bei diesem Krieg im Kern um einen Waffenkonflikt wie jeden anderen gehandelt, dann könnten sie argumentieren, daß besondere Schuldzuweisungen oder spezielle Kriegsverbrecherprozesse jeglicher Gültigkeit entbehrten. Die USA mischten sich in die Kampfhandlungen ein, weil Japan sie angegriffen hatte. Daraufhin erklärte Japans Verbündeter Deutschland den USA den Krieg. Es ist nämlich erheblich subtiler und weniger schockierend, den Nachweis zu führen, daß die Alliierten lediglich vom uralten Streben nach «Herrschaft und Gewinn» getrieben wurden, als amoralische Äquivalenzen von Gulag versus Todeslager oder Auschwitz versus Bombardierung Dresdens herzustellen.[79]

Trotz aller Bemühungen, sich als seriöse Einrichtungen zu gerieren, sind das *Institute for Historical Review* sowie die ihm angeschlossenen Publikationsorgane und Verbände von ihrem Wesen her nichts als Elemente einer Strategie zur Förderung eines Programms, das den im Nationalsozialismus formulierten Zielen auf bemerkenswerte Weise ähnelt. So wie die Holocaust-Leugnung unbedingt als Risiko für alle legitime Geschichtsschreibung und nicht lediglich als Verunglimpfung eines historischen Kapitels aufzufassen ist, welches eine für die Juden spezifische Relevanz besitzt, so darf man auch das IHR nicht für ein Gebilde halten, das sich ausschließlich darauf konzentriert, die Historizität des Holocaust zu demontieren. Der Traditionszusammenhang, dem es sich verpflichtet fühlt, sowie die Aktivitäten derer, welche sich in seinem nebulösen Umkreis bewegen, deuten darauf hin, daß es eine weit größere Gefahr verkörpert.

9. Die Gaskammer-Kontroverse

1985 verklagte die kanadische Regierung Ernst Zündel, einen 46jährigen Deutschen mit kanadischer Daueraufenthaltserlaubnis, wegen Aufhetzung zum Antisemitismus durch die Veröffentlichung und Verbreitung von Texten, über deren lügenhaften Inhalt er sich im klaren war.* Zündel war der emsigste Vertreiber von Holocaust-leugnendem sowie neonazistischem Schriftgut in Kanada; sein Fall endete in zwei Prozessen, zahlreichen Revisionsverhandlungen und intensiver Berichterstattung seitens der Medien. Man beschuldigte Zündel, durch die Publizierung von Richard Harwoods *Did Six Million Really Die?* sowie *The West, War and Islam* zu sozialer und rassischer Diskriminierung aufgerufen zu haben; das letztgenannte Werk befaßte sich mit der Existenz einer von Zionisten, Bankiers, Kommunisten und Freimaurern getragenen Verschwörung mit dem Ziel einer Weltherrschaft.

Zwar stammte das durch Zündel verbreitete Material überwiegend von anderen Neonazis, Holocaust-Leugnern und rechtsradikalen Extremisten, doch steuerte er persönlich ebenfalls zwei Bücher zu der Mixtur bei. *The Hitler We Loved and Why*, bei *White Power Publications*, West Virginia, verlegt, porträtiert Hitler als heiligen Mann, als messianische Figur, dessen Lehre vom weißen Herrenmenschen Deutschland erlöst hatte. Es endet mit der Proklamation, daß Hitlers Geist «über den Ufern des Weißen Mannes Heimat in Europa schwebt. Wo auch immer wir sind, er ist bei uns. ADOLF HITLER, WIR LIEBEN DICH!»[1]

In *UFOs: Nazi Secret Weapons?* behauptet Zündel, bei soge-

* Damit schloß sie sich einer ursprünglich privaten Klage an. Sabrina Citron, eine Holocaust-Überlebende mit kanadischer Staatsangehörigkeit, leitete das Verfahren gegen Zündel ein. Die Mehrheit der jüdischen Verbände Kanadas befürwortete ihre Entscheidung nicht.

nannten UFOs handele es sich um Hitlersche Geheimwaffen, die bis in die Gegenwart in unterirdischen antarktischen Stützpunkten bereitgehalten würden. Darüber hinaus verfaßte Zündel unzählige Flugblätter und Pamphlete, in denen der Nazismus gepriesen, der Faschismus befürwortet sowie der Holocaust bestritten wurden, und sorgte dafür, daß sie in Umlauf kamen.

Zündel gründete einen Verlag, *Samisdat Publications*, der das übliche Sortiment antisemitischer, rassistischer, den Holocaust leugnender Schriften vertrieb. Außerdem verkaufte er Tonaufnahmen von Hitlerreden, Kopien von Nazifilmen und Kassetten mit Musik des Dritten Reichs, unter anderem eine Auswahl von Hitlers «Lieblingsmelodien», Märschen und Sturmtruppgesängen. Kundenbestellungen wartete Zündel nicht erst ab. Kanadische Parlamentsmitglieder versorgte er mit einem stetigen Strom an Holocaust-leugnendem Material. Und er machte auch an Kanadas Grenzen nicht halt. Tausende von Amerikanern sowie US-Radio- und Fernsehsender kamen in den Genuß seiner Machwerke. (Seinen Angaben gemäß umfaßte seine amerikanische Versandliste mehr als 29 000 Adressen.)

Hauptziel war allerdings Westdeutschland. Im Dezember 1980 informierten Regierungsangehörige den Bundestag, daß während der beiden vorangegangenen Jahre zweihundert Schiffsladungen mit neonazistisch-extremistischen Büchern, Magazinen, Utensilien, Filmen, Schallplatten und Kassetten des Absenders *Samisdat Publications* aus Toronto per Schiff in die BRD gelangt waren. Während einer Razzia auf Neonazis im Jahre 1981 entdeckte die westdeutsche Polizei in Hunderten der durchsuchten Privatwohnungen sowohl Waffen, Munition und Sprengstoffe als auch zahlreiche Exemplare von Schriftgut aus dem Haus Zündel. Das deutsche Innenministerium bezeichnete Zündel als einen zentralen Drahtzieher bei der Versorgung der Bundesrepublik mit rechtsradikaler, neonazistischer Propaganda. Zündel hat seine Werke auch nach Australien, in den Nahen Osten und eine Reihe weiterer Staaten verschickt. (Er brüstet sich mit Abonnenten in mehr als fünfundvierzig Ländern.)

Zündel ist jedoch nicht nur ein produktiver Lieferant extremistischer, Holocaust-leugnender, neonazistischer Publikationen, sondern auch ein geschickter «Showmaster», der es wie kein anderer versteht, bei den Medien Aufmerksamkeit für sich zu erregen – Manuel Prutschi nannte ihn bei einer Gelegenheit den P. T. Barnum der Holocaust-Leugnung.[2] Seit Jahren feilt Zündel an seinen publikumswirksamen Mätzchen herum. Als die NBC-Serie «Holocaust» im April 1978 in Kanada ausgestrahlt wurde, kreierte er eine Organisation mit Namen *Concerned Parents of German Descent*, um gegen die Sendungen zu protestieren. Er deklarierte die westdeutsche Regierung zur «westdeutschen Besatzungsmacht». Im September 1981 gab er im *Toronto Star* eine von ihm und *Samisdat Publishers* unterzeichnete Anzeige auf, in der er «unseren jüdischen Freunden ein gesegnetes neues Jahr» wünschte.[3] Er hat in Briefen an Rabbiner und Synagogen in ganz Kanada Vorträge zu Themen angeboten, die für Deutsche und Juden gleichermaßen von Interesse seien. Als der *Canadian Jewish Congress* den Leiterposten eines einzurichtenden Holocaust-Dokumentationsarchivs ausschrieb, bewarb Zündel sich um die Stelle. (Sein Schreiben traf nach Ablauf der Bewerbungsfrist ein.) Er rief eine deutsch-jüdische Geschichtskommission ins Leben und kündigte an, diese werde Symposien zu Themen veranstalten, die insbesondere den Juden am Herzen lagen.

Das meiste Aufsehen während des Prozesses erregten seine Werbegags. Im Gerichtssaal erschien er tagtäglich mit einer kugelsicheren Weste und einem steifen Hut, auf dem «Redefreiheit» stand. (Seine Anhänger stolzierten mit ähnlichen Kopfbedeckungen einher.) Zum Termin der Urteilsverkündung fuhr er in einem Schrottauto vor dem Gerichtsgebäude vor, dem er mit geschwärztem Gesicht entstieg, weil er demonstrieren wollte, daß «Weißen in Kanada keine Gerechtigkeit widerfahren kann»; er wuchtete ein fast vier Meter langes Kreuz mit der Inschrift «Redefreiheit» auf seine Schultern und trug es die Stufen zum Eingangsportal empor.[4]

Zündel wurde 1939 in Deutschland geboren; «Hunger, Kälte, Krankheit» und das Leben unter verschiedenen Besatzungsmächten prägen seine Kindheitserinnerungen. 1958 kam er nach Kanada, um eine Lehre als Photoretuscheur zu absolvieren. Dort geriet er nun in entscheidendem Maß unter den Einfluß des damals mächtigsten Antisemiten und Neonazis in Kanada, Adrien Arcand, der ihn mit einer Gruppe erklärter Antisemiten zusammenbrachte, darunter Paul Rassinier. In Zündels Erinnerung: «Arcand hat aus mir einen Deutschen gemacht.» Zündel baute sich eine erfolgreiche berufliche Karriere als Photoretuscheur auf. Die meisten seiner Kunden, unter ihnen auch Kanadas führende Zeitschriften, ahnten nicht, daß er zu den rührigsten Distributoren neonazistischen Materials im Land zählte. Ein Kunde, der ihn zufällig in seiner Werkstatt aufsuchte, sah sich einem enormen Hakenkreuz an der Wand gegenüber, drapiert mit Bildern von Hitler und anderen Nazis.[5]

Während des Verfahrens hob die Staatsanwaltschaft mehrfach Zündels fanatische Verehrung für Hitler und seine Bindung an die Nazis hervor: er befürworte politischen Aufruhr in der Bundesrepublik Deutschland und glaube daran, daß sich die Position der weißen Rasse in der Welt nur wegen einer erfolgreichen, internationalen zionistischen Verschwörung verschlechtere. Für Zündel sei Israel ein «Terroristenstaat... vor dem finanziellen und moralischen Ruin», und die Zionisten kontrollierten die Bonner «Mogule».[6]

1985 wurde Zündel schuldig gesprochen und zu einer 15monatigen Gefängnisstrafe verurteilt, danach jedoch vorübergehend auf Bewährung freigelassen, weil die Entscheidung in der Revisionsverhandlung aufgrund von Formfehlern rückgängig gemacht wurde.* 1988 begann ein zweiter – denkwürdiger – Prozeß, denkwürdig, weil er als Plattform diente, von der aus das schwerste Geschütz abgefeuert wurde, das die Holocaust-Leugner seit Erscheinen von Arthur Butz' Buch gegen die Wahrheit gerichtet hatten; am Abzugshebel stand ein Neuankömmling, den Zündels Beraterteam der Holocaust-Leugnung zugeführt hatte. Seinen Anwalt Douglas Christie, Kanadas gerichtlichen Hauptverteidiger für Holocaust-Leugner, Antisemiten, nationalsozialistische Kriegsverbrecher und Neonazis, entdeckte Zündel, als Christie Jim Keegstra vertrat, einen Lehrer aus Red Deer, Alberta. Der Holocaust-Leugner Keegstra erzählte seinen Schülern im Unterricht, daß hinter sämtlichen Revolutionen und finanziellen Zusammenbrüchen auf der Welt seit dem 18. Jahrhundert eine jüdische Vereinigung, die Illuminaten, stehe

* Die Geschworenen befanden ihn für schuldig, falsche Informationen über den Holocaust verbreitet zu haben, die Anklage in Zusammenhang mit *The West, War, and Islam* wiesen sie allerdings ab.

und das Judentum eine böse Religion sei. Er hielt es für seine Christenpflicht, gegen die durch und durch verderbte Konspiration zu kämpfen, welche die Juden (John D. Rockefeller wurde flugs zu einem solchen erklärt) mit Hilfe ihres Geldes steuerten.[7] Am schlimmsten waren die talmudischen Juden, obwohl auch «atheistische» Juden wie Leo Trotzki eine Gefahr verkörperten.[8] Beim Zionismus handelte es sich um einen jüdischen Trick, beim Holocaust um einen Schwindel.[9] (Am Fall Keegstra wirkt vor allem beunruhigend, daß Keegstra derlei Gedankengut vierzehn Jahre lang verbreiten konnte, bis jemand Protest erhob.)

Christies Strategie bei der ersten Verhandlung gegen Zündel löste erhebliche Kontroversen aus. Er versuchte, alle potentiellen Juroren, die Juden waren oder jüdische Verwandte und Freunde hatten, ausschließen zu lassen. Holocaust-Überlebende faßte er mit äußerster Härte an, einen nannte er Lügner und bestand bei einem anderen darauf, jener solle ihm die vollständigen Namen von mindestens zwanzig Familienmitgliedern liefern, die in Konzentrationslagern umgekommen waren;[10] *Ontario Lawyers Weekly* bezeichnete Christies Verhalten als «pure Gehässigkeit». Während seines Kreuzverhörs von Raul Hilberg fragte Christie diesen unvermittelt, ob er ein bestimmtes historisches Werk kennen würde, und bemerkte anschließend: «Ich dachte, Sie wüßten vielleicht Bescheid, denn Sie sind doch eine Art Historiker.»[11] Es gelang ihm, die Verteidigung so aufzubauen, daß es den Anschein hatte, als werde dem Holocaust, nicht Zündel, der Prozeß gemacht.[12] In Christies Augen bildete die «Macht» der Zionisten, anderer Leute Redefreiheit zu beschneiden, das Kernproblem des Prozesses. Er behauptete, der allgemein herrschende Konsens, die Nazis hätten während des Holocaust sechs Millionen Juden umgebracht, sei das Resultat einer Gehirnwäsche, und redete den Geschworenen ein, man hindere sie daran, Fragen über den Holocaust zu stellen.[13]

Zur Beratung Zündels und seiner Anwälte begab sich ferner Robert Faurisson nach Kanada, einer der weltweit wichtigsten Holocaust-Leugner und Verfechter der These, es sei technisch und physisch unmöglich gewesen, daß die Gaskammern von Auschwitz als Vernichtungsapparate funktioniert hätten. Faurisson argumentierte, die deutschen Vorrichtungen seien im Vergleich zu den amerikanischen Exekutionszellen zu klein und primitiv gewesen, als daß man darin habe Menschen töten können.[14] Bei der ersten Verhandlung wurde Faurisson von der Verteidigung als Experte in den Zeugenstand gerufen; das Gericht erkundigte sich bei ihm, wie er den Verbleib der sechs Millionen Holocaust-Opfer erkläre, die als vermißt galten. Faurisson räumte ein, er wisse nicht, was ihnen zugestoßen sei, forderte jedoch überlebende Juden dringend auf, ihm die Namen ihrer Angehörigen zu nennen, die sie verloren hätten, auf daß er sich darum bemühen konnte, sie aufzuspüren.[15]

Beim zweiten Prozeß gesellte sich David Irving zu Christie und Faurisson; er flog im Januar 1988 nach Toronto, um bei den Vorbereitungen zu Zündels zweiter Verteidigung Schützenhilfe zu leisten und zu seinen Gunsten auszusagen. Wissenschaftlerkollegen haben Irving als «Hitlerpartisan mit Scheuklappen» beschrieben und ihm vorgeworfen, nach Belieben zu seinem eigenen Vorteil Sachverhalte zu verfälschen und Dokumente zu manipulieren.[16] Er wurde für seine Theorie bekannt, Hitler habe von der Endlösung nichts gewußt, eine Idee, die in der Forschung durchwegs verworfen wird.[17] Der prominente britische Historiker Hugh Trevor-Roper schilderte Irving als einen Mann, der sich «an dubiose ‹Beweisstückchen› klammert», um auf diesem Weg weit substantiellere Beweise verwerfen zu können, Beweise allerdings, die seinen Vermutungen entgegenstehen. Seine Arbeiten gelten als «eher theologisch oder mythologisch denn historisch»; man hat ihn beschuldigt, Dokumente zu verfremden und Daten verzerrt zu präsentieren, um zu historisch unhaltbaren Schlußfolgerungen gelangen zu können, vor allem, sobald es um eine Entschuldigung Hitlers geht.[18] Irving ist ein eifriger Bewunderer des Naziführers – über seinem Schreibtisch hängt ein Selbstporträt Hitlers. Er beschrieb einen Ausflug zu Hitlers Haus in den Bergen als spirituelle Erfahrung[19] und verkündete, Hitler habe mehrfach die Hand ausgestreckt, um den Juden zu helfen.[20] 1981 gründete Irving, der sich selbst als «gemäßigten Faschisten» charakterisiert, seine eigene rechtsgerichtete Partei, weil er fest an seine Bestimmung als einen künftigen Führer Großbritanniens glaubte.[21] Irving ist ultranational eingestellt und sieht Großbritannien auf einem stetigen Pfad in den Abgrund, wobei die Entscheidung, einen Krieg gegen Deutschland anzuzetteln, den Niedergang beschleunigte. Er setzte sich dafür ein, Rudolf Heß aufgrund von dessen Bemühungen, dem Krieg zwischen Großbritannien und Deutschland Einhalt zu gebieten, den Friedensnobelpreis zu verleihen.[22] In gewisser Hinsicht scheint Irving sich als Hitlers persönlichen Erben zu empfinden. Bei einem Interview mit dem *Daily Telegraph* im Juni 1992 verriet er, sein einziger Fehler im Leben sei es gewesen zu heiraten: «Die Ehe ist eine Ablenkung.» Hitler hätte das begriffen. Irving berichtete, Hitlers Marineadjutant habe ihm erzählt, daß Hitler beschloß, er könne niemals heiraten, weil Deutschland «sein Stolz war». Irving erkundigte sich, wann der deutsche Führer seinen Adjutanten von dieser Entscheidung unterrichtet hatte. Als er das Datum erfuhr – der 24. März 1938 –, erwiderte Irving: «Herr Admiral, in dem Augenblick wurde ich geboren.»[23]

Seit langem schon verglich Irving die Aktionen Hitlers mit denen der alliierten Machthaber; diese Analogsetzung wurde dadurch vereinfacht, daß er behauptete, die Endlösung habe ohne Hitlers Wissen stattgefunden. Bevor er sich in Zündels Prozeß einmischte, war Irving bei IHR-Versammlungen aufgetreten, wo er einmal Hitler zu dem «größten Freund» erklärte, «den die Juden im Dritten Reich hatten»; die Judenvernichtung selbst hatte er indessen bis dahin noch nie bestritten.[24] Das änderte sich 1988, im Gefolge der Ereignisse von Toronto.

Sowohl Irving als auch Faurisson setzten sich dafür ein, daß man jemanden vorlud, der mit Exekutionen mittels Gas in einem amerikanischen Gefängnis Erfahrung besaß und zu Zündels Verteidigung aussagen konnte; sie waren nämlich der Meinung, auf diese Weise lasse sich am geschicktesten nachweisen, daß die Gaskammern erfunden und zu primitiv waren, um ihrem Zweck gemäß zu funktionieren. Sie wandten sich deshalb an Bill Armontrout, Wärter im staatlichen Zuchthaus von Missouri, der zustimmte, als Zeuge aufzutreten, und darüber hinaus empfahl, sie sollten sich auch mit Fred A. Leuchter in Verbindung setzen, einem in Boston wohnhaften «Ingenieur» und «Spezialisten» für die Konstruktion und Installation von Exekutionsvorrichtungen. Irving und Faurisson stiegen unverzüglich ins Flugzeug, um Leuchter aufzusuchen. Irving, der sich bereits seit geraumer Zeit an der Grenze zur Holocaust-Leugnung entlangbewegte, hoffte, Leuchters Aussage werde ihm das

Material liefern, das er benötigte, um den Holocaust als Mythos zu entlarven.[25] Faurisson gemäß hatte der Mann aus Boston bei ihrer ersten Zusammenkunft die «üblichen Vorstellung von einem ‹Holocaust›» noch fest im Kopf.[26] Nach zwei Tagen gemeinsamer Gespräche hingegen konnte Faurisson mitteilen, Leuchter sei überzeugt davon, es sei für die Deutschen chemisch und physikalisch ausgeschlossen gewesen, Vergasungen durchzuführen.[27] Leuchter willigte ein, als Experte für die Verteidigung im Zeugenstand zu erscheinen, und fuhr zu einem Treffen mit Zündel und Christie nach Toronto, um die Unterlagen zu sichten, die sie für die Verhandlung zusammengetragen hatten.

Wenige Tage später reiste Leuchter in Begleitung seiner Frau, eines von Zündel engagierten Kameramanns, eines Konstruktionszeichners und eines Dolmetschers für eine Woche nach Polen. Die Gruppe besichtigte Auschwitz-Birkenau sowie Majdanek. In Anbetracht der Tatsache, daß Zündel Leuchter ungefähr 35 000 Dollar an Reisekosten erstattete,[28] fragt man sich unwillkürlich, wie wohl die Reaktion ausgefallen wäre, wenn Leuchter bei seiner Rückkehr die Realität der Gaskammer bestätigt hätte. Leuchters Präferenzen verrieten sich allerdings sogleich durch seine Bemerkung, Zündel und Faurisson seien offizielle Mitglieder der Gruppe, deren Geist «bei jeder Etappe» über ihnen schwebte, obwohl sie an der Exkursion nicht teilnahmen.[29]

Das Team brachte drei Tage in Auschwitz-Birkenau und einen in Majdanek damit zu, heimlich und verbotenermaßen in mehreren Gebäuden, unter anderen solchen, in denen aller Erkenntnis nach das systematische Morden stattfand, von Leuchter so bezeichnete «forensische Proben» – Ziegelsteine und Zement – einzusammeln. Nach seiner Rückkehr ließ Leuchter die Proben in Massachusetts chemisch untersuchen. (Dem Labor hatte er mitgeteilt, es handele sich um Beweismaterial für einen Prozeß, bei welchem ein Arbeiter auf Entschädigung geklagt hatte.) Seine Befunde faßte er in *The Leuchter Report: An Engineering Report on the Alleged Execution Gas Chambers at Auschwitz, Birkenau, and Majdanek, Poland*, zusammen, der sowohl von Zündels *Samisdat Publications* als auch, in London, durch David Irvings Verlag *Focal Point Publications*, veröffentlicht wurde.* Leuchter gelangte zu dem Schluß, an keinem der besuchten Orte sei es je zu tödlichen Vergasungen gekommen. Er nahm für sich ein «Fachwissen» über die Konstruktionskriterien für die Inbetriebnahme von Gaskammern in Anspruch: Seine Resultate beruhten sowohl auf diesem «Fachwissen» wie auch auf persönlicher Anschauung in den ehemaligen Gaskammern sowie der Begutachtung von «Originalskizzen und -bauzeichnungen für einige der Vorrichtungen». Letztere, versicherte er, seien ihm von Vertretern des Auschwitz-Museums übergeben worden.[30]

Leuchter gemäß ließen Entwürfe und Bauweise der Anlagen es als unmöglich erscheinen, daß sie als Exekutionsstätten fungieren konnten.[31] Unter Berücksichtigung von Größe und zeitlicher Kapazität der vermeintlichen Todeskammern in Auschwitz und Majdanek hätte es überdies – so Leuchters nächstes Argument – achtundsechzig Jahre gedauert, um die «angebliche Zahl von sechs Millionen Menschen» hinzurichten.[32] (Eine für die Verwirrungstaktiken der Holocaust-Leugner typische Aussage: Niemand behauptet, in den Gaskammern von Auschwitz oder Majdanek seien sechs Millionen Menschen ermordet worden. Millionen starben durch die Einsatzgruppen oder in anderen Todeslagern.)

Die Holocaust-Leugner betrachten Leuchters Auftritt während der Verhandlung gegen Zündel als «historisches Ereignis». Faurisson ließ sich lang und breit darüber aus, inwiefern er das Ende des «Gaskammer-Mythos» markierte.[33] Alle wurden von Gefühlen überwältigt, als Leuchter den «Schleier über dem unermeßlichen Betrug» entzweiriß. Seine eigenen Empfindungen beschrieb Faurisson als Mischung aus «Erleichterung und Melancholie: Erleichterung, weil eine von mir seit Jahren verfochtene These endlich restlos bestätigt wurde, und Melancholie, weil es ursprünglich meine Idee gewesen war».[34] Die Gerichtsakten indessen offenbaren etwas ganz anderes. Falls irgendein Schleier zerrissen wurde, dann der, welcher Leuchters Kompetenz verhüllte. Im Zeugenstand wurde Leuchter als «Experte» bloßgestellt, dessen technische Ausbildung mehr als

* Die Londoner Ausgabe erschien unter dem Titel *Auschwitz: The End of the Line: The Leuchter Report – The First Forensic Examination of Auschwitz* und enthielt ein Vorwort Irvings.

unzulänglich war; er hatte gar nicht fundiert zu derlei Ergebnissen gelangen können. Der Richter verspottete einzelne Schritte seines analytischen Vorgehens als «grobe Spekulationen»; Leuchters Ansichten besäßen keine nennenswertere Gültigkeit als die eines Normaltouristen und seien zu vernachlässigen.[35]

Vielleicht wurzelte Faurissons Erleichterung auch in seiner konkreten Ahnung, daß der Leuchter-Report trotz der Erkenntnisse über Leuchters dubiosen Werdegang und sein verworrenes historisch-wissenschaftliches Vorgehen eine Eigendynamik entwickeln würde, darin den *Protokollen der Weisen von Zion* ähnlich, deren Unechtheit mehrfach demonstriert worden ist. Als das ursprüngliche Werk Mitte des 19. Jahrhunderts in Frankreich erschien, tauchten nicht einmal Juden darin auf. Es wurde erst zu Beginn dieses Jahrhunderts neu geschrieben, mit Juden als Hauptschuldigen. Diese mühelos dokumentierbare Information hat nicht verhindert, daß Menschen auf der ganzen Welt die *Protokolle* blindlings als authentischen Nachweis für die schändliche Absicht des «internationalen Judentums» betrachten, die Erde zu beherrschen. Entsprechend mag Faurisson realisiert haben, daß Leuchters «Forschungsbericht» zur Plausibilität der Holocaust-Leugnung beitragen würde, obwohl er nachgewiesenermaßen auf völlig abwegigen wissenschaftlichen Methoden basierte.

In Abwesenheit der Geschworenen machte sich das Gericht daran, über Leuchters Qualifikation als Fachmann im Zeugenstand zu urteilen. Als ein Anklagevertreter ihn nach seiner Ausbildung in puncto Mathematik, Chemie, Physik und Toxikologie befragte, gab Leuchter zu, lediglich über «Grundkenntnisse» der Chemie zu verfügen, «auf dem Niveau eines College-Studenten». In Physik hatte er ebenfalls gerade zwei Seminare absolviert, und zwar im Zuge eines geistes-, *nicht* eines naturwissenschaftlichen Studiums an der *Boston University*, das er mit dem *Bachelor of Arts* abschloß. Er gestand ein, weder Toxikologe noch Ingenieur zu sein, meinte allerdings ungeniert, das sei auch gar nicht nötig.[36] Die ungnädige Replik des Richters hierauf lautete:

DAS GERICHT: Wie können Sie als Ingenieur arbeiten und auftreten, wenn Sie keinen Abschluß als Ingenieur haben?

DER ZEUGE: Euer Ehren, ich würde gerne hinterfragen, was ein Ingenieurabschluß ist. Ich habe einen *Bachelor of Arts* und die erforderliche Grundausbildung sowohl vom College als auch von der Praxis her, um als Ingenieur arbeiten zu können.

DAS GERICHT: Wer befindet darüber? Sie?[37]

Richter Ronald Thomas machte während des gesamten Prozesses keinen Hehl aus seinem Mißfallen: sowohl an Leuchters mangelhafter Befähigung als auch an dessen despektierlicher Haltung, die Notwendigkeit einer qualifizierten Ausbildung abzustreiten. Am schärfsten rügte der Richter Leuchters wiederholte Beteuerungen, jeder College-Absolvent verfüge über genügend «Mathematik und Naturwissenschaft», um die Aufgaben eines Elektroingenieurs zu erfüllen und die Tests nachzuvollziehen, die er in Auschwitz durchgeführt hatte.[38] Der Richter verfügte, Leuchter dürfe nicht als Experte über Konstruktion und Betrieb der Gaskammern in den Zeugenstand treten. Die Meinung des Richters über Leuchters Eignung als technischer Sachverständiger fiel mehr als unmißverständlich aus:

DAS GERICHT: Ich werde ihn nicht darüber reden lassen, was in einem Ziegel, in Eisen, in usw. ist – auf diesem Feld verfügt er über keinerlei fundierte Kenntnisse. *Er ist Ingenieur, weil er sich höchstpersönlich zu einem Ingenieur erklärt hat, und zwar auf einem äußerst begrenzten Gebiet.*[39]

Das Gericht wußte nicht, daß Leuchter, der seinen *Bachelor of Arts* unter Eid zu Protokoll gegeben hatte, hinsichtlich seines Studiums nicht aufrichtig war. Er ließ dem Gericht gegenüber durchblicken, ein Ingenieurdiplom habe er deshalb nicht erwerben können, weil die *Boston University* im Zeitraum seiner Immatrikulation kein solches Diplom anbot. Das stimmte allerdings nicht, es gab sogar drei entsprechende Studiengänge.[40] Zu einem späteren Zeitpunkt der Verhandlung, nachdem die Jury in den Gerichtssaal zurückgekehrt war, überspielten Zündels Anwalt und Leuchter die Dürftigkeit seiner Ausbildung:

FRAGE: Sie haben also einen Bachelor of *Arts* von der *Boston University*, und zwar auf einem Fachgebiet, das Sie berechtigt, als Ingenieur zu arbeiten. Ist das korrekt?
ANTWORT: Ja.[41]

Bei dem Fachgebiet handelte es sich um Geschichtswissenschaft.

In Zusammenhang mit seiner methodischen Vorgehensweise war Leuchter ebenfalls nicht gerade offen. Mehrmals versicherte er, den «Großteil» seines Untersuchungsmaterials aus den Lagern, unter anderem Karten, Grundrisse und «Original-Blaupausen» der Krematorien, habe er aus den offiziellen Archiven in Auschwitz-Birkenau und Majdanek erhalten. Er sagte aus, daß diese Zeichnungen und Entwürfe bei der Genese seiner Schlußfolgerungen eine wesentlich bedeutendere Rolle gespielt hatten als die Gesteinsproben, die er in den Lagern sammelte.[42] Nach dem Prozeß betonte der (ehemalige) Direktor des Auschwitz-Museums, Kazimierz Smolen, ausdrücklich, daß Leuchter seitens des Museums niemals Pläne oder Skizzen zur Verfügung gestellt worden waren.[43] Möglicherweise hatte er sich Touristenbroschüren beschafft, wie sie in den offiziellen Lagersouvenirläden verkauft werden. (Vermutlich handelt es sich um dasselbe Material, welches Tausende von Besuchern, unter anderem ich selbst, anläßlich einer Besichtigung der Gedenkstätten erworben haben.)

Abgesehen von der Frage, wer ihm die Dokumente überließ, erwähnte Leuchter, er «habe keine Veranlassung gesehen», den Verwaltungsbüros der Gedenkstätten mitzuteilen, daß er seine Erkundungen einzog, um Unterlagen für eine wissenschaftliche Analyse bzw. ein Gerichtsverfahren zusammenzutragen.[44] Die Antworten, die man vom Personal einer Gedenkstätte oder eines Museums erhält, können inhaltlich beträchtlich differieren, das weiß jeder Besucher von stark frequentierten Touristenattraktionen, wie Auschwitz-Birkenau es mittlerweile geworden sind (es bleibt dahingestellt, ob das gut oder schlecht ist). Wenn die Leute davon ausgehen, daß es sich bei ihrem Gegenüber um jemanden handelt, der sich von Berufs wegen mit dem Ort auskennt, tendieren sie in der Regel zu größerer Präzision. Im übrigen hielt Leuchter es auch nicht für nötig, sich seine Übertretung der polnischen Gesetze gegen die Verunstaltung nationaler Monumente und Denkmäler genehmigen zu lassen.[45]

Die Ungeduld des Richters stieg sichtlich, während Passagen aus dem Leuchter-Report zitiert wurden. Er bezeichnete Leuchters Methoden als «lächerlich» und «absurd».[46] Der Richter ordnete an, «den Bericht nicht zu den Akten zu nehmen», und verwarf viele der darin enthaltenen Ergebnisse als irrelevant, weil sie auf «Informationen aus zweiter Hand» beruhten. Er verweigerte Leuchter die Erlaubnis, über die Wirkung von Zyklon-B auf Menschen zu referieren, da er weder Toxikologe noch Chemiker sei und keine Erfahrung mit dem Gas besitze.[47] Immer wieder befaßte sich der Richter mit Leuchters Befähigung und Glaubwürdigkeit: «Seine in dieser Abhandlung formulierte Ansicht lautet dahingehend, daß in dieser Anlage keine Vergasungen bzw. irgendwelche Tötungen stattfanden. *In meinen Augen ist er nach allem, was mir vorgetragen wurde, mitnichten qualifiziert, ein solches Urteil zu fällen* ... Er befindet sich nicht in der Position, entscheiden zu können – wie er es in seinem Bericht so unbekümmert tut –, was in jenen Räumlichkeiten *nicht* vor sich gegangen ist.»[48]

Bezüglich der Krematorien und ihrer Betriebsabläufe blieb der Richter unerbittlich, obwohl der Verteidiger Einspruch erhob. Auch hierzu durfte Leuchter aus einem ganz simplen Grund nicht aussagen: «Er ist nicht kompetent.»[49]

Hätte der Richter geahnt, daß Leuchter das Ausmaß seiner Kenntnisse über den Umgang mit Cyanwasserstoffsäure (Blausäure) ebenfalls beschönigte, wäre er wahrscheinlich noch erzürnter gewesen. Leuchter erzählte dem Gericht, er habe sich in der Angelegenheit mit Du Pont, dem Hauptfabrikanten von Blausäure und Natriumzyanid in den USA, in Verbindung gesetzt; die Konsultationen mit der Firma «dauern an». Wieder einmal entfernte sich Leuchter von der Wahrheit. Es sei ihm zugestanden, daß er sich die von Du Pont publizierten Gebrauchshinweise über die vorschriftsmäßige Verwendung von Cyanwasserstoff oder andere der unzähligen chemischen Substanzen besorgt haben mag, welche das Unternehmen herstellt. In jedem Fall bestritt Du Pont Leuchters Behauptung, sie stünden mit ihm in ständiger Verbindung und hätten ihn beraten; des weiteren gab die Firmenleitung bekannt, man habe «niemals Auskünfte über Cyanide an Personen weitergeleitet, die sich als Holocaust-Leugner vorstellten, auch an Fred Leuchter nicht. Insbesondere hat Du Pont niemals Informationen über die Verwendung von Cyanidgasen in Auschwitz, Birkenau oder Majdanek gegeben.»[50]

Zweifel meldete das Gericht unterdessen nicht nur an Leuchters technischem Sachverstand an. Der Richter äußerte außerdem ernsthafte Bedenken betreffs Leuchters historischer Kenntnisse, die – wie sich während der Verhandlung herausstellte – überschaubar und häufig unzutreffend waren. Mit einer Vielzahl der Dokumente zur Installation und Konstruktion der Gaskammern und Krematorien war Leuchter in der Tat nicht vertraut. Von einem im Juni 1943 vorgelegten Report des Auschwitzer Bauleiters, Mitglied der Waffen-SS, über die Fertigstellung der Krematorien hatte er beispielsweise nie zuvor gehört. Der Bericht erläutert, daß in den fünf Krematorien innerhalb von 24 Stunden insgesamt 4756 Leichen verbrannt werden konnten.[51] Leuchter hatte erklärt, die Krematorien besäßen für denselben Zeitraum eine Kapazität von 156 Personen.[52] Selbst wenn die Kalkulation der SS zu «optimistisch» gewesen sein sollte, wirkt der Unterschied zwischen ihrer und Leuchters Zahl geradezu schwindelerregend. Leuchter mußte obendrein zugeben, daß er nichts von der Existenz der Korrespondenz und Dokumente wußte, welche die leistungsfähigen Ventilatoren behandeln, die in den Gaskammern angebracht wurden, um die Gasrückstände zu zerstreuen.

Nachdem er diese und andere Eingeständnisse Leuchters vernommen hatte, artikulierte Richter Thomas seine Bestürzung darüber, daß Leuchter, obwohl er die Geschichte der Gaskammern nur «nebenbei» kannte, derartig schwerwiegende Urteile gefällt hatte. Es sei eine Unverschämtheit, zu behaupten, daß er mehr als nur flüchtig Bescheid wisse, verkündete der Richter.[53]

Leuchter sagte vor Gericht aus, seine Auschwitz-Befunde stützten sich auf die Voraussetzung, daß die konkrete Anlage der Gegenwart sich nicht von ihrem Zustand im Krieg unterscheide.[54] Er schien nicht zu wissen oder zu berücksichtigen, daß Auschwitz nach dem Krieg partiell wiederaufgebaut worden war. Leuchter realisierte durchaus, daß er in Majdanek auf komplett rekonstruierte

Gebäude und Gegenstände blickte; trotzdem zog er seine eigenwilligen Schlußfolgerungen. Nachdem der Richter dies erfahren hatte, disqualifizierte er Leuchters Untersuchungen über Majdanek als unzulässig: «Wir haben hier keine Pläne, sondern eine Nachbildung vor uns. Der Zeuge befindet sich nicht in der Lage, über diesen Punkt kompetenter zu referieren als ich selbst. Er war in Majdanek und hat etwas gesehen, über das sich lediglich spekulieren läßt. Man hat dort eine Touristenattraktion aufgebaut. Ich werde nicht gestatten, daß vor diesem Gericht Touristenattraktionen als Beweise abgehandelt werden.[55] Gemäß Leuchter basierten seine Erkenntnisse überwiegend auf den vorgefundenen Rückständen von Zyklon-B. Die Nazis setzten das Gas nicht nur zur Ermordung von Menschen ein, sondern auch, um Kleidung zu entlausen und Insekten und Nagetiere zu bekämpfen.[56] Die Proben, die Leuchter den Entlausungszellen entnahm, enthielten ein weit höheres Blausäureresiduum als die aus den Mordkammern. Die Ziegelsteine der Entlausungskammern wiesen insgesamt viel häufiger die durch Cyanwasserstoff hervorgerufene, charakteristische Blaufärbung auf als die Steine aus den tödlichen Gaskammern. Für Leuchter bedeuteten die niedrigere Quantität von Rückständen sowie Färbung einen schlüssigen Beweis dafür, daß die Häuser, die der Ermordung von Menschen dienen sollten, unmöglich zu diesem Zweck genutzt worden sein konnten.

Doch sowohl Faurisson als auch Leuchter ignorierten eine Reihe entscheidender Faktoren bzw. hatten vielleicht einfach keine Ahnung. Läuse – die in den Entlausungskammern vernichtet wurden – sind erheblich blausäureresistenter als Menschen, das heißt, sie müssen Cyanidgasen länger und in einer höheren Dosierung ausgesetzt werden, bevor sie sterben; daher die intensivere Blaufärbung. Vom Crown Counsel hierauf angesprochen, verweigerte Leuchter die Antwort, denn es handele sich um ein Gebiet, zu dessen Beurteilung er nicht qualifiziert sei.[57] Dennoch hatte er die Befunde aus den Entlausungszellen zur «Gegenprobe» für seine Ergebnisse verwendet.

Überdies wurde in die Mordkammern vierzig- bis siebzigfach konzentrierteres Gas als zur Tötung von Menschen erforderlich eingeleitet. Aufgrund der Potenz des Gases atmeten die Opfer nur ein begrenztes Volumen ein. Rasch saugte das kraftvolle Ventilatorensystem die Restluft aus den Räumlichkeiten ab. Infolgedessen kam das Gas an jedem Tag, da eine Gaskammer zum Einsatz gelangte, nur kurz mit deren Wänden in Berührung.

In den Entlausungskammern lag der Fall anders. Den Berichten ehemaliger Häftlinge wie auch den technischen Handbüchern gemäß war das Gas täglich zwölf bis achtzehn Stunden mit den Wänden in Kontakt. Es ist deswegen nur logisch, daß sich in den Entlausungsvorrichtungen höhere Cyanidrückstände bildeten; auch die das Vorhandensein von Cyanwasserstoff indizierende Blaufärbung ist auf den Wänden einer Entlausungskammer eher sichtbar als in einer Gaskammer zur Menschenvernichtung.

Beide, Leuchter und Faurisson, argumentierten, wegen der Explosionsgefahr «wäre es Wahnsinn» gewesen, eine funktionstüchtige Gaskammer in nächster Nähe eines Krematoriums anzusiedeln. Aufzeichnungen zeigen jedoch, daß die von der SS verwandten Gasmengen weit unter der Explosionsgefahrenquote lagen.[58] Die Anklagevertretung verwies im übrigen auf die Broschüre des Herstellers, derzufolge die Tötung von Ratten dreimal soviel von der Substanz erforderte wie die von Menschen und man zur Insektenvertilgung zwanzigmal mehr benötigte, als wenn man Ratten umbringen wollte.[59] Die Staatsanwaltschaft konterte das Argument also damit: Wenn es nicht einmal eine Gefahr dargestellt habe, hohe Gasmengen zur Insektenbekämpfung zu versprühen, sei es auch unter sicherheitstechnischen Aspekten gewiß unproblematisch gewesen, die relativ geringe Quantität von Gas in die Kammern einzuleiten, welche zur Vernichtung menschlichen Lebens ausreichte.[60]

Einen grundsätzlichen Widerspruch enthielt Faurissons und Leuchters nächste Hypothese, die krude Bauweise der Gaskammern belege ferner, daß sie nicht als tödliche Fallen gedient haben konnten, ohne nicht auch den SS-Leuten, welche das Morden beaufsichtigten, Schaden zuzufügen. Entlausungs- und Gaskammern glichen sich in ihrer Konstruktion jedoch haargenau, konsequenterweise bedeutete ein Leck in der einen wie auch in der anderen dasselbe Risiko, gleichgültig, ob sie Menschen oder Kleidung enthielten. Theoretisch ging von den Entlausungsräumlichkeiten sogar eine noch größere Bedrohung aus, weil ihr Zweck nach stärkeren Gaskonzentrationen über ausgedehntere Zeiträume verlangte.

In einer Gaskammer fanden sich keine Cyanidspuren.[61] Leuchter führte dies als Nachweis dafür an, daß sie nie als eine solche fungiert habe. Die betreffende Gaskammer wurde allerdings im Januar 1945 gesprengt. Im Sommer füllten sich die Ruinen bis zu dreißig Zentimetern, im Frühjahr bis zu einem Meter mit Wasser. Der Einfluß der Witterung senkte den Cyanidpegel.[62] Darüber hinaus läßt sich Archivdokumenten entnehmen, daß sich bei Analysen der Fenstergitter aus dem Krematorium, welche die polnischen Behörden nach dem Krieg in Auftrag gaben, Reste von Cyanwasserstoffverbindungen nachweisen ließen. Drei der Gitter befinden sich im Auschwitz-Museum. Wenn Leuchter sich bei den Museumsangestellten erkundigt hätte, mit denen er ja angeblich ausführlich geredet hatte, hätten sie ihm diese Testresultate vermutlich nicht vorenthalten.[63]

Dies war nicht der einzige Fall, bei welchem Leuchter über die Geschichte stolperte. In einem Krematorium fielen die Proben teils negativ, teils positiv aus. Sie hätten indessen entweder durchweg negativ oder durchweg positiv sein sollen. (Wahrscheinlich insgesamt sogar eher negativ, da die Gaskammer kaum in Betrieb war.) Hätte Leuchter die Experten des Auschwitz-Museums gefragt, dann hätten sie ihm vermutlich erzählt, daß jenes Krematorium, welches in der Folge des mißlungenen Häftlingsaufstands vom Oktober 1944 zerstört wurde, unter Verwendung von originalen wie auch von Backsteinen anderer Gebäude wiederaufgebaut worden war. Leuchter führte seine Untersuchung demnach an einigen Steinen durch, die nicht aus spezifisch diesem Krematorium stammten. Außerdem schien er nicht in Betracht zu ziehen, daß das Gebäude seit mehr als vierzig Jahren Klima und Witterung ausgesetzt gewesen war und Cyanidgasrückstände daher möglicherweise getilgt waren.[64] Leuchter kratzte seine Mörtelspuren übrigens auch von einem Fußboden ab, den die Museumsangestellten regelmäßig putzten.[65]

Ein Kameramann hatte das Prozedere bei der Entnahme der Proben auf Video gefilmt – ein offenkundig kalkulierter Versuch, die dramatische Spannung von Leuchters Ausflug zu steigern. Vor laufender Kamera betonte Leuchter, er müsse bei der Arbeit Schutzhandschuhe tragen. Da es sich bei den von ihm durchgeführten Analysen um chemische, nicht um bakteriologische Tests handelte, dienten die Handschuhe wohl kaum einem anderen Zweck als verstärkter Theatralik. Er und seine Begleiter hatten sich zudem Masken umgebunden – Staubmasken, die einer chemischen Kontamination ohnehin nicht vorgebeugt hätten (dazu benötigt man ein in sich geschlossenes Luftfiltersystem). Obendrein blieben Leuchter und seine Gehilfen nicht konsequent. Die Videoaufzeichnung jener Pröbchenfahrt offenbart, daß sie ihre Gesichter manchmal hinter Masken versteckten, manchmal nicht. Ihr wahlloses Verhalten läßt durchblicken, daß die Masken eher zur Effekthascherei als zu ihrem Schutz eingesetzt worden waren.[66]

Beim Abschluß von Leuchters Vernehmung vor dem Gericht zu Toronto am 20. und 21. April 1988* war seine nahezu nichtexistente Ausbildung als Ingenieur nachgewiesen sowie seine nur klägliche historische Fachkenntnis bloßgestellt worden. Letztere basierte auf zweihundert Seiten von Raul Hilbergs «Die Vernichtung der europäischen Juden», Artikeln von Holocaust-Leugnern, Gesprächen mit Faurisson, Irving, Zündel, Christie sowie Dokumenten, die ihm – laut Leuchters eigenen Angaben – in Auschwitz von den dortigen Museumsvertretern überreicht worden seien, was der Leiter der Gedenkstätte jedoch kategorisch bestritt. Richter Thomas entschied, Leuchter dürfe vor den Geschworenen Zeugnis darüber ablegen, was er auf seiner Reise gesehen habe, und es «im Rahmen seiner Kompetenzen» in den Kontext der Materie stellen, mit der er «üblicherweise befaßt ist».[67] Erst nach dem Prozeß trat allerdings zutage, womit Leuchter «üblicherweise befaßt ist», und dies hielt sich nicht nur in noch bescheideneren Grenzen, als das Gericht vermutet hatte, sondern wurde ebenfalls zum Thema erheblicher Kontroversen.

Am 20. Juli 1990 sandte Ed Carnes, stellvertretender Generalstaatsanwalt von Alabama, eine Notiz an alle Bundesstaaten, welche die Todesstrafe praktizierten, in der er Leuchters Hintergrund

* Zündel wurde abermals schuldig gesprochen und zu neun Monaten Haft verurteilt. 1992 erklärte der kanadische Bundesgerichtshof das Gesetz, aufgrund dessen Zündel angeklagt gewesen war, für verfassungswidrig.

und Seriosität in Frage stellte. Carnes konstatierte, Leuchter hege nicht nur «unorthodoxe» Ansichten über Gaskammern, sondern habe zu allem Überfluß eine hinterhältige Methode entwickelt, um sich in staatliche Belange einzumischen, sofern es die Vollstreckung der Todesstrafe betraf. Wenn ein Staat seine Dienste ablehnte, schlug Leuchter sich in letzter Minute auf die Seite desjenigen, der in der Zelle auf sein Ende wartete, und behauptete – zugunsten des Todeskandidaten –, die Exekutionsvorrichtung des Staates funktioniere höchstens mangelhaft.[68] In Carnes' Worten: Leuchter «schlägt aus beiden Seiten der Medaille Kapital».[69] Carnes schilderte Leuchters Aktionen in Virginia, Florida sowie Alabama – er habe innerhalb von weniger als dreißig Tagen in allen drei genannten Bundesstaaten verkündet, ihre elektrischen Stühle seien zu alt und hinsichtlich ihrer Technologie zu unzuverlässig, um noch in Gebrauch zu sein. Die Gerichtshöfe von Florida und Virginia wiesen Leuchter ab, da seine Aussagen zweifelhaft seien. Das Gericht in Florida entdeckte, daß Leuchter Sätze aus einem signifikanten Dokument «falsch zitiert» und eine für seine Schlußfolgerungen relevante Prämisse «inkorrekterweise auf Mutmaßungen gegründet» hatte.[70] In Virginia lieferte Leuchter dem Anwalt eines zum Tode Verurteilten eine eidesstattliche Erklärung darüber, daß der elektrische Stuhl im Ernstfall versagen würde. Das Gericht befand, Leuchters Erklärung sei nur beschränkt glaubwürdig, weil es sich bei Leuchters Unternehmen um die Firma handelte, «die bei einer Auftragsvergabe abgelehnt worden war, als es nämlich darum ging, die Elektroden des staatseigenen elektrischen Stuhls zu ersetzen».[71]

Nach der Veröffentlichung seines Reports traf Leuchters Ruf als Amerikas führenden Experten für Gaskammerhinrichtungen ein weiterer Schlag. Obwohl er das Gegenteil beteuerte, verfügte er anscheinend über keine reale Erfahrung mit der Konstruktion oder Installation von Gaskammern.

Seine Behauptung, diverse Staaten hätten ihn diesbezüglich konsultiert, wurde von Beamten eben der Staaten bestritten, für die er angeblich gearbeitet hatte. Laut Leuchters Zeugenaussage während des Zündel-Prozesses hatte sich die Strafvollzugsbehörde von North Carolina (einem Staat, in dem die Exekution per Gaskammer zugelassen ist) wegen des reibungslosen Betriebs ihrer Gaskammer an ihn gewandt. Im Leuchter-Report wiederholte er, North Carolina hierzu Ratschläge erteilt zu haben.[72] Gary Dixon, Wärter der Zentralhaftanstalt in Raleigh, North Carolina, wo sich die Gaskammer befindet, widersprach Leuchters Angaben. Laut Dixon vermochte sich sein Vorgänger «nur vage daran zu erinnern», einen Telefonanruf Leuchters empfangen zu haben, in dessen Verlauf jener dem Gefängnis einen tödlichen Injektionsapparat zu verkaufen suchte.

Dixon verwahrte sich gegen Leuchters Aussage, er habe die Angelegenheit der Gaskammer mit offiziellen Vertretern der Gefängnisverwaltung von North Carolina diskutiert: «Aus unseren Unterlagen geht nicht hervor, daß Herr Leuchter während der Einrichtung unserer Exekutionsräumlichkeiten in beratender oder sonst einer Funktion für uns tätig gewesen ist.»[73]

Zum Zeitpunkt der Veröffentlichung von Leuchters Abhandlung waren Gasexekutionen in sechs US-Bundesstaaten statthaft – Arizona, Kalifornien, Maryland, Mississippi, North Carolina und Missouri; vor kurzem allerdings wechselten diese Staaten zur Vollstreckung mittels tödlicher Injektion über. Aus den sechs Bundesstaaten liegen offizielle Informationen vor, welche über ihre jeweilige Kommunikation mit Leuchter eindeutige Auskunft erteilen. Den diversen Verlautbarungen zufolge hat Leuchter ihnen trotz gegenteiliger Versicherungen seinerseits niemals zur Seite gestanden. Ken Jones, ein Sprecher für Mississippi, berichtete, daß Leuchter zwar die Landesvollstreckungseinrichtung besucht und sich dazu geäußert habe; dieser Termin sei jedoch auf Leuchters Bitte hin zustande gekommen. Darüber hinaus habe der Staat Mississippi mitnichten «eine Vereinbarung finanzieller Natur» mit ihm getroffen. Shelly Z. Shapiro, Leiter eines pädagogischen Holocaust-Zentrums in Albany, New York, teilte nach einer durch ihn koordinierten Überprüfung von Leuchters Hintergrund mit, er sei weder von Arizona noch von Maryland engagiert worden. Maryland verpflichtete zur Kontrolle der Gaskammer vor jeder Exekution regelmäßig die Firma Eaton Ironworks. Das zuständige Amt in Maryland gab bekannt, daß Leuchter mit der staatlichen Zuchthausbehörde weder «zusammengearbeitet noch sie beraten» habe.[74] Ein Beamter der Landesverwaltung für Besserungsanstalten in Arizona tat ebenfalls kund, man habe Fred Leuchters «Dienste niemals in Anspruch» genommen.[75] Arizonas Gaskammer werde außerdem gar nicht mehr in einem betriebsbereiten Zustand gehalten, und bisher habe stets staatliches Dienstpersonal die Wartung übernommen.

Möglicherweise hat Leuchter seine technische Kompetenz – von Gaskammern einmal abgesehen – auf noch mehr Gebieten übertrieben. Während des Zündel-Prozesses behauptete er, mit Daniel B. Vasquez, dem Hauptaufsichtsbeamten von San Quentin, Kalifornien, eine Anlage zur Überwachung der Herztätigkeit erörtert zu haben, welche das automatisierte Stethoskop älterer Machart ablösen sollte, das damals in Gebrauch war. Vasquez verneinte dies entschieden: San Quentin habe Leuchter nie mit der «Installation eines Herzmonitorsystems oder anderer Apparaturen» beauftragt.[76]

Die Glaubwürdigkeit des Leuchter-Reports stand und fiel mit seinen Fachkenntnissen in puncto Gaskammerkonstruktion. Missouri war der einzige Staat, der Leuchter diesbezüglich tatsächlich konsultiert hatte. Das Projekt gelangte allerdings, wie es scheint, über das Stadium einer Entwurfszeichnung zur Renovierung der Gaskammer in der Landesstrafanstalt nicht hinaus; näher kam Leuchters Firma an den konkreten Bau einer Gaskammer wohl kaum jemals heran. Die Pläne wurden unrealisiert ad acta gelegt, weil sich der Staat schließlich entschloß, zu Exekutionszwecken künftig Todesspritzen zu verwenden.[77]

Aber nicht nur Leuchters Ausbildung, historischer Sachverstand, geschäftliche Integrität und berufliche Erfahrung bzw. die jeweiligen Lücken und Fragezeichen machten ihn zu einer umstrittenen Figur. Dr. Edward A. Brunner, Lehrstuhlinhaber für Anästhesie an der medizinischen Fakultät der *Northwestern University*, legte eine eidesstattliche Erklärung vor, daß die von Leuchter entwickelten tödlichen Injektionen unerträgliche Schmerzen verursachten, dem Betroffenen indessen der Stimme und damit der Möglichkeit beraubten, seine Not herauszuschreien.[78] Ausgehend von Brunners Ausführungen, kritisieren Gegner der Todesstrafe das Leuchtersche Injektionsverfahren, weil es eine ungewöhnliche, grausame Bestrafungsweise darstelle. Andere, insbesondere Befürworter der Todesstrafe, verwerfen dieses Argument, denn Leiden und Schmerz gehörten im Gegenteil wesentlich zu dieser überaus schweren Form der Bestrafung dazu. Ironischerweise zählt Leuchter nicht zu den Letztgenannten. Er vertritt die Auffassung, keine Hinrichtungsmethode dürfe Qualen bereiten, und sagt von sich selbst, er könne nachts ruhig schlafen, weil seine Arbeit dabei helfe, daß weniger Menschen «gemartert» würden.[79]

1989 begründete Leuchter eine Ingenieurfirma und ließ sie in Massachusetts gewerblich registrieren. Die Definition ihrer Aufgabe lautete auf «Durchführung technischer Arbeiten» allgemeiner Art sowie entsprechender Beratung.[80]

Die Firma bot Hinrichtungsgeräte an: eine Vorrichtung zur elektrifizierten Exekution kostete 35 000 Dollar, eine Injektionsanlage 30 000 Dollar, ein Galgen 85 000 Dollar. (Der Galgen ist wegen der geringen Nachfrage unverhältnismäßig teuer.) Gaskammern waren mit 200 000 Dollar veranschlagt. Für Staaten ohne feststehende Vollstreckungsräumlichkeiten entwickelte Leuchter einen in sich betriebsbereiten «Exekutionswagen» zum Preis von 100 000 Dollar; in den Preis eingeschlossen waren eine Injektionsmaschine, eine stählerne Verwahrungszelle für den Todeskandidaten sowie Platz für Zeugen, medizinische Betreuer und Gefängnisangestellte.[81]

Im April 1990 reichten Shelly Z. Shapiro, Leiter des Vereins *Holocaust Survivors and Friends in Pursuit of Justice*, und Beate Klarsfeld gemeinsam einen Beschwerdebrief beim *Massachusetts Board of Registration of Engineers* in Boston ein; Thema des Schreibens war Leuchters ungerechtfertigter Anspruch auf den Ingenieurtitel und sein Mißbrauch des Titels, um «die Allgemeinheit zu täuschen», sofern es um Gaskammern ging.[82] Die Kammer veranlaßte eine Untersuchung und fand genügend Hinweise, um ihn der illegalen Ausübung des Ingenieurberufs anklagen zu können bzw. eines illegalen Anbietens seiner Dienste in dem Bereich.[83] Im Juni 1991, zwei Wochen vor Beginn der Verhandlung wegen unerlaubten Betreibens eines Gewerbes, unterzeichnete Leuchter eine Einverständniserklärung gegenüber dem Staat Massachusetts, in der er zugab, «nie und nimmer» ein professioneller Ingenieur gewesen zu sein; er habe sich unter anderem in den Staaten Massachusetts, New Jersey sowie Alabama fälschlicherweise als solcher ausgegeben und sich eigenmächtig die Berechtigung zuerkannt, als Fachmann für «Exekutionstechnologie» aufzutreten und in diesem Zusammenhang Empfehlungen auszusprechen. Ferner gestand er ein, daß er Gutachten angefertigt habe, unter anderem über «die *Alleged Execution Gas Chambers at Auschwitz, Birkenau, and Majdanek*, die technische Ansichten meinerseits beinhalten», obwohl er weder Ingenieur war noch je eine Ingenieurgewerbeprüfung abgelegt hatte. Er versprach, «damit aufzuhören und davon Abstand zu nehmen», sich als Ingenieur zu gebärden und wissenschaftliche Analysen herauszugeben, wie zum Beispiel die über Auschwitz, in denen er technische Details kommentierte.[84]

Leuchters Reputation war bereits empfindlich angeschlagen, da erfolgte aus unerwarteter Richtung eine noch gravierendere Attacke. Ein Mann aus Frankreich, der von Faurissons Spekulationen über Gaskammern anfänglich begeistert gewesen war, wirbelte die Unterstellungen der Holocaust-Leugner gehörig durcheinander.

Der Franzose Jean-Claude Pressac, Jahrgang 1944 und gelernter Apotheker, fuhr erstmals 1966 nach Polen, wo er auch Konzentrationslager bzw. Gedenkstätten besichtigte. Als Konsequenz seiner Tour beschloß er, einen Roman zu verfassen, in dem er sich ausmalen wollte, wie das Leben aussähe, wenn die Deutschen gewonnen hätten. Die Recherchen für das Buch machten im Oktober 1979 einen zweiten Auschwitz-Besuch erforderlich. Er markiert den Aufbruch zu einer wissenschaftlich und persönlich erstaunlichen Reise, die für die Behauptung, tödliche Gaskammern seien ein Hokuspokus, düstere Folgen hatte. Die Reise beinhaltete jahrelange Forschungen, mehr als fünfzehn Exkursionen nach Auschwitz sowie bahnbrechende Entdeckungen in den Archiven der ehemaligen Sowjetunion.

Bei seinem Studienaufenthalt in Auschwitz 1979 überprüfte Pressac Photographien, Dokumente und Auftragspapiere, die sich auf Entwurf und Bau der Gaskammern bezogen. Weil er sich darüber wunderte, daß einige Pläne auf den ersten Blick Widersprüche aufzuweisen schienen, erkundigte er sich eingehend bei den Museumsvertretern und -archivaren nach der Machart der Gaskammern. Jene konnten seine Zweifel zum Teil zerstreuen, indem sie ihm eine Anzahl Zeichnungen und Schriftstücke zeigten, welche Lager und Vollstreckungsgebäude abbildeten bzw. beschrieben.* Sie brachten triftige Argumente vor, die Pressac akzeptierte; dennoch irritierte ihn der Umstand, daß er auf keiner Skizze das spezifische Etikett «Gaskammer» finden konnte. Pressacs Verwirrung entbehrt in der Tat nicht einer gewissen Berechtigung, da – wie er im nachhinein erfahren sollte – eine Reihe von Gaskammern ursprünglich nicht als Todesfallen konzipiert waren, sondern diesem Zweck gemäß umgestaltet wurden.[85] Als er später die Unterlagen auswertete, welche den Umbau dokumentierten, stieß er auf eine Überfülle an Indizien für die Spezialfunktion der Gaskammern. Doch zunächst schlug er einen potentiell gefährlichen, aber aufschlußreichen Umweg ein und entwickelte sich um Haaresbreite zum Holocaust-Leugner.

Bei seiner Arbeit im Auschwitzer Archiv hörte Pressac von einem französischen Professor, der dem Archiv 1976 einen flüchtigen Besuch abgestattet hatte, aber wegen Krankheit bereits nach zwei Tagen wieder abreisen mußte. Kurze Zeit später veröffentlichte der bewußte Gelehrte eine Artikelserie, in der er die These aufstellte, daß eine Gaskammer, in der Cyanwasserstoff zur Tötung von Menschen eingesetzt wurde, ein Ding der Unmöglichkeit und die Judenvernichtung an Orten wie Auschwitz deswegen nichts als Legende war, Resultat historischer Fälschung, wenn nicht gar vorsätzlichen Betrugs.[86] Nach seiner Rückkehr suchte Pressac Robert Faurisson in Frankreich auf. Faurissons offenbar unendliche Beschlagenheit auf zahlreichen Gebieten und seine «respektheischenden, untadeligen Referenzen» beeindruckten Pressac so, daß er begann, sich regelmäßig mit Faurisson zu treffen.[87] Dieser Zustand währte etwa neun Monate; in dieser Zeit gewährte Faurisson Pressac Zugang zu seinen Akten, da ihm sehr daran gelegen war, den Apotheker in die Reihen der Holocaust-Leugner zu locken.[88] Im Anfang tendierte Pressac stark dazu, Faurissons Unterstellungen Glauben zu schen-

* Unter anderem legten sie ihm Material bezüglich der Konstruktion und Herstellung eines hochentwickelten Ventilationssystems vor, das in den Gaskammern installiert worden war, und fragten ihn, welche Funktion eine solche Anlage in einem Leichenhaus oder Krematorium wohl hätte erfüllen sollen.

ken. Nach einigen Monaten lebhaften Austauschs nahm die Häufigkeit der Zusammenkünfte ab. Als Pressac merkte, daß bei Faurisson «Dogmatik vor Wahrheit» rangierte, brach er im April 1981 den Kontakt gänzlich ab. Pressacs persönliche Lektüre der Dokumente überzeugte ihn davon, daß Faurissons Hypothesen mit schweren Mängeln behaftet waren.

Nachdem Pressac sich von Faurisson distanziert hatte, merkte er, daß seine Faszination nicht von Faurissons Gedanken, sondern dem scheinbaren Talent des Professors hergerührt hatte, alles immanent Unglaubhafte «zu nichts zu rationalisieren». Dies ist stets der letzte Trumpf der Holocaust-Leugner, den sie geschickt auszuspielen verstehen: Nur sie verfügen über die einzig vernünftige Erklärung, warum sich etwas zugetragen hat, das ungeachtet sorgfältigster Untersuchungen im Prinzip unerklärlich bleibt – es ist nämlich gar nicht geschehen. Als Pressac die Theorien der Holocaust-Leugner einer fundierten Analyse unterzog, die sich auf Quellenmaterial stützte, begriff er, daß sie nicht nur nach den Regeln wissenschaftlicher Vorgehensweise fehlerhaft waren. Sie ignorierten zudem eine erdrückende Beweislast, die akkurat untermauerte, was Faurisson und Genossen zu leugnen suchten.

Pressacs Bedenken über Faurissons methodologische Lauterkeit meldeten sich erstmalig an, als sie gemeinsam die wöchentlichen Listen der Häftlinge durchgingen, die im nahe Straßburg gelegenen Konzentrationslager Natzweiler-Struthof umgebracht worden waren. Ab August 1943 gelangte dort eine Gaskammer zum Einsatz, um einen Dozenten am Anatomie-Institut der Straßburger Universität, August Hirt, mit Skeletten für seine Sammlung zu versorgen. Otto Bickenbach, ein weiterer Professor, benutzte sie ebenfalls, weil er an den Gefangenen medizinische Experimente durchführen wollte. Ungefähr 130 Menschen, überwiegend Juden und Zigeuner, wurden darin ermordet. Während Pressac und Faurisson sich mit den Lagerakten beschäfigten, erblickte Pressac den «redlichen, peinlich genauen Gelehrten in neuem, beunruhigendem Licht».[89] Die Lagerverwaltung erstattete wöchentlich Bericht über die Zahl der Insassen. Zwei Aufzeichnungen vom August 1943, dem Monat, in dem man mit der Benutzung der Gaskammer begann, geben signifikante Aufschlüsse. Aus der Aufstellung vom 14. August geht hervor, daß zu Wochenbeginn 90 Juden zugegen gewesen waren; 30 von ihnen starben und hatten das Lager «verlassen». Der Bericht für die Folgewoche zeigt, daß von den 60 Juden, die sich am Anfang jener Woche im Lager befanden, 57 starben. Die extrem hohen Todeszahlen zwei Wochen hintereinander, und zwar genau zu dem Zeitpunkt, da die Gaskammer den Betrieb aufgenommen hatte, weckten in Pressac Verdacht. Bald entdeckte er eine weitere Spur. Bei allen anderen Rapporten war auf der Rückseite die Todesursache vermerkt worden. In diesen beiden Fällen jedoch wurde die betreffende Stelle ausgespart. Alle anderen Opfer waren im Bürgermeisteramt von Natzweiler registriert. Für diese Toten hingegen fehlte jegliche Beurkundung.[90] Pressac sah in den beiden Listen «einen vernichtenden Beweis» dafür, daß diese Juden «en masse» ermordet worden waren. Faurisson hingegen konnte sogleich mit einer «Erklärung» aufwarten. Die für die Wochen vom 14. und vom 21. August verwendeten Formulare differierten geringfügig von den übrigen. (Sie waren – im Gegensatz zu den früheren lateinischen Lettern – in Frakturschrift gedruckt.) Faurisson setzte seinem zweifelnden Jünger auseinander, daß die unterschiedlichen Buchstabentypen bei den SS-Leuten zu Mißverständnissen führten. Anstatt die Juden auf der Zeile für «Entlassungen» einzutragen, schrieb die SS sie irrtümlich in die Zeile für «Todesfälle». Und aus irgendeinem Grund beging die SS denselben Fehler zweimal hintereinander. Diese zweckdienliche Deutung, bei der eine Reihe gegenteiliger Indizien außer acht gelassen wurde, tönte in Pressacs Ohren wie eine «Alarmglocke». Faurissons Interpretationen schienen ihm nicht länger so logisch und präzise wie zuvor, und mit den gegebenen Tatsachen hatten sie gewiß nicht viel gemein.

(Es wirkt wie ein Witz, daß Pressacs Argwohn dadurch erregt wurde, wie Faurisson mit den Natzweiler-Rapporten umsprang. Zum damaligen Zeitpunkt wußte Pressac offensichtlich nicht, daß die SS-Einheit, welche die Einrichtung der Gaskammer überwachte, ein Schriftstück zurückließ, das den Zweck der Anlage explizit dokumentierte. Sie sandte nämlich an das anatomische Institut der Straßburger Universität eine Rechnung für «die Installation einer Gaskammer».[91])

Als Faurisson sein Zusammentreffen mit Vertretern des Auschwitz-Museums schildert, läutet bei Pressac die nächste Alarmglocke: «Ich forderte einen der Museumsvertreter, Herrn Jan Machlek, auf, dorthin zu kommen (Krematorium I). Ich wies auf die Schornsteine. Ich fragte ihn: ‹Sind sie authentisch?› Er antwortete: ‹Selbstverständlich!› Ich strich mit meinem Finger über eine der Schornsteinöffnungen und zeigte ihm, daß kein Ruß an meinem Finger klebte. Mit sichtlicher Verlegenheit erzählte er mir, die Schornsteine seien ‹wiederaufgebaut› worden.»[92]

Faurisson suchte den Eindruck zu erwecken, als habe er den Mann vom Museum bei einer Lüge ertappt und ihn gezwungen, die Wahrheit zu sagen.* Doch es war Faurisson selbst, nicht der Museumsangestellte, der Verwirrung stiftete. Um die Echtheit von Schornsteinen zu belegen, die ihrer Bestimmung seit mehr als fünfunddreißig Jahren nicht mehr gedient haben, müssen Rußspuren nachzuweisen sein – diese Idee Faurissons ist ungefähr ebenso luzide wie sein Einfall, die SS-Offiziere hätten einen Vordruck in Frakturschrift nicht entziffern können. Und in seiner triumphierenden Aussage, der «verlegene» Museumsvertreter sei nur aufgrund seiner Enthüllungen zu dem Eingeständnis gezwungen worden, daß es sich bei der Vorrichtung um eine «Rekonstruktion» handele, steckt ein ähnlich tückischer Wurm. Warum sollte jener Herr überhaupt peinlich berührt gewesen sein? Im Museum ausgestellte Bilder illustrieren, wie das Gebäude nach dem Krieg neu errichtet wurde.[93]

Diese Art der Rhetorik ist für die Holocaust-Leugner charakteristisch, insbesondere für Faurisson selbst. 1987 trat er in der Gesprächssendung einer französischen Radiostation auf. Bei dem zweiten Gast handelte es sich um einen Holocaust-Überlebenden, der – wie der Moderator Faurisson vor der Sendung mitteilte – vom 11. April 1943 bis zum 11. April 1945 in Auschwitz inhaftiert war. Auf der Stelle belehrte Faurisson den Rundfunkjournalisten, dies sei ausgeschlossen, da die meisten Gefangenen im Januar 1945 aus Auschwitz evakuiert wurden. Als der Gastgeber der Sendung dem ehemaligen Gefangenen Faurissons Einwände übermittelte, mußte dieser – in Faurissons Worten – «recht beschämt zu-

* Genauso verfuhr er mit Otto Frank, Anne Franks Vater (siehe Anhang).

geben, daß er im Laufe der letzten Kriegsmonate von Auschwitz nach Buchenwald übergeführt worden war».[94]

Faurisson klammerte sich wieder einmal an den Strohhalm, der sich in der Argumentationsstruktur der Holocaust-Leugner zu einem mächtigen Strebebalken ausgewachsen hat, indem er verkündete, wenn ein Teil nicht stimme, sei auch das Ganze falsch. Der Überlebende von Auschwitz «... hat Sie in diesem Punkt belogen», schrieb Faurisson an den Moderator. «Ich fürchte, er hat Sie und die Hörer noch bei zahlreichen weiteren Gelegenheiten angelogen.»[95]

Wie im Fall des Museumsangestellten aus Auschwitz fragt man sich, warum jener Mann Grund gehabt hätte, verlegen zu sein. Es ist allgemein bekannt, daß Auschwitz im Januar 1945 evakuiert wurde und die Rote Armee kurze Zeit später in das Lager eindrang. (Im April hatte sie Berlin erreicht.)

Warum hätte der ehemalige Lagerinsasse in einer Angelegenheit lügen sollen, über die jeder Bescheid wußte? Durch seine «Lüge» wurde die Grausamkeit seiner Erlebnisse nicht dramatisiert. Im Gegenteil, sein «Geständnis», daß er in den letzten Kriegsmonaten auf einen Marsch ins Ungewisse geschickt wurde, verstärkte seine Leidensgeschichte. Zu diesem Zeitpunkt trieben die Nazis die Überlebenden der Todeslager nach Westen gen Deutschland, um zu verhindern, daß sie den Befreiern in die Hände fielen. Tausende kamen dabei um. Der Rundfunkjournalist hätte vielleicht zu dem Schluß gelangen können, daß der ehemalige Häftling aus Auschwitz die gesamte Dauer seiner Gefangenschaft dort zugebracht hatte, weil er sagte, er sei zwei Jahre im Lager gewesen. Doch Faurisson verwandelte ein eventuelles, bloßes Mißverständnis in eine vorsätzliche Lüge, Element seines Spinnennetzes aus vorsätzlichen Verdrehungen von Tatsachen.

Wenn man bedenkt, daß Leuchters ganze historische und technische Unzulänglichkeit während des Zündel-Prozesses sowie sein Zusammenprall mit der Justiz von Massachusetts schonungslos aufgedeckt und außerdem Pressacs Erkenntnisse schließlich in Buchform veröffentlicht wurden, sollte man meinen, der Leuchter-Report wäre irgendwann endgültig in Mißkredit geraten. Doch in einer erstaunlichen Demonstration von Ignoranz und Fahrlässigkeit haben einige einflußreiche, angesehene Medieninstitutionen Leuchters Ernsthaftigkeit unterstrichen und den Holocaust-Leugnern ermöglicht, sein pseudowissenschaftliches Werk bei ihrer Schlammschlacht gegen die Wahrheit ins Feld zu führen. Im Februar 1990 erschien in *Atlantic Monthly* ein Artikel, *Justice: A Matter of Engineering, Capital Punishment as a Technical Problem*, der Fred Leuchter als verschrobenen, aber legitimierten Oberscharfrichter der Nation porträtierte – so der Kommentar aus der Redaktion des Magazins.[96] Autorin Susan Lehman schilderte Leuchter als «geschulten, erfahrenen Ingenieur», der in der Technologie elektrischer Stühle besser bewandert war als irgendein anderer: In seinem Keller stand nämlich einer! Der Artikel drückte zwar Verachtung für die Leuchtersche Spezialität – das Töten von Menschen – aus, präsentierte ihn jedoch gleichzeitig als Experten, den es «bekümmerte», daß so viele der Exekutionsvorrichtungen des Landes Defekte aufwiesen. Leuchters Geräte seien dergestalt konzipiert, daß die Opfer nicht gequält würden, schrieb Frau Lehman.[97]

Die Story war offenkundig darauf angelegt, Leuchter als makabren Sensenmann darzustellen, der «seine Arbeit liebt» – die Holocaust-Leugner unterdessen fingen flugs damit an, sie als Bestätigung für Leuchters Kompetenz zu zitieren.[98] Der *IHR Newsletter* bezeichnete Leuchter als den Mann, «... dem der *Atlantic* bescheinigt hat, Amerikas führender Experte für Gaskammern und andere Vollstreckungsgeräte zu sein». In dem Augenblick, da der Artikel erschien, wurde der altehrwürdige *Atlantic* von Telefonanrufen überschwemmt.[99] Die Redakteure hatten angeblich nicht gewußt, daß Leuchters Ausbildung kaum als solche zu bezeichnen war, er sich betrügerischerweise als Ingenieur ausgab, der Holocaust-Leugnung anhing, als Sachverständiger im Zündel-Prozeß ausgesagt und eine von Holocaust-Leugnern finanzierte Forschungsreise nach Polen unternommen hatte. Sie rechtfertigten sich mit der Erklärung, seine Verwicklung in die Aktivitäten der Holocaust-Leugner stehe in «keinem unmittelbaren Zusammenhang» mit dem Thema des Artikels. Der Herausgeber des Magazins verteidigte sich, man könne weder von ihm noch von seinen Mitarbeitern erwarten, daß sie Leuchters «Hobby» kannten.

Um ihre Zerknirschung zum Ausdruck zu bringen, willigte die Zeitschrift ein, einen Brief über Leuchters Hintergrund abzudrukken; immerhin hätte ein simpler Suchlauf in einer Mediencomputerdatei genügt, um Leuchters Rolle in dem Verfahren gegen Zündel in Erfahrung zu bringen.

Die Verantwortungslosigkeit des *Atlantic* bestand in seiner Unwissenheit, doch der ABC-Fernsehshow *Prime Time Live* mit Diane Sawyer und Sam Donaldson, die im Mai 1990 einen Beitrag über Leuchter ausstrahlte, kann man nicht einmal das zugute halten. Unter dem Titel *Dr. Death* präsentierte das Porträt Leuchter als «... wichtigsten Fachmann des Landes, wenn es um das Konzipieren, Installieren und Funktionieren von Apparaten geht, mittels deren Menschen hingerichtet werden. Sein Geschäft ... ist der Tod.» Wochen vor Ausstrahlung dieses Sendebeitrags erhielten Beate Klarsfeld und Shelly Z. Shapiro Kenntnis davon. Sie machten die Leitung des Senders darauf aufmerksam, daß Leuchter im Zündel-Prozeß als Zeuge aufgetreten war und der vorsitzende Richter verfügt hatte, seine Untersuchung tauge nicht als Beweismittel, weil er weder Toxikologe, Chemiker noch Ingenieur sei.

Die beiden informierten die ABC-Chefredaktion, daß Leuchter mittlerweile regelmäßig an den Versammlungen des IHR und ähnlicher extremistischer Organisationen teilnahm und der Leuchter-Report von extremistischen Verbänden und weißen Rassenfanatikern vertrieben wurde; das britische Unterhaus habe letzteren überdies scharf verurteilt und als «faschistisches Schrifttum», als Akt der «Boshaftigkeit» klassifiziert.[100] Außerdem zeigten sie Vertretern des Senders Leuchters Videoaufzeichnung von seiner Reise nach Auschwitz-Birkenau.

Die Produzenten von *Prime Time* wurden gewarnt, daß eine Ausstrahlung des Beitrags sowohl der Holocaust-Leugnung als auch dem Ansehen eines gründlich in Verruf geratenen Manns zur Stärkung gereichen werde. Bob Currie, ABC-Redakteur und für den Beitrag über Leuchter verantwortlich, teilte Shapiro und Klarsfeld mit, Leuchters Leumund und Umtriebe seien ihm durchaus bekannt, gehörten jedoch mitnichten in den Kontext des geplanten Beitrags.[101] *Prime Time* ignorierte die Briefe mehrerer Wissenschaftler, welche die Redaktion dringend aufforderten, von ihrem Vorhaben abzusehen. (Ich sandte ein persönliches Schreiben an den Produzenten der Sendung, in welchem ich das Risiko eines solchen Schrittes erläuterte; nicht einmal der Eingang des Briefes wurde je bestätigt.)

Nachdem das Porträt gesendet worden war, rechtfertigte Currie die Tatsache, daß er keinerlei Hinweise auf Leuchters Aktivitäten als Holocaust-Leugner eingefügt hatte, mit dem Argument, sie seien schlicht und einfach «... für das Thema der Geschichte irrelevant».*

Die «Bereinigung» von Leuchters Vergangenheit, das heißt aller Hinweise auf sein Engagement in der Holocaust-Leugnung, schob Currie auf Entscheidungen «von ganz oben», unter anderem seitens Ira Rosen, Senior Producer, und Rick Kaplan, Executive Producer.[102]

Im Oktober 1990 mischte sich die *New York Times* in das Gebalge ein. Ein Bericht auf der Titelseite über Verfahren der Todesstrafe ließ keinen Zweifel daran offen, daß Leuchter im Hinrichtungsgeschäft inzwischen als umstrittener, wenn nicht gar anrüchiger Zeitgenosse galt. Der Verfasser des Artikels schrieb, er gelte den Gegnern der Todesstrafe als «Symbol für vieles, das an der Todesstrafe quer im Magen liegt», und streifte den Umstand, daß Leuchter in die Holocaust-Leugnung involviert war.[103]

In der darauffolgenden Woche brachte ein Leitartikel Leuchter erneut ins Gespräch; der Kommentator lehnte die Todesstrafe ab und merkte an, Leuchter sei aufgrund seiner unüblichen, kontroversen Methoden in der Szene zur Persona non grata herabgesunken.

Er verschwieg nicht, daß Leuchter «einem kanadischen Gericht einmal erzählt hat, daß er die Ermordung von Juden in Hitlers Gaskammern für ein Märchen hält», doch das falle in der «Welt der Henker» wohl kaum ins Gewicht – nach deren Maßstäben würden derlei Ansichten ihn kaum automatisch «disqualifizieren». «Leuchter ist schließlich nur derjenige, der Todesmaschinen erfindet; den entsprechenden Markt schaffen andere für ihn.» Der Leit-

* In dem Beitrag führt Leuchter das Filmteam durch die Gaskammer von North Carolina. Bei den Zuschauern wird der Anschein erweckt, als habe er an dieser Vorrichtung Arbeiten durchgeführt, was nicht der Wirklichkeit entspricht. (*Prime Time Live*, ABC-Fernsehen, 10. Mai 1990.)

artikel entwarf von Leuchter das Bild eines unschuldigen Rädchens in einem pervertierten Getriebe und kam zu dem Schluß, das Problem liege nicht beim «... Scharfrichter, [sondern] im System». Doch trotz gewisser Pflichtversäumnisse räumte dieser Kommentar, zusammen mit dem vorangegangenen Bericht, mit allem gründlich auf, was von Leuchters «technischer Kompetenz» übrig gewesen sein mochte.[104]

Eine andere Institution innerhalb der Medien hingegen, die Londoner *Sunday Times*, hauchte dem Leuchter-Report und seinen Fürsprechern letztlich wieder Leben ein. Während des Zündel-Prozesses verkündete David Irving, Leuchters Arbeit habe ihn zur Holocaust-Leugnung und zu der Einsicht bekehrt, daß die Gaskammern eine Legende seien; von nun an werde er eine «Ein-Mann-*Intifada*» gegen die offizielle Version des Holocaust in die Wege leiten.[105]

In seinem Vorwort zum Leuchter-Report schrieb Irving, an Leuchters «Redlichkeit» und «gewissenhaftem Vorgehen» bestehe kein Zweifel. Mit keiner Silbe erwähnte er Leuchters mangelnde technische Fachkenntnisse oder die zahllosen Lücken, die man in seinen Befunden nachgewiesen hatte. Besonders aufschlußreich ist dieser Satz: «Niemand läßt sich gerne beschwindeln, vor allem nicht, wenn beträchtliche Geldsummen auf dem Spiel stehen.» Als Schwindler identifizierte Irving Israel und behauptete, Westdeutschland habe an Israel bereits freiwillige Reparationszahlungen in Höhe von mehr als neunzig Milliarden Mark geleistet, «im wesentlichen als Sühne für die ‹Gaskammern von Auschwitz›». Die Schwierigkeit bestand laut Irving darin, daß es sich bei den Gaskammern um ein Märchen handele, das «nicht so leicht aussterben» werde.[106] Er machte sich infolgedessen auf, um diverse Länder mit den Ideen der Holocaust-Leugnung zu infiltrieren. In Deutschland wurde er deshalb zu einer Geldstrafe verurteilt; bei der von ihm beantragten Revisionsverhandlung forderte er das Gericht auf, «... für das deutsche Volk zu kämpfen und der Blutlüge vom Holocaust ein Ende zu setzen, die man sich seit fünfzig Jahren gegen dieses Land erzählt». Das Denkmal für die Toten in Auschwitz tat er verächtlich als «Touristenattraktion» ab.[107] Die Ursprünge des Mythos verfolgte er bis auf einen «genialen Plan» des britischen

Beauftragten für psychologische Kriegsführung zurück, der 1942 beschloß, die Propagandageschichte zu verbreiten, daß die Deutschen «… ‹Gaskammern› benutzten, um Millionen von Juden und anderen ‹unerwünschten› Personen umzubringen».[108]

Das britische Unterhaus prangerte Leuchter und Irving als «Hitlers Erben» an: Letzterer sei ein «Werbemann für die Nazis und langjähriger Hitler-Apologet», Leuchters Bericht sei «faschistisches Schriftgut».[109] Man hätte annehmen sollen, daß diese Bloßstellung Irvings Reputation in England den Garaus machte, dies war jedoch nicht der Fall. Die Londoner *Times* verdammte Irving 1989, weil «Hitler für ihn ein bißchen der Held und fast ganz und gar ein Unschuldsengel ist; Irving hält Auschwitz für einen jüdischen Trick».

1992 indessen wurde der übel beleumundete Irving möglicherweise auf längere Sicht rehabilitiert, und zwar durch die *Sunday Times.*[110] Das Blatt heuerte Irving zur Übersetzung der Goebbels-Tagebücher an, die in einem russischen Archiv gefunden worden waren und – so vermutete man – Licht auf den Ablauf der Endlösung werfen würden. Die Zeitung zahlte Irving ein beträchtliches Honorar sowie einen prozentualen Anteil an den Einnahmen aus Abdruckrechten.*

Journalisten und Wissenschaftler reagierten gleichermaßen schockiert, daß die *Times* einen derart suspekten Kandidaten für

* Das russische Archiv erteilte Irving die Genehmigung, zwei Mikrofiche-Platten zu kopieren; auf jeder von ihnen waren etwa 45 Tagebuchseiten abgelichtet. Prompt verstieß Irving gegen die Vereinbarung, entnahm viel mehr Platten, schaffte sie ins Ausland und ließ sie ohne Erlaubnis des Archivs kopieren. Aus Archivar- und Dokumentarkreisen haben sich besorgte Stimmen vernehmen lassen, daß er die Platten im Zuge seiner Eigenmächtigkeit möglicherweise schwer beschädigt habe, wodurch sie für künftige Forschungen nur noch begrenzt brauchbar wären. Irving ist der Auffassung, die Juden begingen «… eine große Dummheit, indem sie sich nicht von der Gaskammer-Theorie verabschieden, solange noch Zeit ist». Wegen der Ausschlachtung des Holocaust-«Mythos» durch die Juden «… prophezeit [er eine] neuerliche Antisemitismuswelle». C. C. Aronsfeld, *«Holocaust ‹Revisionists› Are Busy in Britain»*, in: *Midstream*, Januar 1993, S. 29.

das Projekt auserkor. Andrew Neil, Redakteur der *Sunday Times*, begegnete der Flut von Kritik, indem er Irvings Anschauungen «tadelnswert» nannte, die Beauftragung Irvings indessen damit entschuldigte, daß man sich lediglich seiner Fertigkeiten bei der «Transkription» bedienen werde. Peter Pulzer, ein Oxforder Politologe und Spezialist für das Dritte Reich, bezeichnete es als albern, daß Neil in Irving einen «bloßen Handwerker» zu sehen suche; wer jemanden engagiere, um «Dokumente [zu edieren], die außer ihm niemand zu Gesicht bekommt, läßt sich mit Haut und Haaren auf diesen Jemand ein».[111]

Wie auch immer die Sache ausgehen wird – die *Sunday Times* hat Irvings Ruf von dem Schandfleck befreit, mit dem das britische Unterhaus ihn versehen hatte. Um eines Raunens im Blätterwaldes willen war die britische Zeitung bereit, ihre Aufgabe als Hüterin der Wahrheit und journalistischer Ethik in den Wind zu schlagen. Indem sie Irvings Reputation hob, verhalf sie dem Leuchter-Report zu frischer Blüte.

Auch Leuchters Ansehen ist seit einem jüngst veröffentlichten Buch und Dokumentarfilm über das Geschäft mit der Todesstrafe in den USA wieder gestiegen. Stephen Trombleys *Die Hinrichtungsindustrie* vollzieht die einzelnen Etappen von der Verkündung des Todesurteils bis zur tatsächlichen Hinrichtung nach.[112] Sowohl in Trombleys Buch als auch in seinem Film steht unter anderem Fred Leuchter im Mittelpunkt. Trombley zeichnet ein sympathisches Porträt Leuchters, indem er ihn als leicht exzentrischen, unkonventionellen, kurzsichtigen Techniker und Unternehmer darstellt, der einen bestimmten Bedarf im Exekutionsgewerbe auf kreative Weise abdeckt. Trombley erwähnt Leuchters Aktivitäten in der Holocaust-Leugnung, präsentiert sie allerdings schlicht als *eines unter vielen* Beispielen für die ikonoklastische Veranlagung des Mannes. In seltsamem Kontrast zu seiner Beschreibung Leuchters schildert er unter anderem die ADL, Shapiro, Klarsfeld, die gegen Leuchters diffamierendes Verhalten vorzugehen suchten, als unfaire Querulanten, die einen hingebungsvollen Handwerker belästigten, der einige wunderliche Flausen im Kopf haben mochte, in Wahrheit jedoch nichts weiter wollte, als das Töten humaner zu machen.

Trombleys Buch und Film haben zur Folge, daß Leuchter erneut eingeladen worden ist, bei diversen Talk-shows als Experte für Gaskammern aufzutreten. Im deutschen, britischen und französischen Fernsehen sind Interviews mit ihm gelaufen. Die meisten Beiträge versäumen es, auf seine Nähe zu den Holocaust-Leugnern zu verweisen. In den Presserezensionen über David Irvings Bücher läßt sich ein ähnliches Phänomen beobachten: Seine neofaschistischen oder Holocaust-leugnenden Verbindungen werden in den seltensten Fällen thematisiert.[113]

Irving ist eines der gefährlichsten Sprachrohre für die Holocaust-Leugnung. Er kennt die historischen Sachverhalte genau, verdreht sie jedoch, bis sie sich seinen ideologischen Neigungen und politischen Hintergedanken anpassen. Irving ist der festen Überzeugung, Großbritanniens rasanter Niedergang sei durch die Entscheidung beschleunigt worden, Deutschland den Krieg zu erklären. Er besitzt einige Geschicklichkeit dafür, authentische Informationen im Sinne seiner eigenen Schlußfolgerungen zu verbiegen. In einer Kritik seines zuletzt erschienenen Buchs *Churchill's War* aus der *New York Review of Books* werden seine Praktiken, einen Sachverhalt nach doppelten Maßstäben zu beurteilen, korrekt analysiert.[114] Derlei ist nicht nur typisch für Irving, sondern für alle Holocaust-Leugner.

Die Auswirkungen von Leuchters Werk sind schwer einzuschätzen. Unter rationalen Gesichtspunkten sollte dem Leuchter-Report kein anderes Schicksal beschieden sein, als in den Mülleimer der Geschichte zu wandern. Immerhin ist Leuchter vor aller Öffentlichkeit als ein Mann bloßgestellt worden, dem die zur Durchführung seiner Untersuchung notwendige Qualifikation fehlt; die wissenschaftlichen und methodologischen Irrtümer seiner Arbeit wurden zur Genüge demonstriert. Doch der Holocaust und – zu einem kaum geringeren Grad – die Holocaust-Leugnung selbst stehen als Mahnmale dafür vor uns, daß das Irrationale sogar auf die Wohlmeinendsten einc fatale Anziehungskraft ausübt. Es überschattet selbst wahre Faktengebirge und verleitet die Menschen dazu, die unhaltbarsten, unerhörtesten Vorstellungen als Tatsachen zu akzeptieren. Diese Situation tritt noch rascher ein, wenn die Allgemeinheit keinen Zugang zu dem historischen und technischen Wissen besitzt, ohne das jene völlig phantastischen Unterstellungen nicht ad absurdum geführt werden können. Daß die Holocaust-Leugner in der Lage sind, ständig wieder auf Leuchters Erkenntnissen herumzureiten, obwohl denen bereits gründlich jeder Boden entzogen wurde, bildet ein weiteres Anzeichen dafür, daß die Wahrheit viel zerbrechlicher ist als die Dichtung und daß Ratio allein sie nicht zu schützen vermag.

10. Auseinandersetzungen auf dem Campus

This is not a public stagecoach that has to take everyone who buys a ticket. (Dies ist keine Postkutsche, die jeden befördern muß, der ein Billett erwirbt.)
Benjamin Franklin[1]

Zu Beginn der 90er Jahre erkor sich ein Grüppchen von Holocaust-Leugnern die Colleges der USA zum Betätigungsfeld für rege Aktivitäten. Sie bedienten sich erfinderischer Strategien und konnten die diffusen Gedankengänge, die in akademischen Kreisen nicht selten dominieren, teilweise zu ihrem Vorteil ausnutzen; auf diese Weise verschafften sie sich kostenlose Werbung im Wert von mehreren Millionen Dollar und leisteten ihrem Anliegen beträchtlichen Vorschub. Ihre Taktik war überaus simpel. Der Kalifornier Bradley Smith, der sich seit den frühen 80er Jahren in der Holocaust-Leugnung engagiert hatte, bemühte sich darum, in Universitätszeitungen der USA ganzseitige Anzeigen zu schalten. Mehrere der hohen Bildungsstätten in den USA haben diese Anzeigen tatsächlich veröffentlicht, sogar einige der bedeutenderen.

Die Anzeige trug die Überschrift: «Die Geschichte vom Holocaust: Was ist daran falsch? Ein Fall für allgemeine Diskussion.» Sie entfachte in vielen Colleges, an die Smith sich wandte, hitzige Debatten. Sein Vorgehen war ziemlich direkt: In der Regel erkundigte er sich zunächst telefonisch bei der Anzeigenabteilung einer Zeitung nach dem Preis für die Veröffentlichung einer ganzseitigen Anzeige, danach sandte er die druckfertigen Filme mitsamt einem als gedeckt bestätigten Scheck über den entsprechenden Betrag ein. Gelegentlich erkundigte er sich schon im voraus, ob das Blatt bereit sein werde, die Anzeige herauszubringen.* Selbst wo er einen abschlägi-

* Zu den Zeitungen, welche sie als Anzeige bzw. Op-ed-Kolumne

gen Bescheid erhielt, zog er bereits durch den Versuch die Aufmerksamkeit der Medien auf sich.[2] Einige Universitätszeitungen begannen, seinen Namen ohne nähere Erläuterungen zu seiner Person in ihren Schlagzeilen zu nennen, weil sie annahmen, die Leser wüßten, wer er sei. In Artikeln, Briefen und Op-ed-Kolumnen [Anm. d. Ü.: siehe Fußnote unten] wurde das Recht der Holocaust-Leugner verteidigt, ihre «Ansichten» publik zu machen. Nicht überall jedoch erzielte Smith den von ihm gewünschten Effekt. Auf manchem Campus ging der Schuß für ihn und die Holocaust-Leugnung nach hinten los. Plötzlich sprossen Holocaust-Seminare, die lange auf Sparflamme geschmort hatten, wie Pilze aus dem Boden. College-Dekanate gestanden ein, daß die Anzeige den letzten notwendigen Impuls vermittelt habe, um derartige Kurse vom Planungsstadium in die aktuellen Curricula der Folgesemester zu befördern.[3] Dozenten fast aller Disziplinen integrierten eine Diskussion des Holocaust in ihren Unterricht. Filme, Vorträge, Photoausstellungen und andere Veranstaltungen zum Thema Holocaust fanden in den Universitäten statt. Viele Studenten beteiligten sich an Demonstrationen, Teach-ins und Protestaktionen.

Diese Reaktion veranlaßte einige Beobachter zu der Anmerkung, die Kontroverse habe eine positive Wirkung gezeitigt, denn sie schärfe nicht nur das Bewußtsein der Studenten für den Holocaust, sondern auch für die fortdauernden Bestrebungen, Geschichte zu unterlaufen und Antisemitismus zu propagieren. Auf das unmittelbare Resultat von Smiths Anstrengungen mag diese Beurteilung

[Anm. d. Ü.: *Op-ed* steht für *opposite editorial* und meint die Seite im vordersten Teil der Zeitung, welche sich gegenüber dem angestammten Platz für Leitartikel und Kommentare der Redaktion befindet.] akzeptierten, gehörten: die Universitäten von Arizona, Georgia, Michigan, Montana, Washington, ferner *Cornell, Duke, Howard, University of Illinois at Urbana-Champaign, Louisiana State, Northwestern, Ohio State, Rutgers, Vanderbilt* und *Washington University*. Abgelehnt wurde die Anzeige unter anderen durch: die Universitäten von Minnesota, North Carolina, Pennsylvania, Tennessee, Texas (Austin), Virginia, Wisconsin (Madison), *Berkeley, Brown, University of California at Santa Barbara, University of Chicago, Dartmouth, Emory, Georgetown, Harvard, Purdue, Rice, University of Southern California, UCLA* sowie *Yale*.

mehr oder minder zutreffen, doch besitzt die Angelegenheit noch einen weiteren, ernüchternden und pessimistisch stimmenden Aspekt. Bei der Analyse des Verhaltens von Studentenschaft, Lehrkörper und College-Verwaltung offenbart sich eine allzu leichtgläubige Empfänglichkeit für die übelsten Auswüchse historischen Revisionismus und ein grundlegendes Scheitern an der Aufgabe, die Implikationen der Holocaust-Leugnung vollständig zu erfassen – das gilt sogar für diejenigen, die sie entschieden verurteilen.

Es war nicht das erste Mal, daß Smith College-Zeitungen mißbrauchte, um Holocaust-leugnende Thesen in Umlauf zu bringen. Über einen Zeitraum von mehreren Jahren hinweg hatte Smith im Verein mit anderen Holocaust-Leugnern kleine Anzeigen mit der Telefonnummer und Adresse des *Committee on Open Debate on the Holocaust (CODOH)* aufgegeben, einen von Smith 1987 gemeinsam mit Mark Weber begründeten Verein. Laut Informationen der ADL wurde CODOH anfänglich von dem inzwischen verstorbenen William Curry finanziert, einem Geschäftsmann aus Nebraska, dessen antisemitische Umtriebe kein Geheimnis waren. 1986 wollte er erstmalig eine Anzeige Holocaust-leugnenden Inhalts in einer Universitätszeitung plazieren. Er überwies 1000 Dollar an den *Daily Nebraskan* für eine ganzseitige Anzeige, die den Holocaust als Schwindel deklarierte.[4] Das Blatt wies sein Ansinnen ab. Kurz darauf starb Curry, und Smith setzte seine Arbeit fort.

Er behauptet von sich selbst, er stünde in keinerlei Kontakt zu irgendeiner anderen Gruppe von Holocaust-Leugnern, sondern gehöre ausschließlich CODOH an. Doch bereits seit Juni 1985 schreibt er Beiträge für die Hausmitteilungen des IHR und pflegt mit dem Institut also seit geraumer Weile Beziehungen. Zu dem Zeitpunkt jedenfalls, da er seine Anzeigenkampagne startete, existierte die Verbindung noch.[5] 1986 lancierte er das Radioprojekt des IHR und verfaßte regelmäßig Berichte über dessen Fortgang in den IHR-Mitteilungen, wobei er sich selbst kräftig Lob für seine Erfolge dabei zollte, der Holocaust-Leugnung im Rundfunk Gehör zu verschaffen. Unter der Schirmherrschaft des IHR plante er eine Vortragsreise durch Colleges und Universitäten, um über «Holocaust – Betrug und Fälschung» zu sprechen.[6] Smith zielte nicht darauf ab, den «Samen» für künftige Generationen «auszustreuen», sondern darauf, «revisionistische Wissenschaft auf geradem Weg in unsere Universitäten zu transportieren, und zwar JETZT!». In einem Rundbrief an seine Gefolgsleute verkündete er triumphierend, das IHR habe zugesagt, sowohl seine «Einstiegskosten» als auch seine «laufenden Spesen» anteilmäßig zu übernehmen.[7]

Vor seinem Engagement für das IHR-Radioprojekt gab Smith *Prima Facie* heraus; die Zeitschrift wollte ein «wachsames Auge auf Holocaust-Okkultismus, Zensur und die Mißachtung des Rechts, Fragen zu stellen, werfen». Smith attackierte zum Beispiel Mel Mermelstein, dem gelungen war, die Forderung des IHR nach «Belegen» für die Realität des Holocaust ad absurdum zu führen. Smiths Beschreibung Mermelsteins charakterisiert den Ton des Magazins – Smith nannte ihn einen «Tölpel», der das Institut verklagte, weil es sich weigerte zu glauben, daß eine «Haarsträhne und ein Glas voll Asche ... die Vernichtung» von Juden in Gaskammern «beweisen» sollten. Mermelsteins «Zunge ist so spitz geworden, daß er damit seine eigenen Zähne durchbohren könnte».[8]

Das Organ der rechtsextremistischen *National Front* hat Beiträge aus *Prima Facie* nachgedruckt. Einer spielt auf die telegraphische Meldung eines Vorfalls an, bei welchem ein Gestapo-Offizier lächelnd zuschaute, wie sein Schäferhund 1942 in Polen einen älteren Juden tötete. Smiths Sarkasmus bei dem Versuch, die Geschichte in Zweifel zu ziehen, hat von jeher seinen unverwechselbaren Stil geprägt: «Sagen wir, der Hund wog 80 Pfund – gut, meinetwegen wog er sogar 100 Pfund. Und nehmen wir an, der alte Jude war klein und schmal, wog vielleicht bloß 100 Pfund. Zum Teufel damit, laß ihn einen Achtzigpfünder gewesen sein! Wir wollen nicht kleinlich sein. Also, eines muß über diesen deutschen Hund und den ältlichen Juden einmal klargestellt werden: Wieviel konnte der eine vom anderen wohl tatsächlich fressen?»[9]

Smiths Komplize hieß Mark Weber, ebenfalls bei CODOH,[10] ein emsiger Sprecher für die Holocaust-Leugner und ehemaliges Mitglied der *National Alliance*, einer Organisation zum Wohle der weißen Rasse. *Spotlight* bezeichnete Weber als «leuchtenden Stern» unter den Verteidigungszeugen im Zündel-Prozeß.[11] Sowohl während jener Verhandlung als auch in seinen Schriften zur Holocaust-

Leugnung hat Weber die Auffassung vertreten, daß es sich bei den umgekommenen Juden nicht um die «unglückseligen Opfer» eines Vernichtungsprogramms, sondern von «Krankheit und Unterernährung» handelte, «Ursachen des völligen Zusammenbruchs in Deutschland während der letzten Kriegsmonate». Weber rekurrierte auf ein Argument der Holocaust-Leugner, das ursprünglich von Austin App formuliert worden war, indem er behauptete, wenn es wirklich einen Eliminierungsplan gegeben hätte, dann hätten auch die Juden «längst tot sein müssen», die von den alliierten Streitkräften bei Kriegsende lebend vorgefunden wurden.[12]

Weber, 1951 geboren, besuchte eine Jesuitenschule in Portland, Oregon. In einem Interview mit dem *University of Nebraska Sower* vom November 1989 artikulierte er seine Besorgnis über die Zukunft der weißen «Rasse» in den USA und die Zukunft des ganzen Landes. Laut Weber trudelte die Nation in eine von zwei möglichen Richtungen. Sie würde sich entweder zu «einer Art mexikanisch-puertorikanischem Staat» entwickeln, weil «weiße Amerikaner» bei der Fortpflanzung versagten, oder wegen anhaltender rassischer Konflikte auseinanderbrechen. Die Möglichkeit einer integrativen amerikanischen Kultur, eines gemeinsamen Erbes, das in der Vielfalt von Rassen und Gruppierungen wurzelte, verwarf Weber. Er hielt es weder für wünschenswert noch realisierbar, daß «schwarze Amerikaner in die weiße Gesellschaft eingegliedert» wurden. Er schien sich nach dem Augenblick zu sehnen, da die USA zu «weißem Gebiet» erklärt würden und Nichtweiße zu «Bürgern zweiter Klasse». Dies werde dem Land «... Halt und einen Anker» geben. Er beklagte den Umstand, daß «... wir heute nicht einmal das haben».[13] Als die Zeitungskontroverse publik und Weber in der Öffentlichkeit allmählich stärker mit der Holocaust-Leugnung identifiziert wurde, breitete er zunehmend einen Mantel des Schweigens über seine rassistische Einstellung.

Eine der ersten Zeitungen, an die CODOH – das im Prinzip aus Smith und Weber bestand – herantrat, war der *Daily Collegian* der Universität von Pennsylvania. Nachdem das Blatt die kurze Anzeige, welche die CODOH-Telefonnummer enthielt, einige Wochen lang gedruckt hatte, reagierte es auf kritische Stimmen vom Campus der Universität und setzte sie ab. Prompt sandte Smith

Briefe an lokale Zeitungen, in denen er den *Daily Collegian* bezichtigte, «kompromißlose Wissenschaftlichkeit zu behindern und sogar zu zensieren».[14] Vielleicht motivierte ihn der Sturm, welchen er mit der kleinen Anzeige verursachte, seine Anstrengungen auszudehnen.

Kurz nach seinem gescheiterten Versuch in Pennsylvania hatte er mit dem *Stanford Daily* das gleiche Problem; dort lief eine ähnliche Anzeige über sieben Wochen lang, bis der Herausgeber sie aufgrund studentischer Proteste aus dem Blatt nahm. Nun drängte Smith ihn, sich durch die Veröffentlichung der neuen Anzeige für «... das Recht, zu fragen und offen zu diskutieren», stark zu machen;[15] dabei ließ er durchblicken, daß die jüdische Studentenorganisation *Hillel* seiner Meinung nach die Berichterstattung des *Daily* über gewisse Themen steuere, unter anderem die US-Nahostpolitik. Mitgliedern von *Hillel* teilte er mit, es sei nur im Interesse der Juden, die Wahrheit über den Holocaust kennenzulernen.[16]

In seinen *Revisionist Letters* bemühte sich Smith, zwischen den Absichten von Antisemiten, welche die Holocaust-Leugnung zur Verunglimpfung der Juden ausnutzten, und seinem eigenen vermeintlichen Ziel – Aufdeckung der Wahrheit – zu differenzieren. Er versicherte, sein Bestreben als Herausgeber sei es, «die Entlarvung von Engstirnigkeit und Antisemitismus... bei der Revision» der Holocaust-Geschichte voranzutreiben. In einem Artikel der Zeitschrift stand, die Beiträge von «Nazi-Apologeten» zur Holocaust-Leugnung erstickten andere Stimmen, insbesondere aus dem linksradikalen Lager.[17] Autor Laird Wilcox stellte die Frage, wie die «Revisionisten» jammern konnten, daß ihnen der Mund verboten werde, wenn «...wesentliche Elemente aus [ihren] eigenen Reihen selbst nichts davon [der Redefreiheit] halten, es sei denn, *sie* sind betroffen»[18]

Smith wiederholte diesen Gedanken in einer Kolumne der Zeitung seines Wohnorts: Die «Suche nach der Wahrheit» über den Holocaust sei nicht antisemitisch, aber er räume ein, daß sich in der Bewegung «Fanatiker» tummelten, die «erklärtermaßen antijüdisch vorbelastet sind und revisionistische Geschichtsschreibung zur Schmähung der Juden ausschlachten».[19] Smith war sich offenkundig über das Risiko im klaren, das eine Verknüpfung zwischen seinen Intentionen einerseits und extremistischen, rassistischen Strömungen andererseits bedeuten würde, vor allem in akademischen Kreisen.

Sein Bestreben, sich von unverhohlenen Antisemiten zu distanzieren, spiegelt die Tendenz der Holocaust-Leugner, sich von dem Sammelsurium neonazistischer, extremistischer Vereinigungen zu lösen, mit denen sie bislang zusammengeschweißt waren. Leonard Zeskind, Leiter der Forschungsabteilung im Zentrum für demokratische Erneuerung von Kansas City, Missouri, und anerkannter Fachmann für Extremismus in den USA, charakterisierte Smiths Ansatz als typisches Zeichen einer generellen Verschiebung bei den «Kämpfern für weiße Oberhoheit» und anderen Extremisten; sie bewegten sich von den Rändern des politischen Spektrums her auf die Mitte zu, indem sie jeden offenen Kontakt zu faschistoiden Gruppen mieden, die sich mit Hakenkreuzen schmückten oder in weiße Laken hüllten. Ein Beispiel für diese Strategie bildete David Dukes Umdichtung seiner Vergangenheit während der Kampagne zur Präsidentschaftskandidatur.[20] Viele Menschen, welche die Absichten des Ku-Klux-Klan, der *White Aryan Nation* und *Posse Comitatus* mühelos durchschauen, aber Probleme haben, Extremismus zu erkennen, wenn er sich in ein scheinbar rationales, vertrautes Gewand kleidet, werden durch ein solches Verhalten verunsichert.

Die Anzeige, die Smith im Frühjahr 1991 in Umlauf brachte, enthielt die sattsam bekannte Leier Holocaust-leugnender Unterstellungen. Die Gaskammern waren eine Erfindung, Augenzeugenberichte «lachhaft und unzuverlässig», die Nürnberger Kriegsverbrecherprozesse eine Spiegelfechterei; an Photographien war herumgepfuscht worden, und die Lagerinsassen bekamen reichlich zu essen, bis die Alliierten, die den «barbarischsten Krieg führten, den Europa seit der mongolischen Invasion» erdulden mußte, mit ihren Bomben Deutschlands Infrastruktur zerstörten, weswegen keine Nahrungsmittel mehr ausgeliefert werden konnten, so daß die Gefangenen verhungerten. Smith zufolge hatte die Idee, daß die Nazis die Juden ausrotten wollten, ihren Ursprung in der alliierten Intrige, «den Haß auf die Deutschen zu schüren». Bis in die Gegenwart bedienten einflußreiche Kreise sich derselben Propaganda, um «alte

Feinde zum Sündenbock» abzustempeln, «auf Rache statt Versöhnung zu beharren» und «gar nicht so geheime politische Hintergedanken zu verwirklichen».[21]

Auch den bekannten Einwand, er wolle nichts weiter, als mittels einer ehrlichen Debatte über den Holocaust der Wahrheit zu ihrem Recht verhelfen, brachte Smith erneut ins Spiel. Eine mächtige, aber verdeckt operierende Clique habe diese Auseinandersetzung an den Universitäten bis dato unterdrückt, was zu einem umfassenden politischen Programm gehöre. «Wir wollen diese Leute fragen, wodurch ein solches Verhalten sozialen Wert erhält? Wer profitiert davon?»

In der Anzeige hieß es, die Holocaust-Leugnung zwinge die «orthodoxen Holocaust-Forscher» zu dem Eingeständnis, daß einige der falschen Aussagen über den Holocaust «zum Himmel schreien». Niemand anderer als die Holocaust-Leugner hatte sie dazu veranlaßt, die «sanktionierte» Holocaust-Version zu revidieren. Sie mußten bekennen, daß in Auschwitz weit weniger Juden getötet worden waren als zunächst angegeben und daß die Nazis bei der Seifenfabrikation keine Leichen von Juden verarbeiteten. Es trifft zu, daß erst seit kurzem zugängliches Material Wissenschaftler im Laufe der letzten Jahre in die Lage versetzt hat, die Zahl der Juden genauer zu fixieren, die mutmaßlich in Auschwitz umgekommen sind.[22]* Ferner ist die Forschung bereits vor langer Zeit zu der Einsicht gelangt, die Nazis hätten trotz gegenteiliger Gerüchte während des Kriegs keine jüdischen Leichen zu Seife eingekocht. In bezug auf den Holocaust haben Historiker freiwillig jede Menge «Enthüllungen» vorgenommen, um eines der grauenhaftesten Ereignisse der Menschheitsgeschichte in allen Details beleuchten zu können. Smith indessen deutete seinen Lesern gegenüber an, daß die Wissenschaftler, die auf dem Gebiet forschen – und die Holocaust-Leugnung allesamt heftigst ablehnen –, sich genötigt sehen, die Richtigkeit Holocaust-leugnender Thesen zu bestätigen: «Man er-

* Der Auschwitzer Gedenkstein verzeichnet vier Millionen Todesopfer im Lager. Beim heutigen Stand der Forschung wird ersichtlich, daß in den Gaskammern von Auschwitz-Birkenau anderthalb bis zwei Millionen Menschen starben, davon 85 bis 90 Prozent Juden.

zählt uns, es sei ‹anti-jüdisch›, die allgemein gebilligte Sprachregelung über die deutschen Verbrechen zu kritisieren. Wir beobachten jedoch, daß die Juden selbst, wie zum Beispiel Mayer, Bauer, Hier, Hilberg, Lipstadt beginnen, an der festgeschriebenen Holocaust-Geschichte zu rütteln.»[23] Dieses Argument – nämlich daß die Holocaust-Leugner die Wahrheit ans Licht gezerrt haben und die Prominenz unter den Historikern sich nun abstrampelt, um nachzuziehen – ist und bleibt ein Angelpunkt ihrer Beweisführung. Sie verfolgen damit zwei Ziele, nämlich erstens: den Anschein zu erwecken, als reagierten jüdische Fachleute nur auf den Druck, der durch die vermeintlichen Entdeckungen der Holocaust-Leugner erzeugt wird, und zweitens: den Eindruck zu vermitteln, daß die «Erkundungen» der Leugner in ein Kontinuum seriöser Historiographie hineingehören. Wenn etablierte Wissenschaftler, vor allem solche jüdischer Abstammung, bislang unwiderlegte Fakten hinterfragen dürfen, warum soll Bradley Smith dann kein Recht dazu haben?

Die Polemik der Anzeige war zwar überwiegend ein alter Hut, Smith baute allerdings eine neue Raffinesse ein, die in den USA speziell in universitären Zirkeln auf Resonanz stoßen mußte. Der Anspruch «politischer Korrektheit» ist seit den 80er Jahren immer wieder Anlaß zu Unruhe auf dem Campus gewesen. Konservative politische Gruppierungen haben dem «liberalen Establishment» vorgeworfen, bestimmte Sujets als politisch unkorrekt zu etikettieren, weswegen sie sich nicht für eine Einbeziehung in die Lehrpläne eigneten. Smith bettete seine abgeschmackten Unterstellungen in diesen Rahmen ein, indem er behauptete, ein revisionistischer Holocaust-Ansatz dürfe im Universitätsbereich nicht erörtert werden, weil «Amerikas Gedankenpolizei» ihn verboten habe. «Die politisch korrekte Haltung zum Holocaust sieht schlicht und einfach so aus: Er hat stattgefunden. ‹Darüber› diskutiert man nicht.» Im Gegensatz zu anderen Themen, welche die Studenten frei ergründen dürften, sei die Holocaust-Legende unantastbar. Die Konsequenz daraus war ein Zustand, der sich laut Smith antithetisch zu allem verhielt, was Forschung und Lehre verkörperten. «Ideologismen ersetzen ungehinderte Fragestellungen, Einschüchterung bedroht den uneingeschränkten Diskurs... die Ideale der akademischen Weltsicht werden gegen intellektuelle Tabus eingetauscht.»[24] Zwar fielen die meisten Studenten, welche über eine Veröffentlichung der Anzeige zu befinden hatten, oberflächlich nicht auf das vom CODOH solcherart ausgebeutete Argument der politischen Korrektheit herein, doch unbewußt erwiesen sich viele als dafür empfänglich – eine Anfälligkeit, die sich in ihren Rechtfertigungserklärungen manifestiert, warum die Anzeige veröffentlicht wurde. Zu den Universitäten, welche die Anzeige als erste akzeptierten, zählten unter anderen *Northwestern, University of Michigan, Duke, Cornell, Ohio State* und *Washington University*.[25]*

An der *University of Michigan* nahm die Geschichte der Anzeige eine eigentümliche Wendung. Smith sandte eine druckfertige Kopie direkt an den *Michigan Daily*. Dem Geschäftsführer des Blattes zufolge «schlüpfte» die Anzeige «durch die Maschen, ohne gelesen zu werden». Als sie erschien, bemerkten die Angestellten der Zeitung entsetzt, was sie hatten geschehen lassen. Am nächsten Tag plazierten sie eine sechsspaltige Entschuldigung für die Veröffentlichung der Anzeige in ihre Zeitung, in der sie ihr eigenes Versehen bei dem Vorfall eingestanden. Sie nannten ihn eine «schmerzliche Lehre und Erfahrung für das Team».[26] Der Manager sagte gegenüber der *Detroit Free Press*: «Wir machen genauso Fehler wie andere Organisationen auch.»[27]

Damit hätte das Drama seinen Abschluß finden können – als Beispiel für lückenhafte Aufmerksamkeit in einem Büro des *Michigan Daily* –, wenn die Sache nicht dadurch kompliziert worden wäre, daß nun der Redaktionsbeirat zur Tat schritt und aus einem groben Schnitzer eine Frage des Prinzips machen wollte, ohne zu beachten, daß die für das Erscheinen der Anzeige Verantwortlichen

* Die in diesem Kapitel behandelten Zeitungen fungieren als Privatunternehmen. Juristisch ist ihnen für redaktionelle Entscheidungen, welche Anzeigen sie veröffentlichen bzw. zurückweisen möchten, breiter Spielraum gelassen. Im Fall einer «staatlichen Verfügung», das heißt, wenn die Verwaltung einer staatlichen Universität den Inhalt einer Zeitung kontrolliert, darf ein Gericht die Verweigerung einer Anzeige aus inhaltlichen Gründen untersagen. *Discretion of Student Editors to Accept or Reject Holocaust Revisionist Advertisements* (Rechtsabteilung der ADL, Februar 1992).

auf «menschliches Versagen» plädiert hatten. Die Redaktion verwandelte eine mißliche Alltäglichkeit in ein Ereignis von ganz anderem Kaliber: Gefährdung der Redefreiheit. An demselben Tag, da die Anzeigenabteilung ihre Entschuldigung publizierte, verkündete ein Kommentar auf der Titelseite des Blattes, die Redakteure empfänden die Anzeige zwar als «beleidigend und unzutreffend», könnten indessen nicht gutheißen, daß «unliebsame Ansichten aus unserer Zeitung verbannt werden, nur weil sie empören und wir nicht damit einverstanden sind».[28] Chefredakteur Andrew Gottesman teilte mit, er hätte die Anzeige auf jeden Fall drucken lassen, wenn ihm die Entscheidung überlassen gewesen wäre. Er argumentierte, sie abzulehnen sei dasselbe wie Zensur auszuüben, was die Redaktion nie gestatten würde.[29]

Eine Demonstration auf dem Campus am nächsten Tag wandte sich sowohl gegen die Holocaust-Leugnung als auch gegen das Konzept der Redaktion. Diese war über die vehementen Angriffe seitens der Studenten und Dozenten betroffen, fürchtete zudem, ihr Kommentar werde als Anerkennung des CODOH ausgelegt, und widmete dem Thema daher den Leitartikel der darauffolgenden Ausgabe. Die Holocaust-Leugnung wurde verdammt, denn sie sei «absurd», stütze sich «... auf geschichtliche Sagenbildung und antijüdischen Fanatismus», diene einer irrationalen, unsinnigen, ahistorischen Propaganda und sei als solche zu verwerfen. Die Redakteure schätzten die Anzeige exakt richtig ein, nämlich dergestalt, daß sie in ihr keinerlei geistige Verdienste würdigten. Ihre Veröffentlichung befürworteten sie allerdings nach wie vor. Ihre kraftvolle Kritik an der Holocaust-Leugnung im allgemeinen und Smiths Anzeige im besonderen begann unterhalb eines Schriftkastens mit einem Zitat von Bundesrichter Hugo Black zur Redefreiheit: «Ich bin der Auffassung – ohne Einschränkungen, ohne Ausnahmen, ohne jedes Wenn und Aber –, Redefreiheit bedeutet, daß man keinem Menschen wegen der Ansichten, die er hat oder äußert bzw. wegen der Worte, die er schreibt oder spricht, etwas tun darf.»[30]

Die ungewöhnliche Situation in Michigan (ein eher banales Versehen wuchs sich zum Hickhack um ein Grundrechtsprinzip aus) spitzte sich weiter zu, als Universitätspräsident James Duderstadt in den Disput eingriff. In einem Brief an den *Daily* ordnete er die Anzeige als Werk eines «komischen Kauzes, eines Sonderlings» ein und vertrat die Einstellung, den Holocaust zu leugnen hieße, «unser aller menschliches Potential für das Böse» zu negieren und «seine Wiederauferstehung zu provozieren». Aber auch er unterstützte die Entscheidung des Blattes, vielmehr die Nichtentscheidung, die Anzeige herauszubringen. Der Präsident machte geltend, daß der *Daily* sich einer langen Tradition journalistischer Toleranz verpflichtet fühle, die es zu schützen gelte, selbst da, wo «... wir mit gewissen Meinungen, Beschlüssen oder Handlungen nicht einverstanden sind». Angesichts von Duderstadts Erhöhung der Smithschen Vorurteile auf ein Niveau von Meinungen kann einem angst und bange werden.

Die Botschaft, welche Redakteure und Präsident zu übermitteln suchten, ist sonnenklar: So verrückt, unlogisch und fanatisch-heuchlerisch die Anzeige auch sein mochte – dem ersten Grundrechtsartikel der amerikanischen Verfassung und den darin verbürgten Rechten gebührte in jedem Fall Priorität. Er nötigte den *Daily* zur Veröffentlichung. Keiner der Beteiligten scheint berücksichtigt zu haben, was genau dieser Grundrechtsartikel besagt: «Der Kongreß darf kein Gesetz erlassen ...; welches die Freiheit der Rede oder der Presse beschneidet.» Bei dem Argument, das Recht auf freie Meinungsäußerung garantiere der Anzeige Akzeptanz, wird das Faktum ignoriert, daß der bewußte Grundrechtsartikel die *Regierung* daran hindert, sich in das Recht eines einzelnen oder einer Gruppe einzumischen, noch die abwegigsten Ideen publik zu machen.[31] Auf diesen Sachverhalt hob die *New York Times* ab, als sie in einem Leitartikel entschieden betonte, es handele sich hier keinesfalls um eine grundrechtliche Frage: «Die Regierung darf Herrn Smith und seine Kollegen im Geist der ‹Holocaust-Revision› nicht zensieren, gleichgültig, wie jämmerlich und geistlos ihre Unterstellungen sind.»[32]

Eine Ablehnung der Anzeige als Zensur zu bezeichnen bedeutete, den Umstand zu vernachlässigen, daß Studentenzeitungen – anders als die Regierung, deren Handlungsradius vom ersten Grundrechtsartikel eingegrenzt wird – keine absolutistische Verfügungsgewalt haben.[33] Wem die Regierung das Recht auf Veröffentlichung verweigert, dem steht in diesem Staat keine Alternative offen, etwas an die große Glocke zu hängen. Doch wenn eine Zeitung eine Anzeige, einen Artikel oder Brief ablehnt, kann man sich an andere Publikationsorgane wenden, es gibt genügend davon. Der bewußte Grundrechtsartikel garantiert niemandem einen Zugriff auf private Unternehmen. Er ist als Abschirmung für Einzelpersonen und Institutionen gedacht, welche sie davor schützen soll, daß die Regierung bei ihren Angelegenheiten interveniert. Dieser Artikel ist kein Schwert, mit dessen Hilfe jeder, der exotische Thesen oder anrüchige Forderungen aufstellt, auf seine Grundrechte pochen mag, gehört zu werden.* Überdies schienen die Redakteure des *Michigan Daily* nicht zu bemerken, welche Formulierung der von ihnen zitierte Richter Black gebraucht hatte: «Man darf keinem Menschen antun ...» Niemand hatte angeregt, Smith etwas anzutun.

Der *Duke Chronicle* tat sich besonders eifrig dabei hervor, den Konflikt im Sinne einer Diskussion pro und kontra Redefreiheit auszufechten. Chefredakteurin Ann Heimberger verteidigte in einem redaktionellen Kommentar die Entscheidung des Blattes, indem sie zu bedenken gab, man habe zwar gewußt, daß man die Anzeige ablehnen könne, sich jedoch zu ihren Gunsten «entschlossen», um damit dem Bestreben der Zeitung Ausdruck zu verleihen, «stets die Rechte unserer Anzeigenkunden zu gewährleisten». Die Redaktion hielt es nicht für ihre Verantwortung, «Leser vor provokativem Gedankengut» zu bewahren, sondern «... es zu verbreiten».[34]

Keith Brodie wiederholte bei seiner Verteidigung der Redefreiheit die Überlegungen seines Kollegen aus Michigan; Keith Brodie ist der Präsident von *Duke*. Auch er verwahrte sich gegen den Inhalt der Anzeige, sprach sich allerdings noch uneingeschränkter für ihr Erscheinen aus als Duderstadt: Durch eine «Unterdrückung» der Anzeige nämlich würde die Universität ihrer Verpflichtung, das Recht auf freie Meinungsäußerung zu respektieren, zuwiderhan-

* 1931, im Fall *Near vs. Minnesota*, schmetterte der US-Bundesgerichtshof einen Anlauf von bundesstaatlicher Seite ab, eine Zeitung zu knebeln und ihrer Möglichkeit zu berauben, «bösartiges, skandalöses, diffamierendes» Material zu veröffentlichen. Fred W. Friendly, *Minnesota Rag*, New York 1981.

deln und mit ihrer «langen Tradition» brechen, «von der Verfassung verbriefte Rechte in Ehren zu halten».[35]

Als die Anzeige im *Cornell Daily Sun* erschien, rechtfertigte die Redaktion sich durch einen Kommentar, mit dem sie vor «Seite 20» warnte, welche «die meisten Leser schockieren» werde; die Zeitung habe unterdessen nicht die Aufgabe, «eine unfaire Zensur der Ansichten ihrer Anzeigenkunden vorzunehmen». Wie viele ihre Kollegen an zahlreichen anderen Universitäten, welche die Anzeige druckten, taten die Redakteure kund, sie hätten sich zu einer Veröffentlichung durchgerungen, weil das «... Grundrecht auf Redefreiheit auch auf Personen mit unpopulären, anstößigen Ideen anzuwenden ist».[36] Neeraj Khemlani, Chefredakteur der *Daily Sun*, teilte mit, es sei nicht seine Rolle, Leser «abzuschirmen».[37] *Cornell*-Präsident Frank H.T. Rhodes gesellte sich zu seinen Kollegen von den anderen Universitäten, indem er der Entscheidung des Blattes ebenfalls beipflichtete.[38]

Auch der *Montana Kaimin*, die Zeitung der Universität von Montana, verteidigte die Publikation der Anzeige unter Bezugnahme auf den ersten Grundrechtsartikel. Der betreffende Redakteur erklärte, es stünde ihm nicht zu, «für die Bewohner des Campus zu bestimmen, was sie sehen dürfen und was nicht».[39] Die Zeitung der Universität von Georgia, *Red and Black*, verlieh ihrer Hoffnung Ausdruck, daß eine Veröffentlichung der Anzeige die einzigartige amerikanische Ehre und Pflicht affirmieren werde, «jeder Meinung Gehör zu verschaffen, egal, wie unangenehm, beanstandenswert und unverkennbar falsch sie auch sei». Nachdem die Anzeige erschienen war, legitimierte der Herausgeber die Entscheidung als eine «rein geschäftliche», indem er zu bedenken gab, «wenn die Anzeigenabteilung schon dazu da ist, Anzeigen anzunehmen, soll sie diese gefälligst auch entgegennehmen». In Anbetracht des Widerspruchs zwischen beiden Aussagen läßt die erstere, jene «hochherzige Beteuerung» – wie Mark Silk, Journalist für die *Atlanta Constitution*, es ausdrückte[40] –, einen faden Nachgeschmack zurück.

Bei *Student Life* (*Washington University*) entschied man sich nach einer intensiven Diskussion dafür, die Anzeige zu drucken. Als sie erschien, oblag es dem Kommentator der Zeitung, Sam Moyn, der Universitätsgemeinschaft gegenüber die Gedankengänge des Zeitungsteams nachzuzeichnen, die zu dem «umstrittenen Beschluß» führten. Moyn gemäß verstand die Redaktion die Angelegenheit als Frage nach dem Recht auf freie Meinungsäußerung: «Eine Beschneidung von Herrn Smiths Rechten gefährdet unsere eigenen.»[41] Der *St. Louis Post Dispatch* verteidigte das Vorgehen der Studenten. Er klassifizierte die Anzeige als «ärgerlich, provokativ und mit Irrtümern gespickt», lobte die Studentenzeitung ob ihres Mutes, sie zu drucken und verkündete, eine solche Handlungsweise wirke ermutigend im Sinne der Redefreiheit.[42] Die *University of Arizona* tauchte ihr Verhalten ebenfalls in dieses Licht. Redaktionsleiterin Beth Silver nannte es die Mission der Studentenzeitungen, «den ersten Grundrechtsartikel zu schützen, Dinge zu veröffentlichen, die unausweichlich Zusammenstöße verursachen, und sich dem Sperrfeuer zu stellen».[43] Eine Reihe von Zeitungen artikulierte diese Haltung – man muß tun, was zu tun ist, und zwar um jeden Preis. Dies klingt wie das ironische Echo einer Melodie, welche die Holocaust-Leugner häufig selber anstimmen: Wir sagen die Wahrheit, ohne Rücksicht auf die Konsequenzen.

Der Entscheidungsprozeß an der *Ohio State University* gestaltete sich äußerst komplex. Die Entscheidung über Anzeigen in der *Lantern* liegt bei einem Komitee, dem Fakultätsmitglieder, Studenten, Redakteure und der Geschäftsführer des Blatts angehören.[44] Die Richtlinien der Universität schreiben vor, daß dieser Ausschuß zustimmen muß, bevor Anzeigen erscheinen dürfen, in denen religiöse Denominationen auftauchen. Der CODOH-Antrag wurde mit fünf zu vier Stimmen abgelehnt.[45] Doch damit war der Fall nicht erledigt. Durch den Beschluß des Komitees waren ihr zwar die Hände gebunden, die Anzeige als solche zu veröffentlichen, doch nutzte die verantwortliche Redakteurin der *Lantern*, Samantha G. Haney, ihre Befugnisse, um sie als *Op-ed*-Kolumne doch herauszubringen, denn die Zeitung habe – so Haney – diesbezüglich eine «Pflicht» zu erfüllen.[46] Ihre Handlungsweise verschaffte Smith zusätzliche Legitimität, und er sparte überdies 1134 Dollar – soviel hätte eine ganzseitige Anzeige gekostet.[47]

Ein ausführlicher Leitartikel erläuterte die Entscheidung der *Lantern* und verurteilte Bradley Smith mitsamt Konsorten als «pure

Rassisten reinsten Wassers»; die Anzeige sei «kaum mehr als ein Werbespot für Haß». Trotzdem mußte die Zeitung sie veröffentlichen, da «wir nicht nur Themen bringen können, mit denen wir niemandem auf die Füße treten».[48] Den Vorschlag, sich an das *Ohio State History Department* zu wenden, um die Thesen der Anzeige Stück für Stück «auseinanderzunehmen», wiesen Haney und ihre Mitarbeiter zurück. Dadurch nämlich werde ihrer Ansicht nach der Eindruck geweckt, die Anzeige besitze eine gewisse «Relevanz» und «Substanz»; sie seien hingegen der festen Überzeugung, daß dies nicht zutreffe. Die «Wahrheit strahlt heller als jede Lüge» – unter anderem so begründete die Redaktion der *Lantern* die Veröffentlichung der Anzeige; in Anbetracht dieser edlen Zuversicht ist ihre Weigerung, professionelle Historiker um Aufklärung darüber zu ersuchen, inwiefern die Anzeige historische Fakten verzerrte, eine Art Eigentor.[49] Andererseits scheint sich darin die verständliche Scheu zu manifestieren, der Holocaust-Leugnung irgendwelche Anerkennung zu gewähren. Es gibt kein besseres Beispiel für die Fragilität der Wahrheit als der Beschluß jener Redaktionen, sie müßten eine Anzeige oder *Op-ed*-Kolumne publizieren, obwohl der Inhalt des publizierten Textes nach ihrer *eigenen* Einschätzung keinerlei Relevanz oder Substanz hatte.

Gordon Gee, Präsident von *Ohio State*, bezog allerdings eine zu James Duderstadt (Universität von Michigan) konträre Position, weil er die Entscheidung kritisierte, Smith in der Zeitung ein Forum einzuräumen; die Behauptungen der Holocaust-Leugner bezeichnete er als «verderbliche …, listig getarnte» Propaganda, mit der Vorurteile geschürt und die Geschichte entstellt werden sollte.[50]

Während der Streit an der *Ohio State University* in vollem Gang war, wollte ein CBS-Reporter für eine Sendung über Extremismus und Volksverhetzung in den USA auf dem Campus einen Beitrag zur Holocaust-Leugnung drehen. Da das Fernsehteam im voraus auf die anhaltende Kontroverse aufmerksam geworden war, standen die laufenden Kameras passenderweise schon bereit, als die Redakteurin einen Anruf Smiths entgegennahm, in dem er ihr zur Veröffentlichung der Anzeige und wegen ihres Einsatzes für Rede- und Pressefreiheit gratulierte. Als Haney aufgelegt hatte, erkundigte der sich in ihrer Nähe befindliche Reporter, wie sie sich jetzt fühle. Sie wandte sich um und bemerkte leicht betrübt, sie komme sich vor wie jemand, den man aufs Kreuz gelegt hatte.

Nicht alle Zeitungen ließen sich auf die verfassungsrechtliche Debatte ein, im Gegenteil, manche distanzierten sich ausdrücklich davon. Beim *Daily Beacon* der Universität von Tennessee hielt man es nicht für eine Mißachtung der Interessen von Holocaust-Leugnern, die Anzeige nicht zu drucken: Es sei keine «Zensur, nicht einmal eine Schädigung».[51] Der *Daily Collegian*, die Zeitung der *Pennsylvania State University*, die als eine der ersten eine Smithsche Anzeige erhalten hatte, bestritt, daß die Redefreiheit auf dem Spiel stand. Die Redaktion gelangte zu dem Schluß, sie habe lange genug mit ansehen müssen, wie Studentenvertreter und zahlreiche Einzelpersonen auf dem Campus mit Holocaust-leugnendem Material überschwemmt wurden, was wohl heiße, daß die Hintermänner der Anzeige gewiß über ausreichende finanzielle Mittel verfügten, um ihre Verschwörungstheorien über die unheimliche Macht der Juden auch ohne Mithilfe der Zeitung unter die Leute zu bringen.[52]

In einem eloquenten Leitartikel wies der *Harvard Crimson* Smiths Anspruch zurück, sich bei der Forderung nach einer Publikation seiner Anzeige auf jedermanns Recht zur freien Meinungsäußerung zu berufen. Wenn man CODOH ein Forum gewährte, damit es unter Vorspiegelung einer offenen Diskussion «infame Lügen verbreiten» konnte, komme das einer «Absage» an die redaktionelle Verantwortung des Blattes gleich.[53] Der *Maroon* (*University of Chicago*) räumte zwar ein, die Holocaust-Leugner «dürften ihre Ansichten äußern», man selbst jedoch unterliege «in keinem Fall irgendeiner Verpflichtung, ihre beleidigenden Haßtiraden abzudrucken».[54]

Mit dem Argument, wer die Anzeige nicht veröffentliche, könne sich ebensogut sofort zu seiner Zensurausübung bekennen, wird nicht nur der erste Grundrechtsartikel auf irrige Weise ausgelegt, es ist außerdem nicht völlig aufrichtig. Die Redaktionen, die sich dieser Auffassung anschlossen, vergaßen, daß sie samt und sonders inhaltliche Auflagen zu befolgen haben, welche ihnen untersagen, Anzeigen zu drucken, in denen rassistische, sexistische, religiöse Empfindungen verletzt bzw. Vorurteile verbreitet werden. (Einige der fraglichen Zeitungen lehnen sogar Zigarettenwerbung ab.) Wie wollten sie ihre «Prinzipienreiterei» in bezug auf absolute Redefreiheit mit Richtlinien in Einklang bringen, die sie an der Veröffentlichung bestimmter Anzeigen und Artikel hindern? Warum war Bradley Smith verfassungsrechtlich abgesichert, während Anzeigen für den *Playboy*, den Ku-Klux-Klan, Marlboro oder Pornofilme diesen Schutz nicht genossen? Einige Redaktionen erkannten diese Inkonsequenz und versuchten, die widersprüchlichen Standpunkte miteinander zu vereinbaren, indem sie eine Haltung einnahmen, durch die sie sich noch fester in die Schlingen der Holocaust-Leugner verwickelten. Sie erklärten, die Holocaust-Leugnung sei nicht antisemitisch und daher nicht verwerflich. Die Redaktion der *Cornell Daily Sun*: «Die Anzeige enthält keine direkten rassistischen Aussagen über Juden.»[55] Valerie Nicolette, federführende Redakteurin der *Sun*, äußerte gegenüber dem *Chronicle of Higher Education*, die Redakteure hätten die Anzeige auf der Grundlage ihrer Maßstäbe für «Obszönität und Rassismus» bewertet, und sie habe den Test bestanden.[56] Beim Treffen einer jüdischen Studentengruppe, die gegen die Anzeige protestiert hatte, mit dem Redaktionsbeirat des *Duke Chronicle* teilte man den Studenten mit, das Blatt sei darum bemüht, keine Anzeigen anzunehmen, die «rassistisch sind oder ethnische Verunglimpfungen beinhalten», aber jene Anzeige falle nicht in diese Kategorien.[57]

Für Andrew Gottesman gab es durchaus Anzeigen, die er im *Michigan Daily* niemals veröffentlichen würde; Gottesman war derjenige, der sich so vehement gegen eine «Zensur» von Smiths Machwerk ausgesprochen und in seinem Blatt unter dem Motto eines Zitats von Richter Hugo Black zum Recht auf freie Meinungsäußerung die Holocaust-Leugnung in Bausch und Bogen verdammt hatte. Dennoch habe Smiths Anzeige – so Gottesman – es «anders als andere» nicht verdient, «vom Ideenmarkt verbannt zu werden». Anzeigen hingegen, auf denen der Ku-Klux-Klan eine Hetzjagd ankündigte oder Frauen Bierflaschen vor ihren nackten Brüsten in die Kamera hielten, hätten in den Papierkorb zu wandern.[58] In Gottesmans Augen war es keine Zensur, die Zeitung von sexistischer und rassistischer Werbung freizuhalten, doch in Smiths Fall sei diese Gefahr gegeben. Als der *Student Life* der *Washington University* die Anzeige brachte, kündete ein Leitartikel davon, man tue dies, damit die «Gedankenfreiheit nicht aus den Zeitungen verschwindet».[59] Auf seiner Anzeigenpreisliste wiederum gibt das Blatt folgende Regelung bekannt: «*Student Life* behält sich vor, jede Anzeige zu edieren oder abzulehnen, die den Richtlinien oder dem Selbstverständnis der Zeitung nicht entspricht.»[60]

Das Argument, eine Zurückweisung der Anzeige sei Zensur, verdeutlichte auch, daß Redakteure und Universitätspräsidenten nicht sorgfältig bedachten, was zum Alltagsgeschäft jeder Zeitung gehört: auswählen und auslesen, welche Themen behandelt, welche Kolumnen veröffentlicht werden, welche Anzeigen den redaktionellen Kriterien entsprechen und welche nicht. Der *Daily Tar Heel* (Universität von North Carolina) ließ verlauten, sobald ein Redakteur oder eine Redakteurin «... den ersten riskanten Schritt unternimmt und sich aufgrund ihres Inhalts gegen eine Anzeige entscheidet, beginnt für sie oder ihn eine Rutschpartie einen glitschigen Abhang hinunter, geradewegs auf die Mißachtung der Redefreiheit zu».[61] Der *Tar Heel* erwähnte aber nicht, daß Zeitungen kontinuierlich selegieren. Tom Teepen, Redakteur für die Leitartikelseite der *Atlanta Constitution*, formulierte es so: «Eine Zeitung herausgeben heißt vor allem, ständig Entscheidungen zu treffen, und nicht, ihnen auszuweichen.»[62] Der *Duke Chronicle* hatte in der Vergangenheit zum Beispiel eine Beilage des *Playboy* sowie eine Anzeige abgelehnt, in der gegen eine bestimmte Studentenverbindung aufgehetzt wurde; trotzdem wunderte sich die Redaktion darüber, wie Zeitungen, welche angeblich die Rede- und Pressefreiheit hochhielten, «irgend jemandem diese Rechte vorenthalten» konnten.[63]

Einige Zeitungen rechtfertigten ihre Entscheidungen also damit, die Anzeige sei nicht antisemitisch; andere witterten Zensur und wehrten sich dagegen, doch wieder andere vertraten eine noch bestürzendere Ansicht. Sie erklärten nämlich, Smiths «Ideen» seien zwar anstößig und widerwärtig, es mangele ihnen allerdings nicht an einer gewissen geistigen Legitimität. Infolgedessen mußte die jeweilige Zeitung ihre Verantwortung akzeptieren, ihren Lesern jene Ideen zur eigenen Beurteilung zu unterbreiten. Die Redakteure, welche so argumentierten, fielen der Strategie der Holocaust-Leugner zum Opfer, die sich den Anschein verleihen, als betrieben sie konventionelle Geschichtsschreibung.[64] Daß sie einer Täuschung aufgesessen waren, offenbarte sich in den Begriffen, mit denen sie den Gehalt der Anzeige umschrieben. Der Chefredakteur der *Cornell Daily Sun* erkannte, daß die Anzeige «empörende *Ideen*» enthielt.[65] Das Blatt machte jedoch für sich geltend, es sei nicht seine Aufgabe, «auf unfaire Weise die *Standpunkte* unserer Anzeigenkunden zu zensieren», gleichgültig, «wie unliebsam oder anrüchig sie sind».[66] Der *University of Washington Daily* hieb in die gleiche Kerbe, als er seine Entscheidung verteidigte, Smith auf der *Op-ed*-Seite Platz einzuräumen, denn die Zeitung müsse ein «... Forum für unterschiedliche *Meinungen* und *Ideen* bieten».[67] Amüsanterweise hatte das Blatt sechs Wochen zuvor, als es die Anzeige ablehnte, erklärt, Smiths Unterstellungen seien «derart falsch», daß sie «einer ernsthaften Betrachtung nicht würdig sind».[68] Man beharrte darauf, bei der *Op-ed*-Kolumne, die schließlich erschien, liege der Fall anders, weil es sich um Smiths «Meinung» handele und die «himmelschreienden Irrtümer» der Anzeige ausgemerzt seien. In der Kolumne versicherte Smith den Lesern, er habe in zwölfjähriger Forschungsarbeit «keinen einzigen echten Beweis» dafür finden können, daß ein Plan zur «Vernichtung» der Juden existierte; die Gaskammer-«Geschichten» gründeten sich auf «unbewiesene Vermutungen», für die es «weder dokumentierte Quellen noch handfeste Belege» gab.[69]

Der *Michigan Daily* blies in dasselbe Horn. «Unpopuläre *Ansichten*» werde man nicht unterbinden, bloß weil manche Leser nicht mit ihnen einverstanden sein mochten.[70] Der *Daily* zeigte sich konsequent, indem er zwei Wochen nach dem Erscheinen von Smiths Anzeige die Entscheidung des Bildschirmtextprogramms *Prodigy* befürwortete, Teilnehmern das Einspeichern von Holocaust-leugnendem Material zu gestatten. Denn *Prodigy* habe den Status einer Zeitung, befand der *Daily*, und solle dementsprechend ein «*Forum für Ideen*» bieten.[71]

Der Chefredakteur des *Montana Kaimin* implizierte ebenfalls, Smiths Ansichten seien diskussionswürdig, indem er mahnte, daß den «*Meinungen* dieses Mannes, egal, wie absurd sie sein mögen, draußen Gehör verschafft werden muß».[72] Dem Chefredakteur des *Student Life* (*Washington University*) gemäß stimmte die Redaktion für eine Veröffentlichung der Anzeige, weil «... uns nicht wohl dabei war, bewußt provokante *Ideen* zu zensieren».[73]

Die Erklärung der *Ohio State Lantern*, warum sie Smith die Chance gab, sich «öffentlich zu artikulieren», obwohl die Redaktion Smith und CODOH als «pure Rassisten reinsten Wassers» abgekanzelt hatte, bietet mehr Grund zur Sorge als die Entscheidung selbst. Die *Lantern* hielt bereits die Vorstellung für «... verabscheuungswürdig, daß die Qualität bzw. das Fehlen von Qualität bei einer Idee oder Meinung irgendwelchen Einfluß darauf besitzen könnte, ob man sie sich anhört oder nicht».[74] Es verschlägt einem schier den Atem, daß Studenten einer bedeutenden Universität es verabscheuungswürdig nennen, wenn eine Entscheidungsfindung auf der «Qualität» von Ideen beruht. Man möchte annehmen, ihre Ausbildung sei geradezu darauf angelegt, daß sie Ideen einer gewissen konstanten und gültigen Qualität erkennen und beleuchten. Eine derartige Denkweise sträubt sich von ihrem Prinzip her gegen alles, was in Stätten höherer Bildung vermittelt werden sollte.

Die Redakteure des *Student Life* von der *Washington University* reagierten ebenfalls erschreckend konfus. Sie verwarfen Smiths Anspruch, er strebe nach Wahrheit, und schilderten ihn statt dessen als einen Menschen, der seinen «Haß unter der Tarnkappe intellektueller Neutralität verbirgt». Sie durchschauten Smiths Pose des «Wahrheitssuchers, der von Intriganten mundtot gemacht wird».[75] Gerade angesichts ihrer – korrekten – Einschätzung Smiths, angesichts seiner geschickten Täuschungsmanöver sowie der Tatsache, daß es den Verschwörungstheoretikern durchaus gelingt, sich der Vorstellungskraft des amerikanischen Publikums zu bemächtigen, ruft das, was nun folgte, Beklommenheit hervor. Trotz böser Ahnungen rangen sich die Redakteure nämlich dazu durch, «im Zweifel für den Angeklagten, nämlich Herrn Smith, zu entscheiden, sofern uns daran liegt, unsere eigenen Rechte zu bewahren». Typisch für die verworrene Argumentationsweise, welche Studentenzeitungen im ganzen Land im Zusammenhang mit dieser Angelegenheit adaptierten, ist das Zugeständnis des *Student Life*, die Redaktion hätte Smiths Ansinnen auch abschmettern können, und zwar dadurch, daß sie ihm unterstellte, «seine eigentlichen Motive deckten sich nicht mit seinen Behauptungen. Wir können jedoch Herrn Smith nicht guten Gewissens mitteilen, daß wir ihn und seine wahren Absichten ‹kennen›.» Denn: Deutete der Umstand, daß er einen historischen Sachverhalt bestritt, über dessen Realität es unter respektablen Wissenschaftlern gar keine Diskussion mehr gab, nicht doch auf einen Hund hin, der irgendwo begraben lag? Die Redaktion war zu diesem Schluß gelangt: «Wenn wir Herrn Smiths Anzeige ablehnen, können wir gleich jeden mit der Begründung zensieren, er hege, wie wir zu spüren vermeinten, finstere Hintergedanken.»[76] Was mußte noch geschehen, bevor diese Redaktion es für angemessen halten würde, ihre Entscheidung anhand der konkreten, objektiven Aussagen einer Anzeige zu fällen?

Die Redakteure wollten sich nicht nachsagen lassen, sie hätten sich vor finsteren Hintergedanken gefürchtet; in solchen Momenten sollte man sich jedoch in der Regel auf das verlassen, was man Deduktion nennt, auf einen Erkenntnisprozeß, der vielfältige Faktoren, unter anderem historische Daten, mit einbezieht. Indem sie «im Zweifel für den Angeklagten» plädierten, erlagen sie der Illusion, in eine rational geführte Debatte verwickelt zu sein. Sie sahen darüber hinweg, daß die Anzeige Dinge unterstellt, die in vollkommenem Widerspruch zu einem massiven Berg von Fakten stehen. Sie erhoben die vom *Harvard Crimson* so bezeichnete «hinterhältige Propaganda» zu einer Aktion von Bilderstürmern.

Die heikelste Interpretation dessen, was genau die Anzeige verkörpert, stammt vom *Duke Chronicle*. Ann Heimberger rechtfertigte die Veröffentlichung der Anzeige in ihrer Kolumne damit, daß «... Revisionisten ... mit frischen Deutungen der Geschichte aufwarten, einem Phänomen, das sich vor allem im akademischen Bereich fortwährend ereignet».[77] Bei einer privaten Zusammenkunft mit jüdischen Studentenvertretern auf dem Gelände der Universität wiederholte die Redakteurin ihre Überlegungen. Die Studenten erfuhren, daß die Anzeige weder rassistisch noch antisemitisch, sondern Bestandteil einer andauernden «wissenschaftlichen Auseinandersetzung» sei.[78]

Der Redaktionsbeirat von *Duke* betrachtete die Anzeige eher als «politische Meinungsäußerung und weniger als Attacke auf ethnische Bevölkerungsgruppen».[79] In Kommentaren, Artikeln und Interviews verwiesen diejenigen, welche beim *Duke Chronicle* das Sagen haben, mehrfach darauf, in der Holocaust-Leugnung wimmle es von «radikalen, unbequemen *Ansichten*» und «verstörenden

Ideen»; die Anzeige sei kein «schändlicher Ausrutscher», sondern eine «*Meinungsäußerung*».[80] Auf diese Weise klammerten sie sich nicht nur an ihren Anspruch, den ersten Grundrechtsartikel zu schützen, sondern verliehen der Anzeige historische und intellektuelle Legitimität.

Die Publikation der Anzeige im *Chronicle* und die gleichzeitige Verteidigung dieses Vorgehens durch die Redaktion rief zwei Reaktionen hervor. Wie nicht anders zu erwarten, lobte Bradley Smith Heimbergers Beitrag als «grandioses» Beispiel für fundiertes Denken.[81] Aus *Dukes* geschichtswissenschaftlichem Institut dagegen erscholl kein solcher Jubel; die Belegschaft gab eine einstimmig verabschiedete Erklärung heraus, mit der sie klarstellen wollte, die Anzeige sei darauf angelegt, «Juden zu kränken, herabzuwürdigen und zu dämonisieren». Besonders scharf kritisierte man Heimbergers Auffassung, in der Anzeige werde lediglich Historie auf ungewohnte Art ausgelegt. Die «wissenschaftliche Präpotenz» der Anzeige sei offenbar effektiv genug, Heimberger so zu täuschen, daß sie die Verleumdungen der Anzeige in einen «Kontext normativer historischer Fragestellungen» einordnete. In der Verlautbarung hieß es weiter: «Es trifft sicherlich zu, daß Historiker sich permanent mit einer Revision der Geschichte auseinandersetzen; dieser Vorgang unterscheidet sich jedoch signifikant von dem, was in jener Anzeige abläuft. Die historiographische Revision zentraler Ereignisse kümmert sich nicht um deren Aktualität, sondern betrifft vielmehr die historische *Deutung* ihrer Ursachen und Konsequenzen im allgemeinen.»[82]

Wenn die Anzeige bereits jemanden in Heimbergers Position einwickeln konnte – nicht auszudenken, welche Wirkung sie auf Menschen haben mochte, die generell nicht so hautnah mit historisch-kritischer Reflexion in Berührung kommen!

Selbstverständlich gab es College-Zeitungen, denen es keine Mühe bereitete, den geistigen Gehalt der Anzeige einzuschätzen. Der *Harvard Crimson* verwarf die Vorstellung, es handele sich hierbei um eine «... kontroverse Position, die aufgrund bezweifelbarer Fakten eingenommen wurde». In seiner mehr als unmißverständlichen Beurteilung der Anzeige identifizierte der *Crimson* sie als «... hämische Propaganda, die auf einem unglaublichen Mist beruht, der bereits unzählige Male ad absurdum geführt worden ist». Sie war nicht nur «schwachsinnig und falsch», sondern diente ausschließlich dazu, «Haß auf die Juden zu schüren».[83] Die Redaktion des *Daily Pennsylvanian* an der Universität von Pennsylvania sinnierte darüber, daß es nicht im Interesse der Zeitung sein könne, «eine volksverhetzende Anzeige, gespickt mit faktischen Irrtümern, zu drucken».[84]

Der *MIT Tech* (*Massachusetts Institute of Technology*) beschloß schlicht, keine Anzeige zu akzeptieren, von der man wisse, daß «sie nicht der Wahrheit entspricht».[85]

Für den *Brown Daily Herald* war sie «ein Popanz maliziöser, antisemitischer Lügen», der als «historische Gelehrsamkeit» verkleidet einherstolziert kam.[86]

Der *Daily Nexus*, Publikationsorgan der *University of California at Santa Barbara*, wies die Anzeige aufgrund ihrer «eklatanten Wahrheitsverfälschungen und ihres skandalösen Inhalts» zurück; es sei den Redaktionsmitgliedern «kalt über den Rücken gelaufen»,[87] als sie die Anzeige mitsamt dem Scheck über mehr als tausend Dollar zur Begleichung der Druckkosten erhalten hätten.

Der *Dartmouth Review* – wahrhaftig kein konfliktscheues Blatt – lehnte die Anzeige ebenfalls ab: Dadurch verweigere man zwar «jemandem eine Plattform, von der aus er zu unseren Lesern sprechen könnte», man habe allerdings auch ein «Vertrauensverhältnis» zur Allgemeinheit, und die erwarte, daß die Zeitung sich unverbrüchlich an den «Maßstäben von Korrektheit und Anständigkeit» orientiere. Eine «haßerfüllte» Anzeige zu drucken, «bei deren Abfassung die Wahrheit außen vor blieb», hieße, dieses Vertrauensverhältnis ins Wanken zu bringen.[88]

Der *Chicago Maroon* sah keinen Grund, eine Anzeige zu veröffentlichen, «die nichts anderes im Schilde führt, als Menschen vor den Kopf zu stoßen und aufzuhetzen».[89] Die *Yale Daily News* informierte Smith kurz und bündig, sie halte die Anzeige für «eine Frechheit».[90]

Einige der Zeitungen, welche die Anzeige herausbrachten, verteidigten sich mit dem, was man das «Tageslicht» -Argument nennen könnte, einer Begleiterscheinung des Themas Redefreiheit; bei Tageslicht besehen, siegt die Wahrheit über die Lüge, immer und ausnahmslos, so lautet das Argument. Neeraj Khemlani von der *Cornell Sun* war der Überzeugung, er habe den Juden mit der Veröffentlichung der Anzeige einen Gefallen getan, weil sie jene daran erinnere, daß es «... dort draußen eine Menge Leute gibt, die hinter [ihnen] her sind», und das sollten sie wenigstens wissen.[91] Diese Auffassung gemahnt an die Einstellung, man müsse «... die Juden (oder Frauen, schwarze Amerikaner bzw. jede andere potentiell diskriminierte Minderheit) retten, selbst wenn man sie dabei zu ihrem Glück zwingt». Michael Gaviser, Geschäftsführer des *Daily Pennsylvanian*, wollte die Anzeige ins Blatt nehmen, weil er Smith für einen «gefährlichen Neonazi» hielt, auf den die Öffentlichkeit aufmerksam werden mußte. (Seine Anordnung wurde vom Redaktionsrat rückgängig gemacht.[92])

Einige der wichtigsten Zeitungen in den USA übernahmen die «Tageslicht»-Erklärung. Ein Kommentar der *Washington Post* verwarf das Argument, es gehe hier um die Rettung der Redefreiheit, schloß sich jedoch der Position an, bei Tag komme die Wahrheit stets ans Licht. Er gestand den College-Blättern zu, daß sie nicht verpflichtet seien, die Anzeige entgegenzunehmen, hielt es jedoch für «strategisch ungeschickt», sie automatisch «unter den Teppich zu kehren». Was diese Anzeige verdiene, sei «ein erfrischender Windstoß, der sie hinwegfegt». Die Möglichkeit, daß ein Artikel zur gründlichen Analyse der Anzeige denselben Zweck erfüllt hätte, kam der *Post* dem Anschein nach nicht in den Sinn.[93] In einem für die Holocaust-Leugnung klassischen Winkelzug zitierte Smith den *Post*-Kommentar als Beweis dafür, auch diese Zeitung betrachte es als «ethisch zulässig», die «Holocaust-Legende» anzuzweifeln.[94] Dasselbe unterstellte er einem Leitartikel der *New York Times*, dessen Autor jeder Zeitung die Entscheidung selbst überlassen wollte, ob sie Smiths «pseudowissenschaftliches» und «intellektuell dürftiges» Traktat publizierte oder nicht.[95]

Der *Daily Targum* (*Rutgers*) bezeichnete eine Veröffentlichung der Anzeige als Mittel, Smith zu schlagen. Die Redaktion wandte ein, «einen unsichtbaren Feind vermöge man nicht zu bekämpfen».[96] Durch eine Publikation der Anzeige würden Smiths Ansichten bloßgestellt und so seine Pläne durchkreuzt.[97] Der *Targum* begriff, daß der erste Grundrechtsartikel hier keine Anwendung finden konnte («CODOH hat sich selbst so gründlich in der Verfassung verheddert, daß es an Strangulation grenzt.»), und entlarvte Smiths Anspruch, seriöse historische Forschung zu betreiben, als «Scharlatanerie». Dennoch druckte man seine Anzeige in voller Länge auf der Seite ab, die üblicherweise redaktionellen Kommentaren vorbehalten war, und stellte ihr einen Leitartikel sowie drei *Op-ed*-Kolumnen gegenüber, die den Inhalt der Anzeige kritisch beleuchteten. Darüber hinaus war über dieser Doppelseite eine Anmerkung des Herausgebers zu lesen, durch welche die Leser erfuhren, daß die Anzeigenabteilung sie wegen ihres «verzerrenden Inhalts und antisemitischer Tendenzen» zunächst abgelehnt hatte. Die Redaktion vertrat jedoch die Auffassung, es sei trotzdem unumgänglich, die Anzeige vollständig wiederzugeben, da sie «eindrücklicher als alles andere schmerzlich deutlich macht, daß reale und aktuelle Gefahr besteht».[98] In einem Brief an die *New York Times* rekurrierte *Targum*-Redakteur Joshua Rolnick auf diese Überlegung, indem er schrieb, eine ungekürzte Veröffentlichung der Anzeige sei die wirkungsvollste Methode, «die Gesellschaft zur Auflehnung gegen ihre volksverhetzenden Aussagen zu mobilisieren».[99]

Dem Konzept des *Targum*, die Anzeige als redaktionelle Kolumne abzudrucken und durch Gegendarstellungen zu kontrastieren, spendete die *New York Times* kollegiales Lob: «Auf diesem Weg kanalisierten die Herausgeber ihren Ekel in einem pädagogischen Lehrstück.»[100] Es gibt trotzdem Gründe, ihre Entscheidung zu hinterfragen. Vor allem sparte Smith sich dadurch die etwa 500 Dollar, die es ihn sonst gekostet hätte, seine extremistischen Haßtiraden zu propagieren. Der *Targum* verkündete stolz, er habe «... keinerlei Entgelt [von ihm] angenommen» – als hätte das Geld sie in Komplizen verwandelt. Im Gegenteil – so Rolnick –, Smith selbst habe die «Anregung» ausgesprochen, die Anzeige als *Op-ed*-Kolumne herauszubringen.

Smith erkannte vermutlich, daß der volle Wortlaut seiner Anzeige ihm aller Voraussicht nach neue Anhänger zuführen würde, selbst wenn sie in mißbilligende Texte eingebettet war, die ihm auch neue Feinde schaffen mußten. In Anbetracht der schieren Papierfläche, die der *Daily Targum* der Angelegenheit widmete, hätte ein ausführlicher analytischer Essay, der die Anzeige unter Hinzuziehung präziser Zitate Punkt für Punkt demontierte, denselben Zweck erfüllt, ohne Smith die Chance einzuräumen, seine «Thesen» auszubreiten. Manche Leute mögen fragen, inwiefern es riskant sei, Smith reden zu lassen, zumal wenn seine Anzeige in einen Kontext von Beiträgen gestellt wird, die kurzen Prozeß mit ihr machen und sie eindeutig widerlegen. Aber der *Daily Targum* gab Smith nun einmal genau das, was er wollte, er erhob ihn nämlich zum Partner in einer Debatte. Ja, es mag kein Gleichgewicht geherrscht haben, die Gegendarstellungen nahmen gewiß breiteren Raum ein, die Stimmen aus der Redaktion verdammten den Inhalt der Anzeige – alles gut und schön, doch eines bleibt: Smith wurde ein Standpunkt zuerkannt.[101] Ohnehin scheint er genau zu wissen, daß auch schlechte Presse ihren Wert hat. Das mag erklären, warum er für eine Demonstration in *Rutgers*, die sich gegen die Holocaust-Leugnung und seine Anzeige richtete, «dankbar und erfreut» war.[102]

Im Frühjahr 1992 brachte Smith eine weitere Anzeige in Umlauf, die im wesentlichen aus dem Nachdruck eines Aufsatzes von Mark Weber im *Journal of Historical Review* bestand. Unter der Überschrift *Jewish Soap* («Jüdische Seife») beschuldigte der Verfasser Simon Wiesenthal und Stephen Wise, nach dem Krieg das Gerücht verbreitet zu haben, die Nazis hätten Juden zu Seife verarbeitet – eine Unterstellung, die nichts mit der Realität gemein hat. In Anlehnung an die erste Anzeige wurde behauptet, Holocaust-Forscher hätten mittlerweile «von der Seifengeschichte offiziell Abstand genommen», um zu «retten, was vom sinkenden Holocaust-Schiff zu retten ist, indem sie die augenfälligsten Lügen über Bord werfen».[103]

Smith erklärte, er unternehme diesen zweiten Anlauf, da er nun eine Arbeit anzubieten habe, die sich auf «fundierte Belege» stütze.[104] Diese Folgeanzeige wurde von einem Brief begleitet, laut welchem die ursprüngliche Anzeige von mehreren Zeitungen deswegen abgelehnt worden war, weil sie keine «Quellenangaben» enthielt. Im Gegensatz dazu bezog sich nun jede «signifikante Aussage» in der zweiten Anzeige auf dokumentiertes Material.[105] Der Seifen-Essay trug den Titel *Falsus in Uno, Falsus in Omnibus* [Einmal falsch, immer falsch] … *The ‹Human Soap› Holocaust Myth* und stand unter einem Motto aus dem Römischen Reich bzw. dessen Gesetzen: Wenn man einem Zeugen «… in einer Sache keinen Glauben schenken kann, darf man ihm niemals mehr glauben».[106]

Bei den meisten Universitäten, denen die zweite Anzeige zugesandt wurde, wanderte sie unverzüglich in den Papierkorb, auch bei denen, welche die erste akzeptiert hatten. Als sie bei der *Ohio State Lantern* einging, wies die Redaktion sie ohne Zögern mit der Anmerkung zurück, «das einzige, was Nachrichtenwert haben könnte, ist, daß Bradley Smith sich wieder einmal an Colleges heranpirscht». Einmal hatte man sich die Finger verbrannt – nun wußte man über die Smithschen Motive erheblich besser Bescheid. «Wir schreiben momentan die ‹Woche zum Gedenken an den Holocaust› – kein Wunder, daß Smith sich wieder einmal aufplustern und Unruhe stiften will.»[107] Die ursprünglichen Überlegungen zu Verfassungsrecht und Zensur schienen nicht länger relevant.*

An der Universität von Texas knüpften die Vorgänge im Zusammenhang mit der zweiten Anzeige unmittelbar daran an, was mit der ersten geschehen war. Matthew Connally, Redakteur des *Daily Texan*, hatte die erste drucken wollen,[108] seine Entscheidung jedoch widerrufen, nachdem er sich über die «Kreise hinter der Anzeige» kundig gemacht hatte. «Ihnen ist nicht nur die Wahrheit

* Als einziger entschied sich der *Tufts Daily* dafür, diese Anzeige in Auszügen abzudrucken. Die Redaktion vertrat die Meinung, dies sei notwendig, damit die Leser die Argumente der Holocaust-Leugner «vollständig erfassen», dementsprechende, «auf Kenntnis des Sachverhalts basierende Schlüsse» ziehen und sich in einen «aktiven Dialog» über «komplexe Themen» einschalten könnten. Zu dieser Ansicht gelangte sie ungeachtet ihrer Überzeugung, daß Smiths Hypothesen kaum – wenn überhaupt – «gerechtfertigt» und von «volksverhetzenden Sentiments und Vorstellungen» durchzogen seien, durch welche «die Erinnerung an Millionen geschändet» werde, die im Zweiten Weltkrieg ermordet wurden. Die Anzeige abzulehnen hätte indessen bedeutet, die Campus-Bewohner «eigenmächtig» von dem Thema «abzuschneiden». Wie andere Colleges hing *Tufts* der Illusion nach, im Tageslicht kläre sich alles auf. Im Zuge ihrer Bestrebungen, hehre Prinzipien für sich durchzusetzen, verschaffte die Redaktion Smith nur die von ihm gewünschte öffentliche Plattform.

vollkommen gleichgültig, sie handeln außerdem in böswilliger Absicht.»[109]

Das *Texas Student Publication Board* (*TSPB*), das bezüglich der Finanzen und der Anzeigenpolitik des Blatts das letzte Wort hat, stellte sich hinter Connally und stimmte dafür, die Anzeige nicht zu veröffentlichen. TSPB-Mitglied Professor John Murphy, der eine Veröffentlichung zunächst befürwortet hatte, änderte seine Meinung, als er Connallys Argumente vernahm.

Doch das war nicht das Ende der Texaner Affäre. Im darauffolgenden April erhielt die Zeitung Smiths zweite Anzeige. Die Redaktion des *Daily Texan* sprach sich zwar entschieden dagegen aus, die Anzeige zu drucken, merkte allerdings rasch, daß die Entscheidung nicht in ihren Händen lag, denn das TSPB ordnete die Veröffentlichung an.

«Wir wollen es nicht, aber man hat uns gesagt, daß wir tun müssen, was man uns vorschreibt», teilte mir ein Redaktionsmitglied kummervoll mit.[110] Diesmal erwies Professor Murphy sich als vehementester Fürsprecher der Anzeige. Dem *Houston Chronicle* gemäß argumentierte Murphy – im Verein mit den anderen Fakultätsangehörigen im TSPB –, das Blatt müsse «divergierende, unpopuläre Ansichten» publik machen.[111] Vor die Situation gestellt, daß sie dazu gezwungen wurden, etwas zu veröffentlichen, das sie «verabscheuten», erwog die Redaktion, alle Seiten bis auf die mit Smiths Anzeige weiß zu belassen. (Man unterrichtete sie davon, dazu seien sie nicht befugt, weil es die Anzeigeneinnahmen schmälern würde.)

Die Anzeige sollte am Holocaust-Gedenktag (*Yom HaShoah*) 1992 erscheinen. Studenten, die sich gegen die Anzeige wehrten, fanden heraus, daß die internen Richtlinien des TSPB der Zeitung verbot, tendenziöse Anzeigen abzudrucken, sofern nicht sämtliche in der Anzeige angeführten Personen die Erlaubnis dazu erteilt hatten, daß man sie zitierte. Ich zähle zu denen, die in der Anzeige zitiert werden. Zufälligerweise war vorgesehen, daß ich am Vortag des geplanten Erscheinungsdatums an der Universität von Texas eine Vorlesung zur Holocaust-Leugnung halten sollte. Als ich meinen Unwillen darüber bekanntgab, in der Anzeige genannt zu werden, wurde eine Krisensitzung des TSPB einberufen, um über die Angelegenheit zu beraten. Ich teilte dem Ausschuß mit, ich werde nicht einwilligen, daß man mich zitiere, und distanziere mich unmißverständlich von der Anzeige, die zudem hausinterne Vorschriften mißachte.* Ungeachtet meiner Einwände und meiner Drohung, ich würde mich nach potentiellen juristischen Maßnahmen erkundigen, sollte die Anzeige erscheinen, beschloß das TSPB, sie zu veröffentlichen. Der Termin wurde um einige Tage verschoben, damit mein Name entfernt und ein Dementi vorbereitet werden konnte, das mit der Anzeige erscheinen sollte. Zwei Tage später empfahl der Rechtsberater der Universität, die Anzeige fallenzulassen, weil mehrere der in ihr zitierten Personen Protest eingelegt hatten; zu diesem Zeitpunkt hatten andere in ihr erwähnte Dozenten ebenfalls ihr Veto eingereicht.[112] Hierauf erklärte sich das TSPB mit einer Ablehnung der Anzeige einverstanden. Aber damit war der Fall nach wie vor nicht erledigt. Im Februar 1993 nötigte das TSPB die Redaktion der Zeitung zur Entgegennahme einer Anzeige, welche für das Aufklärungsvideo eines CODOH-Mitglieds – eines vorgeblichen Juden – über Gaskammern warb. Das Video scheint, wie sich den Anzeigen und Artikeln des jungen Mannes erschließen läßt, dieselbe Leier von Argumenten wiederzukäuen, welche die Holocaust-Leugner seit Jahren rezitieren. Obwohl die Redaktion und der Universitätspräsident sich gegen die Anzeige sträubten, weil sie «irreführend gestaltet» war, setzte das TSPB sie in die Zeitung. Die drei Fakultätsmitglieder, zwei hauptamtliche Angestellte und fünf der sechs Studenten im TSPB stimmten zugunsten der Anzeige.

Studenten waren nicht die einzigen Zielscheiben, welche sich die

* Bei der Zusammenkunft erhob sich ein Redakteur der Studentenzeitung, ein schwarzer Amerikaner, und sagte, er könne zwar nicht aus eigener Anschauung wissen, was man empfinde, wenn man so viele Angehörige der eigenen Religion in einem Holocaust verloren habe, aber er «kenne» die Qual der Sklaverei. Er würde gegen jeden kämpfen, der sie leugne. Infolgedessen fühle er sich verpflichtet, auch gegen diesen Versuch einer Leugnung anzugehen. Des weiteren wandte er sich mit der Bemerkung an Murphy, er verstünde Murphys Einwand, man behandele die Studenten wie Kinder, wenn man sie daran hindere, sich über den Inhalt der Anzeige ihr eigenes Urteil zu bilden. Nur frage er sich, ob es nicht genauso kindisch sei, einem gesamten Redaktionsbeirat zu befehlen, etwas zu veröffentlichen, dessen Veröffentlichung dieser einhellig ablehne.

Holocaust-Leugner zum damaligen Zeitpunkt im Universitätsbereich auserkoren hatten. Schon mehr als zwei Jahre lang – und das nicht zum erstenmal – versuchten die Holocaust-Leugner beharrlich, in die akademische Arena einzudringen, indem sie auf Mittel und Wege sannen, die Holocaust-Leugnung im Forschungsprogramm geschichtswissenschaftlicher Institutionen unterzubringen. Sie wollten die Kreise der Berufshistoriker zwingen, die Holocaust-Leugnung wie eine gleichberechtigte Denkrichtung zu behandeln. Im Frühjahr 1980 empfingen sämtliche Mitglieder des amerikanischen Historikerverbands (*Organization of American Historians – OAH*) per Post eine kostenlose erste Ausgabe des *Journal of Historical Review*. Sehr bald wurde klar, daß das IHR die 12000 Namen umfassende Adressenliste des OAH erstanden hatte. Einige OAH-Mitglieder erhoben Einspruch gegen den Verkauf der Liste an jenen Neonazi-Verein. Andere wandten ein, es hieße, geistige Freiheit abzuschaffen, wenn man irgend jemandem das Recht verweigere, die Liste zu erwerben. Der OAH-Sekretär schlug vor, den Konflikt durch die Einberufung eines Gremiums aus «anerkannten, qualifizierten Historikern» zu lösen, die das *Journal* analysieren und, basierend auf den «Referenzen seiner Autoren sowie der darin absolvierten Beweisführung», bewerten sollten. Er werde die solchermaßen erstellte Beurteilung an den OAH-Vorstand weiterleiten, auf daß dieser über seine Entscheidung in der Angelegenheit befinden könne.

Lucy Dawidowicz, die der Reaktion des Verbands gegenüber äußerst kritisch eingestellt war, wunderte sich, was jene Historiker wohl beurteilen mochten: «Vielleicht, daß es diesen Neonazis an den ordnungsgemäßen akademischen Referenzen ermangelt oder sie versäumt haben, Originalquellen heranzuziehen?»[113] Carl Degler, ehemaliger OAH-Präsident, begrüßte die Anregung, der OAH solle eine Überprüfung des *Journal* fördern. Er gab zu bedenken, daß «... wir alles gefährden, für das Historiker sich engagieren», wenn nach den «Beweggründen» hinter historischer Forschung und geschichtswissenschaftlichen Abhandlungen gefragt werde. Er argumentierte nach demselben Schema wie die studentischen Redakteure – welche die Aussagen der Anzeige als Meinungen, Ansichten und Ideen definiert hatten –, indem er die Aufsätze im *Jour-*

nal als «miserable Geschichtsschreibung» bezeichnete. Angesichts der Inhalte des *Journal* und der Identität seiner Herausgeber nannte Dawidowicz diese Klassifizierung eine «Travestie».[114]

Eine weniger unsichere Haltung nahmen die Redakteure des *Journal of Modern History* ein, als die *Liberty Lobby* ihre Adressenliste kaufte und antisemitisches Material verschickte. Sie sandten einen Entschuldigungsbrief an ihre Abonnenten, in dem sie eingestanden, daß ein «antisemitischer Hetzverein» sich die Adressenliste angeeignet habe. Sie «verwarfen und verurteilten die Propaganda», mit der die Leser belästigt wurden, und baten um Nachsicht, daß die Leserschaft und die historiographische Disziplin gleichermaßen «... in dieser höchst unflätigen Weise mißbraucht wurden».[115]

Ein weiterer Vorstoß, professionelle Historiker dazu zu bewegen, die Holocaust-Leugnung als legitime Wissenschaft anzuerkennen, setzte 1990 ein, als Angehörige der geschichtswissenschaftlichen Institute verschiedener Universitäten zunehmend Briefe erhielten, in denen für eine Unterstützung des «Holocaust-Revisionismus» geworben wurde. Ebenfalls 1990 wurde die Jahresversammlung der *American Historical Association* (*AHA*) von Claqueuren gestört, welche lauthals die Anerkennung eines Buchs forderten, in dem General Dwight Eisenhower bezichtigt wurde, am Kriegsende in voller Absicht den Tod einer Million deutscher Kriegsgefangener verursacht zu haben.* Da sich der Untergang des Nationalsozialismus 1995 zum fünfzigsten Mal jährt, ließ die AHA einen Aufruf ergehen, bereits «jetzt Pläne zu initiieren, wie man Studien über die Bedeutung des Holocaust fördern kann».[116]

Die AHA-Verlautbarung bezog sich zwar auf den Holocaust, besagte jedoch nicht explizit, daß es sich beim Holocaust um ein historisches Faktum handele. Dem damaligen AHA-Präsidenten William Leuchtenburg nach wollte man sich nicht «auf das Urteil einlassen,

* Derlei Hypothesen sind in der Vergangenheit mehrfach einer ernsthaften historisch-methodologischen Kritik unterzogen worden. Die Holocaust-Leugner wollen mit solchen Unterstellungen lediglich ihre Behauptung untermauern, die Greueltaten der Alliierten seien in jedem Fall schlimmer gewesen, gleichgültig, was die Nazis verbrochen haben mochten.

was Geschichte ist und was nicht».* Darüber hinaus vertrat er die Ansicht, eine Gruppe von Historikern, die von der Realität des Holocaust künde, gleiche einem «… Verein von Astronomen, die behaupten, daß es einen Mond gibt».[117] Seiner Meinung nach werde die Presse derlei Erklärungen einfach ignorieren. Im Dezember 1991 verabschiedete die AHA ohne Gegenstimmen eine Resolution, in der sie «… die Bestrebungen zur Leugnung der Tatsache Holocaust» beklagte und feststellte: «Kein seriöser Historiker bezweifelt, daß der Holocaust stattgefunden hat.»[118] Leuchtenburg verweigerte Holocaust-Leugnern eine Teilnahme an der Konferenz, weil die AHA eine professionelle Organisation sei, sie aber keine professionellen Historiker. Ebensogut könne die AHA Quacksalbern erlauben, bei ihren Versammlungen Wundermittelchen feilzubieten.

Die Holocaust-Leugner nahmen auch den OAH ins Visier. Im November 1991 genehmigte der OAH-Vorstand den Verbandsmitteilungen, ein Angebot des *Journal of Historical Review* zu veröffentlichen, man könne bei der IHR-Zeitschrift «revisionistische» Beiträge einreichen. Dieser Schritt wurde unternommen, nachdem David Thelen, Herausgeber des OAH-Wissenschaftsmagazins *Journal of American History*, sich geweigert hatte, Aufsätze von Holocaust-Leugnern zu bibliographieren: eine akademische Publikation trage nämlich Verantwortung dafür, «die Qualität von Forschung zu sondieren».[119] Thelens Empfinden nach war es allerdings problematischer, ihnen in den Mitteilungen des Verbands nun ebenfalls keinen Platz einzuräumen, denn diese enthielten neben wissenschaftlichen immerhin außerwissenschaftliche Informationen. OAH-Präsident Joyce Appleby protestierte gegen den Vorstandsbeschluß, die Ankündigung in den *OAH Newsletter* hinein-

* Der Text der Resolution lautet wörtlich: «Während der 50. Jahrestag der nationalsozialistischen Niederlage 1995 näherrückt, möchte die *American Historical Association* auf die Notwendigkeit aufmerksam machen, bereits jetzt Pläne zu initiieren, wie man Studien über die Bedeutung des Holocausts fördern kann. Zu diesem Zweck wird die Vereinigung die Namen von Experten über die Geschichte dieses Ereignisses zur Verfügung stellen.» *Chronicle of Higher Education*, 8. Januar 1992.

zunehmen. «Hier geht es nicht darum, unterschiedliche Standpunkte zu respektieren, sondern vielmehr darum, eine Gruppierung zu isolieren, welche genau die Ideale mit Füßen tritt, die uns vereinen», schrieb Appleby. Ein professioneller Verband sei in die Pflicht genommen, «professionelle Urteile» zu fällen, aber – so Appleby – «diese Leute verhalten sich nicht professionell, und indem man ihnen gestattet, Anzeigen aufzugeben, erkennt man sie an».[120]

Mary Frances Berry, ehemalige OAH-Präsidentin und Geschichtsprofessorin an der Universität von Pennsylvania, konnte Appleby nicht beipflichten. Sie verglich den Disput innerhalb des OAH mit dem Ehrenkodex an Colleges, um «Hetzereien» einen Bogen zu machen, und damit sei sie nicht einverstanden. Ihr lag vor allem am Herzen, «jedermanns Bürgerrechte gewährleistet zu sehen». Sie argumentierte, der OAH müsse jede Werbung von außen akzeptieren, da er keine geregelten Statuten besitze, welche Anzeigen abzulehnen bzw. welche zu akzeptieren seien.[121] Die folgende Ausgabe des *OAH Newsletter* enthielt eine Serie von Briefen zu der Entscheidung, die Anzeige zu veröffentlichen, sowie zu Applebys Kritik. Eine Gruppe prominenter Historiker, unter anderem Thelen und Berry, stimmten der Berücksichtigung von Holocaust-leugnenden Verlautbarungen zu.[122] Das OAH habe einen Auftrag, nämlich freie Meinungsäußerung zu respektieren und sich dem Streben nach historischer Wahrheit zu widmen; dieser Auftrag im Verein mit dem Grundrecht auf Redefreiheit verlange nach einem Abdrucken der Anzeige, ungeachtet dessen, wie «widerwärtig» die Maximen des *Journal of Historical Review* auch sein mochten. Offensichtlich darum bemüht, einen «Ausgleich» für ihre Befürwortung der Anzeige zu schaffen, formulierten sie eine Reihe taktischer Empfehlungen, wie man zukünftigen Vorstößen des *Journal of Historical Review* und anderer Holocaust-Leugner begegnen könnte, Anzeigen in OAH-Publikationen unterzubringen. Ein Vorschlag lautete, der OAH solle das Magazin der Holocaust-Leugner «unter Druck setzen», auf daß es sich den internationalen Standards von Wissenschaftlichkeit anpasse, was unter anderem bedeuten würde, daß kompetente Vertreter der entsprechenden Fachgebiete die dem Journal unterbreiteten Aufsätze beurteilen müßten. Die Art und Weise, wie die Holocaust-Leugner mit Dokumenten und Daten umspringen, läßt allerdings stark vermuten, daß ihnen kein Deut an Wissenschaft oder Sachlichkeit liegt. Die meisten sind Antisemiten und Fanatiker. Sie in eine rationale Diskussion zu verwickeln, ist so, als wolle man sich mit einem Ku-Klux-Klan-Großmeister gelassen und vernünftig über die Stellung Schwarzer in der amerikanischen Gesellschaft unterhalten. In gewisser Hinsicht allerdings hatte Carl Degler recht: Ihre Beweggründe sind irrelevant. Einige unter ihnen meinen womöglich allen Ernstes, der Holocaust sei eine Erfindung, so wie Scharen von Antisemiten die *Protokolle* für echt halten. Das verleiht ihren Theorien indessen keine größere Gültigkeit, kein intellektuelles Niveau. Egal, wie fest man daran glaubt – zwei plus zwei ergibt niemals fünf. Ferner regten jene Historiker auch an, eine Gruppe zu gründen, die sich mit «Wahrheit und Werbung» befassen, die betrügerischen Unterstellungen in den Anzeigen der Holocaust-Leugner entlarven und sich dafür einsetzen sollten, daß parallel zu den Hypothesen der Holocaust-Leugner stets eine entsprechende Aufklärung stattfand. Ein solcher Gedanke implizierte jedoch, daß ernsthafte Historiker und «Revisionisten» gemeinsam eine Debatte führten.[123] Jene Einfälle, die eigentlich mithelfen sollten, eine Situation zu bereinigen, die in akademischen Zirkeln enorme Verwirrung stiftet, spielten den Holocaust-Leugnern direkt in die Hände. Angesichts einer solchen Reaktion bedeutender Geschichtsprofessoren überrascht es nicht, daß der *Daily Northwestern*, die Studentenzeitung der *Northwestern University*, sich zugunsten einer Einladung an Arthur Butz aussprach, seine «unorthodoxen Ansichten» über den Holocaust zu erörtern, und in dem Zusammenhang erklärte, «manchmal verdienen sogar unerhörte, abscheuliche Ideen ein Forum».[124] Die Studenten imitierten haargenau, was die Dozenten ihnen vorführten. Sie hoben etwas, das der *Harvard Crimson* zu Recht «unglaublichen Mist» genannt hatte, in den Rang einer diskussionswürdigen These. Nachdem die IHR-Werbung erschienen war, stellte der Vorstand Richtlinien zusammen, laut denen derartige Anzeigen und Ankündigungen künftig im *OAH Newsletter* nicht statthaft waren. Die Angelegenheit war Anlaß für erhebliche Dispute innerhalb der OAH-Führung; der Beschluß, Holocaust-leugnende Anzeigen in Zukunft nicht zu berücksichtigen, wurde mit nur einer Stimme Mehrheit verabschiedet.[125]

Die *Los Angeles Times* schlug sich auf Applebys Seite und steuerte einen interessanten Gesichtspunkt zu der Fragestellung bei. Sie verwies darauf, im ersten Grundrechtsartikel sei außer dem Recht auf Redefreiheit auch das Recht verbrieft, die, mit denen man verkehre, nach eigenem Gutdünken auszuwählen. Infolgedessen besaß der OAH das Recht, «falsche Historiker aus seinen Reihen» auszuschließen.[126] Dies war die im Verlauf der gesamten Kontroverse wahrscheinlich angemessenste und konstruktivste Anwendung des ersten Grundrechtsartikels.

Die Reaktion von Studenten und Fakultäten auf die Holocaust-Leugnung verdeutlicht drastisch, wie anfällig selbst aufgrund ihrer Bildung privilegierte Schichten der amerikanischen Bevölkerung für Argumentationsstrukturen sind, die ein zur Umschreibung von Geschichte fruchtbares Klima erzeugen. Hierbei war ein Versagen unterschiedlichster Spielarten zu beobachten. Sie alle bilden ernüchternde Indikatoren für das Talent der Holocaust-Leugner, Legitimität für sich zu gewinnen. Viele Akademiker scheiterten daran, daß sie den essentiellen Gehalt des ersten Grundrechtsartikels nicht richtig erfaßten. Die Redakteure diverser Studentenzeitungen erlitten Schiffbruch, weil ihnen die Inkonsequenz ihrer hochfahrenden Reflexionen zur Zensurproblematik entging – ihre Richtlinien erlaubten es ihnen sonst nämlich durchaus, ein breites Spektrum von Anzeigen und Artikeln abzulehnen. Presseregulierungen im Universitätsbereich sind sogar häufig strenger als die der kommerziellen Medien.

Man versäumte, den Hintergrund der Holocaust-Leugner selbst in Augenschein zu nehmen und zu ergründen, was sie repräsentierten. Bis heute verfolgt mich eine Bemerkung aus der Redaktion der *Ohio State Lantern*: «Bereits die Vorstellung ist verabscheuungswürdig, daß die Qualität bzw. das Fehlen von Qualität bei einer Idee oder Meinung irgendwelchen Einfluß darauf besitzen könnte, ob man sie sich anhört oder nicht.»[127] Bei einer solchen Haltung zuckt man unwillkürlich zusammen, und vermutlich haben sich viele Professoren überall im Lande dabei gekrümmt. Doch auch sie selbst waren bei dieser Affäre nicht gegen Hilflosigkeit gefeit.

Studenten, Fakultätsmitglieder und Universitätspräsidenten formulierten gleichermaßen eine ganz besonders beklemmende Auffassung, und zwar, daß die Anzeige eine Idee, Meinung, Ansicht vertrete, die in den umfassenden Kontext wissenschaftlicher Reflexion hineingehöre. Gleichgültig, wie stark sie sich vom Inhalt der Anzeige distanzierten – in dem Augenblick, da sie ihr eine «Perspektive» zuerkannten, handelten sie begünstigend im Sinne der Holocaust-Leugnung. Es ist betrüblich genug, daß Studenten nicht realisierten, inwiefern die Anzeige sich über den existierenden Kanon von Klarheiten und sämtliche wissenschaftlichen Normen hinwegsetzte. Doch auch jene an der Spitze begriffen mitunter nicht, daß die Anzeige sich nicht auf eine radikale Ethik stützte, sondern schlicht und einfach log. In einem Beitrag für die *Cornell Daily Sun* brachte Präsident Frank Rhodes den Begriff der Pressefreiheit aufs Tapet und schrieb: «Die Seele des Universitätsbetriebs ist das freizügige, offene Gespräch über mannigfaltige Themen, selbst wenn manche Ideen anstößig oder empörend sind.» Rhodes postulierte für die Holocaust-Leugner einen Status, um dessentwillen sie für würdig befunden würden, wie alle anderen Teilnehmer am wissenschaftlichen Diskurs einen Sitz auf dem Podium einzunehmen.[128]

Die Attacke auf den Elfenbeinturm der akademischen Welt veranschaulichte, wie die Holocaust-Leugnung auch die Bevölkerungsgruppe zu infiltrieren vermag, die am ehesten immun sein sollte. Es war naiv zu hoffen, bei «Tageslicht» würden sich alle Lügen verflüchtigen, vor allem, weil sich die Lügen auf vertraute Stereotype stützen. Die Opfer von Rassismus, Sexismus, Antisemitismus und anderen vorurteilsbefangenen Ideologien kennen die begrenzten Fähigkeiten des Lichts, Irrtümer aufzuklären. Wo Menschen zwischen rationalen Argumenten und himmelschreienden Verfälschungen nicht mehr differenzieren, vermag das Licht schwerlich als Heilmittel zu wirken. Am meisten ernüchtert das Unvermögen jener Studentenvertreter und Meinungsbildner, den wahren Kern der Holocaust-Leugnung zu durchschauen. Es manifestierte sich speziell bei denen, welche die Auffassung vertraten, die Anzeige enthalte Ideen, über die man trotz ihrer Widerwärtigkeit zumindest reden müsse. Dieses Unvermögen deutet auf die guten Aussichten der Holocaust-Leugnung hin, sich in den Köpfen künftiger Generationen einzunisten, wenn sie sich entsprechend gebärdet und gründlich tarnt.

Dieses Kapitel endet, wo es begann. In Anbetracht der Tatsache, daß selbst die Zeitungen, die Smiths Anzeige druckten, seine Unterstellungen mit den abfälligsten Kommentaren – absurd, irrational, rassistisch, volksverhetzend – umrahmten, mag man zu dem Schluß gelangen, die Affäre sei letztlich positiv ausgegangen. Nur in den seltensten Fällen erschien die Anzeige ohne erläuternde Artikel, deren Verfasser die Holocaust-Leugnung unerbittlich geißelten. Die Studenten wurden auf die aktuelle und reale Gefahr aufmerksam gemacht, die leicht mitten unter ihnen ihr Unwesen treiben konnte. Die Zahl der angebotenen Holocaust-Seminare stieg. Man könnte behaupten, all dies beweise, daß der Schuß nach hinten losging und der Versuch des CODOH, die Holocaust-Leugnung zu legitimieren, scheiterte.

Ich schätze die Lage wesentlich pessimistischer ein. Wahrscheinlich ist dies der einzige Punkt, über den zwischen Bradley Smith und mir Einmütigkeit herrscht. Viele Studenten lasen die Anzeige und die Leitartikel, die sie verdammen. Bei einigen – unter anderen denjenigen, die beides nicht lasen, aber von den Vorgängen wußten – mag sich aufgrund der Kontroverse die Überzeugung herausgebildet haben, daß an dieser Auseinandersetzung zwei Parteien beteiligt sind: die «Revisionisten» und die «etablierten Historiker». Sie wissen womöglich, daß erstere äußerst umstritten sind. Sie ahnen vielleicht zumindest, daß beiden Seiten nicht dieselbe Gültigkeit zukommt. Eventuell ist ihnen gar bekannt, daß die Holocaust-Leugner zweifelhaften Umgang pflegen. Doch nichtsdestoweniger gehen sie davon aus, daß eine «andere Seite» *existiert*. Und das ist es, was einem die größte Angst einjagt.

11. Die Wacht am Rhein

Bereits die in diesem Buch untersuchten Einzelphänomene aus dem Bereich der Holocaust-Leugnung bieten genug Anlaß zur Sorge, doch darüber hinaus beeinflussen die Holocaust-Leugner auch die Begriffe von Wahrheit und Erinnerung insgesamt in einer noch schlechter greifbaren, dafür um so tückischeren Weise. Extremisten jeglicher Couleur sind stets in der Lage gewesen, eine Diskussion zu verschärfen, zu radikalisieren. Sie vermögen eine Atmosphäre fahrlässiger Toleranz gegenüber irrigen Vorstellungen zu erzeugen, Vorstellungen, welche in früheren Zeiten sogleich als historische Zerrbilder verworfen worden wären – in bezug auf den Holocaust ist es ihnen jedenfalls gelungen.

Der nicht lange zurückliegende «Historikerstreit» in Deutschland, der 1986 darüber entbrannte, daß konservativ gesinnte deutsche Historiker deutsche Geschichte umzuschreiben trachteten, bildet ein Beispiel für diesen Prozeß. Zwar bestritten sie den Holocaust nicht, dennoch trugen sie ihren Teil zur Schaffung einer Grauzone bei, in deren Grenzen sich ihre höchst fragwürdige Deutung vergangener Ereignisse mit der Pseudohistoriographie der Holocaust-Leugner zu einem unentwirrbaren Netz verstrickte; zum Teil verfolgen beide Kreise in der Tat dieselben Ziele. Beide wollen die Annalen der jüngsten deutschen Vergangenheit modifizieren, beide möchten die Deutschen von der Bürde einer großen Schuld befreien, die ihnen – ihrer Meinung nach zu Unrecht – auferlegt worden ist. In beiden Fällen vertritt man die Ansicht, daß den Alliierten größere Verantwortung für die Verbrechen des Krieges zukommt, als generell der Sprachregelung entspricht, und argumentiert, der Holocaust werde ungerechtfertigterweise als singuläre, beispiellose Grausamkeit dargestellt.

Schon Ende der 70er Jahre warf die Debatte, ausgelöst durch die Veröffentlichung von Hellmut Diwalds «Geschichte der Deutschen», ihre Schatten voraus. Der bekannte, allerdings im rechten Abseits agierende deutsche Historiker verfocht den Standpunkt, seit 1945 sei den Deutschen ihre ureigene deutsche Vergangenheit «entwertet, zerstört und weggenommen» worden. Er wollte diesbezüglich eine Kurskorrektur vornehmen, indem er zu demonstrieren suchte, inwiefern die Deutschen selbst Opfer waren. Breiten Raum widmete er deswegen der Vertreibung der deutschstämmigen Bevölkerung aus den osteuropäischen Ländern am Ende des Zweiten Weltkriegs, wohingegen er die Naziverbrechen gegen die Menschlichkeit, den Holocaust mit eingeschlossen, auf zwei knappen Seiten abhandelte.[1] Obwohl Diwalds Buch von deutschen Historikern aus allen politischen Lagern heftig kritisiert wurde – einer nannte es «konfus und dumm» –, steht es als Vorbote künftiger Entwicklungen da. (Kein Wunder zum Beispiel, daß die Holocaust-Leugner Diwalds Werk flugs als Bereicherung in ihr Repertoire aufnahmen. Richard Verrall, Herausgeber des rechtsextremistischen *Spearhead* und Autor von *Did Six Million Really Die?*, stellte Diwalds Forschungen in einem Brief an den *New Statesman* in eine Reihe mit den Erkenntnissen Butz' und Faurissons: sie alle «führen das von Rassinier begonnene Werk weiter».[2] Diwald hatte den Holocaust-Leugnern unbeabsichtigt die wissenschaftliche Respektabilität verschafft, nach der sie sich verzehren. Die, welche sich nach ihm an der Auseinandersetzung beteiligten, taten es ihm unwissentlich nach.)

Derlei intensive Anstrengungen zu einer politisch-historischen Neubewertung der Vergangenheit setzten sich Mitte der 80er Jahre massiv fort, als Bundeskanzler Kohl durch eine Einladung an Präsident Reagan, ihn im «Geist der Versöhnung» zu einer Kranzniederlegungszeremonie auf einen deutschen Militärfriedhof zu begleiten, das Debakel von Bitbug heraufbeschwor. In der Presseerklärung, bei welcher er seine Zusage bekanntgab, ließ Reagan einen Nebensatz fallen, der bestenfalls gedankenlos zu nennen wäre; er sagte nämlich, ein Konzentrationslager werde er nicht betreten, weil die Deutschen «... Schuldgefühle haben, die ihnen auferlegt worden sind, was ich allerdings für überflüssig halte». In vielerlei Hinsicht glich Reagan einer ahnungslosen Spielfigur in einem Konflikt, über dessen heikle Untertöne er sich vermutlich nicht völlig bewußt war.[3]

Kohl sprach seine Einladung an Reagan genau in einer Phase der Aufregung aus, nachdem Deutschland von den Feierlichkeiten zum 40. Jahrestag der Alliierten-Landung in der Normandie ausgeschlossen worden war; die historische Reputation Deutschlands als des Aggressors sollte so verwischt werden. Konservative Politiker und Journalisten forderten die Deutschen damals eindringlich auf, sich – wie der bayerische Ministerpräsident Franz Josef Strauß meinte – von ihren Knien zu erheben und wieder aufrecht gehen zu lernen.[4] (In bezeichnendem Kontrast zu diesem Bild steht der Anblick Willy Brandts, wie er im Warschauer Ghetto auf die Knie fällt.)

Bei diesen Bestrebungen gesellten sich eine Reihe von Historikern zu Kohl, Strauß und anderen rechtsgerichteten Politikern. 1986 erschien «Zweierlei Untergang. Die Zerschlagung des Deutschen Reiches und das Ende des europäischen Judentums» von Andreas Hillgruber, einem international anerkannten Fachmann für Deutschlands diplomatische, militärische und politische Geschichte. Das Buch enthält zwei Aufsätze, einen über die Nachkriegsvertreibung der Deutschen aus Osteuropa durch die Sowjets, den zweiten über den Genozid an den Juden.[5] Laut Hillgruber «gehör[t]en» diese beiden verhängnisvollen Ereignisse «zusammen». Er vertrat die Auffassung, die Alliierten hätten schon lange vorgehabt, Deutschland so zu verstümmeln, daß es sich Europa nie wieder würde unterwerfen können; deshalb schwächten sie es, indem sie deutsches Territorium gewaltsam Polen zueigneten und die russische Armee als Besatzungsmacht einmarschieren ließen. Nach Hillgruber beruhten sowohl die Behandlung Deutschlands durch die Alliierten als auch der nazistische Völkermord auf denselben Prinzipien einer Politik der Bevölkerungsumschichtung und -dezimierung. Auf diese Art setzte er beide Vorgänge miteinander gleich[6] und reagierte auf Kollegen, welche die Entscheidung der Wehrmacht kritisch beurteilten, weiterhin gegen die Sowjets zu kämpfen, nachdem andere Offiziere in Berlin versucht hatten, den Krieg durch die Ermordung Hitlers zu beenden. Nach Hillgruber handelte das deutsche Militär ehrenvoll, obwohl das Grauen der Todeslager dadurch länger währte.[7] Es entschloß sich im wesentlichen zu einem Akt der Selbstverteidigung, mit dem die Russen daran gehindert werden sollten, Deutschland mitsamt seiner Bevölkerung zu verwüsten. Zwar nahmen andere Wissenschaftler bei dieser Debatte eine extremere Position ein als Hillgruber, aber das in seinem Buch beharrlich vorgebrachte Postulat, die letzten Kriegsstadien seien vom Blickwinkel der deutschen Soldaten her zu betrachten, sowie sein Nebeneinanderstellen jener zwei «Verrohungsprozesse» öffneten Tor und Tür für die sich anschließenden Tiraden und Konfusionen über Rechtfertigung und Schuldzuweisung.[8]

Kohls Berater in geschichtlichen Fragen, der konservative Historiker Michael Stürmer, war der Meinung, die «Schuldbesessenheit» der Deutschen habe ihren Nationalstolz erheblich beeinträchtigt.[9] Auf das Dritte Reich werde zuviel Gewicht gelegt, behauptete Stürmer, der Kohl in der Bitburg-Affäre zur Seite stand; er verlangte deshalb nach einer Revision der Geschichte, die den Deutschen helfen sollte, ein ausgeprägteres Nationalgefühl zu entwickeln.

Der prominenteste Streiter in dem Disput war der für seine Faschismusstudien berühmte Historiker Ernst Nolte.[10] Ähnlich Hillgruber, vergleicht er unter anderem den Holocaust mit anderen entsetzlichen Geschehnissen des 20. Jahrhunderts, beispielsweise den 1915 einsetzenden Massakern an der armenischen Bevölkerung, Stalins Gulags, der US-Vietnampolitik, dem sowjetischen Einmarsch in Afghanistan und den Greueltaten des Pol-Pot-Regimes in Kambodscha. Der Holocaust stellte demnach lediglich eines von zahlreichen Übeln dar, und deshalb war es historisch und moralisch falsch, die Deutschen als einzige für etwas verantwortlich zu machen, das andere Nationen ebenfalls verbrochen hatten. Joachim Fest, Mitherausgeber der renommierten *Frankfurter Allgemeinen Zeitung*, veröffentlichte einen ausführlichen Artikel zu Noltes Verteidigung. Das daneben abgebildete Photo zeigte einen Schädelberg – Opfer der Roten Khmer unter Pol Pot.[11] Eine deutliche Botschaft, wie der Oxford-Gelehrte Peter Pulzer anmerkte: Deutschland mochte sich versündigt haben, aber es befand sich dabei «in guter Gesellschaft».[12] Fest hatte durch seine Regie des Dokumentarfilms «Hitler – eine Karriere» bereits seine eigene Form von Geschichtsneuschreibung betrieben. Der Film sollte die Faszination veranschaulichen, welche die meisten Deutschen für Hitler empfunden hatten, und benutzte dafür Ausschnitte aus nationalsozialistischem Propagandamaterial, das mit Stereotoneffekten unterlegt wurde, zum Beispiel explodierende Bomben oder Stiefeltritte und aneinanderschlagende Hacken. Der Kommentar des Films war aus Hitlers Perspektive abgefaßt. Verletzung der Menschenrechte, Unterdrückung und Kriegsverbrechen der Nazis wurden außer acht gelassen. (Da sie von ihnen nicht auf Zelluloid gebannt worden waren, gingen die Filmemacher damit um, als existierten sie nicht.) Der Film präsentiert die nationalsozialistisch produzierte Propaganda als authentische Chronik der Zeit und führt Hitler so vor, wie er gesehen werden wollte.[13]

Derlei Bemühungen um die Herstellung amoralischer Äquivalenzen vernachlässigen den dramatischen Unterschied zwischen dem Holocaust und anderen Pogromen. Die grausame Tragödie Armeniens spielte sich innerhalb eines Kontexts skrupelloser türkischer Vertreibungs- und Umsiedlungspolitik ab; bis heute weigern sich die Verursacher, ihre Taten angemessen zur Kenntnis zu nehmen. Es waren schreckliche Ereignisse, die ungeheures Leid hervorriefen, indessen gehörten sie nicht in ein totales Vernichtungsprogramm hinein, das ein gesamtes Volk betraf. Richard Evans' Ansicht nach geschahen die Massenmorde der Roten Khmer, vor denen die westliche Welt die Augen verschloß, um zu unterwerfen und zu eliminieren, wen Pol Pot für einen ehemaligen Kollaborateur mit den Amerikanern hielt, der sie während der vorangegangenen Feindseligkeiten unterstützt hatte.

Das erbarmungslose Vorgehen des Diktators war Aspekt eines brutalen Kriegs, der Kambodschas moralische, soziale und materielle Infrastruktur weitestgehend zerstört hatte. Die Roten Khmer verhielten sich ihren Landsleuten gegenüber barbarisch. Doch wie sie handelten, differiert beträchtlich von der Vernichtung der Juden durch die Nazis, «dem grundlosen Unterfangen einer reichen, hochentwickelten Industrienation auf dem Höhepunkt ihrer Macht».[14]

Außerdem schienen gewisse deutsche Historiker die entscheidenden Unterschiede zwischen dem Stalinismus und dem Nationalsozialismus verschleiern zu wollen.[15] Stalins Tyrannei war eine willkürliche, Hitlers dagegen richtete sich auf eine bestimmte Gruppe. In seiner Kritik an Nolte und anderen gab der deutsche Historiker Eberhard Jäckel zu bedenken, daß in der gesamten Menschheitsgeschichte niemals zuvor ein einzelner Bevölkerungsteil – mit allen Männern, Frauen, Kindern, Alten und Jungen, Gesunden und Kranken – isoliert worden war, um «mit allen nur möglichen staatlichen Machtmitteln» so rasch wie möglich umgebracht zu werden.[16] Im Grunde war das Schicksal eines jeden Juden besiegelt, der unter deutschen Einfluß geriet. Im Gegensatz dazu mußte kein Sowjetbürger mit Deportation und Tod als unausweichlichen Konsequenzen seiner eventuellen ethnischen Abstammung rechnen.[17] Die Menschen in der alten Sowjetunion wußten nicht, wer als nächster auf Stalins Liste stehen würde – die Ungewißheit versetzte sie in Angst und Schrecken. Während der Judenverfolgung durch die Nazis indessen «wurde *jeder einzelne Jude Opfer* und sollte umgebracht werden. Ziel war eine Ausrottung mit Stumpf und Stiel.»[18] Die Nazis übernahmen ein solches Vorgehen mitnichten von den Sowjets, es entstand sui generis. In der Tatsache, daß bestimmte Historiker diesen Umstand nicht akzeptieren und würdigen wollen, verkörpert sich wieder einmal ein Sieg der Ideologie über die Wahrheit, wie er in der vorliegenden Arbeit so häufig zutage getreten ist.

Hier sollen keine Leidensvergleiche oder -wettbewerbe durchgeführt werden. Man unterläge einem Irrtum, wenn man gegeneinander aufzuwiegen suchte, wer mehr erduldete. Für die Unterdrückten all jener traumatischen Vorfälle sind und bleiben die Beweggründe der Unterdrücker vollkommen irrelevant. Es geht auch nicht darum, akribisch Todesstatistiken zu erstellen oder zu ermitteln, wer höhere Verluste beklagte. Stalin ermordete mehr Menschen als die Nazis.[19] Aber das steht hier nicht zur Debatte.

Die von den erwähnten Historikern mit dem Holocaust gleichgesetzten Geschehnisse sind zu diesem nicht analog. Sie auf den gleichen Nenner zu bringen heißt historische Verzerrungen vornehmen. Es erübrigt sich, auf die Anregung einzugehen, das desaströse US-Verhalten in Vietnam oder die unrechtmäßige Besetzung Afghanistans durch die ehemalige UdSSR ebenfalls in die Kategorie «Völkermord» einzuordnen. Historisch ungültige Äquivalenzen sollen den Deutschen helfen, ihre Vergangenheit anzunehmen; man sagt ihnen also, daß ihr Land nicht anders gehandelt habe als unzählige andere Länder – ein Ansatz, der eine beunruhigende Parallele zu dem zieht, was dieses Buch behandelt.

Jene deutschen Historiker beschritten mehrere Wege zur Umgestaltung der Vergangenheit. Konträr zu den Holocaust-Leugnern, welche Hitler freisprechen wollen, tendieren einige unter ihnen dazu, die schlimmsten nationalsozialistischen Exzesse, unter anderem den Holocaust, allein auf ihn zu schieben. Auf diesem Weg wird aus Nazismus «Hitlertum», und das deutsche Volk ist von jeglicher Schuld entbunden. Darüber hinaus stellen sie den Holocaust als Reaktion der Deutschen auf äußere Bedrohung dar. Nolte gebärdet sich wie ein Echo David Irvings, indem er argumentiert, die «Internierung» der Juden durch die Nazis sei aufgrund von Chaim Weizmanns im September 1939 abgegebener Erklärung, die Juden der Welt würden sich gegen den Nationalsozialismus erheben, legitim gewesen. Dadurch – so Nolte – wuchs in Hitler die Gewißheit vom «Vernichtungswillen seiner Gegner». Klaus Hildebrand, ein eifriger Anhänger Noltes, pries dessen Aufsatz als «bahnbrechend».[20] Doch wie in Kapitel 6 erläutert, entbehrt Noltes Überlegung jeglicher Logik. Zunächst einmal verfügte Weizmann weder über eine Armee, eine Regierung oder Verbündete, um in einen solchen Krieg zu ziehen. Beim Weltjudentum handelte es sich nicht um ein einheitliches nationales Gebilde, das in der Lage gewesen wäre, eine Offensive gegen die Nazis anzustrengen. Überdies leitete Hitler die Terrorisierung der Juden nicht erst im September 1939 ein, nachdem Weizmann den bewußten Ausspruch getan hatte. Diese bildete vielmehr eine Erwiderung auf sechs Jahre unerbittlichster Verfolgung durch die Nazis. Nolte ging bei seinen amoralischen Äquivalenzierungen noch einen Schritt weiter, indem er behauptete, die nazistische «Internierung» der europäischen Juden sei ebenso gerechtfertigt gewesen wie die Inhaftierung von US-Bürgern japanischer Abstammung in amerikanischen Konzentrationslagern als Konsequenz des Angriffs auf Pearl Harbour. Selbstverständlich gingen mit der Gefangensetzung von Japanern in den USA schwerwiegende Fehler, rassische Diskriminierung und Verfassungsverletzungen einher, aber Nolte ignoriert bei seinem Vergleich schlicht und einfach den Umstand, daß die Juden 1939 weder deutsche Städte bombardierten noch die nationalsozialistischen Streitkräfte attackierten. Schon der Gebrauch des Wortes *Internierung* für das, was die Deutschen den Juden zufügten, übertüncht die historische Realität.

In seinem Werk «Der europäische Bürgerkrieg 1917–1945» kommt Ernst Nolte einer Legitimierung der Holocaust-Leugner gefährlich nahe. Ohne einen entsprechenden Beleg mitzuliefern, verkündet er, in Auschwitz seien mehr «Arier» als Juden ermordet worden. Gemäß Nolte wurde dies verschwiegen, da die wissenschaftlichen Untersuchungen zur nationalsozialistischen Endlösung «zum weit überwiegenden Teil von jüdischen Autoren» stamme. Er bezeichnete die Ideen der Holocaust-Leugner als «nicht offensichtlich unbegründet», ihre Motive seien «häufig ehrenwert». Die Tatsache, daß Nichtdeutsche und ehemalige Konzentrationslagerinsassen zum harten Kern der Holocaust-Leugner zählen, war in Noltes Augen Beweis genug für ihre ehrbaren Intentionen. Nolte referiert gar die unhaltbare Theorie der Auschwitz-Leugner, daß die Wannsee-Konferenz des Jahres 1942, auf der Heydrich und andere Naziobere die Durchführung der Endlösung ausarbeiteten, vielleicht niemals stattfand.[21] Dabei berücksichtigt er nicht, daß Teilnehmer der Zusammenkünfte diese später bestätigten und überdies verschiedene Notizen und Zeugenaussagen existieren. Noltes Hypothese impliziert folgendes: Falls die Wannsee-Konferenz erfunden wurde, sind womöglich auch andere Begebenheiten, die mit dem Holocaust in Zusammenhang stehen und welche man die Menschen glauben machte, pure Erfindungen. Unter Verwendung eines Arguments à la Butz läßt Nolte durchblicken, die Einsatzgruppen hätten an der Ostfront zahllose Juden nur aus Gründen «präventiver Sicherung» getötet, da sich unter den Partisanen viele Juden befanden. Er räumt ein, daß dabei vermutlich zu weit gegangen wurde, im wesentlichen jedoch steht diese Handlungsweise gerechtfertigt da.[22]

Hätte ein Holocaust-Leugner derlei Unterstellungen geäußert, wäre die ganze Angelegenheit mühelos durchschaubar. Doch sie stammten von Nolte und wirken deswegen speziell besorgniserregend und entlarvend. Nolte kann unmöglich über die ausführliche Holocaust-Forschung, welche von Wissenschaftlern jeder religiösen Überzeugung und Staatsangehörigkeit – unter anderem von seinen nichtjüdischen Landsleuten – durchgeführt worden ist, in Unkenntnis schweben, genausowenig wie über den expliziten Antisemitismus der Holocaust-Leugner; er unternimmt immerhin Anläufe, sie in Schutz zu nehmen. Einer Tendenz zur Holocaust-Leugnung kann man ihn nicht beschuldigen, dazu hat er sich in seinen Schriften zu gründlich mit der Endlösung befaßt. Seine letzten Veröffentlichungen haben ihn den Holocaust-Leugnern jedoch so schmackhaft gemacht, daß sich das IHR ernsthaft dafür engagiert, Nolte zu einer Teilnahme an seinen Versammlungen zu bewegen; er soll dort als Redner auftreten. Es ist nicht bekannt, ob er der Einladung folgen wird. (Selbst wenn er es täte und den Anwesenden gegenüber die Realität des Holocaust affirmierte, würden sie ihn ebenso willkommen heißen wie einst David Irving, obwohl er zum damaligen Zeitpunkt noch kein echter Holocaust-Leugner war, und heutzutage John Toland, Autor populärer halbwissenschaftlicher Bücher. Diese Männer verleihen ihnen ein seriöses Gepräge, welches die Holocaust-Leugner derzeit nirgendwo anders finden können.)

Jener Anlauf zur Rehabilitierung deutscher Geschichte stieß sowohl innerhalb Deutschlands als auch im Ausland auf heftige Ablehnung. Der Historikerstreit schadete dem Ruf der Gelehrten, die an vorderster Stelle in ihn verwickelt waren, und selbst der damalige deutsche Bundespräsident sprach sich letztlich gegen die Richtung aus, welche die Diskussion nahm. Weswegen sollte man sich überhaupt darum kümmern? Ungeachtet der massiven Kritik jedoch verschaffte die Debatte den deutschen Medien und der Öffentlichkeit des Landes eine allgemein gebilligte Plattform zur Erörterung der Beziehung, welche das gegenwärtige Deutschland zu seiner Vergangenheit pflegt, und zwar in einem bis dahin nie gehörten Ton. In Deutschlands bedeutendsten Zeitungen wurden Rufe nach einer «bereinigten Version» deutscher Geschichte laut.[23] Solche Perspektiven empfinden vor allem die als verlockend, welche derzeit die fremdenfeindlichen Kreise Deutschlands frequentieren. Wenn das Land selbst einem «Verrohungsprozeß» zum Opfer fiel und sich der Holocaust nicht von anderen tragischen Ereignissen abhebt, schwindet Deutschlands moralische Verpflichtung, alle aufzunehmen, die innerhalb seiner Grenzen Zuflucht suchen.

Jene Historiker sind keine verkappten Holocaust-Leugner, doch ihre Arbeit läuft auf dasselbe hinaus: die Grenzen zwischen Fakten und Fiktion, zwischen Verfolgten und Verfolgern werden verwischt. Letztlich tragen die Relativisten ihr Scherflein zu dem von mir so benannten «Ja, aber»-Syndrom bei.[24] Ja, einen Holocaust hat es gegeben, aber nur, weil die Nazis sich gegen ihre Feinde wehren mußten. Ja, einen Holocaust hat es gegeben, aber die meisten Juden starben wegen Hunger und Krankheiten (wie in jedem Krieg) oder wurden als Partisanen und Spione getötet. Ja, einen Holocaust hat es gegeben, aber den haben sich die Juden aufgrund ihres eigenen Verhaltens selbst zuzuschreiben. Ja, einen Holocaust hat es gegeben, aber er unterschied sich nicht von einer Reihe anderer Katastrophen, bei denen Unschuldige massakriert wurden. Die hieraus logisch resultierende Frage lautet: Wenn es so ist, warum hört man «immer nur» vom Holocaust?

Für die Holocaust-Leugner und viele weitere, die «noch keine» Holocaust-Leugner sind, heißt die Antwort auf jene letzte Frage offensichtlich: weil die Juden zuviel Macht haben. «Ja, aber» charakterisiert eine Haltung, welche in dem Zwielicht zwischen unverblümter Holocaust-Leugnung und Relativismus angesiedelt ist. In gewisser Hinsicht stellt sie eine heimtückischere Gefahr dar als die direkte Holocaust-Leugnung, da sie einer Pseudogeschichtlichkeit Nahrung bietet, deren Hintergründe und Ursprünge kaum klar zu definieren sind. Sie bildet das Gegenstück zu David Duke ohne Laken.

Die Stimme des Relativismus, so verschlüsselt sie sich auch geben mag, klingt weitaus rechtschaffener als die der unverhohlenen Leugnung. Die fraglichen deutschen Historiker haben ein Modell kreiert, das sich für die Holocaust-Leugner als nützlich erweisen könnte. Künftig werden diese bei ihren Bestrebungen, aus dem Abseits außerhalb aller Parameter des rationalen Diskurses an die Ränder historischer Legitimität vorzustoßen, womöglich eine Form von Relativismus für sich übernehmen und zurechtschneidern. Statt den Holocaust offen zu leugnen, bedienen sie sich undurchsichtiger, pseudohistorisierender Argumentationsstrukturen, die bei wohlmeinenden, historisch unbedarften Personen Verwirrung über ihre wahren Motive stiften.*

* Länder wie die USA, in denen die historische Ignoranz der Bevölkerung geradezu legendär ist, sind für eine dergestaltige Umschreibung der Ge-

Die Holocaust-Leugnung zielt um einer Rehabilitierung der Verbrecher und einer Dämonisierung der Opfer willen auf eine Neugestaltung der Geschichte ab. Ähnliches gilt für die Antriebskräfte hinter einer relativistischen Betrachtungsweise, die ebenfalls eine Reinwaschung der Täter anstrebt und in Kauf nimmt, falls sich im Gefolge der Rehabilitierung eine modifizierte Einschätzung der Leidtragenden ergibt.* In den nächsten Jahren, wenn der Relativismus sich verstärkt zum schützenden Außenanstrich der Holocaust-

schichte besonders anfällig. 1990 wußten laut einer Umfrage nur 45 Prozent aller Oberstufengymnasiasten im Bundesstaat Alabama, daß es sich beim Holocaust um den Versuch der Nazis zur Ausrottung der Juden handelte. Bezeichnenderweise glaubten viele von denen, welche inkorrekt antworteten, der Holocaust sei durch das Abwerfen der Bomben in Hiroshima und Nagasaki von den Vereinigten Staaten an Japan verübt worden (*Birmingham, Alabama, News*, 12. August 1990).

* Die gleiche apologetische Haltung kommt in den höchsten Zirkeln der französischen Politik und Justiz zum Vorschein. Kürzlich ließ Präsident François Mitterrand auf dem Grab des Vichy-Gouverneurmarschalls Philippe Pétain einen Kranz niederlegen; Pétain, Oberbefehlshaber der französischen Armee während des Ersten Weltkriegs, hatte mit den Nationalsozialisten zusammengearbeitet und war persönlich für die Deportation Tausender von Juden verantwortlich. 1945 verurteilte ein französisches Gericht ihn wegen Landesverrats. In einem Rundfunkgespräch bestand Mitterrand darauf, das Frankreich der Gegenwart dürfe für die Verbrechen der Vichy-Regierung nicht länger haftbar gemacht werden. Zwar trägt die jetzige französische Regierung an den Ereignissen der Vichy-Epoche keine «Schuld», einen der damaligen Täter jedoch mit einem Kranz zu ehren bedeutet, der gesamten Öffentlichkeit des Landes eine revisionistische Botschaft zu übersenden. Hierdurch wird die geschichtliche Rolle Frankreichs beim Holocaust revidiert. Dies kann in eine historische Reinwaschung übergehen, was de facto zum Teil bereits geschieht. Die Weigerung einiger französischer Gerichtshöfe, den Kriegsverbrechern der Vichy-Regierung für ihre Taten den Prozeß zu machen, bildet eine weiteres Beispiel. Die Gerichte haben die Anklageschriften aus ihren Akten entfernt, der Oberste Gerichtshof hat eines der Verfahren allerdings vor kurzem wieder aufleben lassen. Bis dato hat gegen keinen französischen Staatsangehörigen ein Verfahren wegen Verbrechens gegen die Menschlichkeit stattgefunden (*Jewish Telegraphic Agency*, 23. November und 2. Dezember 1992).

Leugner entwickeln wird, könnte es immer schwerer sein, zwischen beiden Gruppen zu unterscheiden.

Falls die Holocaust-Leugnung irgend etwas demonstriert, dann die Verletzlichkeit von Erinnerung, Wahrheit, Vernunft, Geschichte. Die Holocaust-Leugner haben ihren Feldzug sorgfältig ausgeklügelt und nützen diese Schwachstellen zu ihrem Vorteil aus.

Es gibt zwar kein präzises Instrumentarium zur Messung ihres Erfolgs, jedoch genügend Zeichen – wie ich sie auf den vorangegangenen Seiten analysiert habe – am Horizont, um einen Überblick zu vermitteln. Rechtsnationale Gruppierungen in Deutschland, Italien, Österreich, Frankreich, Norwegen, Ungarn, Brasilien, der Slowakei und zahlreichen weiteren Ländern, darunter auch den USA, haben die Holocaust-Leugnung zu einem Standardelement ihrer Ideologie gekürt.[25] Wo sie einstmals den nazistischen Judenmord verteidigten, da streiten sie ihn heute ab. Früher lautete ihr Argument, in Auschwitz habe sich etwas Gutes für die ganze Welt zugetragen. Nun bestehen sie darauf, daß gar nichts geschah.

Ihr Antisemitismus nimmt zuweilen derartig bösartige Formen an, daß sie zu der logischen Schlußfolgerung gelangen, Hitler habe die Juden zwar nicht ermordet, hätte es jedoch besser getan. Sie wollen die Institutionen des liberal-demokratischen Systems unterminieren – die Holocaust-Leugnung wird dabei zu einer potenten Waffe in ihrem Arsenal. Obwohl sie soziale Unruhe geschürt und in mehreren Fällen erheblichen konkreten Schaden angerichtet haben, ist die Bedrohung, welche von jenen Gruppen ausgeht, überschaubar, weil sie so leicht auszumachen sind. Kleidung, Auftreten, Verhalten lassen keine Zweifel an ihrer Identität. Schnell registriert man rasierte Schädel, Lederjacken, Tätowierungen, Terrorakte (Mord mit eingeschlossen), Hakenkreuze, «Sieg Heil!»-Rufe und Aufmärsche, bei denen es von Nazi-Utensilien wimmelt. Sie sind als Ku-Klux-Klan-Mitglieder in kompletter weißer Lakenmontur mit sämtlichen Insignien erkenntlich, grölen rassistische Parolen, tragen Feuerkreuze durch schwarze Viertel. Sie stiften zerstörerisches Chaos und erregen in den Gemütern ihrer potentiellen Opfer berechtigte Furcht. Doch ihr äußerliches Gebaren wirkt wie ein gelbes Blinklicht, das den ahnungslosen Passanten vor einer Gefahr warnt.

Niemand kann sie fälschlicherweise für etwas anderes halten, als was sie wirklich sind: Neofaschisten, Rassisten, Antisemiten – Feinde der Ideale, welche die demokratische Gemeinschaft hochhält. Es besteht kaum eine Chance, daß sie aus den Reihen der Allgemeinheit eine breite Schar von Mitläufern anziehen.

Die Holocaust-Leugner pflegen ebenfalls ein klar umrissenes Erscheinungsbild, jedoch eines, das sie eher tarnt, als daß es sie bloßstellen würde. Erst wenn man sie ihres respektablen Mäntelchens entkleidet – eines der Hauptanliegen dieses Buchs –, wird manifest, daß sie sich im Innersten nicht von neofaschistischen Vereinigungen unterscheiden. Auch sie hassen Juden, rassische Minderheiten und die Demokratie, und sie verfolgen dasselbe Ziel, nämlich die Demontage von Wahrheit und Erinnerung. Die Holocaust-Leugner haben zu diesem Zweck allerdings eine sachliche Haltung adaptiert; zunehmend meiden sie rasch einzuordnendes, extremistisches Benehmen. Sie versuchen, den Eindruck zu vermitteln, daß sie sich für exakt die Werte engagieren, welche sie de facto vehement attakkieren: Rationalität, historisch-kritische Beweisführung, Differenziertheit. Genau darum wächst sich die Holocaust-Leugnung zu einem solchen Risiko aus. Der uninformierte Durchschnittsbürger hat unausweichlich Schwierigkeiten, ihre tatsächlichen Hintergedanken zu durchschauen. (Dies mag einer der Gründe sein, warum der kanadische Gymnasiallehrer James Keegstra ungehindert, mehr als ein Jahrzehnt lang, Holocaust-leugnendes und antisemitisches Gedankengut der bösartigsten Sorte ausbreiten konnte. Aus seinem Mund klang es wie aufgeklärte Geschichtsreflexion.)

Mit Sicherheit werden die Holocaust-Leugner an dieser «vernünftigen Verkleidung» mittelfristig mit vereinten Kräften weiterstricken. Um auch in Zukunft ihr wahres Gesicht vor dem Pubikum zu verschleiern, polieren sie ihr objektives Image und unterbinden jeden öffentlichen Kontakt mit rechtsradikalen Gruppierungen, welche die Überlegenheit der weißen Rasse propagieren. Führungspositionen werden mit Personen ohne erkennbar rassistische, extremistische Vergangenheit besetzt. Männer wie Willis Carto, die von der Notwendigkeit geredet haben, einer «Negroisierung» Amerikas vorzubeugen, rücken mehr und mehr in den Hintergrund, während sich ihre offiziellen Aufgaben reduzieren. Die Wahl wird auf junge Männer und möglicherweise sogar Frauen (derzeit sind Frauen in der Holocaust-Leugnung noch nicht in den Vordergrund getreten) mit einer pseudohistorischen Ausbildung fallen, auf daß sie als symbolische Vorreiter der Bewegung fungieren. Sie werden ihre Zungen im Zaum halten und von der expliziten Artikulation antisemitischer Ressentiments absehen, damit diejenigen, welche nicht begreifen, daß Holocaust-Leugnung nichts weiter ist als blanker Antisemitismus, zu Mißverständnissen verleitet werden.

Der beängstigende Erfolg dieser Methodik offenbarte sich zum Beispiel, wie erörtert, an verschiedenen Universitäten, wo Studenten, Dozenten und Verwaltungsbeamte Bradley Smiths Anzeige als nicht antisemitisch deklarierten. Man stelle sich nur vor, welche Triumphe Smith in Kreisen feiern könnte, die in kritischem Denken nicht unbedingt geübt sind, wenn er schon im akademischen Bereich derart leichtes Spiel hatte! Seine Taktik hat sich vor allem in Australien und Neuseeland bewährt, wo die jeweilige *League of Rights* Personen in ihren Bann schlagen konnte, die sich von Antisemitismen in der Regel distanzieren. Jene Organisationen spiegeln zwar vor, das Recht auf Meinungsfreiheit zu schützen, sind allerdings im wesentlichen nichts anderes als Bündnisse zur Holocaust-Leugnung. Ihre erfolgreiche Strategie ist der Anlaß, daß manche Holocaust-Leugner vom IHR einen variierten Arbeitsansatz fordern. Sie vertreten die Meinung, das Institut solle weniger Gewicht auf den Holocaust legen und ihn statt dessen wie eine unter vielen «Betrügereien» behandeln, mit denen man sich befassen müsse. Derlei Forderungen entspringen mitnichten einem authentischen Bedürfnis nach Interessenausweitung; es wäre auch verfehlt zu vermuten, daß sie plötzlich weniger auf die Juden fixiert seien. Diese Vorschläge wurzeln vielmehr im Streben nach intellektueller Legitimität. Solange es den Anschein hat, als gingen die Holocaust-Leugner mit Haut und Haaren in einem einzigen Thema auf, werden sie sich weder Respekt noch Akzeptanz erwerben. Was sie als Wunsch nach Horizonterweiterung ausgeben, ist daher lediglich ein Mittel, Zugang zu stärkerer Popularität zu gewinnen.

Das Verhalten rassistischer, neonazistischer, ultrarechter Verbände wird ebenfalls eine kalkulierte Anpassung erfahren. Da sie problemlos an ihrer äußeren Aufmachung zu erkennen sind, werden sie die Methoden der Holocaust-Leugner übernehmen, die sichtbaren Merkmale abstreifen, welche sie als Extremisten brandmarken, und alles scheuen, was sie als Neonazis klassifiziert. Sie werden sich und ihre Thesen unter einer Robe der Rationalität verstecken und Argumente vorbringen, welche in den Ohren der amerikanischen Bevölkerung plausibel klingen.* Die konkreten Ausschreitungen, deren Urheber sie sind, mögen sich verringern, doch die Zahl der Menschen, die sie mit ihren Unterstellungen einwikkeln, wird wachsen. Allmählich bildet sich dann eine Form der Holocaust-Leugnung heraus, die zwischen dem Relativismus des deutschen Historikerstreits und den unverhohlenen Lügen schwankt, denen im vorliegenden Buch so häufig zu begegnen war – eine Transformation, welche die Rekrutierung neuer Jünger vereinfachen wird. Die neue, unechte Seriosität steigert ihre Attraktivität für Menschen aus der unteren Mittelschicht, nämlich die Jüngeren, ökonomisch Unabgesicherten, die unter dem Eindruck leben, inmitten einer wohlhabenden Gesellschaft am Rand des Scheiterns einherzustolpern, weil sie nicht in den Genuß der Annehmlichkeiten dieser Gesellschaft gelangen. Dies gilt sowohl für die USA als auch für Deutschland, Frankreich und Österreich.**

Wie also lassen sich die Fluten der Gewalt am geschicktesten eindämmen? Die akademische Welt ist in die Pflicht genommen, hat indessen schon bei mehreren Gelegenheiten jämmerlich versagt. Lehrende, Historiker, Soziologen, Politologen halten einen Schlüs-

* Dieses Vorgehen wurde 1992 bei einem Versuch des Ku-Klux-Klan-Ortsverbands von Cincinnati deutlich, während der Weihnachtszeit auf städtischem Gelände ein Kreuz zu errichten. Die Klan-Mitglieder behaupteten, das gehöre zu einer Kampagne, um die Bürger Cincinnatis an den religiösen Gehalt des Feiertags zu erinnern. Auf diesem Wege konnte der Klan sich als Organisation gerieren, die über bloßen Rassismus hinausdenkt.

** Dies wird sich insbesondere für diejenigen als zutreffend erweisen, die gewissermaßen unter «Alterphobie» leiden – ein Begriff, den mein Kollege David Blumenthal geprägt hat und mit welchem er die Furcht vor dem anderen meint. Bei den anderen kann es sich um Homosexuelle, Frauen, Ausländer, Juden, Farbige oder alle zusammen handeln.

sel zur Verteidigung der Wahrheit in der Hand. Sie sollten weder für Ablenkungsmanöver noch für schwammige Argumente anfällig sein – sie müssen der Allgemeinheit alles mitteilen, von dem sie wissen, daß es der Realität entspricht.

Bei diesen Bemühungen mag sich die Einrichtung von Holocaust-Museen als wichtig und sinnvoll erweisen. Diese Institutionen – wie alle anderen, die über den Holocaust informieren – müssen bei der Auswahl der Fakten, die sie weitergeben, behutsam und gewissenhaft vorgehen, damit sie den Holocaust-Leugnern keinen Spielraum verschaffen. Des weiteren sollten sie vorsichtig sein mit der «Heraufbeschwörung» des Holocaust zur Rechtfertigung eigener Prinzipien und Aktionen.

Dies gilt insbesondere für die jüdische Gemeinde. Die Lieferanten von Massenunterhaltung, allen voran die Gastgeber der Talk-Shows in Rundfunk und Fernsehen, haben sich darüber im klaren zu sein, daß sie zu gefährlichen Marionetten werden, wenn sie Holocaust-Leugnern ein Forum bieten.* Sie tragen grundlegend zur öffentlichen Meinungsbildung bei und müssen daher erkennen, daß sich dieser Konflikt nicht um Unwissenheit dreht, sondern um Haß.

Einige glauben, der Gerichtssaal sei der rechte Ort, um die Holocaust-Leugner zu bekämpfen. Österreich, Deutschland, Frankreich und Kanada haben ihre Anstrengungen auf diesem Gebiet intensiviert. Die jeweils angewandte Legislatur beschreitet dabei unterschiedliche Wege. Manche Gesetze kriminalisieren die Anstachelung zum Haß, die Diskriminierung anderer oder die Anwendung von Gewalt aus rassischen, ethnischen, religiösen Motiven. Andere Gesetze richten sich gegen die Veröffentlichung von Ansichten, welche sich darauf berufen, daß ein Teil der Bevölkerung wegen seiner Hautfarbe überlegen sei; gleichzeitig wird diffamierende Geringschätzung für gewisse Gruppen ob deren angeblicher rassischer Minderwertigkeit zum Ausdruck gebracht.[26]

Das Problem juristischen Vorgehens besteht darin, daß Verfah-

* Ich bin mir bewußt, daß diese Aufforderung zum Handeln von allen meinen Empfehlungen die geringsten Chancen auf Realisierung besitzt – immerhin schrieb ich dieses Buch im Schatten der «Industrie», welche derartige Sendungen kreiert.

ren oft nur unter Mühen in Gang gehalten oder bis zu einem Abschluß vorangetrieben werden. Im August 1992 widerrief das kanadische Verfassungsgericht das gegen Zündel ergangene Urteil, indem es zu der Überzeugung gelangte, ein Gesetz, welches die Verbreitung irriger Informationen verbot, weil sie einem bestimmten Bevölkerungskreis schaden konnten, sei allzu vage und beschneide womöglich auch berechtigte Meinungsäußerungen.[27]* Weit höhere Hürden türmen sich auf, wenn das Gericht – wie im Fall Mermelstein – nicht nur eine juristische, sondern – wie im Fall Zündel – eine historische Entscheidung fällen soll; im Fall Zündel nahm der Richter die Realität des Holocaust zu den Akten. Hierdurch verwandelt sich die Arena des Gesetzes in eine Bühne der Geschichte, wobei diese Funktion für den Gerichtssaal niemals vorgesehen war. Wenn aus historischen Debatten Prozesse werden, läßt sich das Resultat nicht vorherberechnen.

Das Hauptmanko legislatorischer Sanktionen besteht darin, daß sie die Holocaust-Leugner zu Märtyrern auf dem Altar der freien Meinungsäußerung erheben. Solches geschah bis zu einem gewissen Grad mit Faurisson, der im März 1991 verurteilt wurde, weil er den Holocaust zu einer «Lüge der Geschichte» deklariert hatte. Dasselbe Gericht, welches ihn schuldig sprach, annullierte das Gesetz, auf dessen Basis er angeklagt und bestraft worden war.[28] Die Kontroverse um das Recht auf freie Meinungsäußerung vermag den Antisemitismus der Holocaust-Leugner zu kaschieren und Volksverhetzer in Opfer umzumünzen.[29] Ein kürzlich vom *National Public Radio* ausgestrahlter Bericht über die versuchte Kontrollierung neofaschistischer Umtriebe in Europa nahm Faurissons Verurteilung gegenüber genau diese Haltung ein. Anstatt den Fokus darauf zu richten, was er gesagt und getan hat, kaprizierte man sich auf den Verlust seiner Redefreiheit.[30] Als der Herausgeber der österreichischen Zeitschrift *Halt*! in der Folge seiner Holocaust-leugnenden Auslassungen wegen «neonazistischer Betätigungen» verurteilt wurde, brachte *Spotlight* die Nachricht unter der Überschrift «Ende der Redefreiheit!».[31] In jüngster Vergangenheit haben die Holo-

* Zündel mag erneut angeklagt werden, und zwar für den Tatbestand antisemitischer Volksverhetzung.

caust-Leugner das Argument, jeder besäße ein Recht auf freie Meinungsäußerung, in besorgniserregender Weise umgekrempelt und ausgeschlachtet, um ihre Gegner zu drangsalieren. 1984 mietete der frühere Leiter des IHR, David McCalden, anläßlich der jährlichen Ausstellung der *California Library Association* einen Stand an. Thema seiner Präsentation war der «Holocaust-Schwindel». Dagegen erhoben das *Simon Wiesenthal Center* und das *American Jewish Committee* (*AJC*) bei offiziellen Vertretern sowohl der Stadt als auch des Bibliotheksverbands Protest. Das *Simon Wiesenthal Center* reservierte sich einen Platz in McCaldens Nähe, um dort eigenes Material vorzuführen, und das AJC kündigte Demonstrationen vor dem Hotel an, in welchem die Veranstaltung stattfand. Als die *California Library Association* McCaldens Vertrag kündigte, verklagte dieser das *Simon Wiesenthal Center* und das AJC mit der Begründung, sie hätten eine Verschwörung gegen ihn angezettelt, um ihn seines verfassungsmäßig verbrieften Rechts auf freie Meinungsäußerung zu berauben. Das Gericht wies seine Beschwerde zurück, 1992 allerdings revidierte der *U.S. Circuit Court of Appeals* diese Entscheidung. Es war der erste Fall, in dem dieser spezifische Verfassungsleitartikel angewandt wurde, um die Stimmen jener zum Schweigen zu bringen, die gegen Nazi-Fanatismus aufbegehren.[32]

Eine wachsende Anzahl von Ländern setzt mittlerweile eine weitere juristische Maßnahme ein. Sie verweigern ihnen bekannten Holocaust-Leugnern die Einreise. David Irving zum Beispiel darf sich nicht länger in Deutschland, Österreich, Italien und Kanada aufhalten. Auch Australien erwägt anscheinend, ihn endgültig aus seinen Grenzen zu verbannen.[33]

Einige meinen, die beste Methode bestände darin, die Holocaust-Leugner links liegen zu lassen, da der Sturm auf sie genau das erzeuge, wonach sie sich verzehren, nämlich Publicity. Mit dieser Überlegung bin ich beim Schreiben mehrfach konfrontiert worden. Man hat mich gefragt, ob ich ihnen nicht genau das gäbe, was sie wollten, und ob ich nicht ihre Glaubwürdigkeit untermauerte, indem ich mich darauf einlasse, auf sie zu reagieren. Man enthalte ihnen vor, was sie sehnlich herbeiwünschen und brauchen – sagen diese Kritiker –, und sie werden eingehen wie Primeln. Es trifft in der Tat zu, daß die Holocaust-Leugner ein Publikum zum Überleben benötigen, deswegen verlegen sie sich auf medienwirksame Strategien wie Anzeigen in Universitätszeitungen, Diskussionsaufforderungen an vermeintliche Unterdrücker der Redefreiheit, pseudowissenschaftliche Forschungsberichte und «Wahrheitsführungen» durch ehemalige Todeslager. Früher war ich eine erklärte Befürworterin des Ignorierens. Als ich mit diesem Buch begann, verfolgte mich vielmehr die Angst, ich würde ihre Glaubwürdigkeit unabsichtlich festigen, wenn ich auf ihre Phantastereien einginge. Weil ich mich jedoch – allzu lange schon – in ihre Machenschaften versenkt habe, bin ich davon überzeugt, daß bloße Nichtachtung keine Alternative mehr darstellt. Die Zeit, da man hoffen konnte, sie würden von selbst wie Staub im Wind verfliegen, ist vorbei. Zu viele meiner Studenten sind bereits zu mir gekommen und haben sich erkundigt: «Woher wissen wir, daß es wirklich Gaskammern gab? Sind Anne Franks Tagebücher eine Erfindung? Existieren tatsächlich Dokumente, aus denen ersichtlich wird, daß die Nazis die Vernichtung der Juden planten?» Einige dieser Studenten wissen, daß Fragen dieser Art von den Holocaust-Leugnern in die Welt gesetzt werden. Andere sind sich dessen nicht bewußt; sie haben derlei Einwände irgendwo gehört und fühlen sich verunsichert.

Die Holocaust-Leugner nicht zu ignorieren bedeutet nicht, sie in ein Gespräch oder einen Disput zu verwickeln. Im Gegenteil, genau das heißt es nicht. Aus zwei Gründen, einem methodischen und einem taktischen, kann man nicht mit ihnen diskutieren. Wiederholt wurde deutlich, daß die Holocaust-Leugner um jeden Preis die «andere» Seite einnehmen möchten. Das Debattieren mit ihnen verwandelt sie in ein Gegenüber. Des weiteren treten sie das Handwerkszeug mit Füßen, dessen Berücksichtigung die Voraussetzung für jede aufrichtige Auseinandersetzung bildet: Wahrheit und Vernunft. Mit ihnen zu reden wäre so, als wollte man einen Wackelpudding an die Wand nageln.

Obwohl wir uns nicht direkt auf sie einlassen können, müssen wir nicht tatenlos zusehen. Wem neben der jüdischen Geschichte oder der Geschichte des Holocaust die Wahrheit als solche am Herzen liegt, der hat die Aufgabe zu übernehmen, welche einst die Kanarienvögel im Schacht erfüllten: vor dem Ausströmen tödlicher

Gase zu warnen. Es gilt, aufmerksam Wache zu halten vor einem immer behender werdenden Feind. Doch anders als die Kanarienvögel dürfen wir nicht ruhig und unbeweglich unser Dahinscheiden abwarten, auf daß andere von der Gefahr erfahren mögen. Die Wahrheit muß mit starken Waffen geschützt werden, allerdings weder polemisch noch emotionsgeladen. Das breite Publikum und die akademische Welt sind über die Bedrohung ihrer historischen und weltanschaulichen Fundamente umfassend zu informieren. Wir müssen auf jene Leute weisen und zeigen, wofür sie stehen.

Diese Pflicht ist keine angenehme. Wer sie auf sich nimmt, den wird häufig das Gefühl beschleichen, er werde gezwungen, etwas zu *beweisen*, um dessen Faktizität er weiß; so ist es mir beim Schreiben ergangen. Alle, die in wissenschaftlicher Arbeit ihre Berufung und Hauptbeschäftigung erkennen, träumen davon, neue Richtungen aufzuzeigen, neue Perspektiven zu eröffnen und irgendeinen bis dahin ungeahnten Aspekt der Wahrheit anzubieten. Entdeckung ist gefragt, nicht Bewahrung und Rechtfertigung. Wir haben nicht studiert und geforscht, um Wachfrauen und -männern gleich am Rhein zu stehen. Doch uns bleibt nichts anderes übrig. Es muß getan werden, um Lüge und Haß zu entlarven. Nur mit ständiger Wachsamkeit können die kostbarsten Güter unseres Gewerbes und unserer Gesellschaft – Wahrheit und Vernunft – überdauern. Die schwachen Stimmen von Millionen rufen aus der stillen Erde nach uns, erinnernd und fordernd, damit wir niemals davon ablassen.

Anhang:

Verkehrte Welten – Zyklon-B, die Gaskammern und die Tagebücher der Anne Frank

Es gibt sicherlich Stimmen, die sagen, daß ich diesen antisemitischen Verleumdungen reinsten Wassers, die als wissenschaftliche Thesen verkleidet einherparadieren, bereits viel zuviel Platz eingeräumt habe und Leute wie Butz, Faurisson, Leuchter und Co. viel zu ernst nehme. Bei meiner langjährigen Arbeit zu dem Thema habe ich allerdings beobachten können, wie durch ihre pseudowissenschaftliche Revision der Geschichte die Wahrheit verzerrt und vernebelt wird. Die meisten Menschen glauben den Holocaust-Leugnern kein Wort, sind jedoch hilflos, wie sie ihnen begegnen sollen. Manche fürchten, die Befunde der Holocaust-Leugner entbehrten nicht einer gewissen Berechtigung, und reagieren, indem sie nach alternativen Erklärungen suchen.

Deshalb widme ich diesen Teil den drei Behauptungen, welche die Holocaust-Leugner am häufigsten aufstellen. Ich werde eine Auswahl dokumentarischer und technischer Anhaltspunkte aufzählen, die noch den letzten Anschein von Glaubwürdigkeit zerstreuen werden, den man den Holocaust-Leugnern ihnen zugestehen mag. Ich mache das nicht ohne Vorbehalte, denn es soll keinesfalls so aussehen, als habe man die Unterstellungen jener Leute ernsthaft in Erwägung zu ziehen. Doch schon die flüchtige Durchsicht relevanter Passagen aus den zitierten Schriftstücken wird meiner Erwartung nach das trügerische Bild zerstören, welches die Holocaust-Leugnung zu bieten sucht. Außerdem hoffe ich, ein letztes Mal veranschaulichen zu können, was zu demonstrieren ich mit diesem Buch bezweckt habe, nämlich daß die Holocaust-Leugner akkurat im Geiste von Goebbels' Theorie der «großen Lüge» handeln.

Zyklon-B: Ein feuerspeiender Drachen

Die Holocaust-Leugner, allen voran Faurisson, argumentieren, Zyklon-B (Blausäure) hätte sich ganz und gar nicht zur Tötung von Menschen geeignet. Als Beweis führen sie ein Gutachten an, das im Zusammenhang mit den Kriegsverbrecherprozessen angefertigt wurde und worin über die Anweisungen des Herstellers für eine sichere Anwendung von Zyklon-B als Desinfektionsmittel referiert wird.[1] Eine Vorschrift lautet, daß ein Raum, in den Cyanwasserstoff zur Schädlingsbekämpfung eingeleitet worden ist, vor Wiedereintritt vierundzwanzig Stunden lang gelüftet werden muß. Die Holocaust-Leugner zetern nun, dadurch seien sämtliche «Zeugenaussagen» über den Einsatz von Zyklon-B zum Zweck eines Massenmords widerlegt, denn wenn man die Kammer für vierundzwanzig Stunden nicht gefahrlos betreten konnte, hätten die Leichen auch nicht kurz nach den Exekutionen hinausgeschafft werden können – entsprechende Berichte galt es also zu hinterfragen. Wie immer übergingen die Holocaust-Leugner nonchalant signifikante, wohlbekannte Fakten, welche die Falschheit ihrer Behauptungen belegen.

Die zitierten Gebrauchsanweisungen beziehen sich auf die Anwendung in einzelnen Zimmern oder Privatwohnungen – nicht auf hermetisch isolierte Räumlichkeiten wie die in den Todeslagern – voller Möbel, Hausrat, Teppiche, Bettzeug u. ä. Sie instruieren darüber, wie Fenster abzudichten, Schlüssellöcher zu überkleben und Schornsteine abzudecken seien. Nach der Zerstäubung des Gases sammelt es sich in allen möglichen Ecken und Winkeln. Deswegen müssen Matratzen, Kissen, Polstermöbel und ähnliche Gegenstände mindestens eine Stunde lang an der Luft ausgeschüttelt oder -geklopft werden. In den Todeskammern sah die Lage ganz anders aus. Bis auf einige unechte Duschköpfe und viele Leichen waren sie leer. Böden und Decken bestanden aus nacktem Beton. Sie enthielten ein leistungsstarkes Ventilationssystem, das eigens für die Entlüftung der Gaskammern entwickelt worden war und unter den gegebenen Umständen – leere Räume, nackte Wände – äußerst effektiv arbeiten konnte. Jedes Krematorium verfügte über eine derartige Anlage, aber in normalen Wohnungen oder Büros hätte man sie nie installieren müssen.[2] Zudem trugen die Häftlinge der Sonderkommandos, welche die Leichen abtransportierten, laut den Aussagen ehemaliger Gefangener und SS-Angehöriger Gasmasken.[3]

Das Argument von der extremen Toxizität von Zyklon-B dient dazu, die Illusion zu wecken, das Gas hätte die SS-Leute selbst in zu große Gefahr gebracht und sei deshalb nicht zu gebrauchen gewesen. Allerdings streiten Faurisson und Leuchter nicht ab, daß in den Entlausungskammern Kleidung damit desinfiziert wurde. (Es bleibt offen, auf welchem Weg sie zu dem Schluß gelangten, daß es in den Entlausungsvorrichtungen ohne Risiko verwendbar, aber für die Todeskammern zu giftig war.)

In Räumen, die laut den Angaben der Auschwitz-Museumsangestellten als Todeskammern fungierten, von den Holocaust-Leugnern jedoch zu Leichenkammern deklariert wurden, fand Leuchter ebenfalls Spuren von Zyanidgas. Um diesen Widerspruch aufzulösen, erklärten Faurisson und Leuchter, die Leichenkammern seien mit Zyklon-B desinfiziert worden, daher rührten die Rückstände.[4] Eine unsinnige Vermutung: Zur Desinfektion benutzt man Bakterizide, keine Insektizide, speziell keine so potenten wie Zyklon-B.

Ferner ist die Argumentation der Holocaust-Leugner in sich unlogisch. Sie sagen, Zyklon-B habe nur unter strengsten Sicherheitsvorkehrungen gefahrlos zum Einsatz kommen können, und außerdem konnte man einen Raum, in dem es versprüht worden war, erst nach einer Frist von 20 Stunden wieder betreten. Andererseits wollen sie uns weismachen, daß die SS für eine so alltägliche Aufgabe wie die Säuberung von Leichenkammern jene höchst toxische Substanz benutzte, die ihren eigenen Einschätzungen zufolge sorgfältigste Vorsichtsmaßnahmen erforderte, anstatt etwas so Reguläres und Wirkungsvolles wie Bleichmittel zu verwenden.[5]

Pressac merkte an, daß Faurisson Blausäure als «feuerspeienden Drachen» darstellt, dem man sich nur unter Lebensgefahr nähern dürfe und der sich mit seinen Klauen sogar dann noch fest in die Erde kralle, wenn er tot sei. Das apokalyptische Gemälde besitzt wenig Ähnlichkeit mit der Realität. Wenn Cyanwasserstoff so beschaffen wäre, wie Faurisson uns glauben machen will, wäre die Belegschaft der deutschen Firma Degesch, die ihn produzierte, «... schon viel früher arbeitslos gewesen».[6]

Die Gaskammern: «Einen einzigen Beweis, bitte!»

Die Holocaust-Leugner, Faurisson an der Spitze, verlangen des öfteren «einen Beweis ... einen einzigen Beweis» für die Existenz von Gaskammern, in denen Menschen ermordet wurden.[7] Sie verwerfen *jegliches* menschliche Zeugnis als unzuverlässig, gleichgültig, ob es von der SS, ehemaligen Lagerinsassen oder Angehörigen der Sonderkommandos stammt. An diesem Standpunkt halten sie fest, obwohl die Aussagen aller Befragten hinsichtlich der Abläufe bei den Vergasungen auch in Details generell miteinander übereinstimmen.[8] Pressacs monumentale Studie über die Gaskammern bildet im wesentlichen die Antwort auf jene Forderung nach Beweisdokumenten. Pressac reagierte möglicherweise, sobald es um Faurissons Ruf nach Dokumenten ging, deshalb so sensibel, weil er den Versuchungen der Holocaust-Leugnung ursprünglich selbst beinahe erlegen war; erst persönliche Archivnachforschungen demonstrierten ihm, daß Faurisson die unanzweifelbaren Beweise in puncto Gaskammern bewußt außer acht ließ. Bei einem Aufenthalt in Auschwitz, kurz nachdem er Faurisson kennengelernt hatte, wurde Pressac eine Reihe von Akten vorgelegt, die weit mehr als den «einen einzigen Beweis» liefern, auf dem die Holocaust-Leugner bestehen. Bei späteren Reisen entdeckte er zusätzliches, unter anderem bis dahin unveröffentlichtes Material. Seit dem Erscheinen seines Buches 1989 hat er in ehemals sowjetischen Archiven weitere Dokumente aufgestöbert, welche den völligen Aberwitz der Unterstellung enthüllen, es gebe keine Unterlagen oder Beweisdokumente zu den Gaskammern.

Auf den folgenden Seiten findet sich eine knappe Zusammenfassung der Pressacschen Erkenntnisse. Sie sollten endgültig die Zweifel aller zerstreuen, die angesichts der Spekulationen der Holocaust-Leugner über nichtexistente Gaskammern ein gewisses Unbehagen verspüren. Diejenigen, welche sich von dieser Wahrheitsschändung nicht im mindesten haben beeindrucken lassen, werden in den zitierten Dokumenten überwältigende Anhaltspunkte dafür finden, bis zu welchem Grad die Holocaust-Leugner die historische Realität verzerren und hinsichtlich der Sachverhalte lügen. Unter anderem liegen Auftragserteilungen, Materialanfragen, Eintragsformulare für geleistete Arbeitszeit, technische Instruktionen, Rechnungen und Fertigstellungsberichte vor, die samt und sonders unmißverständlich zeigen, daß die Gaskammern zu keinem anderen Zweck gedacht waren, als Menschen darin umzubringen. Die mit der Entwicklung und Installierung der Gaskammern beauftragte Firma hieß Topf und Söhne. Das Material setzt sich zu einem überwiegenden Teil aus Arbeitsberichten zusammen, die sie ihren Lieferanten und Zivilangestellten der SS unterbreiteten. In der Regel suchten sie den Anschein zu erwecken, als bauten sie Leichenhäuser, dabei unterliefen ihnen jedoch genügend Schnitzer, so daß Konstruktion und Einbau der Todesfallen ausführlich dokumentiert sind.

- Eine Bestandsaufnahme der Apparaturen u. ä., die in Krematorium III installiert waren, registrierte den notwendigen Einbau einer Gastür und vierzehn Duschen. Diese Gegenstände passen überhaupt nicht zusammen. Eine gasdichte Tür war nur in einer Gaskammer zu gebrauchen. Wozu hätte man in einem Duschraum eine gasdichte Tür benötigt?[9]
- Mit diesem simplen Beweis, daß es sich nicht um einen Duschraum handelte, gab Pressac sich trotzdem noch nicht zufrieden, sondern errechnete die Fläche, die ein einzelner Duschkopf abdeckt. Als Richtschnur benutzte er die echten Duschvorrichtungen im Ankunftsgebäude. Nach seinen Berechnungen hätte Krematorium II bei einer Größe von 210 Quadratmetern mindestens 115 Duschköpfe aufweisen müssen, keine vierzehn.[10]
- Auf den Inventurzeichnungen sind die Wasserleitungen nicht an die Duschen angeschlossen, was der Fall gewesen wäre, hätte es sich um authentische Duschen gehandelt.
- In einigen Gaskammern sind die Holzbalken, an denen die Duschköpfe befestigt waren, bis heute in den Überresten der Gebäude sichtbar.[11] Ein funktionierender Duschkopf wäre nie auf einem Holzbalken montiert worden.
- SS-Sturmbannführer Bischoff, Leiter der baupolizeilichen Aufsichtsbehörde im Lager, erstattete einem Berliner SS-Offizier am 29. Januar 1943 brieflich Meldung über den Fortgang der Arbeit

an Krematorium II. In dem Schreiben bezog er sich auf einen Vergasungskeller.[12] Butz und Faurisson mühten sich damit ab, den Begriff «Vergasung» umzudeuten.[13] In Butz' Verständnis bedeutete er «Gaserzeugung». Faurisson behauptete, damit sei «Gasmischung» gemeint, und «Vergasungskeller» bezeichne den Raum im Keller, «in dem der ‹gasförmige› Brennstoff für den Krematoriumsofen vorbereitet wurde»[14] – ein äußerst problematischer Erklärungsversuch. Erstens gibt es eine beträchtliche Menge von Unterlagen, die auf Vergasungen verweisen, zweitens – und das ist noch wichtiger – wurde in den Krematorien Koks verfeuert und nicht mit Gasgemischen geheizt.[15]

– Pressac fand ein Stundenabrechnungsblatt, auf dem ein Zivilarbeiter einen bestimmten Raum im Westflügel von Krematorium IV mit «Gaskammer» bezeichnet hatte. Da Faurisson dringend einen Beweis brauchte, daß dies etwas anderes hieß, als dort geschrieben stand, deutete er an, daß es sich um eine «Desinfektionsgaskammer» handelte. Ungeklärt bleibt, wie er überhaupt zu diesem Schluß gelangte, zumal er den Zweck der «Vergasungskeller» mit «Gasgenerierung» definiert hatte.[16]

– Am 13. Februar 1943 orderte die Zentralbauleitung von Auschwitz zwölf gasdichte Türen für die Krematorien IV und V.[17]* Den Akten im Auschwitz-Museum gemäß war die Produktion der Türen am 25. Februar beendet. Dem Arbeitsbericht der zivilen Zulieferfirma läßt sich entnehmen, daß am 28. Februar gasdichte Fenster angebracht und eingepaßt wurden.[18] Ein Report derselben Firma über die Arbeit an Krematorium IV vom 2. März 1943 enthält den Eintrag «Fußboden betonieren in Gaskammer» [sic!]. Alle Informationen – also Auftragserteilung und Stundenabrechnungsblätter – zusammen betrachtet ergeben, daß am 2. März 1943 die Zivilarbeiter einer deutschen Firma einen Raum in Krematorim IV offiziell zur «Gaskammer» erklärten.[19] Dieses muß ihnen vollkommen einleuchtend erschienen sein, weil sie zwei Tage zuvor in demselben Raum «gasdichte Fenster» eingesetzt hatten.[20]

* Weil diese «Türen» 30 mal 40 Zentimeter maßen, vermutet Pressac, daß es sich wohl eher um Fensterläden als um Türen handelt.

– Am 26. Februar 1943 ersuchte die Bauleitung eine der am Bau der Gaskammern beteiligten Firmen telegraphisch um die sofortige Zusendung von «zehn Gasprüfern». Mittels dieser sollte die Leistungsfähigkeit des Ventilationssystems in der Gaskammer überprüft werden.[21]
– Es gibt ein Buch mit Arbeitsberichten der Schmiedewerkstätten über Montage und Wartung des Birkenau-Krematoriums II; das Buch enthält einen Auftrag vom 5. März 1943, der die Anfertigung «eines Griffs für eine Gastür vorsieht».[22]
– In einem Brief vom 6. März 1943 erwähnt ein Zivilarbeiter, der beim Bau von Krematorium II beschäftigt war, das Entlüftungssystem von «Auskleidekeller II» sei umgeändert worden. Ein normales Leichenschauhaus würde derartige Geräte nicht benötigen. Vom März 1943 existieren noch mindestens vier weitere Hinweise auf «Auskleidekeller».[23] Es spricht für sich, daß die Zivilisten, die den Holocaust-Leugnern zufolge für den Bau «unterirdischer Leichenkammern» nach Birkenau gebracht worden waren, wiederholt von der Entlüftung der «Auskleidekeller» und nicht von Leichenkammern sprachen.[24]
– Im selben Brief erkundigte sich jener Arbeiter nach Möglichkeiten, wie die Räume, die als Gaskammern genutzt werden, vorgeheizt werden konnten. Eine Leichenkammer darf indessen nicht beheizt, sondern muß kühl gehalten werden. Wenn jedoch der Raum als Gaskammer fungieren sollte, ergäbe dies einen Sinn, denn je wärmer es ist, um so schneller verdampfen die Zyklon-B-Kapseln.[25]
– Ein vom 31. März 1943 datierter und von SS-Sturmbannführer Bischoff unterzeichneter Brief bezog sich unter anderem auf einen am 6. März erteilten Auftrag bezüglich einer «gas[dichten] Tür» für Krematorium II. Sie sollte mit einer Gummiabdichtung sowie einem Guckloch ausgestattet werden. Wofür benötigte man in einer Leichen- oder Desinfektionskammer ein Guckloch? Sicherlich nicht, um Leichen oder Läuse zu beobachten. Auch die Lieferbestellungen für Krematorium III enthalten Angaben über gasdichte Türen, Eisengitter und Dichtungen für hermetisch schließende Türen. Noch klammerten sich die Holocaust-Leugner an ihre «Leichenkammer»-Theorie und behaupteten, gasdichte

Türen in den Leichenkammern seien zur Eindämmung von Gerüchen und ansteckenden Bazillen erforderlich gewesen. Außerdem waren solche Türen notwendig, da die Leichenkammern mit Zyklon-B desinfiziert worden seien. Diese Behauptung widerspricht den simpelsten wissenschaftlichen Erkenntnissen, denn Zyklon-B ist ein Insektizid und kein Desinfektionsmittel (s. o.). Außerdem bleiben die Holocaust-Leugner trotz dieser Argumente weiterhin eine Erklärung dafür schuldig, warum in einer Leichenkammer vierzehn Duschköpfe – die nicht an Wasserleitungen angeschlossen waren – installiert wurden.[26]

– Nachdem die Zivilfirma die Umbauarbeiten an Krematorium II beendet hatte, wurde in den Räumen eine Kontrolle durchgeführt, deren Dokumentation unter anderem besagt, daß sie mit «Gastüren» und «gasdichten Türen» ausgestattet waren.
– Ein Brief vom 31. März 1943 über Krematorium III verweist darauf, daß es eine Gastür hatte. Die Holocaust-Leugner verkündeten natürlich flugs, das könne vieles heißen. Aber die Inventarliste, welche den Übergabepapieren für das Krematorium beigefügt war, macht mit dieser Vermutung kurzen Prozeß. Auf der Liste ist eine «gasdichte Tür» verzeichnet. Über die Bedeutung von «Gastür» könnte man sich möglicherweise streiten, aber es dürfte schwer sein, «gasdichte Tür» umzuinterpretieren.[27]

Die Holocaust-Leugner vertraten überdies die Auffassung, Birkenau sei als Quarantäne- und Lazarettlager konzipiert gewesen, nicht als Todeslager. Dabei berufen sie sich auf architektonische Zeichnungen vom April 1943, die Skizzen einer Krankenbaracke, eines Gefangenenhospitals und einer Quarantänestation mit einschließen. Warum – fragen die Holocaust-Leugner – hätten die Nazis nur wenige hundert Meter von den Gaskammern eine Stätte der Gesundung errichten sollen, während sie in unmittelbarer Nähe Liquidierungen im großen Stil betrieben? In den Augen der Holocaust-Leugner beweisen die Pläne, daß Birkenau nicht als Ort der Vernichtung und des Mordens erbaut wurde.[28]* Das ist für den Zeit-

* Wenn man sich bewußtmacht, wer die Zeichnungen angefertigt und wer sie gegengezeichnet hat, laufen einem Schauer den Rücken hinunter, so

punkt der ersten Pläne zwar richtig. Aber es gibt unterdessen einen zweiten offiziellen Gesamtplan von Birkenau, der etwa ein Jahr später entstand. Aus ihm wird ersichtlich, daß Birkenau alles andere als eine freundliche Krankenhausanlage war. Die im April 1943 vollendete erste Serie von Zeichnungen zeigt ein Lager für 16600 Gefangene. Die ein Jahr später gemachten Skizzen illustrieren ein Lager, das 60000 Häftlinge beherbergte und halb so viele Baracken als geplant aufwies. In den tatsächlich erbauten Baracken hausten viermal mehr Menschen als ursprünglich vorgesehen. Diese Umstände widerlegen die Hypothese, es habe sich um ein Lager gehandelt, in dem Menschen gesund werden sollten.[29]

All jene Indizien für Gaskammern und Lagerpläne bilden das Beweismaterial, nach dem die Holocaust-Leugner angeblich suchen. Darüber hinaus existiert eine breite Palette weiterer Dokumente über Deportationen, Massaker, Zyklon-B-Lieferungen und andere Aspekte der Endlösung. Ich erwähne sie nicht als Beleg für die nazistische Judenvernichtung, sondern als Musterbeispiel dafür, wie unverfroren die Holocaust-Leugner ihre Täuschungen und Fälschungen an den Mann zu bringen suchen.

Die Tagebücher der Anne Frank

Anne Franks Tagebücher haben sich zur beliebtesten Zielscheibe der Holocaust-Leugnung entwickelt. Seit mehr als dreißig Jahren versuchen sie nachzuweisen, daß sie erst nach dem Krieg entstanden. Es mag seltsam erscheinen, daß die Holocaust-Leugner ihre Energie ausgerechnet auf die Enthüllung abstellen, ein bestimmtes junges Mädchen habe ein bestimmtes, ihm zugeschriebenes Buch nicht verfaßt, in dem es lang und breit über sein Leben, die Beziehung zu seinen Eltern, aufkeimende Sexualität und Filmstars sinniert. Aber sie wählen dieses Angriffsziel mit voller Absicht.

unfaßbar und zugleich normal war der Vorgang. Am 23. 3. 1943 stellte Gefangener Nr. 63003 (Name unbekannt) die Skizzen fertig. Wir wissen, daß sie von einem Zivilisten namens Techmann überprüft und am darauffolgenden Tag von SS-Offizier Werner Jothan für gut befunden wurden.

Seit der ersten Auflage kurz nach dem Krieg sind in mehr als vierzig Ländern mehr als zwanzig Millionen Exemplare der Tagebücher verkauft worden. Ihre erste Bekanntschaft mit dem Holocaust machen viele Leser durch dieses Buch. In unzähligen Grund- und Oberschulklassen wird es als Pflichtlektüre im Unterricht besprochen. Die Popularität der Tagebücher und ihre Wirkung insbesondere auf junge Menschen sind der Grund, warum es den Holocaust-Leugnern ebenso ein Anliegen ist, sie ad absurdum zu führen, wie die Gaskammern abzustreiten. Sie hoffen, mit der Diskreditierung des beeindruckenden Buchs in den Köpfen junger Leute Zweifel über den Holocaust selbst zu wecken.

Worauf bauen die Holocaust-Leugner und Neonazis ihre Attacke auf? Ein kurzer Überblick über die Rezeptionsgeschichte der Tagebücher und einige der Ereignisse, die mit ihrer dramatischen und filmischen Adaption zusammenhängen, verdeutlicht, wie die Holocaust-Leugner die Wahrheit zugunsten ihrer ideologischen Programmatik verbiegen.

Anne Frank begann ihr Tagebuch am 12. Juni 1942. In den folgenden sechsundzwanzig Monaten füllte sie eine Reihe von Alben, losen Blättern sowie Schreib- und Rechenheften. Außerdem schrieb sie Erzählungen mit dem Titel «Geschichten und Ereignisse aus dem Hinterhaus».* Anne nahm ihr Tagebuch sehr ernst und erwähnte mehrfach ihre Ambitionen, Schriftstellerin zu werden. Ungefähr fünf Monate bevor die Familie verhaftet wurde, hörte sie in einer – natürlich verbotenen – Radioübertragung aus London, wie der holländische Erziehungsminister dazu aufrief, gewöhnliche Schriftstücke aufzubewahren – Tagebücher, Briefe von holländischen Zwangsarbeitern in Deutschland, Predigtsammlungen eines Pfarrers oder Priesters –, weil sie künftigen Generationen zu einem besseren Verständnis dessen verhelfen würden, was die Nation während jener furchtbaren Jahre durchlitten habe. Am nächsten Tag notierte Anne: «Natürlich stürmten sie alle direkt auf mein Tagebuch los.»[30] Es war ihr wichtig, daß sie ihre Erinnerungen nach dem Krieg in Buchform herausgeben konnte, deshalb übertrug sie die

* Anne gab dem Versteck ihrer Familie den Namen «geheimes Hinterhaus».

ersten Tagebuchbände per Hand auf lose Blätter und änderte dabei die Namen einiger Hauptpersonen, unter anderem ihren eigenen (aus Anne Frank wurde Anne Robin[31]).

Als Otto Frank aus Auschwitz befreit worden und nach dem Krieg heimgekehrt war, erfuhr er vom Tod seiner Töchter. Er fertigte eine maschinenschriftliche Kopie der Tagebücher für Verwandte und Freunde an, wobei er gewisse grammatikalische Korrekturen vornahm, Passagen aus den unterschiedlichen Fassungen integrierte und Einzelheiten herausstrich, die lebende Personen kränken mochten oder intime Familienangelegenheiten betrafen, zum Beispiel Annes nicht unproblematisches Verhältnis zu ihrer Mutter. Er gab das getippte Manuskript mit der Bitte um Lektorierung an einen Freund weiter.[32] (Übrigens scheinen noch weitere Personen an der Überarbeitung mitgewirkt zu haben.) Die Frau des Freundes erstellte eine maschinenschriftliche Ausfertigung der edierten Version, mit der Frank an eine Reihe von Verlegern herantrat, jedoch wiederholt auf Ablehnung stieß.* Der Verlag, welcher es schließlich akzeptierte, empfahl, die Anspielungen auf Sex, Menstruation und zwei Mädchen, die einander an den Brüsten berühren, zu tilgen, da es ihnen an der um des holländischen Publikums willen gebotenen «Schicklichkeit» fehle. Bei Erscheinen der Tagebücher in England, Deutschland, Frankreich und den Vereinigten Staaten nahm man zusätzliche Änderungen vor. Die Holocaust-Leugner heben auf die verschiedenen Versionen und maschinenschriftlichen Manuskriptfassungen ab, um ihre Theorie zu untermauern, daß es keine Originaltagebücher gab und alles erfunden ist. Ferner unterstreichen sie die Tatsache, daß zwei unterschiedliche Schriftarten in den Tagebüchern auftauchen, nämlich Druckbuchstaben und Schreibschrift. Sie behaupten, das benutzte Papier und die verwendete Tinte seien vor 1950 nicht hergestellt worden und deshalb einem Mädchen gar nicht zugänglich gewesen, das sich 1942 in Amsterdam auf einem Dachboden versteckt hielt.

* Sogar nachdem die Tagebücher in Europa erschienen und vielerorts gerühmt worden waren, blieben die amerikanischen Verlage vorsichtig. Zehnmal wurden sie zurückgewiesen, erst 1951 von Doubleday veröffentlicht und waren sofort ein Riesenerfolg.

Am intensivsten jedoch haben die Holocaust-Leugner die Affäre Meyer Levin für ihre Spiegelfechtereien ausgeschlachtet. Als Doubleday die Tagebücher herausbrachte, schrieb Levin – der sie zum erstenmal gelesen hatte, als er noch in Frankreich wohnte – eine Lobeshymne darüber. Er ließ der Rezension, welche in der *New York Times Book Review* abgedruckt wurde, weitere Artikel folgen, in denen er dringend empfahl, ein Theaterstück und einen Film daraus zu machen.[33] 1952 beauftragte Otto Frank Levin, als sein literarischer Agent in den USA die Möglichkeiten zur Realisierung eines Theaterstücks auszuloten. Levin verfaßte eine Dialogfassung, die von mehreren Impresarios verworfen wurde. Aus Enttäuschung über Levins Scheitern und aus der Überzeugung heraus, dessen Theaterfassung werde niemals irgendwo angenommen werden, verlieh Frank die Produktionsrechte an Kermit Bloomgarden, der sich auf den Vorschlag der amerikanischen Autorin Lillian Hellman hin an zwei erfahrene Drehbuchautoren von Metro-Goldwyn-Mayer (MGM) wandte. Ihr Stück wurde ein Erfolg und gewann 1955 den Pulitzer-Preis.

Wütend ging Levin vor Gericht und machte in seiner Klage geltend, die Verfasser hätten sein Material und seine Ideen gestohlen. Im Januar 1958 verfügte eine Jury, Levin solle 50 000 Dollar Schadensersatz erhalten. Aber der Oberste Gerichtshof des Staates New York widerrief den Spruch der Geschworenen, indem er entschied, Levin und die MGM-Autoren hätten sich auf dieselbe Quelle gestützt – Annes Tagebücher – und deshalb sei nichts anderes zu erwarten, als daß zwischen beiden Versionen Ähnlichkeit bestehe.[34]

Da nach aller Wahrscheinlichkeit mit einer Revisionsklage gerechnet werden mußte, weigerte sich das Gericht, das Auszahlungsverbot der Tantiemen aufzuheben, welches Levin erwirkt hatte. Nach einem zweijährigen Patt einigten Frank und Levin sich außergerichtlich. Frank erklärte sich zu einer Zahlung von 15 000 Dollar bereit, Levin gab seine Ansprüche auf Tantiemen und Rechte an der dramatisierten Fassung auf. Er war allerdings nach wie vor wie besessen von der Idee, das Tagebuch zu einem Stück umzuarbeiten.*

* 1973 schrieb er über den gesamten Vorfall ein Buch mit dem Titel *The Obsession.*

Obwohl er kein Recht dazu hatte, unternahm er 1966 in Israel einen Anlauf, eine Produktion auf die Bühne zu bringen, aber Franks Anwälte setzten durch, daß sie verboten wurde.[35]

Vor diesem Hintergrund konstruieren die Holocaust-Leugner ihre Strategie gegen das Tagebuch. Der erste dokumentierte Angriff ereignete sich 1957 in Schweden. Ein dänischer Literaturkritiker tat kund, seiner Meinung nach sei das Tagebuch de facto von Levin kreiert worden, was unter anderem dadurch «bewiesen» werde, daß Namen wie Peter und Anne nicht jüdisch seien.[36] Seine Unterstellungen wurden in Norwegen, Österreich und Westdeutschland von anderen nachgeäfft. 1958 deklarierte ein deutscher Gymnasiallehrer, einstmals SS-Mitglied und Hitlerjugend-Anführer, Anne Franks Tagebücher zu einer Fälschung, die den «Nutznießern [sic!] der deutschen Niederlage ... einige Millionen eingebracht» habe.[37] Der Führer einer rechtsgerichteten deutschen Partei schloß sich diesen Mutmaßungen an. Otto Frank und die Verleger der Tagebücher reichten eine Klage wegen Verleumdung, übler Nachrede, Entehrung einer Toten sowie antisemitischer Äußerungen ein. Die Angelegenheit wurde ohne gerichtliches Zutun dadurch bereinigt, daß die verklagten Personen die unbestreitbare Echtheit der Tagebücher bestätigten und sich für ihre unbegründeten Behauptungen entschuldigten.[38]

1967 veröffentlichte der *American Mercury* einen Artikel Teressa Hendrys mit der Überschrift *Was Anne Frank's Diary a Hoax?*, in dem sie durchblicken ließ, die Tagebücher seien eventuell Meyer Levins Werk, und falls das zutreffe, habe man es hier mit einem kapitalen Betrug zu tun.[39] Die Leser dieses Buchs können sich mittlerweile gewiß vorstellen, mit welchen Tricks andere Holocaust-Leugner Hendrys Unterstellungen als etablierte Fakten präsentierten. Man kennt ihr typisches Verhaltensmuster, einander bei einem munteren inzestuösen Ringelreihen durch unhaltbare Hypothesen zu inspirieren. In *Did Six Million Really Die? The Truth at Last* käute Harwood Hendrys Überlegungen wieder und erklärte die Tagebücher zu einem eindeutigen Schwindel.[40] Arthur Butz erwähnte in einem Abschnitt seines Buchs ebenfalls kurz, er habe es «gesichtet» und erkannt, daß es nicht authentisch sei.[41]

1975 ging David Irving auf die Tagebücher los, indem er sich des bereits sattsam bekannten Arguments bediente, ein amerikanisches Gericht habe «nachgewiesen», daß sie von einem New Yorker Stückeschreiber «in Zusammenarbeit mit dem Vater des Mädchens» verfaßt worden seien. 1978 gab Ditleib Felderer, der unter anderem obszöne Karikaturen von Holocaust-Überlebenden verbreitete, ein Buch mit der einzigen Absicht heraus, die Tagebücher als Schwindel zu entlarven. Er rekurrierte auf die Levin-Theorie, ging jedoch noch einen Schritt weiter und nannte Anne sexsüchtig sowie das Buch «den ersten Kinderporno».[42] (Seine Kapitelüberschriften beleuchten diesen Ansatz, zum Beispiel «Sexuelle Phantasiegeschichten» oder «Annes Charakter – gar kein liebes Mädchen». Felderers Verleumdungen sind darauf angelegt, Assoziationen zu einigen der üblichen antisemitischen Stereotype hervorzurufen: Die Juden haben nichts anderes im Sinn als Sex und produzieren Pornographie, welche schon die Kinder verderben soll.)

Heinz Roth, ein westdeutscher Vertreiber neonazistischen Schriftguts, begann 1975 damit, Pamphlete in Umlauf zu bringen, in denen die Tagebücher als Fälschung bezeichnet wurden, in Wirklichkeit stammten sie von einem New Yorker Dramatiker. Zum «Beweis» für seine Behauptungen zitierte er Irvings und Harwoods Befunde. Otto Franks Aufforderung, derlei zu unterlassen, leistete Roth keine Folge; er rechtfertigte sich – wie die Holocaust-Leugner es liebend gern zu tun pflegen – damit, daß er an nichts anderem interessiert sei als an der «reinen historischen Wahrheit». Hierauf leitete Frank in Westdeutschland ein Gerichtsverfahren gegen ihn ein. Zu seiner Verteidigung verwies Roth auf Harwoods und Butz' Thesen, warum es sich bei den Tagebüchern um eine Fälschung handeln müsse.

Außerdem zauberten seine Anwälte ein «Gutachten des Sachverständigen» Robert Faurisson hervor, der unter anderem ins Feld führte, die Tagebücher seien schon deswegen Fiktion, weil die Bewohner des Hinterhauses nachgewiesenermaßen zu laut waren. In bestimmten Eintragungen schreibt Anne von stampfenden Staubsaugern, «schallendem» Gelächter und «Höllenlärm».[43] Faurissons Frage lautete: Wie konnten Menschen, die sich versteckten und wußten, daß jeder Laut sie verraten würde, sich so verhalten, ohne entdeckt zu werden?[44] Aber Faurisson zitiert bewußt unvollständig und verdreht Annes Worte, um seine Unterstellungen zu erhärten. Ihr Eintrag über das Benutzen des Staubsaugers beginnt mit dem Satz: «Nun sind van Maaren, der Mann mit der düsteren Vergangenheit, und de Kok [die Lagerarbeiter, Anm. d. Ü.] wenigstens nach Hause.»[45] Die Situation, bei der die Hinterhausbewohner schallend lachten, war an einem Sonntag eingetreten, im Lager befand sich in dem Moment kein Mensch.[46] Als ein Bohnensack mit einem Krach umfiel und aufplatzte, der die Toten hätte zum Leben erwecken können, schrieb Anne: «Glücklicherweise war kein Fremder im Büro» – was Faurisson geflissentlich übergeht.[47]

Bei der Schilderung seiner Begegnung mit Otto Frank bediente Faurisson sich derselben Methode, die er in bezug auf seine Unterredung mit dem Vertreter des Auschwitz-Museums anwendete. Er versuchte, die Sache so zu drehen, als habe er Otto Frank bei einer unglaublichen Lüge ertappt: «Dieses Verhör ist für den Vater Anne Franks niederschmetternd ausgefallen.»[48] Franks Beschreibung des Gesprächs klingt verständlicherweise vollkommen anders, und er teilte mit, Faurisson habe im nachhinein Dinge unterstellt, die er – Otto Frank – angeblich gesagt, in Wirklichkeit jedoch niemals geäußert hätte. Faurisson nahm des weiteren für sich in Anspruch, einen Zeugen gefunden zu haben, von dem er glaubte, daß er «gut informiert und vertrauenswürdig» war, der seinen Namen der Öffentlichkeit allerdings keinesfalls preisgeben wollte. Faurisson tröstete seine Leser indessen damit, Name und Adresse dieses geheimen Zeugen seien in einem «versiegelten Umschlag» deponiert. Zum Beweis fügte er seiner «Untersuchung» ein Foto besagten Umschlags bei.[49] 1980 entschied das Gericht, von Faurissons Hirngespinsten unbeeindruckt, Roth habe nicht überzeugend dargelegt, daß das Tagebuch eine Fälschung sei.

1977 standen in Westdeutschland erneut zwei Männer wegen der Verteilung von Broschüren vor Gericht, in denen die Tagebücher als Erfindung diffamiert wurden. Das Bundeskriminalamt erhielt den Auftrag, die Tagebücher zu analysieren und herauszufinden, ob Papier und Schreibgerät, welche beim Schreiben benutzt wurden, in den Jahren 1941 bis 1944 erhältlich waren. Der nur vier Seiten umfassende BKA-Report befaßt sich an keiner Stelle mit der

Frage nach der Echtheit der Tagebücher. Er informiert darüber, daß alle verwandten Materialien aus den Jahren vor 1950/51 stammten und Anne sie infolgedessen benutzt haben konnte. Außerdem wird eher beiläufig vermerkt, daß auf einigen der losen Blätter, die den Tagebüchern beilagen, *Korrekturschriften* mit einem Kugelschreiber vorgenommen worden waren. Die für diese Art Kugelschreiber benötigte Tinte sei erst 1951 auf den Markt gekommen.[50] (Zum Inhalt der Korrekturen äußerte sich das BKA nicht, es veröffentlichte auch keinerlei Angaben darüber, auf welchem Weg man zu derlei Erkenntnissen gelangte. Als die Herausgeber der historisch-kritischen Ausgabe sich wegen der betreffenden Daten an das BKA wandten, teilte man ihnen mit, es gebe keine Unterlagen.[51])

In Anbetracht der Geschichte der Tagebücher verwundert es nicht, daß derlei Emendationen eingefügt wurden. Dies hinderte den *Spiegel* allerdings nicht an der Veröffentlichung einer Sensations-Story über die Tagebücher, welche durch die folgenden, fettgedruckten Zeilen eingeleitet wurde: «Jemand hat das Tagebuch der Anne Frank zu einem späteren Zeitpunkt überarbeitet. Die Zweifel an der Echtheit des Dokuments mehren sich.» Der Verfasser des Artikels fragte nicht, ob die Korrekturen inhaltlicher oder grammatikalischer Natur gewesen bzw. ob sie in den gedruckten Text übertragen worden oder wann sie vorgenommen worden seien. Er bezeichnete sie auch nicht als solche, im Gegensatz zum BKA, das explizit von Berichtigungen gesprochen hatte. Der *Spiegel*-Autor deutete statt dessen an, daß möglicherweise ein Hochstapler am Werk gewesen sei, und gab zu bedenken, an den Tagebüchern sei unzählige Male «herumgepfuscht» worden.

Ungeachtet dieser sensationsheischenden Bemerkungen verwarf der *Spiegel*-Redakteur aber den von David Irving und anderen Holocaust-Leugnern vorgebrachten Einwand, Otto Frank habe Zitate aus einem Filmtext in das Tagebuch eingefügt, denn das sei eine «oftmals zitierte Legende». Er betonte außerdem, diejenigen, welche die Echtheit der Tagebücher hinterfragten, seien dieselben Typen, die dem «Gaskammer-Schwindel» ein Ende bereiten wollten.[52]

Nach Otto Franks Tod 1980 wurden die Tagebücher dem Niederländischen Staatlichen Institut für Kriegsdokumentation überreicht. Zum damaligen Zeitpunkt waren die Holocaust-Leugner gegen die Tagebücher schon so häufig und vehement Sturm gelaufen – im Prinzip allerdings immer wieder mit denselben Argumenten –, daß man in jener staatlichen Einrichtung beschloß, die Tagebücher, das beschriebene Papier, den Leim des Einbands sowie die Tinte sorgfältigen wissenschaftlichen Überprüfungen zu unterziehen, um ihre Authentizität ein für allemal festzustellen. Des weiteren wurden Briefmarken, Post- und Zensurstempel auf Post- und Grußkarten sowie Briefen einbezogen, die von Anne und ihrer Familie im bewußten Zeitraum versandt worden waren (neben den Tagebüchern untersuchte das Institut zweiundzwanzig weitere Dokumente mit Schriftproben Annes und ihrer Angehörigen.) Forensische Experten analysierten Annes Handschrift, wobei sie sich besonders auf die beiden unterschiedlichen Schrifttypen konzentrierten, und verfertigten einen 250 Seiten starken, durch und durch technischen Bericht über ihre Erkenntnisse.

Demnach waren Papier, Leim, Fasern des Einbands sowie Tinte allesamt in den 40er Jahren gang und gäbe. Die Tinte enthielt Eisen, was bei Tinten vor 1950 üblich war. (Von 1950 an benutzte man Tinte ohne Eisen oder mit einem wesentlich niedrigeren Eisengehalt.) Der Befund der Sachverständigen räumt mit jedem Zweifel auf: Die Tagebücher wurden von einer einzigen Person im fraglichen Zeitraum verfaßt. Korrekturen waren selten, und wenn, dann erstreckten sie sich auf einzelne Buchstaben und höchstens bis zu drei Wörtern. Ein Vergleich mit der ursprünglichen Version erbrachte, daß sie die Aussage des Textes keinesfalls verändern.[53] Das Institut gelangte ferner zu dem Schluß, die diversen Handschriften hingen mit der normalen Entwicklung eines Kindes zusammen, und verlieh seiner Überzeugung Ausdruck, daß jeder Satz der Tagebücher von derselben Hand geschrieben worden war wie die Karten und Briefe, die Anne in den vorangegangenen Jahren an Klassenkameradinnen geschickt hatte.

Das Endergebnis der Studie bestand in einer 712 Seiten umfassenden kritischen Edition der Tagebücher, welche deren Originalfassung, die von Anne überarbeitete Kopie, das publizierte Manuskript sowie den Expertenbericht umfaßte. Man kann zwar der Ansicht sein, das Niederländische Institut für Kriegsdokumentation habe einen Vorschlaghammer benutzt, um eine Fliege zu erschlagen, aber die Angelegenheit verdeutlicht ein weiteres Mal, daß die Unterstellungen der Holocaust-Leugner mit Wahrheit und Realität nichts, aber auch gar nichts gemein haben.

Anmerkungen

Der Verlag bemühte sich um die Auffindung aller deutschen Quellen; wo dies nicht möglich war, wird auf die amerikanischen Originalvermerke verwiesen.

1. Holocaust-Leugnung ...

1. Dumas Malone, *The Sage of Monticello: Jefferson and His Time*, Band 6, Boston 1981, S. 417f.
2. Marvin Perry, *Denying the Holocaust: History as Myth and Delusion*, in: *Encore American and Worldwide News*, September 1981, S. 28–33.
3. Ein Beispiel hierfür bietet die Art und Weise, in welcher die Holocaust-Leugner mit Anne Franks Tagebuch umspringen. David Barnouw und Gerrold van der Stroom (Hrsg.), *The Diary of Anne Frank*. Kritische Ausgabe, New York 1989, S. 91–101.
4. Der Zwischenfall ereignete sich am 9. Februar 1990 an der Purdue University, Indianapolis. In der Folge stellte sich übrigens heraus, daß der Dozent wegen Diebstahls von Kriegsausstellungsstücken aus einem Museum der Stadt in Haft gewesen war, in: *Indianapolis News*, 16. Februar 1990.
5. *Indianapolis Star*, 22. und 23. Februar 1990.
6. *The Sagamore*, 26. Februar 1990.
7. «Wie ein stinknormaler Mensch», so beschrieb Whoopi Goldberg den Neonazi Tom Metzger, den sie im September 1992 in ihrer Fernsehshow auftreten ließ. Metzger, ein fanatischer Rassist und Antisemit, befürwortet eine nötigenfalls mit Gewalt durchgesetzte Segregation der Schwarzen. Goldberg gab zu bedenken, er sei besonders gefährlich, weil er so zivil wirke. Howard Rosenberg, Fernsehkritiker der *Los Angeles Times*, stellte die Frage, warum Goldberg ihn dann unbedingt in ihre Sendung einladen mußte, nachdem sie solches erkannt habe. Sie war offensichtlich demselben Syndrom zum Opfer gefallen, dem auch diejenigen unterliegen, die Holocaust-Leugnern Auftrittsmöglichkeiten einräumen, in: *Los Angeles Times*, 21. September 1992.
8. *New Orleans Times-Picayune*, 26. August 1990.

9. Aus einem von David Duke unterzeichneten Begleitbrief zum *Crusader* im Februar 1980, zitiert nach David Duke, *In His Own Words*, New York, o. J.
10. Laut einem Interview der Zeitschrift *Hustler*, Abdruck in: *National Association for the Advancement of White People News*, August 1982.
11. Jason Berry, *Duke's Disguise*, in: *The New York Times*, 16. Oktober 1991. Siehe auch die «Briefe an den Herausgeber» in: *New York Times*, 19. Oktober 1991.
12. Jason Berry, *The Hazards of Duke*, in: *Washington Post*, 14. Mai 1989. Er versuchte außerdem, sich den Anschein zu geben, als habe er seine Ansichten in anderen Bereichen modifiziert. Beispielsweise redete er nicht länger von der Zwangssterilisierung aller Mütter, die Sozialfürsorge empfingen; mittlerweile ging es ihm um «Erleichterungen bei der Empfängnisverhütung» in: *Los Angeles Times*, 10. Juni 1990. Siehe auch Lawrence N. Powell, *Read my Liposuction: The Makeover of David Duke*, in: *New Republic*, 15. Oktober 1990.
13. Jacob Weisberg, *The Heresies of Pat Buchanan*, in: *New Republic*, 22. Oktober 1990, S. 26 f.
14. Ebd., S. 26.
15. Bericht der Anti-Defamation League zu Pat Buchanan, in: *Los Angeles Jewish Journal*, 28. September 1991.
16. *New York Times*, 14. Februar 1992.
17. David Warshofsky (Pseudonym) in einem Gespräch mit der Autorin, Dezember 1992. «Warshofsky» nimmt regelmäßig an den Konferenzen des Instituts teil und steht in ständigem Kontakt mir diversen Holocaust-Leugnern sowohl in den USA wie auch in Europa.
18. Robert D. Kaplan, *Croatianism: The Latest Balkan Ugliness*, in: *New Republic*, 25. November 1991, S. 16.
19. *Kroatien*, in: Israel Gutman (Hrsg.), *Enzyklopädie des Holocaust*, Berlin 1990, S. 824.
20. Einige der Schlüsselfiguren der slowakischen Separatistenbewegung haben aktiv Holocaust-Leugnung betrieben. in: *Jewish Telegraphic Agency*, 17. März 1992.
21. *Jewish Telegraphic Agency*, 6. November 1992; *The Times*, 6. März 1988.
22. *Daily Telegraph*, 10. Juli 1992.
23. *Sunday Telegraph*, 12. Januar 1992.
24. *Daily Telegraph*, 10. Juli 1992.
25. *Independent on Sunday*, 10. Mai 1992.
26. Frederick Brown, *French Amnesia*, in: *Harper's*, Dezember 1981, S. 70.

27. Nadine Fresco, *The Denial of the Dead: On the Faurisson Affair*, in: *Dissent*, Herbst 1991, S. 467.
28. Bradley F. Smith, Agnes F. Peterson (Hrsg.), *Heinrich Himmler – Geheimreden 1933–1945*, Wien 1974, S. 170.
29. Vidal-Naquet, *Assassins of Memory*, S. 115.
30. Ebd.
31. *Guardian*, 3. Juli 1986; *Le Monde*, 4. Juli 1886.
32. *New Statesman*, 10. April 1981, S. 4.
33. *Annales d'Histoire Revisionniste*, Band 1, 1987; Judith Miller, *One by One by One: Facing the Holocaust*, New York 1990, S. 134.
34. Miller, *One by One by One*, S. 137; *Jewish Telegraphic Agency*, 23. Oktober 1987.
35. *Time*, 28. Mai 1990; *U.S. News & World Report*, 28. Mai 1990, S. 42; *Los Angeles Times*, 29. Mai 1990, S. H1, S. H7. Bei den darauffolgenden Parlamentswahlen erlitt Le Pens Partei eine Niederlage, doch das hing mit einer Änderung des Wahlsystems und nicht mit einer Einbuße an Unterstützung seitens der Wähler zusammen, in: Miller, *One by One by One*, S. 138.
36. *Jewish Telegraphic Agency*, 23. Oktober 1987; Alain Finkielkraut, *Remenbering in Vain: The Klaus Barbie Trial and Crimes Against Humanity*, New York 1989, S. 35–44.
37. *L'Express*, 28. Oktober bis 4. November 1978; Gill Seidel, *The Holocaust Denial*, Leeds (GB), 1986.
38. *New Statesman*, 7. September 1979, S. 332.
39. *The Times*, 11. Mai 1990; *Jewish Week*, 15. September 1989.
40. *Jahresbericht des Dokumentationszentrums*, Wien 1988.
41. *Austrian News* der Abteilung für Presse- und Öffentlichkeitsarbeit an der Österreichischen Botschaft in Washington, Oktober 1989.
42. *Spotlight*, 1. Juni 1992.
43. 1991 führte das Gallup-Institut in Österreich eine Umfrage zur Einstellung gegenüber den Juden durch, welche das *American Jewish Committee* in Auftrag gegeben hatte. 53 Prozent der Befragten hielten die Zeit für gekommen, «den Holocaust zu den Akten zu legen», 39 Prozent waren der Meinung, die «Juden hätten im Verlauf der Geschichte viel Schaden angerichtet». Beinahe ebenso viele glaubten, die Juden besäßen «zu großen Einfluß» auf Weltangelegenheiten; fast zwanzig Prozent wollten die Juden des Landes verwiesen sehen. Statistische Angaben wie diese charakterisieren ein Land, das für eine antisemitische Bewegung wie die Holocaust-Leugnung «reif» ist. In: Fritz Karmasin, *Austrian Attitudes Towards Jews, Israel and the Holocaust*, New York 1992. Siehe auch *Profil* Nr. 44/1991 und 45/1991.

44. *Jewish Telegraphic Agency*, 18. August 1992, S. 4; 11. November 1992.
45. *Jewish Telegraphic Agency*, 2. und 4. November 1992.
46. *Arab News*, 8. Mai 1988.
47. *New York Times*, 10. Dezember 1989.
48. *New Statesman*, 7. September 1979; *Searchlight*, November 1988, S. 15.
49. *Jewish Telegraphic Agency*, 22. 12. 1992. Außerhalb der Liga konnten australische Bürger ungeschoren Vorwürfe im Sinn der Holocaust-Leugnung äußern. Dr. Anice Morsey, eine bekannte Persönlichkeit aus den Kreisen in Australien lebender Araber, beschuldigt die Zionisten, sich die Geschichte vom Holocaust ausgedacht zu haben. Sie unterstellte, bei den getöteten Juden habe es sich um Spione oder Mitglieder der Fünften Kolonne gehandelt. Morsey bekräftigte, Israel sei der finanzielle Nutznießer dieser Erfindung und Deutschland deren Opfer. Morseys Ansichten scheinen ihrer Karriere nicht geschadet zu haben. Kurz nach dieser Äußerung ernannte die Regierung in Victoria sie zur Beauftragten für ethnische Angelegenheiten. In: *An Nahar*, 8. 11. 1992, Referenz bei: Jeremy Jones, *Holocaust Revisionism in Australia*, in: *Without Prejudice*, Publikation des *Australian Institute of Jewish Affairs*, 4. 12. 1991, S. 53. Kenneth Sterns demnächst erscheinendes Buch *Holocaust Denial* enthält einen ausführlichen Überblick über die jüngsten Betätigungen der Holocaust-Leugner weltweit. In: New York: *American Jewish Committee* 1993, Kapitel 2.
50. *New York Times*, 12. März 1987; Jennifer Golub, *Japanese Attitudes Toward Jews*, New York: *American Jewish Committee*, 1992, S. 6.
51. The Weekend Australian, 19./20. August 1989; *New York Times*, 25. Dezember 1988; *Time*, 7. Oktober 1991.
52. Yehuda Bauer, *Revisionism – The Repudiation of the Holocaust and Its Historical Significance*, in: Yisrael Gutman und Gideon Grief (Hrsg.), *The Historiography of the Holocaust Period*, Jerusalem 1988, S. 702.
53. *Los Angeles Times*, 18. Dezember 1990.
54. *Near East Report*, 16. April 1990, S. 72.
55. Aus einem Gespräch mit Robert Faurisson in Vichy im Juni 1989.
56. *Jewish Telegraphic Agency*, 26. November 1992.
57. *Esquire*, Februar 1983.
58. *The Progressive*, April 1986, S. 4.
59. Peter Hayes, *A Historian Confronts Denial*, in: G. Jan Colijn und Marcia S. Littell (Hrsg.), *The Netherlands and Nazi Genocide*, Lewiston 1992, S. 522.

60. Safet M. Sarich gegenüber Erziehern in Winnetka im Mai 1991.
61. *New York Times*, 1. Januar 1981.
62. Gitta Sereny, *The Judgment of History*, in: *New Statesman*, 17. Juli 1981, S. 16; Noam Chomsky, *The Commissars of Literature*, in: *New Statesman*, 14. August 1981, S. 13.
63. Noam Chomsky, *Chomsky: Freedom of Expression? Absolutely*, in: *Village Voice*, 1.–7. Juli 1981, S. 12. Siehe auch Noam Chomsky, *The Faurisson Affair: His Right to Say It*, in: *Nation*, 28. Februar 1991, S. 231. Gitta Sereny, *Let History Judge*, in: *New Statesman*, 11. September 1981, S. 12.
64. Alfred Kazin, *Americans Right, Left and Indifferent: Responses to the Holocaust*, in: *Dimensions*, Band 4, Nr. 1, 1988, S. 12.
65. Er zeigte sich insbesondere betrübt angesichts der Entscheidung der Lyoner Universität, Faurisson dort keine Vorlesung halten zu lassen, da die Universität nicht für seine Sicherheit garantieren könnte.
66. Laut einer Äußerung von Präsident H. Keith H. Brodie von der *Duke University* am 6. November 1991.
67. Fish argumentierte dahingehend, seine Aufgabe bestünde nicht im «Ausgraben» von Texten, sondern seine Aufgabe sei «… das Herstellen von Texten sowie anderen beizubringen, wie man Texte herstellte». Er empfand dies als befreienden Ansatz, da es ihn der «Verpflichtung enthob, recht zu haben … und nichts weiter voraussetzte, als daß ich interessant bin». In: Peter Novick, *That Noble Dream: The Objectivity Question and the American Historical Profession*, Cambridge 1988, S. 544.
68. Nelson Goodman, *Ways of Worldmaking*, Indianapolis 1978, Referenz bei Novick, That Noble Dream, S. 539.
69. Richard Rorty, *Pragmatism, Relativism and Irrationalism*, in: *Consequeces of Pragmatism*, Minneapolis 1982, S. 166. Siehe auch Novick, *That Noble Dream*, S. 540.
70. Hilary Putnam, *Truth and History*, Cambridge 1981, S. 54.
71. *Time*, 26. August 1991, S. 19.
72. *Newsweek*, 18. September 1991, S. 47.
73. Charles Maier, *The Unmasterable Past: History, Holocaust and German National Identity*, Cambridge 1988, S. 64.
74. Novick, *That Noble Dream*, S. 448 ff.
75. Leserbrief Mark Lanes an das *Los Angeles Daily Journal*, 13. November 1991.
76. Laut Gesprächen mit Robert Faurisson in Vichy im Juni 1989.
77. Harry Elmer Barnes, *Revisionism: A Key to Peace*, in: *Rampart Journal*, Frühjahr 1966, S. 3.

78. Austin J. App, *History's Most Terrifying Peace*, S. 106, Referenz bei *Prevent World War III*,o.J., S. 7.
79. Harry Elmer Barnes, *Revisionism and Brainwashing: A Survey of the War-Guilt Question in Germany after Two World Wars*, o.O. 1962, S. 33 (im folgenden Referenz auf *Brainwashing*).
80. Die kanadische Zeitungsberichterstattung über den Prozeß bediente sich in regelmäßigen Abständen Schlagzeilen wie «Nazi Camp had Pool, Ballroom», in: *Toronto Sun*, 13. Februar 1989; *Prisoners at Auschwitz dined, danced to band, Zundel Witness testifies*. in: *Toronto Star*, 13. Februar 1985.
81. Laut Gesprächen mit Robert Faurisson in Vichy im Juni 1989.
82. Maier, *The Unmasterable Past*, S. 64.
83. Colin Holmes, *Historical Revisionism in Britain, The Politics of History*, in: *Trends in Historical Revisionism: History as a Political Device*, London 1985, S. 8.
84. Dumas Malone, *The Sage of Monticello*, S. 417 f.
85. Novick, *That Noble Dream*, S. 2.
86. *Newsletter* des *Institute for Historical Review* im April 1987, S. 1.
87. *New York Review of Books*, 22. März 1979, S. 47. Siehe auch Pierre Vidal-Naquet, *Assassins of Memory*, S. 3–7.
88. *Democracy*, Band 1–2, April 1981, S. 73 ff.
89. Justus D. Doenecke, *Harry Elmer Barnes: Prophet of a Usable Past*, in: *History Teacher*, Februar 1975, S. 273.
90. Geoffrey Hartman, *Blindness and Insight*, in: *New Republic*, 7. März 1988, S. 26–31.
91. Donald Cameron Watt, *The Political Misuse of History*, in: *Trends in Historical Revisionism: History as a Political Device*, London 1985, S. 11.

2. Die Vorläufer ...

1. Sidney B. Fay, *New Light on the Origins of the World War*, in: *American Historical Review*, Band 25, 1920, S. 616–639; Band 26, 1920, S. 37–53, und Band 26, 1921, S. 225–254.
2. Sidney B. Fay, *The Origins of the World War*, Band 2, New York 1966, S. 552–554.
3. Novick, *That Noble Dream*, S. 210 ff.
4. Ebd., S. 212.
5. Charles Beard, *Heroes and Villains of the World War*, in: *Current History*, Band 24, 1926, S. 733.

6. Fay, *Origins of the World War*, Band 1, S. 8.
7. Harry Elmer Barnes, *The Genesis of the World War: An Introduction to the Problem of War Guilt*, New York 1929, S. 641.
8. Zur Analyse der Beweismittel, die der Kriegschuldskommission bei der Pariser Friedenskonferenz vorgelegt wurden, sowie der auf ihnen begründeten Schlußfolgerungen siehe A. von Wegerer, *Die Widerlegung der Versailler Kriegsschuldthese*, in: *Die Kriegsschuldfrage*, Band 6, Januar 1928, S. 1–77; außerdem seinen Artikel und die Reaktionen hierauf in: *Current History*, August 1928, S. 810–828, Hinweis bei Fay, *Origins of the World War*, Band 2, S. 549.
9. Barnes, *Genesis*, S. 641 f.
10. Ebd., S. 647.
11. Für eine Untersuchung britischer Propaganda siehe C. Hartley Grattan, *Why We Fought*, 1928, und Walter Millis, *Road to War*, 1935, Referenz bei John E. Wiltz, *From Isolationism to War, 1931–1941*, New York 1968, S. 8.
12. Wiltz, *From Isolationism to War*, S. 7.
13. Charles A. Beard, *President Roosevelt and the Coming of the War*, New Haven 1948, S. 5.
14. Barnes, *Genesis*, S. 648.
15. Fay, *Origins of the World War*, S. 558.
16. Wiltz, *From Isolationism to War*, S. 17.
17. Wayne S. Cole, *Roosevelt and the Isolationists, 1932–1954*, Lincoln, Nebraska 1983, S. 6.
18. Für Hintergrundinformationen über die Isolationisten/Revisionisten und eine wohlwollende Darstellung ihrer Überlegungen siehe Justus D. Doenecke, *Not to the Swift: The Old Isolationists in the Cold War Era*, London 1982; außerdem Wayne S. Cole, *Charles A. Lindbergh and the Battle Against American Intervention in World War II*, New York 1974, S. 379–381.
19. Tom Connally, *My Name Is Tom Connally*, New York 1954, S. 211–214, Referenz bei Cole, *Roosevelt and the Isolationists*, S. 161.
20. Cordell Hull; *Memoirs of Cordell Hull*, Band 1, New York 1948, S. 404.
21. Cole, *Roosevelt and the Isolationists*, S. 161; Dexter Perkins, *The New Age of Franklin Roosevelt*, Referenz bei Wiltz, *From Isolationism to War*, S. 50.
22. Wiltz, *From Isolationism to War*, S. 7.
23. Johnson zu Hiram W. Johnson jr. am 11. und 19. Februar 1939, Johnson zu Frank P. Doherty am 11. Februar 1939; *Johnson Papers*, Referenz bei Cole, *Roosevelt and the Isolationists*, S. 308 und 607.

24. Edward S. Shapiro, «*Antisemitism Mississippi Style*», in: David Gerber (Hrsg.), *Antisemitism in American History*, Urbana, Chicago 1986, S. 129–147. Rankin lehnte auch die Aufhebung des *Chinese Exclusion Act* ab, weil die «Japse» Amerika nach dem Krieg überschwemmen würden (siehe Doenecke, *Not to the Swift*, S. 21).
25. *Congressional Record* der 1. Sitzung des 77. Kongresses, 1941, 87:6565; Cole, *Roosevelt and the Isolationists*, S. 475 f.
26. Cole, *Roosevelt and the Isolationists*, S. 465. Zum amerikanischen Antisemitismus bei *America First* siehe James C. Schneider, *Should America Go to War? The Debate over Foreign Policy in Chicago, 1939–1941*, Chapel Hill, North Carolina 1989, S. 210.
27. Charles Beard, *We're Blundering Into War*, in: *American Mercury*, April 1939, S. 388–390.
28. *The International Jew: The World's Foremost Problem*, Hawthorne, Kalifornien o. J. Zur Analyse antisemitischer Verschwörungstheorien in den USA siehe Seymour Martin Lipset und Earl Raab, *The Politics of Unreason: Right-Wing Extremism in America, 1790–1977*, 2. Auflage, Chicago 1978, Kapitel 4–6. Zu den Auswirkungen der positiven Rezeption der «Protokolle ...» siehe Norman Cohn, *Warrant for Genocide*, New York 1966, S. 156–164. Für eine verbindliche Übersicht zur Rolle von Verschwörungstheorien in Amerika siehe George Johnson, *Architects of Fear: Conspiracy Theories and Paranoia in American Politics*, Boston 1983. Zur Person Henry Fords siehe ebd., S. 111–114. Für Informationen über die zeitgenössische Rezeption der «Protokolle» siehe *Patterns of Prejudices*, November/Dezember 1977.
29. Lipset und Raab, *Politics of Unreason*, S. 135.
30. Johnson, *Architects of Fear*, S. 78–80.
31. Henri Zukier, *The Conspiratorial Imperative: Medieval Jewry in Western Europe*», in: Carl F. Graumann und Serge Moscovici (Hrsg.), *Changing Conceptions of Conspiracy*, New York 1987, S. 93–101.
32. Leitartikel der *Chicago Tribune*, 9. November 1945. John T. Flynn, *The Roosevelt Myth*, New York 1948. Ahnliche Ärgumente finden sich u. a. in den Büchern William Henry Chamberlins, *America's Second Crusade*, Chicago 1950, und Frederic R. Sanborns, *Design for War*, New York 1951.
33. Beard, *President Roosevelt*, S. 577.
34. *Time*, 16. Juni 1947, S. 29, Referenz bei Doenecke, *Not to the Swift*, S. 101.
35. Charles C. Tansill, *Back Door to War: The Roosevelt Foreign Policy, 1933–1941*, Chicago 1952, S. 9.
36. Tansill, *Back Door to War*, S. 510.

37. Zu Tansills Ansichten über Hitler siehe Charles C. Tansill am 10. November 1950 gegenüber Harry Elmer Barnes, *Barnes Papers*, Universität von Wyoming. Für Hintergrundinformationen zu Tansills konservativer, segregationistischer Haltung siehe Doenecke, *Not to the Swift*, S. 101 f und 112.
38. Tansill, *Back Door to War*, S. 554 f.
39. Austin App, *A Straight Look at the Third Reich: Hitler and National Socialism, How Right? How Wrong?*, Tacoma Park, Maryland 1974, S. 40.
40. William Henry Chamberlin, *Shifting American Alignments*, in: *Human Events*, 22. Mai 1946.
41. Freda Utley, *The High Cost of Vengeance*, Chicago 1949, S. 14.
42. George Morgenstern, *Pearl Harbour: The Story of the Secret War*, New York 1947, S. 4, S. 7, S. 283, Referenz bei Doenecke, *Not to the Swift*, S. 97.
43. William Neumann am 30. Januar 1946 gegenüber H. E. Barnes, *Barnes Papers*, Referenz bei Doenecke, *Not to the Swift*, S. 141.
44. Frederick Libby, *Peace Action*, Band 9, Juli 1945, S. 3 f.
45. Leonard Dinnerstein, *America and the Survivors of the Holocaust*, New York 1982, S. 162–183.
46. Doenecke, *Not to the Swift*, S. 133.
47. Ebd., S. 145.
48. In einer abgeschwächteren und wesentlich sachlicheren Verteidigung des deutschen Volkes beschrieb Philip La Follette, ehemaliger Gouverneur von Wisconsin, die Deutschen als die ersten Opfer nazistischer Brutalität.
49. *Congressional Record*, 29. März 1946, S. 2801, und 18. April 1946, S. 3962.
50. Besorgnis wegen der Lebensbedingungen der Deutschen bedeutete nicht immer automatisch mangelnde Betroffenheit gegenüber den Leiden der Juden. Vor dem Senat erwies Langer sich als eifriger Fürsprecher des führenden jüdischen Aktivisten Peter Bergson, der ein umfangreiches amerikanisches Rettungsprogramm für die Juden Europas forderte. 1943 hatte Langer auf einer Senatssitzung die Bermuda-Konferenz öffentlich als Täuschungsmanöver auf Betreiben der Regierungen Großbritanniens und der USA kritisiert, durch welche der falsche Eindruck geschaffen werden sollte, man erwäge ernsthaft Rettungspläne. Er warnte davor, daß «zwei Millionen Juden in Europa bereits umgebracht worden sind und weitere fünf Millionen dasselbe Schicksal erwartet, wenn ihnen nicht auf der Stelle geholfen wird. An jedem Tag, in jeder Stunde, jeder Minute, die vergehen, fallen Tausende der Vernich-

tung zum Opfer.» Langers Position sowohl im als auch nach dem Krieg lassen sich in hohem Maß von seiner ablehnenden Haltung der demokratischen Außenpolitik gegenüber herleiten (David Wyman, *The Abandonment of the Jews: America and the Holocaust, 1941–1945*, New York 1984, S. 143.

51. Doenecke, *Not to the Swift*, S. 215.
52. Utley, *High Cost of Vengeance*, S. 14 (Hervorhebungen von der Autorin).
53. Ebd., S. 14 f.
54. Zu diesen Verbrechen zählt sie «die Vernichtungsangriffe aus der Luft; die Massenenteignungen und Massenvertreibungen von zwölf Millionen Deutschen ihrer Volkszugehörigkeit wegen; das Aushungern der Deutschen in den ersten Jahren der Besetzung; den Einsatz von Kriegsgefangenen zur Zwangsarbeit; die russischen Konzentrationslager und die Plünderungen seitens der Amerikaner wie auch der Russen» (Utley, *High Cost of Vengeance*, S. 183).
55. *Slaveholders Always Defend Slavery*, in: *Chicago Tribune*, 10. Dezember 1946.
56. Karl Brandt, *Germany Is Our Problem*, Flugblatt, Hinsdale, Illinois 1946.
57. *Chicago Tribune*, 26. Juli 1945; Charles A. Beard am 8. November 1946 gegenüber Oswald Garrison Villard, *Villard Papers*, Referenz bei Doenecke, *Not to the Swift*, S. 140 f und S. 149, Anm. 43.
58. *The Nazi Trials*, Leitartikel der *Chicago Tribune*, 24. Juli 1945.
59. *Congressional Record* der 2. Sitzung des 82. Kongresses, 11. März 1952, S. 2106 und S. 2110, Referenz bei Shapiro, *Antisemitism Mississippi Style*, S. 136.
60. Frank C. Waldrop, *McCormick of Chicago*, Englewood, New Jersey 1966, S. 263. Für zusätzliche Informationen über die von der *Chicago Tribune* unterstützte Außenpolitik in der Zeit zwischen den beiden Weltkriegen siehe Jerome Edwards, *The Foreign Policy of Colonel McCormick's Tribune, 1921–1941*, Reno 1971.
61. *New York Daily News*, 6. Oktober 1945.
62. *Nation*, 19. Mai 1945, S. 579.
63. *Progressive*, 14. Mai 1945, Referenz bei Robert Abzug, *Inside the Vicious Heart*, New York 1985, S. 136 f.
64. Allgemeine Zweifel an den Nachrichten über Massenmorde und andere Greueltaten der Deutschen hielten sich noch bis zur Befreiung der Lager am Leben. Im April 1945 hatte die BBC sich dazu entschlossen, den Bericht ihres Reporters über die Befreiung Buchenwalds nicht auszustrahlen, da befürchtet wurde, das Publikum würde ihm keinen Glau-

ben schenken. Man wartete einige Tage, bis zum Erhalt von Edward R. Murrows Bericht. Weil Murrow in der britischen Öffentlichkeit ungeheures Ansehen genoß, war man bei der BBC der Überzeugung, daß seine Beschreibung der von den Deutschen verübten Greueltaten mit größerer Wahrscheinlichkeit als zutreffend akzeptiert würden. Sogar Murrow selbst machte sich Sorgen, daß man seine Darstellung als übertrieben zurückweisen könnte; in seiner berühmt gewordenen Sendung bat er seine Hörer: «Ich beschwöre Sie, zu glauben, was ich gesagt habe.»

65. William Hesseltine, *Atrocities Then and Now*, in: *Progressive*, 9. Mai 1945, S. 4.
66. App, *A Straight Look*, S. 5.
67. Mark Weber, *Civil War Concentration Camps*, in: *Journal of Historical Review*, Sommer 1981, S. 144 und S. 150–152.
68. C.C. Aronsfeld, *The Text of the Holocaust*, Marblehead, Massachusetts 1985, S. 52.
69. Ebd., S. 55. Grabert verlegte auch David Leslie Hoggans *Der erzwungene Krieg* (Tübingen 1964), ein Werk, von dem viele Impulse für die Entwicklung der Holocaust-Leugnung in den USA und Deutschland ausgingen.
70. Welt der Arbeit, 26. Mai 1961.
71. *Deutsche Hochschullehrer-Zeitung*, Nr. 4, Tübingen 1963, zitiert nach Aronsfeld, *Text of the Holocaust*, S. 56.
72. Nadine Fresco, *The Denial of the Dead: On the Faurisson Affair*, in: *Dissent*, Herbst 1981, S. 473 f.

3. Anfänge der Holocaust-Leugnung

1. Maurice Bardèche, *Nuremberg ou la Terre Promise*, Paris 1948, Referenz bei: Gill Seidel, *The Holocaust Denial: Antisemitism, Racism and the New Right*, Leeds, England 1986, S. 95.
2. Ian Barnes, *Revisionism and the Right – A Contemporary Affairs Briefing of the Centre for Contemporary Studies*, Wiederabdruck in: *Jewish Echo*, Glasgow am 8. Januar 1982, S. 6.
3. Pierre Hofstetter, Einführung zu Paul Rassinier, *Debunking the Genocide Myth: A Study of the Nazi Concentration Camps and the Alleged Extermination of European Jewry*, Torrance, Kalifornien 1978, S. X (im folgenden Referenz auf *Debunking*).
4. Ebd., S. X.
5. Ebd., S. 164.

6. Ebd., S. 35.
7. Ebd.
8. Ebd., S. 37.
9. Ebd., S. 36.
10. Ebd., S. 185.
11. Ebd., S. 53 und S. 55.
12. Ebd., S. 216.
13. Ebd.
14. Ebd., S. 218 f.
15. Ebd., S. 219.
16. Ebd., S. 214.
17. Paul Rassinier, *The Real Eichmann Trial, or The Incorrigible Victors*, Silver Spring, Massachusetts o. J., S. 47.
18. *Debunking*, S. 214.
19. Ebd.
20. Israelisches Außenministerium, *Documents Relating to the Agreement Between the Government of Israel and the Government of the Federal Republic of Germany*, Jerusalem 1953, S. 9–91. Am 14. März 1951 erklärte Außenminister Moshe Sharett in einer Rede vor der Knesset, daß «die Reparationsforderungen entsprechend den Kosten kalkuliert wurden, welche die israelische Bevölkerung wie auch jüdische Organisationen weltweit auf sich genommen haben, um die Rehabilitation und Integration einer halben Million Holocaust-Überlebender zu finanzieren, die sich in Israel niedergelassen haben oder niederlassen werden». Nana Sagi, *German Reparations: A History of the Negotiations*, Jerusalem 1980, S. 55.
21. *Debunking*, S. 219.
22. Raul Hilberg, *The Destruction of the European Jews*, New York 1967, S. 311; *Debunking*, S. 219.
23. Hannah Arendt, *Eichmann in Jerusalem*, München 1964/1986, S. 108 f.
24. *Debunking*, S. 220.
25. Hilberg, *The Destruction of the European Jews*, S. 670.
26. *Debunking*, S. 219.
27. Archivsammlungen der früheren UdSSR, die Historikern bisher verschlossen waren, sind seit neuestem für Forschungszwecke zugänglich. Es besteht die Wahrscheinlichkeit, daß die dort dokumentierten Informationen Änderungen in der Schätzung der Todesopfer mit sich bringen werden.
28. Hilberg, *Die Vernichtung der europäischen Juden*, S. 411.
29. Ebd., S. 266.

30. *Debunking*, S. 224.
31. Ebd., S. 288.
32. Artikel *Raphael Lemkin* in: *Enzyklopädie des Holocaust*, Berlin 1990, S. 860.
33. *Debunking*, S. 289.
34. Ebd., S. 309.
35. Ebd., S. 306.
36. Der *American Mercury* wurde von seinem langjährigen Herausgeber H. L. Mencken begründet. Unter Mencken galt er als führende amerikanische Literaturzeitschrift; Werke Sinclair Lewis', Eugene O'Neills, Carl Sandburgs und Robert Frosts erschienen darin. 1935 verkaufte Mencken den *Mercury*. In der Folge entwickelte er sich mehr und mehr zu einer extrem konservativen Publikation. 1955 berichtete *Time Magaxine*, die meisten wichtigen Redakteure des *American Mercury* hätten mittlerweile aus der Überzeugung heraus gekündigt, daß «man verstärkt versuchte, antisemitisches Schriftgut» in das Magazin aufzunehmen.
37. *Debunking*, S. 309.

4. Die ersten Regungen ...

1. Arnold Forster, *The Ultimate Cruelty*, in: *ADL Bulletin*, Juni 1959, S. 1 ff.
2. Ebd., S. 2.
3. Ebd.
4. Benjamin H. Freedman, *Six Million Jew Hoax*, in: *Common Sense*, 1. Mai 1959.
5. Forster, *The Ultimate Cruelty*, S. 2.
6. Arthur Butz, *The International ‹Holocaust› Controversy*, in: *Journal of Historical Review*, Frühjahr 1980, S. 6.
7. *Our Sunday Visitor*, 14. Juni 1959; Forster, *The Ultimate Cruelty*, S. 7.
8. Forster, *The Ultimate Cruelty*, S. 7.
9. Peter Baldwin, *The ‹Historikerstreit› in Context*, in: Peter Baldwin (Hrsg.), *Reworking the Past: Hitler, the Holocaust and the Historians' Debate*, Boston 1990, S. 24.
10. Paul L. Berman, *Gas Chamber Games: Crackpot History and the Right to Lie*, in: *Village Voice*, 10.–16. Juni 1981, S. 40; Harry Elmer Barnes, *The Court Historians Versus Revisionism*, o. O., o. J., S. 3.
11. Novick, *That Noble Dream*, S. 208.
12. Charles A. Beard an Harry Elmer Barnes am 28. Juni 1924, in *Barnes*

Papers, Kasten Nr. 79, Referenz bei Novick, *That Noble Dream*, S. 212.

13. Seine Deutschlandreise zur Untersuchung des Versailler Vertrages beeinflußte seine späteren historischen Ansichten erheblich; *Brainwashing*, S. 24.
14. *Brainwashing*, S. 13 und 18.
15. Harry Elmer Barnes, *Revisionism and the Promotion of Peace*, in: *Journal of Historical Review*, Frühjahr 1982, S. 61. Der Artikel erschien ursprünglich im Sommer 1958 in *Liberation* und wurde später als Einzelnachdruck herausgegeben.
16. H. E. Barnes an C. C. Tansill am 7. November 1950, Referenz bei Doenecke, *Not to the Swift*, S. 105.
17. Barnes, *Revisionism and the Promotion of Peace*, S. 65.
18. Ebd., S. 67 f.
19. H. E. Barnes an W. L. Neumann am 8. Februar 1952, Referenz bei Doenecke, *Not to the Swift*, S. 104.
20. Barnes, *Revisionism and the Promotion of Peace*, S. 68.
21. Harry Elmer Barnes, *The Struggle Against the Historical Blackout*, o. O. 1952, S. 11.
22. Barnes, *Revisionism and the Promotion of Peace*, S. 72.
23. *Brainwashing*, S. 3.
24. Harry Elmer Barnes an Oswald Garrison Villard am 28. Oktober 1948, *Harvard University*.
25. Harry Elmer Barnes an Oswald Garrison Villard am 5. März 1949, *Harvard University*.
26. *Brainwashing*, S. 5.
27. Ebd.
28. Lucy Dawidowicz, *Lies about the Holocaust*, in: *Commentary*, Dezember 1980, S. 32.
29. David Leslie Hoggan, *Der erzwungene Krieg*, Tübingen 1964.
30. Hoggan, *The Forced War*, S. 156.
31. Hilberg, *Die Vernichtung der europäischen Juden*, S. 143 f.
32. Hoggan, *The Forced War*, S. 101.
33. US-Außenministerium, *Foreign Relations of the United States, 1938*, Band 2, Washington, D.C., 1938, S. 391 f.
34. Hoggan, *The Forced War*, S. 101.
35. US-Außenministerium, *Foreign Relations of the United States, 1938*, Band 2, S. 361.
36. Helmut Krausnick, damaliger Direktor des Münchener Instituts für Zeitgeschichte, vermerkte, daß Hoggan sich bei den Vorarbeiten zu seinem Buch tatsächlich auf das Gebiet vorsätzlicher Fälschung begab.

Siehe Krausnicks Vorwort zu Hermann Gramls Hoggan-Kritik *David L. Hoggan und die Dokumente*, in: *Geschichte in Wissenschaft und Unterricht*, August 1963.

37. Siehe Gerhard L. Weinbergs Rezension in *American Historical Review*, Band 68, Nr. 1, Oktober 1962, S. 104 f.
38. *Brainwashing*, S. 42.
39. Ebd. Barnes übersetzte einige von Rassiniers Arbeiten ins Englische. Siehe Lewis Brandons Einführung zu *The Barnes Trilogy: Three Revisionist Booklets by Harry Elmer Barnes, Historian, Criminologist, Sociologist, Economist*, Torrance, Kalifornien 1979. Brandon war das Synonym David McCaldens, dem ersten Leiter des *Institute for Historical Review*.
40. Harry Elmer Barnes, *Zionist Fraud*, in: *American Mercury*, Herbst 1968, nachgedruckt im Anhang zu *The Myth of the Six Million*, Los Angeles 1969, S. 117.
41. *Brainwashing*, S. 32.
42. Ebd., S. 33.
43. Ebd.
44. Ebd., S. 37 (Hervorhebung von der Autorin).
45. Harry Elmer Barnes, *Revisionism: A Key to Peace*, in: *Rampart Journal*, Frühjahr 1966, Referenz bei Dawidowicz, *Lies About the Holocaust*, S. 33 (Hervorhebung von der Autorin).
46. Harry Elmer Barnes, *The Public Stake in Revisionism*, in: *Rampart Journal*, Sommer 1967, S. 19–41; Wiederveröffentlichung im *Journal of Historical Review*, Herbst 1980, S. 217 (Hervorhebung von der Autorin). Im folgenden Referenz auf *The Public Stake*.
47. *The Public Stake*, S. 218 (Hervorhebung von der Autorin).
48. Im besonderen bezog er sich auf *Look*, 21. März 1967; *Saturday Evening Post*, 22. Oktober 1965 und 25. Februar 1967. *The Public Stake*, S. 205–230.
49. *The Public Stake*, S. 219 (Hervorhebung von der Autorin).
50. Ebd., S. 225 (Hervorhebung von der Autorin).
51. Ebd., S. 223 (Hervorhebung von der Autorin). Offenbar hielt Barnes Brzezinka und Birkenau für zwei unterschiedliche Lager. Birkenau ist die deutsche Übersetzung von Brzezinka und Jonowska gleichbedeutend mit Janówska.
52. Ebd., S. 222.
53. Gitta Sereny, *The Men Who Whitewash Hitler*, in: New *Statesman*, November 1979, S. 670.
54. Selbst die ehemalige DDR erkannte die Realität des Holocaust an, ob wohl sie bis 1990 jegliche Verantwortung dafür von sich wies. Dort gab

man den Faschisten die Schuld, welche die Kommunisten verfolgt hatten.

55. *The Public Stake*, S. 228; *Brainwashing*, S. 2.
56. *Brainwashing*, S. 34.
57. Ebd., S. 2 und 25.
58. Ebd., S. 39.
59. Ebd., S. 42.
60. Ebd., S. 43.
61. Harry Elmer Barnes an Oswald Garrison Villard am 11. November 1945; Oswald Garrison Villard an Harry Elmer Barnes am 14. November 1945, beides im Archiv der *Harvard University*. Barnes und Villard lernten sich 1926 kennen, als Villard als Gastdozent bei Barnes' Seminaren am *Smith College* auftrat. Sie waren in bezug auf beide Weltkriege gleichermaßen revisionistischer Ansicht, wobei Barnes über den Zweiten Weltkrieg eine wesentlich radikalere Meinung vertrat.
62. Novick, *That Noble Dream*, S. 218.
63. *The Public Stake*, S. 219.
64. Ebd.
65. Aus einer Notiz Barry Youngermans an Jerry Bakst am 27. Juni 1967, Archiv der *Anti-Defamation League*, New York.
66. Berman, S. 38–40.
67. Justus Doenecke, *Harry Elmer Barnes: Prophet of a ‹Usable› Past*, in: *History Teacher*, Band 8, Februar 1975.

5. Austin J. App ...

1. Arnold Forster, *The Ultimate Cruelty*, in: *ADL Bulletin*, Juni 1959, S. 7 f.
2. *New Yorker Staats-Zeitung und Herold*, 7. September 1948; Leonard Dinnerstein, *America and the Survivors of the Holocaust*, New York 1982, S. 222.
3. Thomas R. O'Donnell an Deborah E. Lipstadt am 18. April 1991; ders. bei einem Telephongespräch mit der Autorin im Oktober 1992.
4. Austin J. App, Vorwort der *Morgenthau Era Letters* (Wiederabdruck), Tacoma Park, Maryland 1975.
5. App, *A Straight Look*, S. 40.
6. App, *Morgenthau Era Letters*, S. 13 f.
7. Ebd., S. 21.
8. Ebd., S. 33.
9. S. F. Berton, *Das Attentat auf Reinhard Heydrich vom 27. Mai 1942:*

Ein Bericht des Kriminalrats Heinz Pannwitz, in: *Vierteljahreshefte für Zeitgeschichte*, Juli 1985, S. 668–706. Siehe auch J. Bradley, *Lidice: Sacrificial Village*, New York 1972; T. Wittlin, *Time Stopped at 6:30*, Indianapolis, 1965, und *Lidice*, in: *Enzyklopädie des Holocaust*, Berlin 1990.

10. App, *Morgenthau Era Letters*, S. 49.
11. Ebd., S. 51.
12. Ebd., S. 59.
13. Ebd., S. 66.
14. Ende 1946 hielten sich nach offiziellen amerikanischen Berechnungen insgesamt 207788 überlebende Juden in den westlichen Besatzungszonen Deutschlands, Österreichs und Italiens auf. Das *Joint Distribution Committee*, welches den Überlebenden Hilfe gewährte, schätzte die Gesamtzahl auf etwa 231500. Bei vielen unter ihnen handelte es sich um Flüchtlinge, welche die Kriegsjahre in Zentralasien zugebracht hatten. Dinnerstein, *America and the Survivors*, S. 278. Siehe auch Malcolm Proudfoot, *European Refugees: 1939–1952*, Evanston, Illinois 1956, S. 339 und S. 341.
15. App, *Morgenthau Era Letters*, S. 66f. Richter Simon H. Rifkind war von 1945–1946 in Deutschland amerikanischer Militärberater in jüdischen Angelegenheiten.
16. *Repatriation of Displaced Persons, March 1946 (U.S. Zone)*, in: *Monthly Report of Military Governor, U.S. Zone, April 20, 1946*, Referenz bei Dinnerstein, *America and the Survivors*, S. 275.
17. Austin App, *The Six Million Swindle: Blackmailing the German People for Hard Marks with Fabricated Corpses*, Tacoma Park, Maryland 1973, S. *8*.
18. App, *Morgenthau Era Letters*, S. 79.
19. Peter Kleist, Auch Du warst dabei!, Heidelberg 1952, Referenz bei Aronsfeld, *The Text of the Holocaust*, S. 53.
20. App, *The Six Million Dollar Swindle*, S. 7f.
21. App, *Morgenthau Era Letters*, S. 101 (Hervorhebung von der Autorin). Er wiederholte dieses Argument in *The Six Million Dollar Swindle*, S. 7f.
22. App, *The Six Million Dollar Swindle*, S. 8.
23. Richard L. Rubenstein, *The Cunning of History: The Holocaust and the American Future*, New York 1975, S. 22.
24. Max Weber, *Wirtschaft und Gesellschaft*, Tübingen 1956 (zit. nach der Studienausgabe, Köln, Berlin 1964, S. 160–166).
25. App, *Morgenthau Era Letters*, S. 95.
26. App, *The Six Million Swindle*, S. 4.

27. App, *The Elusive ‹Six Million›*, in: *American Mercury*, Sommer 1966, Nachdruck in: *The Myth of the Six Million*, Torrance, Kalifornien, S. 112.
28. App, *The Six Million Swindle*, S. 2.
29. *Reparations and Restitution*, in: *Encyclopedia of the Holocaust*, S. 1255–1259.
30. App, *The Six Million Swindle*, S. 29.
31. App, *A Straight Look*, S. 18 (Hervorhebung von der Autorin).
32. Ebd., S. 5, S. 19 und S. 39.
33. Robert Wistrich, *Antisemitism: The Longest Hatred*, New York 1991, S. 53.
34. App, *A Straight Look*, S. 19 f.
35. Henry Morgenthau, *Germany Is Our Problem*, New York 1945.
36. App, *A Straight Look*, S. 28 f.
37. Ebd., S. 30.
38. Ebd., S. 48.
39. Ebd.
40. App, *The Six Million Swindle*, S. 18 f.
41. Ebd., S. 23 f.
42. Yisrael Gutman formulierte eine ähnliche Erwiderung auf Arthur Butz' Behauptung, Yad Vashems Unfähigkeit zur Beschaffung von sechs Millionen Namen beweise, daß es sich um eine erfundene Zahl handele. Yisrael Gutman, *Denying the Holocaust*, Jerusalem 1985, S. 20.
43. *Jerusalem Post*, 17. August 1986; *IHR Newsletter*, Oktober/November 1987, S. 4.
44. Hilberg, *The Destruction of the European Jews*, S. 631.
45. App, *The Six Million Swindle*, S. 9.
46. Ebd., S. 16.

6. Holocaust-Leugnung – Rechtsextremismus ...

1. *Sunday Times*, 23. Februar 1975; wurde auch unter der Überschrift *Six Million Lost and Found* veröffentlicht.
2. New *Statesman*, 2. November 1979, S. 670.
3. *Sunday Times*, 23. Februar 1975.
4. *Books and bookmen*, Mai 1975, S. 5. Für Hintergründe zu Ideologie und Programm der *National Front* siehe Richard C. Thurlow, *The Witches' Brew*, in: *Pattern of Prejudice*, Band 5–6, 1978, S. 1–9.
5. Seidel, *The Holocaust Denial*, S. 113.

6. *New Statesman*, 2. November 1979, S. 670.
7. Holmes, *Historical Revisionism in Britain*, S. 6.
8. *Daily Express*, 17. Juni 1974.
9. C. H. Simonds, *The Strange Story of Willis Carto*, in: *National Review*, 10. September 1971, S. 981.
10. Nach mehrjähriger Prozeßdauer zog er seine Klage zurück; Dawidowicz, *Lies About the Holocaust*, S. 33.
11. *The Myth of the Six Million*, S. 1–3.
12. Holmes, *Historical Revisionism in Britain*, S. 6.
13. Richard Harwood, *Did Six Million Really Die? The Truth at Last*, London o. J., S. 28.
14. Ebd., S. 2.
15. Ebd., S. 2 f.
16. Martin Webster, *Why Zionism Opposes British Nationalism*, in: *Spearhead*, Februar 1977, S. 12.
17. Ebd., S. 3.
18. Ebd.
19. *The Myth of the Six Million*, S. 2 f (Hervorhebung von der Autorin).
20. Zu den Hintergründen des Madagaskar-Plans siehe Leni Yahil, *The Holocaust: The Fate of European Jewry*, New York 1990, S. 253–255; Philip Friedman, *The Lublin Reservation and the Madagascar Plan: Two Aspects of Nazi Jewish Policy during the Second World War*, in: *IVO Annual of Jewish Social Studies*, 1953, S. 151–177; Christopher R. Browning, *The Final Solution and the German Foreign Office: A Study of Referat D3 of Abteilung Deutschland, 1940–1943*, New York 1978.
21. Aronsfeld, *The Text of the Holocaust*, S. 1.
22. Joseph Goebbels, Der Nazi-Sozi, München 1929, S. 8, Referenz bei Aronsfeld, *The Text of the Holocaust*, S. 12.
23. Eberhard Jäckel und Axel Kuhn (Hrsg.), *Hitler. Sämtliche Aufzeichnungen 1905–1924*, Stuttgart 1980, S. 368.
24. Nürnberger Dokument PS 3358, in: *Der Prozeß gegen die Hauptkriegsverbrecher vor dem Internationalen Militärgerichtshof*, Nürnberg 1947 (fotomechanischer Nachdruck München, Zürich 1984), Band 5, S. 26 (im folgenden Referenz auf *Int. Militärgerichtshof*).
25. In einer Rede in Karlsruhe, laut Bericht der *Straßburger Neuesten Nachrichten* vom 2. Mai 1942; zit. nach *Int. Militärgerichtshof*, Bd. 1, S. 36.
26. Robert Wistrich, *Letters*, in: *Books and bookmen*, April 1975, S. 7.
27. *Das Reich*, 9. Mai 1943.
28. Hilberg, *Die Vernichtung der europäischen Juden*, S. 1077.

29. Harwood, *Did Six Million Really Die?*, S. 4.
30. Maier, *The Unmasterable Past*, S. 67 f.
31. Ilya Levkov, Einführung zu *Bitburg and Beyond: Encounters in American, German and Jewish History*, New York 1987, S. 27.
32. Ernst Nolte, *Zwischen Geschichtslegende und Revisionismus?* in: *Historikerstreit*, München, Zürich 1987, S. 24.
33. Maier, *The Unmasterable Past*, S. 179, Anm. 34.
34. Harwood, *Did Six Million Really Die?*, S. 5.
35. Artikel *Jewish History*, in: *Chambers Encyclopedia*, S. 99 (Hervorhebung von der Autorin).
36. Harwood, *Did Six Million Really Die?*, S. 5.
37. Artikel *Jewish History*, in: *Chambers Encyclopedia*, S. 99.
38. Harwood, *Did Six Million Really Die?*, S. 14.
39. *Basler Nachrichten*, 7. Oktober 1952; Aronsfeld, *The Text of the Holocaust*, S. 14.
40. Harwood, *Did Six Million Really Die?*, S. 20.
41. Ebd.
42. Margarete Buber-Neumann, *Als Gefangene bei Stalin und Hitler*, Zürich 1949, S. 193 f., 215 f., 269.
43. Colin Cross, *Adolf Hitler*, London 1973, S. 307, Referenz bei Harwood, *Did Six Million Really Die?*, S. 20.
44. Ebd., S. 365.
45. Ebd., S. 366.
46. Ebd., S. 369.
47. Harwood, *Did Six Million Really Die?*, S. 24. Eine Analyse seiner Anwendung des IKRK-Berichtes findet sich bei Arthur Suzman und Denis Diamond, *Six Million Did Die: The Truth Shall Prevail*, Johannesburg 1977, S. 10–13.
48. Harwood, *Did Six Million Really Die?*, S. 25.
49. *The Report of the International Committee of the Red Cross (ICRC) on its Activities during the Second World War*, Genf 1948, Band 1, S. 641 (Hervorhebung von der Autorin). Der Bericht strotzt vor Zitaten, die verdeutlichen, daß Harwood seine Ergebnisse vollkommen falsch ausgelegt hat. Zusätzliche Beispiele finden sich bei Suzman und Diamond, *Six Million Did Die*, S. 12.
50. *Report of the ICRC*, Band 1, S. 641 (Hervorhebung von der Autorin).
51. Ebd. (Hervorhebung von der Autorin).
52. Ebd., Band 2, S. 514 (Hervorhebung von der Autorin).
53. Harwood, *Did Six Million Really Die?*, S. 25.
54. *Report of the ICRC*, Band 1, S. 594. Bei seinem Hinweis auf die Passage gibt Harwood die Zitatstelle irrtümlich in Band 3 an.

55. Harwood, *Did Six Million Really Die?*, S. 25.
56. *Report of the ICRC*, Band 3, S. 77.
57. *Report of the ICRC*, Band 3, Kapitel 3, Referenz bei *Harwood's Distortion of Holocaust Facts*, in: *Patterns of Prejudice*, Mai/Juni 1975, S. 26 (Hervorhebung von der Autorin).
58. Harwood, *Did Six Million Really Die?*, S. 28.
59. *Die Tat*, 19. Januar 1955.
60. *ICRC Bulletin*, Nr. 25, 1. Februar 1978, Referenz bei *Patterns of Prejudice*, März/April 1978, S. 11.
61. Françoise Perret vom Internationalen Komitee des IKRK, Frankreich, an Jacob Gewirtz, *Board of Deputies of British Jews*, am 22. August 1975.
62. *Her Majesty the Queen vs. Ernst Zundel, District Court of Ontario*, 1988 (im folgenden Referenz auf Zündel), Band 9, S. 1970 ff.
63. Harwood, *Did Six Million Really Die?*, S. 12.
64. Ebd., S. 10.
65. Ebd., S. 9.
66. *Die Tagebücher der Anne Frank*. Historisch-kritische Ausgabe, Frankfurt/Main 1988.
67. Fest, *Hitler*, Frankfurt–Berlin–Wien, 1973
68. Colin Wilson, *The Führer in Perspective: 2*, in: *Books and bookmen*, November 1974, S. 31.
69. Ebd.
70. Ebd.
71. Ebd., Januar 1975, S. 5.
72. Ebd., S. 6.
73. Ebd., Februar 1975, S. 6.
74. Ebd.
75. Ebd., April 1975, S. 10.
76. Ebd., Juni 1975, S. 6.

7. Vorstoß in die Normalität ...

1. Im Oktober 1992 lehnte Butz ein Gespräch mit mir kategorisch ab.
2. Mehr Informationen über die *Liberty Lobby* in Kapitel 8.
3. Arthur R. Butz, *The Hoax of the Twentieth Century*, Torrance, Kalifornien 1976 (im folgenden Referenz auf *Hoax*), S. 12.
4. Arthur Butz, *The International Holocaust Controversy*, in: *Journal of Historical Review*, Band 1:1, Frühjahr 1980, S. 5–22; *Holocaust ‹Revisionism›: A Denial of History*, in: *ADL Facts*, Band 26:2, Juni 1980;

Revisionism and the Right, Wiederabdruck in: *Jewish Echo of Glasgow*, 8. Januar 1982, S. 6; Aronsfeld, *Hoax of the Century*, in: *Patterns of Prejudice*, November/Dezember 1976, S. 13 ff.

5. *Hoax*, S. 68 und S. 239.
6. Ebd., S. 107, S. 131, S. 171, S. 195, S. 223.
7. Ebd., S. 249.
8. Ebd., S. 240, S. 287.
9. Ebd., S. 240.
10. Ebd., S. 33, S. 89.
11. Ebd., S. 87.
12. Ebd., S. 247 f.
13. Während derselben Konferenz sprach Libyens Präsident Muhammar al Gaddafi via Satellitenverbindung zu den Versammelten. Er kündete nicht nur eine Fünf-Millionen-Dollar-Spende an, sondern drängte auf eine «Vernichtung des weißen Amerika» und die Bildung einer schwarzen Armee auf amerikanischem Boden, welche die Gründung eines eigenständigen schwarzen Staates herbeiführen würde. David Moberg, *The Naysayer*, in: *North Shore*, September 1985, S. 38 ff. *Youngstown Jewish Times*, 29. März 1985.
14. *Hoax*, S. 239 und S. 287.
15. Ebd., S. 93 f und S. 100.
16. Ebd., S. 29 f, S. 45, S. 199, S. 287.
17. Ebd., S. 87.
18. Ebd.
19. Die Juden wurden nach Fort Ontario, Oswego (Staat New York) gebracht.
20. Ebd., S. 173.
21. Ebd., S. 215.
22. Ebd., S. 128, S. 150, S. 158, S. 195 und S. 200.
23. Ebd., S. 73.
24. Ebd., S. 195.
25. Der Abschnitt unmittelbar vor diesem Teil der Rede lautet: «Ich will hier vor Ihnen, in aller Offenheit, auch ein ganz schweres Kapitel erwähnen. Unter uns soll es einmal ganz offen ausgesprochen sein, und trotzdem werden wir in der Öffentlichkeit nie darüber reden. Genausowenig, wie wir am 30. Juni 1934 gezögert haben, die befohlene Pflicht zu tun und Kameraden, die sich verfehlt hatten, an die Wand zu stellen und zu erschießen, genausowenig haben wir darüber jemals gesprochen und werden je darüber sprechen. Es war eine, Gott sei Dank in uns wohnende Selbstverständlichkeit des Taktes, daß wir uns untereinander nie darüber unterhalten haben, nie darüber sprachen. Es hat jeden

geschaudert, und doch war sich jeder klar darüber, daß er es das nächste Mal wieder tun würde, wenn es befohlen wird und wenn es notwendig ist.» Hilberg, *Die Vernichtung der europäischen Juden*, S. 1085.

26. *Hoax*, S. 193.
27. Ebd.
28. Ebd., S. 19.
29. Ebd., S. 179.
30. Ebd., S. 181.
31. Ebd., S. 195.
32. Ebd.
33. Ebd., S. 177.
34. Ebd., S. 158.
35. Ebd., S. 249.
36. Ebd., S. 87.
37. Siehe Deborah Lipstadt, *Beyond Belief: The American Press and the Coming of the Holocaust, 1933–1945*, New York 1986.
38. *Hoax*, S. 89.
39. Ebd., S. 145.
40. Ebd., S. 142.
41. Ebd.
42. Ebd., S. 145.
43. Hannah Arendt, *Eichmann in Jerusalem*, München 1964/1986, S. 169.
44. *Hoax*, S. 217.
45. Ebd., S. 237.
46. Ebd., S. 242.
47. Ebd.
48. Ebd.
49. Ebd., S. 242 f.
50. Ebd., S. 243.
51. Ebd.
52. Moberg, *The Naysayer*, S. 43.

8. Geschichtsumwandlungen

1. Lewis Brandon, Brief an die Abonnenten als Beilage zum *Journal of Historical Review*, 16. April 1981.
2. *Deposition of William David McCalden, aka Lewis Brandon, Mel Mermelstein v. Institute for Historical Review, et al.*, Oberstes Landgericht des Staates Kalifornien, Fall Nr. C 356542 (im folgenden Referenz auf *McCalden Deposition*), Band 1, 16. Januar 1984, S. 8 und S. 37.

3. *Los Angeles Times*, 3. Mai 1981, Teil I, S. 3.
4. David McCalden, *A Few Facts About the Institute for Historical Review [which they'd rather you didn't know]* (Manhattan Beach, Kalifornien, o. J.)
5. *McCalden Deposition*, Band II, 8. Februar 1984, S. 272 ff.
6. Mitteilung des IHR an alle Interessenten, die sich um einen mit 50 000 Dollar dotierten Preis bewerben möchten: *Institute for Historical Review*, Torrance, Kalifornien, o. J.
7. Fragebogen und Anmeldeformular in dem Wettbewerb, bei dem es um 50 000 Dollar geht: *Institute for Historical Review*, Torrance, Kalifornien, o. J.
8. Lewis Brandon an Mel Mermelstein am 20. November 1981, zitiert nach: *Declaration of William Cox regarding the Urgency of Proceedings in Mel Mermelstein v. Institute for Historical Review, et al.*, Oberstes Landgericht des Staates Kalifornien, Fall Nr. C 356542 (im folgenden Referenz auf *Declaration of William Cox*), 10. August 1981, S. 16.
9. *Declaration of William Cox*, S. 18.
10. Brandon, Brief an die Abonnenten: *Los Angeles Times*, 3. Mai 1981.
11. Persönlich unterzeichnete Erklärung Simon Wiesenthals, 4. Mai 1981.
12. *Jewish Telegraphic Agency Weekly News Digest*, 13. Mai 1983.
13. *Statement of Record and Letter of Apology to Mel Mermelstein*, unterzeichnet von G. G. Baumen, Anwalt der *Legion for Survival of Freedom*, des *Institute for Historical Review, Noontide Press* sowie Elisabeth Cartos, und von Mark F. von Esch, Anwalt der *Liberty Lobby* sowie Willis Cartos, 24. Juli 1985.
14. *Appellant's Opening Brief, Mel Mermelstein v. Legion for the Survival of Freedom, etc. et al.*, 4. Mai 1992 (im folgenden Referenz auf *Appellant's Opening Brief, Mel Mermelstein v. Legion*), S. 6 ff.
15. *Declaration of William Cox*, S. 20.
16. Paul L. Berman, *Gas Chamber Games: Crackpot History and the Right to Lie*, in: *Village Voice*, 10.–16. Juni 1981, S. 1 und S. 37–43.
17. *IHR Newsletter*, Oktober 1988, S. 7.
18. *IHR Newsletter*, April 1989, Seite 1 (Hervorhebung von der Autorin).
19. Offener Studentenbrief von Lewis Brandon auf IHR-Briefpapier, keine Datumsangabe.
20. IHR-Direktor Lewis Brandon an «Freunde des IHR», keine Datumsangabe (vermutlich Winter 1980). Die Macht der «Zionisten» war Brandons fixe Idee. Er behauptete gar folgendes: Wenn eine Lebensmittelpackung mit dem Wort *kosher* gekennzeichnet war, hatte der Hersteller die Zionisten dafür bezahlt, seine Produkte zu «segnen». *IHR Newsletter*, 15. Februar 1981, S. 3.

21. *Declaration of William Cox*, S. 3; *IHR Newsletter*, Februar 1989, S. 7.
22. *IHR Newsletter*, Februar 1989, S. 7.
23. IHR-Direktor Tom Marcellus an Freunde des Revisionismus, Juli 1982, o. O. (Hervorhebung von der Autorin).
24. *Holocaust ‹Revisionism›: A Denial of History*, in: *ADL Facts*, Band 26:2, Juni 1980, S. 4.
25. Weitere Informationen über den *Spotlight* und die Kooperation einiger Kongreßmitglieder mit dem Blatt finden sich bei Mark Hosenball, *Spotlight on the Hill*, in: *New Republic*, 9. September 1981, S. 13 f.
26. Joseph Trento und Joseph Spear, *How Nazi Nut Power Has Invaded Capitol Hill*, in: *True*, November 1969, S. 39.
27. Hosenball, *Spotlight on the Hill*, S. 13.
28. Jason Berry, *Carto's Day in Court*, in: *Cleveland Plain Dealer*, 14. September 1991, S. 1-D und S. 4-D.
29. *Liberty Lobby and the Carto Network of Hate*, in: *ADL Facts*, Band 27:2, Winter 1982, S. 7.
30. *Liberty Lobby, Inc., v. Dow Jones & Co., Inc., F. Supp. 1149, 1152 n. 5* (D.D.C. 1986), *aff'd., 838 F.2d 1287* (D.C.Cir 1988) *cert. denied, 488 U.S. 825* (1988), zitiert nach *Appellant's Opening Brief, Mel Mermelstein v. Legion*, S. 5.
31. William F. Buckley am 30. April 1981, zitiert nach *Liberty Lobby and the Carto Network of Hate*, S. 18.
32. C. H. Simonds, *The Strange Story of Willis Carto*, in: *National Review*, 10. September 1971, S. 984 f.
33. *Liberty Lobby and the Carto Network of Hate*, S. 19.
34. Trento und Spear, *How Nazi Nut Power*, S. 36.
35. Simonds, *The Strange Story*, S. 979.
36. *The Monitor*, November 1986, S. 6.
37. Simonds, *The Strange Story*, S. 979.
38. Ebd.
39. Drew Pearson am 17. April 1969, zitiert nach Charles Bermant, *The Private World of Willis Carto*, in: *The Investigator*, Oktober 1981, S. 25. Diese Notiz Cartos wurde von einem Angestellten der *Liberty Lobby* gefunden, der sie an den Reporter Drew Pearson übergab. Cartos Mitarbeiter sagen aus, daß es sich bei diesem Erinnerungsbericht um eine Fälschung handelte und daß ein von Pearson gedungener Einbrecher an den Kästen, in denen jenes Schriftstück sowie weiteres Material gefunden wurde, herumhantiert hatte. Die Frage allerdings, warum Carto eine Fälschung – falls es eine Fälschung war – bei seinen persönlichen Akten aufbewahrte, beantworteten sie nicht.
40. Simonds, *The Strange Story*, S. 979.

41. John C. Obert, *Yockey: Profile of an American Hitler*, in: *The Investigator*, Oktober 1981, S. 24.
42. Ebd.
43. Ebd., S. 26.
44. Ebd., S. 22.
45. Ebd., S. 20.
46. Ebd., S. 20 und S. 22; Simonds, *The Strange Story*, S. 980.
47. *Liberty Lobby and the Carto Network of Hate*, S. 8.
48. Obert, *Yockey: Profile*, S. 22.
49. Simonds, *The Strange Story*, S. 981.
50. Obert, *Yockey: Profile*, S. 73.
51. Berry, *Carto's Day in Court*, S. 4-D.
52. Simonds, *The Strange Story*, S. 986; Berry, *Carto's Day in Court*, S. 4-D.
53. *Holocaust ‹Revisionism›*, S. 4.
54. *American Mercury*, Sommer 1979.
55. *Liberty Letter*, Mai 1969, Juli 1970, September 1970; Simonds, *The Strange Story*, S. 988.
56. *Spotlight*, 6. September 1976.
57. Ebd., 21. Mai 1979; Bermant, *The Private World*, S. 41.
58. Ebd., 19. Januar, 26. Januar und 9. August 1976.
59. Ebd., 28. Mai 1979.
60. Ebd., 5. Februar 1979; Hosenball, *Spotlight on the Hill*, S. 13.
61. Ebd., 24. September 1979, zitiert nach *ADL Facts*, Band 26:2, Juni 1980. Siehe auch *The Spotlight: Liberty Lobby's Voice of Hate*, in: *ADL Facts*, Band 26:1, Juni 1980, sowie *Liberty Lobby and the Carto Network of Hate*.
62. Ebd., 11. März 1985; Hosenball, *Spotlight on the Hill*, S. 13.
63. Ebd., 24. Dezember 1979.
64. Ebd., 23. März 1981.
65. Kevin Flynn und Gary Gerhardt, *The Silent Brotherhood*, New York 1989, S. 85.
66. *Noontide Press 1992 Catalog of Books, Audiotapes, Videotapes*, Costa Mesa, Kalifornien 1992.
67. *Plaintiff's Exhibit 22 (A–B), Mel Mermelstein vs. Institute for Historical Review, et al., Defendants*, 8. Februar 1984, Oberstes Landgericht des Staates Kalifornien, Fall Nr. C. 356542.
68. Kürzlich erbte die *Liberty Lobby* von Thomas Alva Edisons Enkelin 75 Millionen Dollar.
69. *IHR Newsletter*, Januar 1989, S. 6.
70. *McCalden Deposition*, Band 2, 8. Februar 1984, S. 210.

71. *Liberty Lobby, Inc. vs. Dow Jones & Co., Inc., 838 F 2d 1287, 1296* (D.C. Cir 1988), zitiert nach *Appellant's Opening Brief, Mel Mermelstein vs. Legion*, S. 5.
72. Ebd.
73. Offener Brief Lewis Brandons an Studenten amerikanischer Universitäten.
74. Barnes, *Revisionism and the Promotion of Peace*, S. 52.
75. Ebd., S. 53–56.
76. Mark Weber, *Civil War Concentration Camps*, in: *Journal of Historical Review*, Band 2, Nr. 2, Sommer 1981, S. 152.
77. Ebd., S. 144 und S. 152.
78. *Journal of Historical Review*, Band 4, Nr. 4, Winter 1983/1984.
79. Einer der unausgesprochenen Hintergedanken beim deutschen Historikerstreit. Ernst Nolte schrieb, alle großen Mächte hätten ihre eigene Hitlerepoche gehabt. Josef Joffe, *The Battle of the Historians*, in: *Encounter*, Juni 1987, S. 73. Zum Relativismus Noltes und anderer deutscher Historiker sowie dem Bezug zur Holocaust-Leugnung siehe Kapitel 11.

9. Die Gaskammer-Kontroverse

1. Christof Friedrich und Eric Thomson, *The Hitler We Loved and Why*, Reedy, West Virginia 1977, S. 72, S. 78 und S. 116.
2. Manuel Prutschi, *The Zundel Affair*, in: Alan Davies, *Antisemitism in Canada*, Ontario 1992, S. 264.
3. Flugblatt Zündels an Kameraden, Referenz bei Prutschi, *The Zundel Affair*, S. 258.
4. Alan Davies, *A Tale of Two Trials: Antisemitism in Canada*, in: *Holocaust and Genocide Studies*, Band 4, 1989, S. 77; *Toronto Globe*, 26. März 1985; Prutschi, *The Zundel Affair*, S. 267.
5. Mark Bonokoski, *Neo Nazi Leads Protest*, in: *Toronto Sun*, 19. April 1987, Referenz bei Prutschi, *The Zundel Affair*, S. 273.
6. Leonidas E. Hill, *The Trial of Ernst Zundel: Revisionism and the Law in Canada*, in: *Simon Wiesenthal Annual, 1989*, S. 179, S. 192 und S. 200.
7. *Calgary Herald*, 10. April 1985, S. 1; *Toronto Globe and Mail*, 12. April 1985, S. 3.
8. Alan T. Davies, *The Queen versus James Keegstra: Reflections on Christian Antisemitism in Canada*, in: *American Journal of Theology and Philosophy*, Band 9, Nr. 1 und 2, Januar bis Mai 1988, S. 112.

9. *Red Deer Advocate*, 4. Juni 1984; *Toronto Globe and Mail*, 8. April, 11. und 12. April 1985.
10. Claude Adams, *Through the Fingers*, in: *Canadian Lawyer*, April 1985, S. 18.
11. Kirk Makin, *Douglas Christie, Counsel for the Defense*, in: *Ontario Lawyers Weekly*, 29. März 1985, S. 12 f.
12. Stanley R. Barrett, *Is God a Racist? The Right Wing in Canada*, Toronto 1988, S. 161. Gabriel Weimann und Conrad Winn haben die Presseberichterstattung zu dem Prozeß untersucht: *Hate on Trial: The Zundel Affair, the Media, and Public Opinion in Canada*, New York 1986.
13. *Calgary Herald*, 24. März 1985, S. E8.
14. Robert Faurisson, *The Problem of the Gas Chambers*, in: *Journal of Historical Review*, Sommer 1980, vom *Institute for Historical Review* in Broschürenform nachgedruckt.
15. Adams, *Through the Fingers*, S. 18.
16. Martin Broszat, Schriftenreihe der *Vierteljahrshefte für Zeitgeschichte*, Oktober 1977, Referenz in *Patterns of Prejudice*, Nr. 3–4, 1978, S. 8.
17. *Sunday Times*, 10. Juli 1977.
18. Ebd., 12. Juni und 10. Juli 1977.
19. Robert Harris, *Selling Hitler*, New York 1986, S. 189.
20. *Canadian Jewish News*, 16. März 1968.
21. Ebd.; *London Jewish Chronicle*, 27. Mai 1983.
22. *Spotlight, Juni* 1989.
23. *Daily Telegraph*, 10. Juli 1992.
24. Ausschnittsdienst der *Calgary Jewish Community* zu David Irving, Alberta, Kanada.
25. *Toronto Star*, 20. April 1988; Stephen Trombley, *The Execution Protocol: Inside America's Capital Punishment Industry*, New York 1992, S. 85.
26. Robert Faurisson, Vorwort zu *The Leuchter Report: The End of a Myth: An Engineering Report on the Alleged Execution Gas Chambers at Auschwitz, Birkenau, and Majdanek, Poland*, USA 1988, S. 1 (im folgenden Referenz auf *Leuchter-Report*).
27. Robert Faurisson, *The Zundel Trials [1985 and 1988]*, in: *Journal of Historical Review*, Winter 1988/89, S. 429.
28. *Her Majesty the Queen vs. Ernst Zündel, District Court of Ontario 1988* (im folgenden Referenz auf *Zündel*), S. 9037.
29. Fred Leuchter, *Inside the Auschwitz ‹Gas Chambers›*, ein vom *Institute for Historical Review* publizierter Aufsatz (Nachdruck aus dem *Journal of Historical Review*, Sommer 1989), S. 3.

30. *Zündel*, S. 8984 und S. 9223. Shelly Z. Shapiro, Gesprächsnotizen einer Unterredung zwischen Fred Leuchter und Shelly Z. Shapiro, 2. Februar 1990.
31. *Leuchter-Report*, S. 4.
32. Fred Leuchter, *Inside the Auschwitz ‹Gas Chambers›*, S. 6.
33. *Leuchter-Report*, S. 1.
34. Faurisson, *The Zundel Trials*, S. 429.
35. *Zündel*, S. 9075.
36. Ebd., S. 8962, S. 8969, S. 8972 und S. 8978.
37. Ebd., S. 8973.
38. Vergleiche die Aussage von Raul Hilberg im ersten Zündel-Prozeß, *Her Majesty the Queen vs. Ernst Zundel, District Court of Ontario, 1985*, S. 1112; *Zündel*, 1988, S. 9010 f und S. 9013.
39. *Zündel*, S. 9048 (Hervorhebung von der Autorin).
40. Shelly Z. Shapiro, *An Investigation*, in: Shelly Z. Shapiro (Hrsg.), *Truth Prevails: Demolishing Holocaust Denial: The End of The Leuchter Report*, New York 1990, S. 14; Arthur Goodman, *Leuchter: Exposed and Discredited by the Court*, in: Shapiro, *Truth Prevails*, S. 78.
41. *Zündel*, S. 9056.
42. Ebd., S. 8984, S. 9017, S. 9061, S. 9097, S. 9125, S. 9154, S. 9210 und S. 9223.
43. Shapiro, *Truth Prevails*, S. 56.
44. *Zündel*, S. 8894 f.
45. Ebd., S. 8983.
46. Ebd., S. 9052 f.
47. Ebd., S. 9034 und S. 9038.
48. Ebd., S. 9049 f.
49. Ebd., S. 8976 und S. 9052.
50. Ebd., S 8951; Erklärung der Firma E. I. Du Pont de Nemours & Company, 2. Oktober 1990, Referenz bei Shapiro, *Truth Prevails*, S. 28.
51. *Zündel*, S. 9009.
52. *Leuchter-Report*, S. 10.
53. *Zündel*, S. 9028 und S. 9034.
54. FRAGE: Gründet sich dies alles auf die Prämisse, daß die konkrete Anlage, wie sie derzeit in Polen existiert, mit der übereinstimmt, die dort 1942, 1943, 1944 und 1945 vorzufinden war? Ist das korrekt?
    ANTWORT: Das ist korrekt.
    Zündel, S. 9018.
55. *Zündel*, S. 9107. Im Verlauf des Kreuzverhörs nahm Leuchter einige der Schlußfolgerungen zurück, zu denen er in seinem Bericht gelangt

war. In Anlehnung an Faurisson hatte er zunächst behauptet, die Gaskammern konnten nicht als Exekutionsvorrichtungen fungieren, weil diejenigen, die das Zyklon-B durch die Dachluken einleiten und überprüfen mußten, ob die im Inneren Gefangenen tot waren, selbst an den Dämpfen der Zyanidgase gestorben wären. Es war für den Anklagevertreter ein leichtes, Leuchter beim Verhör so weit zu bringen, daß er die Absurdität dieser These eingestand:

FRAGE: Sie haben uns doch erzählt, daß die Leute auf dem Dach geradezu Selbstmord begangen hätten, wenn sie das Gas hinuntergeworfen hätten; aber es dauerte einige Minuten, bis das Gas sie erreichte, das sagten Sie doch, nicht wahr?

ANTWORT: Gewiß.

FRAGE: Wenn sie also die Luke schlossen und vom Dach stiegen, mußten sie sich dann Sorgen machen?

ANTWORT: Falls sie vom Dach herunterkommen. Sie haben allerdings in einem bestimmten Augenblick eine Inspektion vorzunehmen, um herauszufinden, ob die Leute tot sind.

FRAGE: Dafür schicken Sie das Sonderkommando hinein, mein Herr, weil ihnen egal ist, was mit diesen Menschen passiert.

ANTWORT: Richtig, ja.

FRAGE: Falls daher jemand mit einer Gasmaske auf dem Dach sitzt, hat er alle Zeit der Welt, vom Dach herabzusteigen, nachdem die Luke verschlossen worden ist. Stimmen Sie mir zu?

ANTWORT: Möglicherweise.

Zündel, S. 9254.

56. Jean-Claude Pressac, *Die Krematorien von Auschwitz – Die Technik des Massenmordes*, München, Zürich 1994, S. 19 (im folgenden Referenz auf *Krematorien*).
57. *Zündel*, S. 8991 ff.
58. Jean-Claude Pressac, *The Deficiencies and Inconsistensies of ‹The Leuchter Report›*, in: Shapiro, *Truth Prevails*, S. 45.
59. *Zündel*, S. 9245 ff.
60. Ebd., S. 9251 f.
61. Es gab insgesamt fünf Krematorien in Auschwitz-Birkenau.
62. *Deficiencies*, S. 40.
63. Ebd., S. 41.
64. Ebd., S. 49.
65. Ebd., S. 46.
66. Jean-Claude Pressac, *Additional Notes: Leuchter's Videotape: A Witness to Fraud*, in: Shapiro: *Truth Prevails*, S. 62.
67. *Zündel*, S. 9044 und S. 9063.

68. Ein Memorandum des stellvertretenden Generalstaatsanwalts von Alabama, Ed Carnes, an alle Bundesstaaten mit gesetzlich erlaubter Todesstrafe, 20. Juli 1990 (im folgenden Referenz auf Carnes); Shapiro, *Truth Prevails*, S. 17 und S. 21; *Newsweek*, 22. Oktober 1990, S. 64; *Swampscott Journal*, 1. November 1990.
69. *Associated Press*, 24. Oktober 1990.
70. Carnes, S. 2.
71. Shapiro, *Truth Prevails*, S. 22.
72. *Leuchter-Report*, S. 7; *Zündel*, S. 9058.
73. Gary T. Dixon an Shelly Z. Shapiro, 24. September 1990, abgedruckt in: Shapiro, *Truth Prevails*, S. 19.
74. Ebd., S. 20.
75. Ebd.
76. Ebd., S. 10.
77. Ebd., S. 18–20. Bill Armontrout, Wärter im staatlichen Zuchthaus von Missouri, schlug vor, mit Leuchter Kontakt aufzunehmen, nachdem Robert Faurisson bei ihm wegen eines Exekutionsfachmanns angefragt hatte. Bill Armontrout an Barbara Kulaszka, 13. Januar 1988, in: *Leuchter Report*, App. 7.
78. *New York Times*, 13. Oktober 1990, S. 1 und S. 7; Trombley, The *Execution Protocol*, S. 157.
79. Susan Lehman, *Justice: A Matter of Engineering: Capital Punishment as a Technical Problem*, in: *Atlantic Monthly*, Februar 1990, S. 28.
80. Shapiro, *Truth Prevails*, S. 14 f.
81. Lehman, *Justice: A Matter of Engineering*, S. 28.
82. Shelly Z. Shapiro an Daniel Kelley, 16. April 1990; Fred A. Leuchter an Ernst Zündel, 14. Mai 1988, in: *Leuchter-Report*, App. 6. Siehe auch *Leuchter-Report*, S. 15.
83. *Washington Post*, 18. Juni 1991.
84. Einverständniserklärung, *Commonwealth of Massachusetts vs. Fred A. Leuchter, Jr.*, 11. Juni 1991; *Jewish Telegraphic Agency*, 13. Juni 1991. Weil Leuchter die Vereinbarung Massachusetts gegenüber unterzeichnete, bezogen sich ihre Maßgaben nur auf diesen Staat.
85. Jean-Claude Pressac, *Auschwitz: Technique and Operation of the Gas Chambers*, New York 1989 (im folgenden Referenz auf *Technique*) S. 545.
86. *Le Matin*, 16. November 1978; *Le Monde*, 29. Dezember 1978 und 16. Januar 1979; *Technique*, S. 546.
87. *Technique*, S. 546.
88. Ebd., S. 548.
89. Ebd.

90. Ebd.
91. Artikel Natzweiler-Struthof in: *Enzyklopädie des Holocaust*, S. 1039.
92. Serge Thion, *Vérité historique*, zitiert nach *Technique*, S. 548.
93. Ebd.
94. Robert Faurisson, *Talking About Holocaust Revisionism on French Radio*, in: *Revisionist Letters*, Band 1, Nr. 1, Frühjahr 1989, S. 11.
95. Ebd.
96. Telefonat mit der Redaktion des *Atlantic Monthly* im Februar 1990.
97. *Lehman, Justice: A Matter of Engineering*, S. 26 ff.
98. Bradley R. Smith, *Commentary*, in: *Visalia Times-Delta*, 13. September 1990.
99. Telefonat mit der Redaktion des *Atlantic Monthly* im Februar 1990.
100. Telefonate mit Shelly Z. Shapiro im Februar und April 1990.
101. Charles R. Allen jr., *The Role of the Media in the Leuchter Matter: Hyping a Holocaust Denier*, in: Shapiro, *Truth Prevails*, S. 112 f.
102. *Village Voice*, 22. und 30. Mai 1990; Allen, *The Role of the Media*, in: Shapiro, *Truth Prevails*, S. 118 f.
103. *New York Times*, 13. Oktober 1990, S. 1 und S. 7.
104. Allen, *The Role of the Media*, in: Shapiro, *Truth Prevails*, S. 121; *New York Times*, 18. Oktober 1990, Wiederabdruck in *International Herald Tribune*, 19. Oktober 1990.
105. *Searchlight*, August 1989.
106. David Irving, Vorwort zu *Auschwitz: The End of the Line: The Leuchter Report*, London 1989, S. 6.
107. *Times*, London, 11. Mai 1992.
108. Irving, Vorwort zu *Auschwitz: The End of the Line*, S. 6.
109. *Early Day Motion no. 99, David Irving and Holocaust Denial*, Veröffentlichung des britischen Unterhauses, 20. Juni 1989, Sitzungsperiode 1988/89.
110. *Times*, London, 14. Mai 1990.
111. *Independent*, 11. Juli 1992.
112. Trombley, *Die Hinrichtungsindustrie*, S. 37–60.
113. Ebd., S. 87–94; *New York Times Book Review*, 22. November 1992, S. 33.
114. *New York Review of Books*, 15. Juni 1989.

10. Auseinandersetzungen auf dem Campus

1. Referenz bei Nat Hentoff, *An Ad that Offends: Who's on First?*, in: *Progressive*, 12. Mai 1992, S. 12.
2. Smith war Thema in einer Reihe von landesweit ausgestrahlten Fernsehsendungen und führenden Zeitungen, u. a. in der *New York Times*, 23. Dezember 1991.
3. *Louisiana State Daily Reveille*, 7. April 1992.
4. *Holocaust Revisionism: Reinventing the Big Lie*, ADL-Untersuchungsbericht, S. 9.
5. ADL-Verlautbarung, 26. Februar 1987.
6. *IHR Newsletter*, Januar, März und September 1987; Januar und November 1988; Februar 1989.
7. Undatiertes Rundschreiben Bradley Smiths an seine Freunde, 5 Seiten (1988?).
8. *Prima Facie*, Februar 1985, S. 1.
9. *Spearhead*, März 1985, S. 20.
10. *Christian News*, 25. April 1987.
11. *Spotlight*, 11. April 1988.
12. *Christian News*, 14. September 1987.
13. *University of Nebraska Sower*, 17. November 1989, S. 10.
14. *Centre Daily Times, State College*, Pennsylvania, 1. April 1989.
15. Bradley Smith an Kathy Lachenauer, Chefredakteurin des *Stanford Daily*, 16. Juni 1989.
16. Bradley Smith an Rabbi Ari Cartun, 19. Juni 1989.
17. Laird Wilcox, *The Spectre Haunting Holocaust Revisionism*, in: *Revisionist Letters*, Frühjahr 1989, S. 10.
18. Ebd.
19. *Visalia Times-Delta*, 13. September 1990; *Daily Illini*, 16. Juni 1992.
20. *New York Times*, 23. Dezember 1991.
21. Bradley R. Smith, *The Holocaust Story: How Much is False? The Case for Open Debate*, in: *Daily Northwestern*, 4. April 1991.
22. *New York Times*, 12. November 1989.
23. Arno Mayer (*Princeton University*), Yehuda Bauer (*Hebrew University*), Marvin Hier (*Simon Wiesenthal Center*), Raul Hilberg (Universität von Vermont) und die Autorin (*Emory University*).
24. Smith, *The Holocaust Story*.
25. Die erste Zeitung, in welcher die vollständige Anzeige erschien, war der *Daily Northwestern*, 4. April 1991.
26. *Michigan Daily*, 24. Oktober 1991.
27. *Detroit Free Press*, 25. Oktober 1991.

28. *Michigan Daily*, 25. Oktober 1991.
29. *Detroit Free Press*, 25. Oktober 1991.
30. *Michigan Daily*, 28. Oktober 1992.
31. In den vergangenen Jahren hat eine Serie von Kontroversen um den ersten Grundrechtsartikel in der amerikanischen Öffentlichkeit Aufmerksamkeit erregt. Die höchsten Wellen schlug die Auseinandersetzung wegen der Subventionen, welche die *National Endowment for the Arts* einer Ausstellung von Photographien Robert Mapplethorpes gewährte; zu ihr existieren die meisten Publikationen. Edward de Grazia, *Girls Lean Back Everywhere: The Laws of Obscenity and the Assault on Genius*, New York 1992; Natalie Robins, *Alien Ink: The FBI's War on Freedom of Expression*, New York 1992; Rodney A. Smolla, *Free Speech in an Open Society*, New York 1992.
32. *New York Times*, 15. Januar 1992.
33. Kathleen M. Sullivan, *The First Amendment Wars*, in: *New Republic*, 28. September 1991, S. 39.
34. *Duke Chronicle*, 5. November 1991.
35. Ebd., 7. November 1991.
36. *Cornell Daily Sun*, 18. November 1991; AP-Meldung, 19. November 1991.
37. *Rutgers Daily Targum*, 26. November 1991, S. 6.
38. *Chronicle of Higher Education*, 27. November 1991.
39. Havre, Montana, *Daily News*, 29. April 1992. Der Programmberater für den universitätsinternen Studentenverband zählte zu denjenigen, welche die Veröffentlichung der Anzeige im *Kaimin* unterstützten. Ferner trug er entscheidend bei der Organisation eines Besuchs von David Duke in *Missoula* bei. Sein Argument lautete, daß Anzeigen wie die von Smith und Begegnungen wie die mit Duke die Leute dazu herausforderten, nicht emotional, sondern rational zu reagieren. *Montana Kaimin*, 5. Mai 1992.
40. *Atlanta Constitution*, 23. März 1992.
41. *Student Life*, 18. Februar 1992.
42. *St. Louis Post Dispatch*, 23. Februar 1992.
43. *University of Washington Daily*, 27. April 1992.
44. *Columbus Dispatch*, 22. Januar 1992.
45. *Ohio Jewish Chronicle*, 30. Januar 1992, S. 1.
46. Ebd., 30. Januar 1992.
47. *Columbus Dispatch*, 22. Januar 1992.
48. *Ohio State Lantern*, 24. Januar 1992, S. 8.
49. Ebd.
50. Ebd. Der Studentensprecher von *Tuft* distanzierte sich ebenfalls nach-

drücklich von der Idee, daß es Smith auf Grundlage des ersten Grundrechtsartikels zu unterstützen galt: Jeder Mensch hat ein Recht auf seine eigenen Ideen, aber nicht darauf, daß sie von anderen Personen oder Gruppen publik gemacht werden. *Tufts Daily*, 8. April 1992.

51. *University of Tennessee Daily Beacon*, 27. April 1992.
52. *Penn State Daily Collegian*, 31. März 1989.
53. *Harvard Crimson*, 10. Dezember 1991, S. 2.
54. *University of Chicago Maroon*, 28. Februar 1992.
55. *Cornell Daily Sun*, 20. November 1991.
56. *Chronicle of Higher Education*, 27. November 1991.
57. Mark Livingston an Sam Kramer, 6. November 1991.
58. *Michigan Daily*, 28. Oktober 1991.
59. *Student Life*, 21. Februar 1992.
60. Ebd., 25. Februar 1992.
61. *Daily Tar Heel*, Referenz in *Atlanta Constitution*, 28. 11. 1991, S. H1.
62. Ebd.
63. *Duke Chronicle*, 5. November 1991, S. 9 sowie 7. November 1991, S. 1 und S. 3.
64. Proklamation des geschichtswissenschaftlichen Instituts der *Duke University*, 8. November 1991; Wiederabdruck im *Duke Chronicle*, 13. November 1991.
65. *Rutgers Daily Targum*, 6. November 1991, S. 1 und S. 6 (Hervorhebung von der Autorin).
66. *Cornell Daily Sun*, 18. November 1991 (Hervorhebung von der Autorin).
67. *University of Washington Daily*, 27. April 1992 (Hervorhebung von der Autorin).
68. Ebd., 4. März 1992.
69. Ebd., 27. April 1992.
70. Ebd., 18. Oktober und 28. Oktober 1991.
71. *Michigan Daily*, 11. November 1991.
72. Havre, Montana, *Daily News*, 29. April 1992.
73. *St. Louis Post Dispatch*, 22. Februar 1992.
74. *Ohio State Lantern*, 24. Januar 1992.
75. *Student Life*, 18. Februar 1992.
76. Ebd.
77. *Duke Chronicle*, 5. November 1991, S. 9.
78. Livingston an Cramer, 6. November 1991.
79. *Duke Chronicle*, 7. November 1991, S. 3.
80. Ebd., 5. November 1991, S. 9 sowie 7. November 1991, S. 1 und S. 3 (Hervorhebung von der Autorin).

81. Ebd., 21. November 1991, S. 3.
82. Ebd., 13. November 1991, S. 7 (Hervorhebung von der Autorin).
83. *Harvard Crimson*, 10. Dezember 1990, S. 2.
84. Ebd.
85. *Boston Jewish Advocate*, 6. März 1992.
86. *Brown Daily Herald*, 11. Dezember 1991.
87. *University of California at Santa Barbara Daily Nexus*, 29. April 1992.
88. *Dartmouth Review*, 6. November 1991, S. 9.
89. *University of Chicago Maroon*, 28. Februar 1992.
90. *Chronicle of Higher Education*, 27. November 1991.
91. *Jewish Voice*, Dezember 1991.
92. *Chronicle of Higher Education*, 27. November 1991.
93. *Washington Post*, 21. Dezember 1991.
94. Smith, *Falsus in Uno, Falsus in Omnibus ... The ‹Human Soap› Holocaust Myth*, 32. Nachtrag zu: Smith, undatierter Brief an College-Zeitungen.
95. *New York Times*, 15. Januar 1992.
96. *Rutgers Daily Targum*, 3. Dezember 1991, S. 10.
97. *Michigan Daily*, 3. Dezember 1991, S. 3.
98. *Rutgers Daily Targum*, 3. Dezember 1991, S. 10.
99. *New York Times*, 30. Dezember 1991.
100. Ebd., 15. Januar 1992.
101. *Rutgers Daily Targum*, 3. Dezember 1991, S. 10 f.
102. Ebd., 6. Dezember 1991, S. 5.
103. *Tufts Daily*, 21. April 1992.
104. Ebd.
105. Smith, undatierter Brief an College-Zeitungen mit einem zweiten Anzeigentext.
106. Smith, *Falsus in Uno, Falsus in Omnibus*.
107. *Ohio State Lantern*, 29. April 1992.
108. *Michigan Daily*, 26. November 1991.
109. *Houston Chronicle*, 11. Dezember 1991.
110. Treffen mit Mitgliedern der *Daily Texan*-Redaktion, 28. April 1992.
111. *Houston Chronicle*, 24. April 1992, S. 25 A und 31 A; *Daily Texan*, 24. April 1992, S. 5.
112. Bay City, Texas, *Daily Tribune*, 30. April 1992.
113. *Journal of Historical Review*, in: *OAH Newsletter*, Juli 1980, S. 14 f; Dawidowicz, *Lies About the Holocaust*, S. 37.
114. Carl N. Degler, *Bad History*, Kommentar, Juni 1981, S. 17.
115. Ebd.
116. *Chronicle of Higher Education*, 11. Dezember 1991.

117. *Duke Chronicle*, 27. April 1992.
118. *Chronicle of Higher Education*, 8. Januar 1992.
119. Ebd., 11. Dezember 1991.
120. *OAH Newsletter*, November 1991; *Chronicle of Higher Education*, 11. Dezember 1991, S. 9 f.
121. *Chronicle of Higher Education*, 11. Dezember 1991, S. 10.
122. Des weiteren unterschrieben u. a. Dan Carter, Cullom Davis, Sara Evans, Linda Gordon, Lawrence Levine sowie Mary Ryan. *OAH Newsletter*, Februar 1992, S. 5.
123. Ebd.
124. *Daily Northwestern*, 5. März 1991, S. 6.
125. *OAH Newsletter*, Februar 1992, S. 4. Gespräch mit Joyce Appleby im Dezember 1992.
126. *Los Angeles Times*, 23. Dezember 1991.
127. *Ohio State Lantern*, 24. Januar 1992, S. 8.
128. Carlos C. Huerta, *Revisionism, Free Speech and the Campus*, in: *Midstream*, April 1992, S. 10.

11. Die Wacht am Rhein

1. Hellmut Diwald, Geschichte der Deutschen, Frankfurt 1978, S. 15 f.
2. *New Statesman*, 21. September 1979.
3. Geoffrey Hartman (Hrsg.), *Bitburg in Moral and Political Perspective*, Bloomington, Indiana 1986; Ilya Levkov (Hrsg.), *Bitburg and Beyond: Encouters in American, German and Jewish History*, New York 1987; Deborah E. Lipstadt, *The Bitburg Controversy*, in: David Singer (Hrsg.), *American Jewish Year Book, 1987*, New York 1987, S. 21–38.
4. *Die Welt*, 19. Januar 1987; *Frankfurter Rundschau*, 14. Januar 1987.
5. Andreas Hillgruber, *Zweierlei Untergang: Die Zerschlagung des Deutschen Reiches und das Ende des europäischen Judentums*, Berlin 1986. Eine Bewertung von Hillgrubers Forschungsansatz findet sich bei Holger Herwig, *Andreas Hillgruber, Historian of ‹Grossmachtpolitik›, 1871–1945*, in: *Central European History*, Band 15, 1982, S. 186–198.
6. Evans, *In Hitler's Shadow*, S. 49–54.
7. Maier, *The Unmasterable Past*, S. 20.
8. Hillgrubers Beiträge zu diesem Scharmützel werden an folgender Stelle beleuchtet: Maier, *The Unmasterable Past*, S. 21–25; Martin Broszat, in: *Die Zeit*, 3. Oktober 1986; Gordon Craig, *The War of the German*

Historians, in: *New York Review of Books*, 15. Januar 1987. Einer der vehementesten Kritiker Hillgrubers war Jürgen Habermas. Er machte als erster auf den Konflikt aufmerksam und nannte Hillgrubers Analysen «skandalös». Siehe *Die Zeit*, 11. Juli 1986; *Frankfurter Allgemeine Zeitung (FAZ)*, 8. Juli 1986. Eine Zusammenfassung und Interpretation von Habermas' Reaktion enthält Maier, *The Unmasterable Past*, S. 39–42.

9. Michael Stürmer, *Dissonanzen des Fortschritts*, S. 267, S. 269 f, Referenz bei Evans, *In Hitler's Shadow*, S. 21. Siehe außerdem ebd., S. 103 und S. 173, Anm. 14.
10. Ernst Nolte, *Three Faces of Fascism: Action Française, Italian Fascism, National Socialism*, New York 1965.
11. Joachim Fest, in: *FAZ*, 29. August 1986.
12. Peter Pulzer, *The Nazi Legacy*, in: *The Listener*, 25. Juni 1987.
13. Anton Kaes, *From Hitler to Heimat: The Return of History as Film*, Cambridge 1989, S. 5 f.
14. Evans, *In Hitler's Shadow*, S. 87.
15. Ernst Nolte, *Vergangenheit, die nicht vergehen will*, in: *FAZ*, 6. Juni 1986; Ernst Nolte, *Der europäische Bürgerkrieg* 1917–1945, Berlin 1987, S. 502–504.
16. Eberhard Jäckel, *Die elende Praxis der Untersteller*, in: *Die Zeit*, 12. September 1986; Zit. nach *Historikerstreit*, München, Zürich 1987, S. 118.
17. Maier, *The Unmasterable Past*, S. 76.
18. Michael Marrus, *The Holocaust in History*, Hannover, New Hampshire 1987, S. 24. Eine umfassendere Beschäftigung mit diesem Themenkreis findet sich bei Maier, *The Unmasterable Past*, S. 66–99, außerdem bei Evans, *In Hitler's Shadow*, S. 66–91.
19. Maier, *The Unmasterable Past*, S. 74 f.
20. Ernst Nolte, *Zwischen Geschichtslegende und Revisionismus*, in: *Historikerstreit*, a. a. O., S. 24.
21. Nolte, *Der europäische Bürgerkrieg 1917–1945*, Frankfurt/Main, Berlin 1987, S. 592 f, Anm. 26 und Anm. 29.
22. Nolte, *Der europäische Bürgerkrieg 1917–1945*, a. a. O., S. 500, S. 509–513.
23. Evans, *In Hitler's Shadow*, S. 123.
24. Das «Ja, aber»-Syndrom manifestierte sich z. B. auch während des Kriegs und behinderte zahlreiche Amerikaner, darunter vor allem Zeitungsverleger, Redakteure und Reporter, die wahre Bedeutung der bei ihnen eingehenden Meldungen zu erfassen. Siehe hierzu Lipstadt, *Beyond Belief*, S. 270.

25. *Jewish Telegraphic Agency*, 17. März 1992.
26. Laut Stephen J. Roths Angaben enthalten nur zwei nationale Gesetzeswerke, das französische und das rumänische, spezifizierte Antisemitismus-Paragraphen. Stephen J. Roth, *Denial of the Holocaust as an Issue of Law* (erscheint demnächst in *Israel Yearbook of Human Rights*).
27. *U.S. Newswire*, 27. August 1992; *Jewish Telegraphic Agency*, 28. August 1992.
28. Es beinhaltete zudem eine kritische Reflexion auf die Nürnberger Kriegsverbrecherprozesse, welche die im Gerichtssaal Anwesenden in Erstaunen versetzte (*Jewish Telegraphic Agency*, 19. April 1991).
29. *Wall Street Journal*, 9. April 1985.
30. *Morning Edition*, Sendung des *National Public Radio*, Dezember 1992.
31. *Spotlight*, 1. Juni 1992.
32. Ronald K. L. Collins, *Tort Case as Gag Device*, in: *National Law Journal*, 15. Juni 1992, S. 15.
33. *Toronto Sun*, 15. Oktober 1992; *Jewish Telegraphic Agency*, 16. November 1992.

Anhang

1. Dokument Nr. NI-9912, Referenz bei *Technique*, S. 18.
2. *Technique*, S. 19.
3. *Krematorien*, S. 95.
4. Robert Faurisson, *Reply to Pierre Vidal-Naquet*, zitiert nach *Technique*, S. 505.
5. *Deficiencies*, S. 38; *Technique*, S. 429.
6. *Technique*, S. 18.
7. *Le Monde*, 16. Januar 1979, S. 13.
8. *Technique*, S. 165.
9. *Krematorien*, S. 19.
10. *Technique*, S. 429.
11. Ebd.
12. Staatliches Museum Auschwitz (*Panstwowe Muzeum Oswiecim [PMO]*), Akte BW 30/40, S. 100; *Krematorien*, S. 88.
13. *Technique*, S. 503.
14. Ebd., S. 548.
15. Faurisson, *Statement for the Defense*, Referenz in *Technique*, S. 505.
16. Faurisson, *Reply to Pierre Vidal-Naquet*, S. 78.
17. *Technique*, S. 554.

18. PMO Akte BW 30/28, S. 73, Referenz in *Technique*, S. 553, *Krematorien*, S. 97.
19. PMO Akte BW 30/28, S. 68, Referenz in *Krematorien*, S. 97.
20. *Krematorien*, S. 97. Als er dieses Dokument entdeckte, ging Pressac auf Konfrontationskurs zu Faurisson und teilte ihm mit, wegen der zahllosen Hinweise auf Gas in den Museumsarchiven halte er Faurissons These nicht länger für zutreffend.
21. *Krematorien*, S. 92.
22. *Technique*, S. 432.
23. PMO Akte BW 30/25, S. 7, Referenz in *Krematorien*, S. 92.
24. *Technique*, S. 434 und S. 438.
25. PMO Akte BW 30/25, S. 7, Referenz in *Krematorien*, S. 93.
26. PMO Akte BW 30/34, S. 49 f, Referenz in *Technique*, S. 434 und S. 438 f.
27. *Technique*, S. 434, S. 436 und S. 438 f.
28. Bauleitungsskizze 252, PMO Neg. Nr. 20943/181, Abbildung in *Technique*, S. 512.
29. Bauleitungsskizze 3764, PMO Akte BW 2/38, Abbildung in *Technique*, S. 514.
30. 29. März 1944, *Die Tagebücher der Anne Frank. Historisch-kritische Ausgabe*, Frankfurt/Main 1988, S. 658 (im folgenden Referenz auf *Tagebücher der Anne Frank. Historisch-kritische Ausgabe*).
31. Gerrold van der Stroom, *Die Tagebücher, ‹Het Achterhuis› und die Übersetzungen*, in: *Tagebücher der Anne Frank. Historisch-kritische Ausgabe*, S. 67–70.
32. Ebd., S. 71 f.
33. *New York Times Book Review*, 15. Juni 1952; *Congress Weekly*, 13. November 1950; *National Jewish Post*, 30. Juni 1952; David Barnouw, *Das Theaterstück*, in: *Tagebücher der Anne Frank. Historisch-kritische Ausgabe*, S. 91.
34. *New York Law Journal*, 27. Februar 1959, Referenz bei Barnouw, *Das Theaterstück*, S. 93 f.
35. *New York Times*, 27. November 1966; Meyer Levin, *The Obsession*, New York 1973, S. 262.
36. David Barnouw, *Angriffe auf die Echtheit des Tagebuchs*, in: *Tagebücher der Anne Frank. Historisch-kritische Ausgabe*, S. 99.
37. Ebd.
38. Ebd., S. 100–105
39. Teressa Hendry, *Was Anne Frank's Diary a Hoax?*, in: *American Mercury*, Sommer 1967; Wiederabdruck in *The Myth of the Six Million*, S. 109–111.

40. Harwood, *Did Six Million Really Die?*, S. 19.
41. *Hoax*, S. 37.
42. Ditleib Felderer, *Anne Frank's Diary – A Hoax?*, Taby, Schweden 1978. Als das IHR einen Nachdruck des Buchs herausgab, wurde das Fragezeichen aus dem Titel eliminiert.
43. 9. November 1942, 5. August 1943, 6. Dezember 1943, *Tagebücher der Anne Frank. Historisch-kritische Ausgabe*, S. 354, S. 441, S. 490.
44. Robert Faurisson, *Le Journal d'Anne Frank est-il authentique?*, in: Serge Thion, *Verité historique ou verité politique?*, Paris 1980; Barnouw, *Angriffe auf die Echtheit des Tagebuchs*, S. 110 f.
45. 5. August 1943, *Tagebücher der Anne Frank. Historisch-kritische Ausgabe*, S. 441.
46. 6. Dezember 1943, ebd., S. 489 f.
47. 9. November 1942, ebd., S. 354.
48. Robert Faurisson, *Het Dagboek van Anne Frank – een vervalsing?*, Antwerpen 1985, S. 18, Referenz bei Barnouw, *Angriffe auf die Echtheit des Tagebuchs*, S. 112.
49. Barnouw, *Angriffe auf die Echtheit des Tagebuchs*, S. 112.
50. Verlautbarung des Bundeskriminalamts, 28. Mai 1980; Hamburger Landgericht, Akte Romer/Geiß, Referenz bei Barnouw, *Angriffe auf die Echtheit des Tagebuchs*, S. 114.
51. Barnouw, *Angriffe auf die Echtheit des Tagebuchs*, S. 115.
52. *Der Spiegel*, 6. Oktober 1980, Referenz bei Barnouw, *Angriffe auf die Echtheit des Tagebuchs*, S. 115.
53. H. J. J. Hardy, *Zusammenfassung der Ergebnisse der vergleichenden Untersuchung der Handschriften und der urkundentechnischen Untersuchung der Textdokumente, die als Tagebuch der Anne Frank bekannt sind*, in: *Tagebücher der Anne Frank. Historisch-kritische Ausgabe*, S. 198.

Register